教育部人文社會科學研究“十五”規劃項目成果

古文字構形學

（修訂本）

劉 釗 著

海峽出版發行集團 | 福建人民出版社
THE STRAITS PUBLISHING & DISTRIBUTING GROUP | FUJIAN PEOPLE'S PUBLISHING HOUSE

圖書在版編目(CIP)數據

古文字構形學/劉釗著.—福州:福建人民出版社,2011.5(2021.12 重印)

ISBN 978-7-211-06285-0

Ⅰ.①古… Ⅱ.①劉… Ⅲ.①古文字—構形法—研究生—教材 Ⅳ.①H028

中國版本圖書館 CIP 數據核字(2011)第 036687 號

古文字構形學

GUWENZI GOUXINGXUE

作　　者: 劉 釗

責任編輯: 賴炳偉　江叔維

出版發行: 福建人民出版社　　**電　　話:** 0591—87533169(發行部)

網　　址: http://www.fjpph.com　　**電子郵箱:** fjpph7211@126.com

地　　址: 福州市東水路 76 號　　**郵政編碼:** 350001

經　　銷: 福建新華發行(集團)有限責任公司

印　　刷: 福建省金盾彩色印刷有限公司

地　　址: 福州市晉安區福光路 23 號　　**郵政編碼:** 350014

開　　本: 787mm×1092mm　1/16

印　　張: 24

插　　頁: 4

字　　數: 422 千字

版　　次: 2011 年 5 月第 1 版　　2021 年 12 月第 4 次印刷

印　　數: 5501—7500

書　　號: ISBN 978-7-211-06285-0

定　　價: 116.00 元

目　　錄

第一章　緒　　論

一　什麽是古文字構形學

要想知道什麽是古文字構形學，先要明確什麽是古文字。本書所謂的古文字，是指漢代以前的古漢字，包括商周甲骨文、商和西周金文及戰國文字(包括春秋時期文字)，還包括秦漢時期的小篆和保留有早期構形的篆隸文字。

古文字本是個相對的概念，只要是早於當今使用的文字都可以稱為古文字。但是作為學術研究對象的古文字，以往就是指小篆以前的古漢字。二十世紀七十年代以來出土的大量的簡牘帛書，讓人們看到了許多秦漢時期的篆隸文字。這些篆隸文字中有許多保存有早期的構形，有些構形甚至比小篆還原始，在研究古文字構形上具有非常重要的意義，所以目前學術界界定的“古文字”這一概念的內涵已經有所擴大，即將秦漢時期的篆隸文字也包括在內。

古文字構形學是研究古文字產生、構成及發展演變的學問。既然稱為“構形學”，就是指研究古文字的形體構成。形體構成主要包括兩個方面：一是原始形體的構成原則，即選擇用什麽形體來記錄語言的理念和方式；二是形體發展演變的規律，即形體是如何發展變化的。這兩個方面一個是平面的，靜態的；一個是歷時的，動態的。

古文字構形學主張以科學的文字符號觀認識和分析文字，強調“以形為主”的分析考釋原則，堅持嚴格細緻的字形比較工作，注意文字產生發展中的各種傾向、趨勢和規律，重視“表音”這一特性在文字構成演變中的樞紐作用。古文字構形學的研究具體包括的內容很廣泛，如古文字的產生，古文字的初始狀態，古文字構形的基本分類，古文字中的繁化、簡化、類化、音化、分化、美化、符號化等等問題。這些問題的集合體，就構成了古文字構形學。

古文字構形學是古文字研究的基礎理論，它不僅有古文字學上的理論意義，同時也具有指導分析考釋古文字的實踐意義。當今的古文字研究呈現各種專門研究愈分愈細、研究領域越拓越寬、研究角度逐漸變得全面和系統化的趨勢。其中古文字構形學的研究一直是古文字研究的基礎工作，是一項基礎理論建設。前人在這方面已給我們留下了許多成果和經驗，新時期的學者對這一問題的研究更是碩果累累，成就顯著。然而必須看到，同古文字研究整體學術發展相比，關於構形學的研究還顯得比較薄弱，研究的問題還不夠全面，遠遠形不成系統。改善這一狀態，需要學術界提高對這一問題的重視程度，齊心協力構築這一基礎理論的大廈，以早日建成全面系統的古文字構形學。

二　古文字構形研究歷史的簡單回顧

“構形學”這一名稱是筆者在 1990 年首先提出來的。筆者在 1990 年開始撰寫，1991 年進行答辯的博士論文的前言中說：“本文原定題目為《古文字構形學》，曾設想對古文字的構成演變作全面的分析和論證，以期建立一個大致的框架，形成一個初步的體系，但是在寫作過程中，越來越感到這一範圍和容量的廣博和深奥，遠非本文所能承受。如果硬要求其全，則字數將要超過本文的幾倍。於是便擷取若干首先想到的題目進行探討，以此作為準備工作，為進一步寫成《古文字構形學》奠定基礎。”[①]

筆者提出“古文字構形學”這一概念，本意是用其包容涵蓋關於古文字構成原則和演變規律的一切研究 。雖然在筆者提出“古文字構形學”這一概念之前學術界還沒有一個合適的概念或詞語來包容涵蓋這一內容，但是雖無其名，卻早有其實，就是說學術界關於古文字構成原則和演變規律的研究很早就有且從未間斷過。

最早的關於古文字構形的研究可以從對古文字的考釋算起。古文字的考釋要以西漢對孔子故宅所出的“古文”典籍的整理為濫觴。孔安國對古文尚書“以今文讀之”，“以今讐古，隸篆推科斗”，劉歆校中秘府藏書，整理校讀“古文經”，這些都屬於考釋古文字的工作。漢代出土過西周銅鼎，當時曾有過釋文，從今天對西周銅器銘文掌握的知識來看，可知釋文大體正確，這說明當時對西周金文的識讀已達到較高的水平。這一時期文獻典籍中一些零星的對文字的分析，已顯露出將文字加以分解說明的傾向。東漢許慎的《說文解字》將文字加以分解，以部首繫聯眾字，用“六書”的理論解釋字形，探求本形本義，為文字學和古文字考釋奠定了理論基礎，其分析文字的方法也成了考釋古文字的一般法則。《說文》所存的大量的古義和“古文”“籀文”材料，又是古文字考釋不可多得的對

① 劉釗《古文字構形研究》，吉林大學博士學位論文，1991 年油印本。

比資料。

在歷代對“六書”的研究中，宋鄭樵的《六書略》和元戴侗的《六書故》對文字的產生和構成都有一些超越《說文》的精闢見解。此時人們已經自覺地利用鐘鼎文字與小篆進行比較，開啟了用古文字校正“小篆”和《說文解字》的先河。不過直到宋代為止，對古文字的考釋大體還停留在較低的水平，人們大多只是把古文字當做一個整體，不加解剖地與小篆進行對比，以“像與不像”作為兩者是否為一字的判斷依據。

清代小學發展到頂峰，人們借助於文獻典籍上的深厚功力，在考釋古文字上也取得了許多驚人的成就。如劉心源、吳大澂等人，其考釋古文字的見識和對文字形體的掌握已遠遠超過前人。吳大澂《說文古籀補》一書，可稱得上是古文字考釋史上的一部經典著作。書中對一些字的隸釋今天看來非常成功，其隸釋古文字的功力在某些方面足以與現代人相抗衡。雖然他可能還未具體總結出考釋古文字的一些方法，但可以看出他在隸釋古文字時，是在自覺或不自覺地對一些方法加以利用的。

孫詒讓的《古籀拾遺》和《古籀餘論》是古文字考釋史上劃時代的著作。孫詒讓首先提出“偏旁分析”的方法，最先將古文字考釋引入科學分析的軌道。理論上的突破帶來的是實踐上的豐收，孫氏在這兩部書中的精彩考釋俯拾即是，創獲頗多，使古文字考釋在認識論和方法論上都產生了一個質的飛躍。

王筠的《說文釋例》在當時是頗受貶斥之書，其實從今天的眼光來看，其在文字形體上的分析論證要大大超過其他三大家。王筠已能熟練地運用銅器銘文材料同《說文解字》相印證，對《說文解字》重文、籀文等的研究非常細緻，對《說文》許多錯誤的分析今天看來也比較可信。[①]他已具有一定的科學的文字符號觀，如他對“文飾”的研究就同現在古文字研究中“飾筆”的研究存在著聯繫。

林義光的《文源》一書，在考釋古文字上的成就不可忽視。《文源》一書充分反映了林義光具有的科學的文字進化觀和文字構成理論，書中對許多字的解釋雖然大悖於《說文解字》，其實卻是非常有道理的。[②]

丁佛言的《說文古籀補補》、黃賓鴻的《賓鴻草堂璽印釋文》中都有對古文字，尤其是一些今天看來具有相當難度的字形的準確隸釋，顯示出作者對古文字字形的敏銳眼光。其中有些考釋今人曾做過重複的工作，表明我們對古人的成果

① 見單周堯《讀王筠〈說文釋例·同部重文篇〉劄記》，《古文字研究》第十七輯，中華書局1989年。

② 有關林義光《文源》一書在文字學上的貢獻，見葉玉英《〈文源〉的文字學理論研究》，福建師範大學碩士學位論文，2003年。

總結注意得還很不夠。

當代人中最值得稱道的是唐蘭先生，其所著的《古文字學導論》一書，至今仍不失其在古文字考釋和古文字構形學上的指導意義。唐蘭先生是最早將孫詒讓的“偏旁分析”方法消化吸收並加以充實提高的人，他提出的考釋古文字的“對照法”、“推勘法”、“偏旁分析”、“歷史考證”等四條法則，至今仍是學者們利用的根本方法。後來補充的一些具體方法大體都不出這個範圍。另外唐蘭先生在這本書中對文字的孳生演變，對文字的產生構成，對文字的通用訛混以及考釋古文字的一些戒律等等，都有大量的高明精闢的見解，是需要學習考釋古文字的人反復精讀的。唐蘭先生這部書寫於三十年代，至今已七十多年。七十多年前他就對許多問題看得如此透徹，談得如此精闢，實在讓人吃驚叫絕。這部書中的一些理論方法，至今對一些人來說還是“超前”的。非常令人不解的是為何有一些搞了多年古文字考釋的人，一些信口開河、胡編亂猜慣了的人，卻偏偏不認真看看這本書。正因為唐蘭先生在理論上站得高，所以實踐上也就得心應手。在甲骨文和金文的考釋上，都有許多驚人的發明發現。像釋“秋”、釋“斤”及對从“斤”的一些字的考釋，可以說是運用偏旁分析運用得極為精到的佳證。

另一個應該提到的是于省吾先生。于省吾先生考釋古文字的功力是學術界公認的。尤其對甲骨文字的考釋，不能不承認是繼羅、王時代後的第一人。于省吾先生對形體分析的運用有很高的造詣，《甲骨文字釋林》一書是他考釋甲骨文字的結晶。書中蘊涵有許多考釋古文字的正確方法。他對文字形體的深刻掌握，他堅持的“以形為主”的考釋原則以及分析形體的步驟，都是值得後學認真學習和深刻體會的。于省吾先生晚年曾想進行一些文字構成規律的研究，卻因去世而未竟。但其生前寫成的《釋古文字中的附劃因聲指事字的一例》和《釋具有部分表音的獨體象形字》兩篇文章，卻具有理論上的突破。

在新時期內應該提到的首先是裘錫圭先生。裘錫圭先生對先賢的成功經驗進行了充分的消化吸收，並在此基礎上加以發揮，取得了令人矚目的成就。舉凡甲骨文、西周金文、戰國文字、秦漢文字等都能爛熟胸中，融會貫通。其所寫的許多考釋古文字的文章，都可作為怎樣考釋古文字的“範文”來讀。其所著的《文字學概要》一書，是迄今為止文字學著作中最好的一部，深刻周密，自成體系，在文字學理論上對古文字考釋具有不可低估的指導意義。

姚孝遂先生生前所寫的關於古文字的符號化問題及古文字孳乳演化手段和途徑的系列論文，對古文字構形學研究也具有重要的指導意義。雖然對漢字的性質我們現在還難以得到一個公認的結論或是明確的認識，但姚孝遂先生提出的對古文字作為記錄語言的符號必須從真正的符號角度進行分析的主張，是應該引起重視的。[①]這對於以往對文字構成的許多錯誤認識和指導古文字考釋的一些錯誤理論，都具有相當的糾偏作用。

林澐先生的《古文字研究簡論》，是一部談古文字考釋方法的重要著作，言深旨遠，對古文字考釋中存在的問題和錯誤，分析得極為透徹，已大體勾畫出了正確科學考釋古文字的方法和途徑，值得詳細閱讀並深刻領會。

臺灣龍宇純先生的《中國文字學》也是一部值得推薦的書。該書在分析文字時能完全突破《說文解字》的束縛，從古文字的實際出發，見解獨到，分析思路新穎，對文字的整體認識有超人之處。

新時期內“大家”眾多，“強手”如雲，大量的利用正確方法考釋古文字的著述和研究古文字構形理論及演變規律的論著，都是必須引起重視和亟待加以歸納總結的，於此不能一一加以評介。

我們欣喜地看到，近些年由於對古文字這一系統整體認識的日益科學化，人們在考釋古文字時的方法和手段越來越趨於一致，科學正確的考釋方法得到深入的普及，一改上個世紀七十年代到九十年代初學術界中那種“看圖識字”式的錯誤方法大肆流傳和蔓延的局面。

總之，古文字考釋的歷史表明，前人在古文字考釋上已經積累了大量的成功經驗，今人中也有許多能接受前人經驗並加以運用發揮的學者，只是缺乏在理論上把這些正確的理論認識和科學的方法手段加以全面概括總結的權威著作。這個工作絕非一人一時所能完成，需要學術界的共同努力。不承認古文字考釋已有大量的成功經驗，不接受古文字考釋已形成的一些科學的理論和方法，而一味地把古文字考釋當做“看圖識字”或“射覆猜謎”，就談不到在古文字考釋上的成功和進步。這也正是一些人雖然孜孜以求，卻至今不得門徑，徘徊逡巡於學術殿堂之外卻百思不得其解的原因。

三　古文字構形研究的展望

古文字構形研究的歷史與古文字考釋的歷史相伴始終，早已源遠流長。任何

① 姚孝遂《古漢字的形體結構及其發展階段》，《古文字研究》第四輯，中華書局 1981 年；《古文字的符號化問題》，《古文字論集》（初編），香港中文大學 1983 年；《再論古漢字的性質》，《古文字研究》第十七輯，中華書局 1989 年。

學科和學問發展到一定階段，都需要對其歷史進行總結，對理論進行歸納和昇華，以便進一步提高和發展。古文字研究考釋的歷史發展到今天，也到了需要對理論進行總結的時候。“古文字構形學”就是需要總結歸納的一門學問。今天我們對古文字構形研究的歷史進行回顧和展望，是一個絕佳的時機，這是因為我們今天具有許多前人無法比擬的優勢。

我們現在正處在一個“大發現”的時代，山川呈瑞，地不愛寶，大量的古文字資料不斷出土，讓我們應接不暇，驚喜不斷。作為研究者，我們應該為能生在這一時代而感到榮幸。大量的出土古文字資料，為我們提供了研究古文字構形的豐富素材。尤其是近幾十年來大量出土的戰國秦漢時期的資料，為我們展現了大量以前未曾見過的字形和眾多的異體、變體以及形體演變的過渡形態，使得許多形體的演變鏈條越來越完整，清楚地揭示了許多字形的構成演變過程。許多字形構成演變缺失的環節不斷得到新資料的補充，促使從甲骨文到秦漢隸書這一古文字構形確立期的面貌變得日益清晰，也使得對整個文字系統構成演變的分析和描述變得更為可能和可行。

除了資料上的日益豐富，理論上的進展也為古文字構形學的建立儲存了相當的資料。從二十世紀九十年代以來，正確的考釋文字的方法日益引起重視並開始普及，嚴格從字形出發、利用古文字構形原則和演變規律分析考釋文字成了絕大多數學者通用的手段。那種“看圖識字”、“射覆”式的考釋方法和觀念日益被摒棄並失去了市場。

展望今後的古文字構形研究，我們認為可以從以下的角度和方面進行和加強。

資料方面：

1. 加快各種字編或字形庫、檢索系統的編輯出版。字編、字形庫、檢索系統的內容可以是收錄某一宗資料的，也可以是收錄某一類資料的，或是收錄某一時期資料的。例如現在尚無一本新的有關甲骨文的字編。舊有的《甲骨文編》已經出版幾十年，早已過時。還如現在尚缺一部戰國文字的分域字編。這都是需要學術界來做的。這些字編、字形庫、檢索系統最重要的是字頭要全，異體變體的收錄也儘量要全。古文字構形研究所面對的資料最好是不失真的原貌，所以今後編輯各種字編、字形庫、檢索系統最好放棄用摹寫的方法，而採用原形，這樣可以避免解剖字形時出現錯誤 。個別原形模糊或刻寫筆劃過於纖細因而摹拓不清的字可以採用摹寫的方法，但是要注明。目前電腦技術日新月異，用電腦處理古文字字形已經變得易如反掌，編輯各種字編、資料庫、各種檢索系統等已是學術界關注和追逐的熱點，這其中如何讓古文字的輸入輸出變得更為簡便，讓古文字字形的檢索變得輕而易舉，讓古文字字形插入文檔更加便捷是最關鍵的工作。

2. 編輯出版古文字字形大全和古文字偏旁譜。研究古文字構形的歷史，瞭解每個字發展演變的脈絡，這要求字形演變的素材必須齊全。只有字形演變的素材齊全，才能對字形發展演變的過程作出準確的描述和分析，所以編輯古文字字形大全就是個急迫的任務。當然絕對的“全”是從來沒有的，但是起碼要做到基本的“全”。所謂基本的“全”是指目前已出的古文字資料要網羅殆盡，字編的字頭要完備。最好按時代編排資料。另一個工作是編輯古文字偏旁譜。古文字偏旁譜最初是林澐先生提出並試圖進行的一個研究計畫，後因工作量太大，窮一人之力難以完成而未竟。之後徐寶貴先生亦有意繼續這個工作，更名為《古文字偏旁演變大系》，現得知該項目還在進行中。古文字偏旁譜是將所有古文字資料的每一個字形按其所从的基本構成因素加以分解，不論形符、義符或聲符，然後以基本構成因素統屬所有古文字，即一個古文字按其不同的基本構成因素分列於每個基本構成因素之下。這樣就可以看出一個基本構成因素在所有字形中的形態，也可以看出每個基本構成因素在不同的組合中的不同形態。這是立體觀察和研究古文字字形的最好資料。

3. 編輯古文字考釋的發明史。每一個古文字的正確考釋都有發明權的問題，雖然這個發明權有時並不易確定，但卻非常重要。忽視前人的考釋和發明，常常會使我們多走彎路並浪費時間和精力。如戰國文字的考釋中，有一些我們自矜為鑿破鴻蒙的釋字發明，後來發現前人早已釋過。這就是因為我們對前人的發明發現總結不夠、重視不夠造成的。不光要確定每個字的正確考釋者和考釋時間，還要注意總結正確考釋所使用的方法。日人松丸道雄先生有《甲骨文字字釋綜覽》一書，開創了這個領域的先河，其價值是應該給予充分肯定的。[①]

4. 進一步深入進行對各類古文字資料《詁林》的編輯。《詁林》是瞭解學術界對某一類古文字資料全面考釋的彙編，目前除《古文字詁林》《甲骨文字詁林》《金文詁林》外，還需對其他種類的古文字資料進行《詁林》類著作的編輯。在編輯中要注意以收集說法的“全”為第一要務，為避免篇幅過大，每種說法並不需要全文照錄，只錄提要即可。

5. 編寫《古文字論著書目解題》。古文字研究的目錄學也是一個重要的領域，

---

① 松丸道雄、高島謙一《甲骨文字字釋綜覽》，日本東京大學東洋文化研究所 1993 年。

但卻一直未被重視。要編輯《古文字論著書目解題》或《古文字論著書目提要》一類的書，對現有的所有古文字研究的論著進行編排並進行提綱挈領式的說明。這對全面瞭解古文字研究的現狀，對於初學者來說，都是十分重要的。

6．編寫《古文字通假字典》和《古文字字形訛混字典》。古文字中的通假現象非常多見，是研究字形、考釋字義、通讀古文字文本的基本資料。王輝先生曾編有《古文字通假釋例》一書，[①]但該書出版已久，急需增添新資料加以補充出版。楊樹達先生生前曾有編纂《經籍中異文假字誤字考》的提議，可惜一直未得到回應。整理古籍中的易訛混字及誤字，對於校讀古籍幫助極大。高郵王氏父子的著作中就有許多利用訛混字及誤字校讀古籍，使得一些疑難渙然冰釋的佳例。古文字中的易訛混字的整理同樣重要。這對於研究古文字的發展演變，研究古文字的分化歸併及類化等規律，對於校讀上古傳世典籍亦具有十分重要的意義。

理論方面：

1. 編寫《中國古文字學史》。對中國古文字學學術史進行總結和歸納。其中要涉及中國古文字學的發生、發展及分期。每個時期要具體分析文字制度、文字學思想和思潮、重要的古文字學家和古文字學研究著作等。尤其要重視古文字學理論和古文字考釋方法的總結。

2. 編寫《古文字基本形體演變譜系》。將所有古文字基本形體按其發展脈絡進行排譜，描寫並分析其發展變化的過程、規律。一個基本形體不光要看其自身的發展變化，還要觀察它與其他基本形體組合成複合形體後的發展變化。注重形體演進中的特殊現象和規律，努力發掘古人的造字理念和構形方式，力求對每一個基本形體都描繪出一個清晰確切的發展演化的方式和路徑。

3. 進一步對不同地域、不同依附材質的大宗古文字資料進行構形分析。這是構建全面的古文字構形學的基礎工作。只有從小處著手，從細節開掘，才能積少成多，使我們對整個古文字階段的文字構形有更細微、更清楚的認識。在此基礎上，才能更全面地觀察現象，歸納問題，找出規律，總結出理論。

① 王輝《古文字通假釋例》，臺北藝文印書館 1993 年。

第二章　甲骨文中的“倒書”

甲骨文在書寫時，有時某個字的方向很隨意，個別字的偏旁還時常不同於一般地加以横寫。如：（以下不標書名者皆為《類纂》一書字頭編號）

（0798）	（2216）	（1122）	（1122）
（1811）	（1811）	（1808）	（1808）

有些偏旁似乎常可横寫，如下列二字所从的“東”旁：

 重（2976）　　 童（？）（2977）

甲骨文中的“己”字經常横書：

1 己于人……庚酉壬癸。　《合》22379

2 酉卜彭。

酉卜彭。

酉卜。　《合》30564

3 貞王賓父歲祭。　《合》27400

4 ……卜狄……冊凡中……小宰王受又。　《合》27391

5 貞競父……宰。　《合》27414

另外還有下面一些例子：

6 癸亥卜彭貞。　《合》28368

7 貞弜……弗……吉。　《合》28385

8 癸卯卜令田（伏）𢦏。　《合》21099

9 ……凡母辛歲于賓以（束）十月。　《合》24951

10 庚午卜旅貞其又于……（五）月。　《合》25061

11 丙戌卜…王余…年。　《合》10478

12 貞其又凵(匚)……　　《合》34325

甲骨文有下揭一辭：

13 乙酉貞取河其困于上甲雨。　　《合》34235

“困”从“囗”从“木”，應即“困”字。《說文》：“困，故廬也，从木在囗中。”卜辭困字在辭中用作祭名。甲骨文又有下揭一辭：

14 弜困大庚。　　《屯》885

“困”即“困”字橫書者，於卜辭中的用法與上揭一辭相同，其義待考。這些橫書的存在，體現了早期文字形體的不固定性。下面準備著重談談另一種形體書寫的現象——倒書。

取象於客觀事物的文字符號，其形體的方向，自然與人的視覺所觀察到的客觀事物相一致。甲骨文中帶有方向性的形體，其方向的正與倒皆符合於客觀事物。其中有的形體倒書，是為了體現形體的意義。如：

（毓，从倒“子”，像生子形）

（集，从倒“隹”，表示獻祭意）

（屰，像倒“人”，表示啎逆意）

這些都是利用“倒書”進行文字構造的例子。而我們這裏所說的是指書寫上的“倒書”。甲骨文的符號主要來源於客觀事物的圖像，許多形體還沒有最後定型，因此常常可以正書，也可以倒書，這體現了甲骨文一定的原始性。但是一旦當一個形體習慣於按一個方向書寫並逐漸固定下來的時候，與其方向倒置的寫法，就應該視為“特例”，這種特例一般就稱作“倒書”。

金文中也存在一些“倒書”，但遠不如甲骨文多。“倒書”雖然大部分都不關乎“構形”，但是因甲骨文中“倒書”的眾多和具有特點，且對一些文字或基本構形的發展演變有影響，所以也極有歸納總結的必要。下邊分全字倒書、偏旁倒書、筆劃倒書三部分舉例予以檢討。

一　全字倒書

全字倒書是指整個字的倒寫。如：

15 戊辰卜丙貞肇射。
勿肇射三百二告。
……貞肇射三百二告。
……肇射三百。　《合》5776 正
（旁字倒書）

16 叀王令歸。　《合》32929
17 ……辰貞令犬山王事。　《合》32966
18 癸丑貞……啟……　《合》33979
19 癸亥貞王令伐……　《合》41499
20 癸未卜叀射。　《屯》771
21 辛巳貞犬以羌其用自。　《屯》2293
22 多歸。　《屯》3396
23 貞翌丁巳用告歲羌三牢。　《合》410
24 癸卯卜古貞王于黍受黍年。
癸卯卜古貞王弓于黍……　《合》9934 正
（医字倒書）

25 貞三。　《合》28163
26 叀。　《合》31194
27 ……貞其小乙祉。　《合》27346
28 庚辰……貞……　《合》27686
29 …………。　《合》15206
（至字倒書）

30 戊子卜雨。　《合》34283
31 庚申卜爭貞好不祉㞢疾。
……好其祉㞢疾。

貞好不祉虫疾。

好其祉虫疾。　《合》13931

32 ……申卜彭貞其又……　《合》28238

（帚字倒書）

33 癸酉卜員貞其……方于河沘不……　《合》28002

34 ……人聑任。　《合》7049

35 ……廼乎衛射亞……　《合》27941

（歸字倒書）

36 今日眉日雨。　《合》38155

37 癸子卜牢五用。　《合》22074

38 ……以……　《東》120

（不字倒書）

39 ……巳卜……　《合》21175

40 ……王……東羊一……一犬……三月。　《合》21087

（帝字倒書）

41 庚申卜壴貞窋大庚日。　《合》27166

42 酉卜壴貞窋隹吉。

壬戌卜壴貞窋辛壬丁隹吉。　《合》27382

（王字倒書）

43 ……亥卜……亡囚。

……酉卜……旬亡囚。

……　《合》31435

（彭字倒書）

44 于日雨。　《合》20925

45 癸卯卜方貞旬亡囚……　《懷》929

（八字倒書）

46 貞目阜。　《合》6450

47 貞其桒禾于高祖奈叀牛。　《屯》1102

（勿字倒書）

48 丁巳卜叀[oracle-bone glyph]酢。
癸亥卜茸酢[oracle-bone glyph]伐于大乙。　《合》32216
（宜字倒書）

49 弓㞢于[oracle-bone glyph]辛。　《合》1777
50 貞王其又于[oracle-bone glyph]。　《合》27185
（且字倒書）

51 [oracle-bone glyph]。　《合》38058
52 壬[oracle-bone glyph]卜貞今夕亡囚。　《合》31648
（寅字倒書）

53 ……申子……貞隹……[oracle-bone glyph]我。　《合》21742
54 庚午子卜貞[oracle-bone glyph]征[oracle-bone glyph]我。　《合》21743
（在字倒書）

55 ……戊寅……[oracle-bone glyph]。　《合》35121
56 丁卯卜貞𢀛[oracle-bone glyph]多方示[oracle-bone glyph]乍大……十一月。　《合》25
（[oracle-bone glyph]字倒書）

57 壬寅卜王其田□襄兕先[oracle-bone glyph]亡𢦏[oracle-bone glyph]王永。　《合》28398
58 貞其[oracle-bone glyph]叀[oracle-bone glyph]乙王其[oracle-bone glyph]襄兕吉。　《合》30439
59 貞[oracle-bone glyph]亡尤十一月。　《合》16934
（[oracle-bone glyph]字倒書）

60 戊辰卜旅貞王其田于[oracle-bone glyph]亡巛。
戊寅卜……貞王其……[oracle-bone glyph]亡巛在四月。　《合》24457
（阢字倒書）

61 戊寅卜王在[oracle-bone glyph]卜。　《合》24370
62 ……[oracle-bone glyph]……　《合》24372
（[oracle-bone glyph]字倒書）

63 貞[oracle-bone glyph]上甲來□。　《合》27075
64 貞[oracle-bone glyph][oracle-bone glyph]方。　《合》30473
65 ……[oracle-bone glyph]其[oracle-bone glyph]于……　《合》33746 正
66 ……丁丑[oracle-bone glyph]。　《合》30970

67 ……午卜彭……酌巳[illegible]……矢于毓。 《合》30810

68 [illegible]…… 《合》30473

（自字倒書）

69 ……古貞竝亡巛不[illegible]衆。 《合》52

（喪字倒書）

70 [illegible]入。 《合》9366

（雪字倒書）

71 貞尞于[illegible]。 《合》14347 正

（[illegible]字倒書）

72 乙未卜貞王方武丁[illegible]亡尤 。 《合》35815

（[illegible]字倒書）

73 [illegible]午卜犕貞今夕雨 。 《合》12108

（庚字倒書）

74 ……貞旬亡囚才四月甲戌工[illegible]其酌彡。 《合》22675

（[illegible]字倒書）

75 癸卯卜[illegible]貞旬亡囚 。 《合》27220

（壴字倒書）

76 丁未卜[illegible]貞[illegible]方畧舊新家今秋王其比…… 《合》28001

（危字倒書）

77 癸……卜壴貞[illegible]亡囚。 《合》28107

（旬字倒書）

78 貞[illegible]。 《合》18910 反

（鹿字倒書）

另外，甲骨文中有個別的字，如“[illegible]”又作“[illegible]”，“[illegible]”又作“[illegible]”，也都是互相倒寫的例子，但在甲骨文中似乎還無法確定何是“正體”，何是“特例”。

二　偏旁倒書

偏旁倒書是指一個文字形體的部分偏旁的倒寫。

79 ……勿……[illegible]。　《合》8731

80 ……[illegible]……[illegible]。　《合》4025

81 丁未卜何貞䢅小乙爽匕庚其[illegible]卿。　《合》27456 正

82 ……罙[illegible]……巛。　《合》18622

（[illegible][賓]字倒書）

83 丁卯卜出貞其㞢于叀[illegible]今日夕酢。　《合》41112

84 丁丑卜彭貞于文[illegible]。　《合》27695

85 ……酉卜……[illegible]……夕不雨。　《合》29437

86 …… [illegible] ……　《合》29673

（室字倒書）

87 ……卜旅貞歲其[illegible]在十月。　《合》23502

88 丁卯卜……貞祖丁…… [illegible] ……　《合》23046

（[illegible]字倒書）

89 [illegible]以芻于敎。　《合》104

[illegible][illegible]以芻于敎。　《合》105

（[illegible]字倒書）

90 …… [illegible]……[illegible]。　《合》27885 正

91 ……貞其乎小臣 [illegible]比在……　《合》27885 正

（ [illegible] [剌]字倒書）

92 ……卯卜方……[illegible]不……眔。　《合》60

93 貞[illegible]其喪眔。　《合》58

（ [illegible]字倒書）

94 ……享京……取……[illegible]。　《東》6

（[illegible]字倒書）

95 辛卯卜𠂤伐于𠬝彡。 《合》32263

96 辛丑貞𠦪于河于彡𠂤。 《合》34238

97 丁卯貞彡𠂤王其𠦪……望乘。 《屯》2234

98 于日𠂤酢。 《屯》2366

99 弜令生……𠂤……𠂤 《英》2414

（𠂤字倒書）

三 筆劃倒書

筆劃倒書是指一個字的某一筆或某幾筆的倒寫。

先看兩個明顯的例子：

100 ……祭毓且丁……大吉。 《合》27316

101 至毓且丁王受…… 《合》27319

兩辭中皆有“毓”字。按道理字應寫作“毓”形，可是這兩辭中的“毓”字所从的“子”都寫作“子”，顯然是把像手臂形的兩筆寫倒了。造成寫倒的原因可能是因為“毓”所从的“𠫓”字是正寫的，當寫“子”形時，雖然將“子”形倒寫，但在寫像手臂形的兩筆時，受“𠫓”形這一形體方向的影響，將“子”所从之“∧” 形正寫成了“∨”形。

102 弜征于來日。 《屯》2091

辭中“來”字有些像“𠦪”字，但釋“𠦪”辭義難通。其實只要將其所从的“W”形筆劃顛倒過來就認識了。“來”字顛倒“W”形作“來”，也就是“來”字，這是“來”字的部分筆劃倒書，字應釋“來”。“弜征于來日”文義通暢，絕無疑義。由於這個字的辨識，使我們對下面一條卜辭也能識讀：

103 于來日酢。 《合》30857

“來”字也極似“𠦪”字，但“𠦪”大都作“𠦪”形，少數作“𠦪”，與“來”有差別，且卜辭從無“𠦪日”的說法。其實這個字也是“來”字，即將“M”形倒寫成“W”形，上邊作“∨”，也是來字的一種特殊的寫法，甲骨文𠩺字或从來聲作“𠩺”，如果去掉一個重複的筆劃“M”形，則作“來”，就與上揭“”字只存在中間筆劃正倒的不同了。“于來日酌”的辭例在卜辭中多見，可證釋此字為“來”不誤。

下面再來看兩個稍難的例子：

104 即于仲。　　《合》26956

“”字从“弓”从“”，“”即“矢”字，字从“弓”从“矢”，應是“射”字的異體。《屯》4066有辭作：

105 ……若否于……母畝……興于之受又。

辭中“”字从弓从“”，按“”極可能就是“”的部分倒書，即將上端的“”形倒寫成“”形。這與將“毓”字的“”所从的“”形寫成“”形作“”一樣。如此推論不誤，則此字也應隸作“弦”，釋為“射”字。

甲骨文有“”字，从网从束从刀，用作祭名。另外還有兩個與之相類似的形體：

106 弜于之若。　　《合》31135

107 ……午……貞王其……。　　《合》28082

107的“”字所从之“”寫在了上邊，中間一筆穿透。“”形與“伞”字很相似，但“伞”字從無中間一筆穿透的形體，而束字則常常寫作“”，所以這個字所从的“”“”非常有可能是“束”字的部分倒書，即將束字作“”形者上下的筆劃分別加以倒書，就出現了“”形形體。這兩個字與“”字用法相同，應該是“”字的異體。

甲骨文中的倒書是個很特殊的現象，正確地辨識這些倒書，對分析一些文字的構成和通讀卜辭會有很大的幫助。下面舉一些例證說明這一問題：

例1

108 丁未卜今山來母。
丁未……今山來母。　　《合》21095

辭中“”“”字舊不識，其實這個字就是“”“”字的倒書，也就是“者”字。“今者”是卜辭中常見的一個記時間的詞，其含義很虛，相當於今天所說的“近來”或“這一段”。

例 2

109 丁丑卜今日令冦不魄允不兔十…… 《合》20772

其中“”字舊不識，其實這個字只不過是“”字的倒書。“”字是卜辭中比較常見的一個字。可以進一步說明這一點的是卜辭有下面一辭：

110 貞……㞢。 《合》14293 正

此條中之“”顯然與上一辭的“”是一回事。這既可證明“”為“”之倒書無疑，又可以證明“”“”一字，从“人”从“女”無別，還可以證明“”之“”應讀成“鬼日”合文，這樣就可以知道甲骨文不應有“”這一隸定作“魄”的形體。

例 3

111 ……戌卜……昬弗………… 《合》21438

辭中“”字从“”从“”，舊不識。在甲骨文中，倒寫的口字常常寫成尖角狀作“”形，所以這個字極有可能是偏旁倒書的“”字異體，應釋為“者”。

例 4

112 ……辰卜才……步于……亡. 《合》36956

辭中“”字从“水”从“”，按“”就應該是“”字的倒書，字从水从者，應釋為“渚”。

例 5

113 丁卯卜貞王窔康……日…… 《合》35956

辭中“”字如單拿出是不易辨識的，通過比較辭例可知字是“咎”字的倒書。

例 6

114 …… ……東兕……隻。 《合》10908

“”字从“”从“攴”，應釋為“椒”，即“散”字。《合》10910 正辭曰：

115 于東㞢鹿。

可見“”確為“”字倒書。

例 7

116　辛未卜貞王其田……斿……
乙亥卜貞王其田……亡巛。　《合》24410

辭中貞人名“”“”形舊不識。早期銅器銘文的“关”（滕、朕等字所从，小篆作弁）字寫作：

  　《金文編》附錄一一二七頁

與上揭貞人名“”顯然是一個字，貞人名也應釋為“关”。這個字又見於下列各辭：

117　乙酉卜貞王其田宮亡巛在五月。
……卯卜……王其田……巛。　《合》24462
118　……酉卜……王其田……斿亡巛。　《合》24465
119　……卜……王其田……亡巛。　《合》24466

作“”形顯然是“”形的倒書，這與這個字的簡略寫法“”又倒寫作“”形是一樣的。

例 8

120　癸亥卜爭貞亡囚出王事。
貞亡囚出王事。
其㞢囚。
貞亡囚出王事十月。
其㞢囚。　《合》5439 正

卜辭中的“”與“”顯然指的是同一個人，可是在卜問“亡囚”時“”字正寫，在卜問“㞢囚”時就倒寫成了“”形，這一方面說明殷人在書寫時已經有了“重文避複”的習慣，也說明“”為“”之倒書。“”就是“各”字，像趾入於坎會“格至”意。卜辭“”之“”為正體，“”則為倒書，不過卜辭中見有“”的辭條近四十條，除這一條寫作“”形外，其餘都寫作“”形，可見這一倒寫的形態卻成了通行的寫法。這可能是因

為“□□□”是個專用名詞，即使有不規則的寫法，也不會造成混亂的緣故。

例 9

121 辛巳……即貞今日又□雨。 《合》24756

122 癸酉卜……貞王□亡□雨。 《合》24757

123 ……卜……貞昃又□雨。 《合》33918

三辭中的“□”字應是“□”字的倒書，“□”就是 “各”字，“各”本作“□”，从“止”从“凵”，因古文字“口”“凵”二旁相亂，後又从口作“□”。各應讀作格，訓為“來”“至”。“格雨”也即“來雨”。卜辭或言“各雲”，各字義與此同。

下列諸辭中的“□”極有可能也是“各”字的倒書：

124 ……卜中……日午……王囚……□允……十三月。 《合》23652

125 ……日……□……二月。 《合》24617

126 ……卜貞王其舊□。

……未卜何貞祝叀舊□用。 《合》30615

126 中的“各”大概也應讀作“格”，格，法式也。檢《禮記·緇衣》：“言有物而行有格也。”卜辭言“舊格”，大概就是指在祝祭時用舊的法式而言。

例 10

127 壬午卜爭貞令𢦔取□黍。 《懷》448

“□”字从水从“□”，前已講過“□”為“各”字倒書，則此字从水从各，應釋為洛字，在卜辭中似用為地名。“令𢦔取洛黍”，大意為徵集洛地之黍。

例 11

128 癸亥……小甲日叀□…… 《合》27171

“□”字形體很怪，其實不過是“□”字的部分倒書，即上部由“∨”形寫作“∧”形者。“日叀□”即“日叀庚”。金文有字作：

 《金文編》附錄一二七八頁

《金文編》九七一頁

舊或釋“庚”，是正確的，其形態與甲骨文“”字形同。

卜辭有下揭諸辭：

129 ……卯……乍尤。　《合》27173

130 貞叀用。　《合》30693

131 戊辰卜今日雍己夕其乎𩍿工。

弜乎𩍿工其乍尤。

……𩍿工于雍己……　《屯》2148

“”“”“”所从之“”“”“”就是“庚”字。與一般的庚字的不同，也在於上部兩筆的正倒。

有下揭一版甲骨：

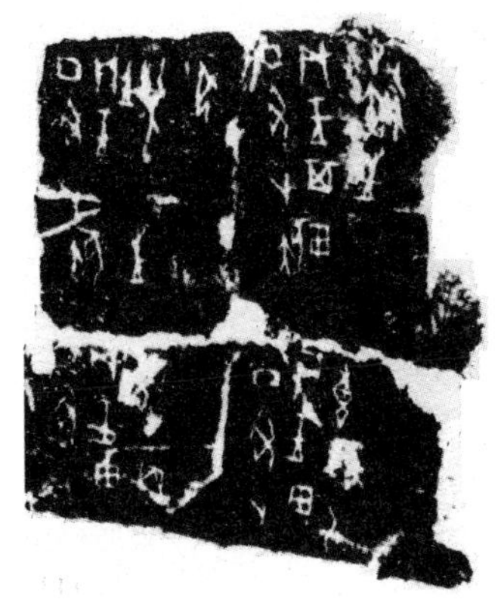

《合》29084

“”字从“彳”从“人”从“𡗜”，按“𡗜”形乃辛字倒書，正立過來應作“”，字應釋作“遟”。甲骨文遟或作：

《合》27800　《合》28011　《合》28202

與“”字結構相同，為一字無疑。

“”字从“彳”从“”从“”，按：“”乃“”字倒書，字應隸作“迗”。正規的寫法應作“”。

“”與“”在卜辭中的兩條辭例是相對應的兩個詞。“遟”即“遲”，“迗”雖不知是何字，但其義為“快”則絕無問題。有趣的是這兩個字都有部分偏旁倒書，在甲骨文文句中又處在相對應的位置上，古人作出這樣的處理不知是出於何意。

倒書不只在字的書寫上運用，在造字時，利用形體的“倒置”，也是一種產生分化新字的手段。下面試對“余”“由”二字形體上的聯繫作些推論。

甲骨文余字作“”，發展到金文作“”“”。其“∨”和“八”都是在發展過程中加上的飾筆。从余的俞字甲骨文作“”“”“”形，从余的梌字作“”“”形。早期銅器銘文中的俞字作：

古文字形體演變中有這樣一條規律：一個獨立形體的發展演變，要快於以這個形體為偏旁組合成複合形體後這個形體的發展演變。例如甫字甲骨文作“”，發展到金文，獨立存在的甫字大都變成了“”“”形，而以甫字為偏旁的字中，甫字大都作“”“”，遠沒有單獨存在的甫字發展演變快。這條規律可以告訴我們：俞、梌所从“余”字的寫法一定要慢於單獨存在的“余”字的發展，形體更接近於原始形態。由此我們可以推測“余”字的發展演變軌跡應是按以下的過程進行的：

由俞作“”可知余上“”形應為倒置的“口”字。甲骨文中倒置的口字大都變為尖角狀而寫作“”，如令、食、合、今（含字初文）、龠等等，余字上部的倒口也是由“”至“”演變過來的。下之圓點逐漸變長最後線條化成一條豎線，正符合古文字線條化的過程。而“∨”和“八”形則為增添的飾筆。“∨”和“八”是古文字中最常見的兩種飾筆。

甲骨文由字作“”“”，如果將其倒置則作“”“”，與甲骨文俞字所从之余形體完全相同。我們有理由推測“余”字是“由”字倒置而造的字。對一個形體加以不同的改變，是古文字孳乳分化新字的一個最主要的手段。這種改變形體分化新字的方法一般都是以聲音為樞紐的。從音上看，由字古音在喻紐幽部，余字古音在喻紐魚部，二字讀音非常接近，所以由“由”字孳生分化出“余”字是極有可能的。在這裏我們不必去考究二字的本形本義，只注意到二字在形體上的聯繫就足夠了。

第三章　甲骨文構形的分析

一　甲骨文中的飾筆

飾筆，又稱裝飾筆劃、羨劃、贅筆，是指文字在發展演變中，出於對形體進行美化或裝飾的目的添加的與字音字義都無關的筆劃，是文字的羨餘部分。對於飾筆的研究以往的工作進行得很不夠。雖然許多古文字學者在考釋文字時都接觸到這一現象並在一些形體分析時加以闡述，但從無對飾筆的系統進行整理和研究。

古文字中的飾筆很複雜，有各種形式的飾筆，各個時期的飾筆也呈現出不同的狀態。有的形體添加的飾筆只保留一段時間，隨後就消失了；有的形體所增加的飾筆則成為構形的一部分並被永久保存下來；有的飾筆自身從母體中分離出來成為獨立的字。

飾筆有時與區別符號兩者不易辨別，有的飾筆在演變過程中也起到了區別符號的作用，成為一個字從另一個字中分離分化出來的區別標誌。

直到目前為止，還有一些考釋古文字的人認為古文字的所有筆劃都是有來歷的，都是與字音字義有關並可以解說的部分，這實在是一大誤解。古文字中許多形體的一部分，都是在演變中添加上去的飾筆，這些都是與字音字義無關的“羨餘”，如果將這些“虛”的筆劃當作與字音字義有聯繫的“實體”加以分析，則將離正確的結論越來越遠。古文字既然是記錄語言的符號，它的形體的構成和演變，就必然是“符號”的構成和演變，而不是“圖畫”的演變。“飾筆”是說明古文字“符號”特徵的最好的證據。

為說明問題，先不限於甲骨文，而從古文字範圍內舉兩個例子來加以說明。

先看一個大家都熟悉的“禸”式飾筆。

古文字中有一些下部為一豎劃的字，在發展演變中先後加上了“禸”式飾筆。這個“禸”偏旁就是出於美化目的的裝飾筆劃，是與字音字義都無關係的不可解說的部分。如：

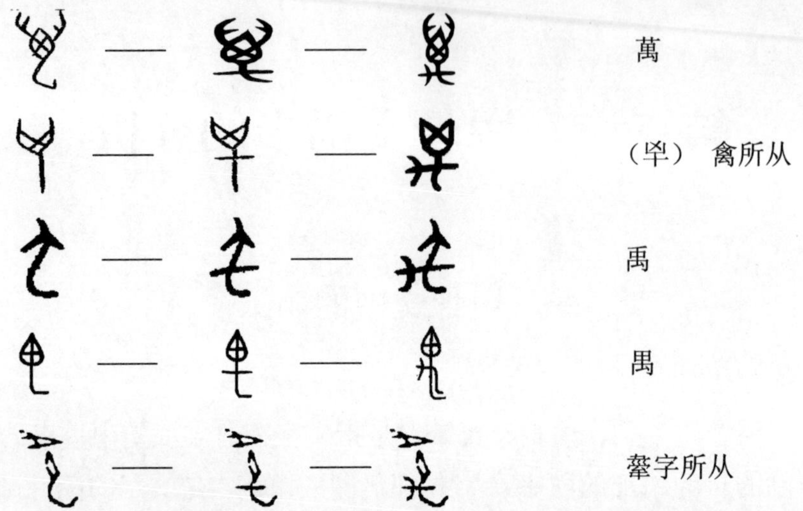

由這幾個例子我們可以推論“是”字的構形也應與此相近。是字金文作：

《金文編》九〇頁

其所从的“⺊”形很可能也是後加上的飾筆。是字的結構最初可能就是从“日”“止”聲。古音止在章紐之部，是在禪紐之部，聲音很接近，是字从止為聲完全可能。

《說文》：“禸，獸足蹂地也，象形，九聲。《爾雅》曰：‘狐狸貛貉醜，其足蹞，其跡厹。’”按：實際文字系統中並無“禸”字，《說文》單列出“禸”，只是因為《說文》已不明禽、離、萬、禹等字的下部所从，於是才分離出“禸”形以統屬禽、離、萬、禹等字，而實際上“禸”形並不是一個獨立的字，它不過是由文字形體的一部分加飾筆變來的。錢玄同曾在《答顧頡剛書》中指出：“《說文》中从禸的字，甲文金文中均不从禸，那‘象形，九聲’而義為‘獸足蹂地’之禸，殆漢人據訛文而杜撰的字。”他這一推論可謂有識。

下面再來看一個一般人不大熟悉的飾筆。

古文字中一些下部為橫劃的字，在發展演變中，常常在橫劃下加上一橫或兩小橫，如甲骨文“辜”字作“ ”，又作“ ”“ ”。而金文則是在加上一橫後，又在橫下加二小橫，二小橫又逐漸豎立起來，於是便出現了“八”形飾筆。[①]如：

---

① 奠字與其字下部的一橫有些不同，奠字下部一橫一般認為是表示“地”或處所的。

其

萁

典

甚

廷

就是說以上諸字所从之“丌”形，都是由飾筆變來的（萁字下一横是原有的會意部分，情況比較特殊，廷字之“丌”沒有最後形成）。但發展到戰國時期，“其”字所从的“丌”可以從“其”字中分離出來，也就是其字省去上部，以“丌”作“其”字用，後來逐漸就從其字中分化出了與其字讀音相同的“丌”字。正因為如此，所以在未分化前，在戰國文字之前便找不到“丌”字。《說文》：“丌，下基也，薦物之丌，象形。凡丌之屬皆从丌，讀若箕同。”《說文》對“丌”的解釋顯然是後來編造的，因為從古文字實際情況看，“丌”不過是由飾筆變來的一個字，其起源很晚。

甲骨文中的飾筆大概有如下幾種：

A “一”式飾筆：

（《合》12571）—（《合》12734）　（《合》29693）—（《合》776 正）

（《合》22598）—（《合》36032）　（《合》31706）—（《合》27337）

（《英》849 正）—（《合》17886）　（《合》11691）—（《合》33721）

（《合》22165）—（《合》22673）　（《合》3737 反）—（《合》5862）

（《合》22247）—（《合》13546）　（《合》10864）—（《合》19072）

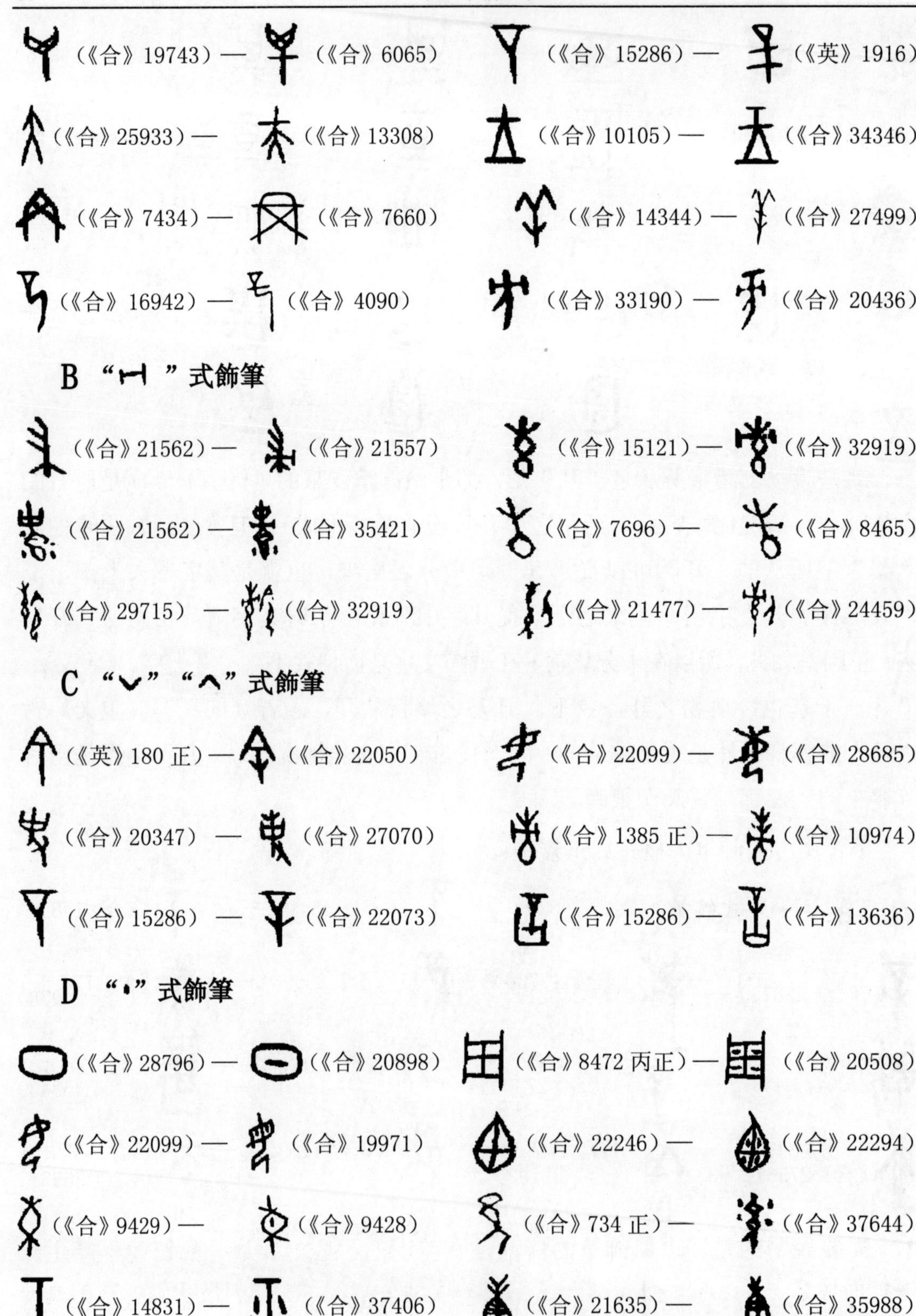

（《合》19743）—（《合》6065）（《合》15286）—（《英》1916）

（《合》25933）—（《合》13308）（《合》10105）—（《合》34346）

（《合》7434）—（《合》7660）（《合》14344）—（《合》27499）

（《合》16942）—（《合》4090）（《合》33190）—（《合》20436）

B“[H形符號]”式飾筆

（《合》21562）—（《合》21557）（《合》15121）—（《合》32919）

（《合》21562）—（《合》35421）（《合》7696）—（《合》8465）

（《合》29715）—（《合》32919）（《合》21477）—（《合》24459）

C“[V形符號]”“[∧形符號]”式飾筆

（《英》180 正）—（《合》22050）（《合》22099）—（《合》28685）

（《合》20347）—（《合》27070）（《合》1385 正）—（《合》10974）

（《合》15286）—（《合》22073）（《合》15286）—（《合》13636）

D“[點形符號]”式飾筆

（《合》28796）—（《合》20898）（《合》8472 丙正）—（《合》20508）

（《合》22099）—（《合》19971）（《合》22246）—（《合》22294）

（《合》9429）—（《合》9428）（《合》734 正）—（《合》37644）

（《合》14831）—（《合》37406）（《合》21635）—（《合》35988）

（《合》22740）—（《合》16468）　（《合》1385 正）—（《合》10975）

（《合》37480）—（《合》35697）　（《合》9258）—（《合》4841 正）

（《合》3823）—（《合》9498 反）　（《合》19220）—（《合》32517）

（《合》11721）—（《合》18550）

E “丨”式飾筆

（《合》17886）—（《合》15682）

F “丨丨”“- -”式飾筆

（《合》27983）—（《合》14430）　（《合》19424）—（《合》5242）

（《合》34482）—（《合》33165）　（《合》20078）—（《合》20079）

（《合》8399）—（《合》8405）　（《合》2960 正）—（《合》22246）

G “-”式飾筆

（《合》13837）—（《合》14825）　（《合》14841）—（《合》14840）

（《合》22073）—（《合》21921）　（《合》12852）—（《合》24978）

（《合》4337）—（《合》27300）　（《合》14912）—（《合》16943）

（《合》27561）—（《合》23102）　（《合》12704）—（《合》36981）

需要說明的是，上舉飾筆的情況是有差別的。其中大部分飾筆並不產生新字，而像—、—、—、—、—、—則最初兩者應都為一字，後來才分化出新字。像女與母，大與夫、糸與素在甲骨文中一般情況下用法並無差別，後來個別的才出現分別比較集中地用於一義而呈現分化的狀態。這也是造字的一種方法，利用一字的不同異體或繁簡的差別區分詞義記錄語言。另外有些飾筆在不同的形體上發生的時間也不同。如甲骨文辭字做“[illegible]”，已出現“[illegible]”式飾筆，而从𤔔的“[illegible]”“[illegible]”卻還沒有出現飾筆。直到金文，如𤔔（紳）字還仍然有作“[illegible]”“[illegible]”“[illegible]”“[illegible]”等形，呈現有“[illegible]”飾筆與無“[illegible]”飾筆兩種形態。

二 書寫與形體線條化

甲骨文已是符號化程度很高的文字系統，這個系統力求以最簡單的形體記錄語言。將文字符號線條化，是簡化文字的一個主要方面。從形體上看，甲骨文線條化有以下幾種方法：

1. 書寫縱向上的線條化

古文字中有許多字，尤其是一些本像動物形的字，在造字之初可能都是橫寫的，而到甲骨文時大都寫成豎的，是為了適應漢字由上到下的書寫習慣，求得書寫上的連貫和線條化，以達到行款的整齊和連貫的筆勢。如：

爿本像床形，按理應作“[illegible]”，但在構形中卻作“[illegible]”，就是為了迎合書寫上的豎向上的“線條化”，所以疾字便寫成 “[illegible]”。宿字作“[illegible]”，般字作“[illegible]”又作“[illegible]”，都是這種趨勢的反映。

2. 形體上將呈輪廓狀的偏旁或筆劃變成單線條

（《合》19050）— （《屯》643） （《合》1651）— （《甲骨文編》0837）

（《屯》2350）— （《合》1100） （《合》2863）— （《合》20371）

（《合》13650）— （《合》13644） （《英》1767）— （《合》27789）

（《合》299）— （《屯》3210） （《合》28129）— （《合》29313）

（《合》27160）—（《合》28318）　（《合》28133）—（《合》29298）

（《合》14130 正）—（《合》13418）　（《合》1822 正）—（《合》27511）

（《合》35616）—（《合》35621）　（《合》4722）—（《合》8047 反）

（《合》14672）—（《合》36754）　（《合》2789）—（《合》7103 反）

（《合》8061）—（《合》8063）　（《合》32675）—（《合》22206 甲）

（《合》135 乙正）—（《合》136 正）　（《合》21041）—（《合》33746 正）

（《合》14935）—（《合》18205）　（《合》13523 正）—（《合》593）

（《合》5475）—（《合》117）　（《合》4854）—（《合》4853）

（《合》10819）—（《合》33374 正）　（《合》36799）—（《合》36788）

（《合》6572）—（《合》2964）　（《合》32924）—（《合》21908）

（《合》67）—（《合》32899）　（《合》14128 正）—（《合》1051 正）

（《合》6382）—（《合》36975）　（《合》28897）—（《合》28902）

（《合》31831）—（《合》20600）　（《合》10421）—（《合》10419）

（《合》10063）—（《合》9103）　（《合》5623）—（《合》37867）

（《合》10204）—（《合》19365）　（《屯》4545）—（《合》6475 反）

（《合》9773）—（《合》4929）　（《合》8177）—（《合》8179）

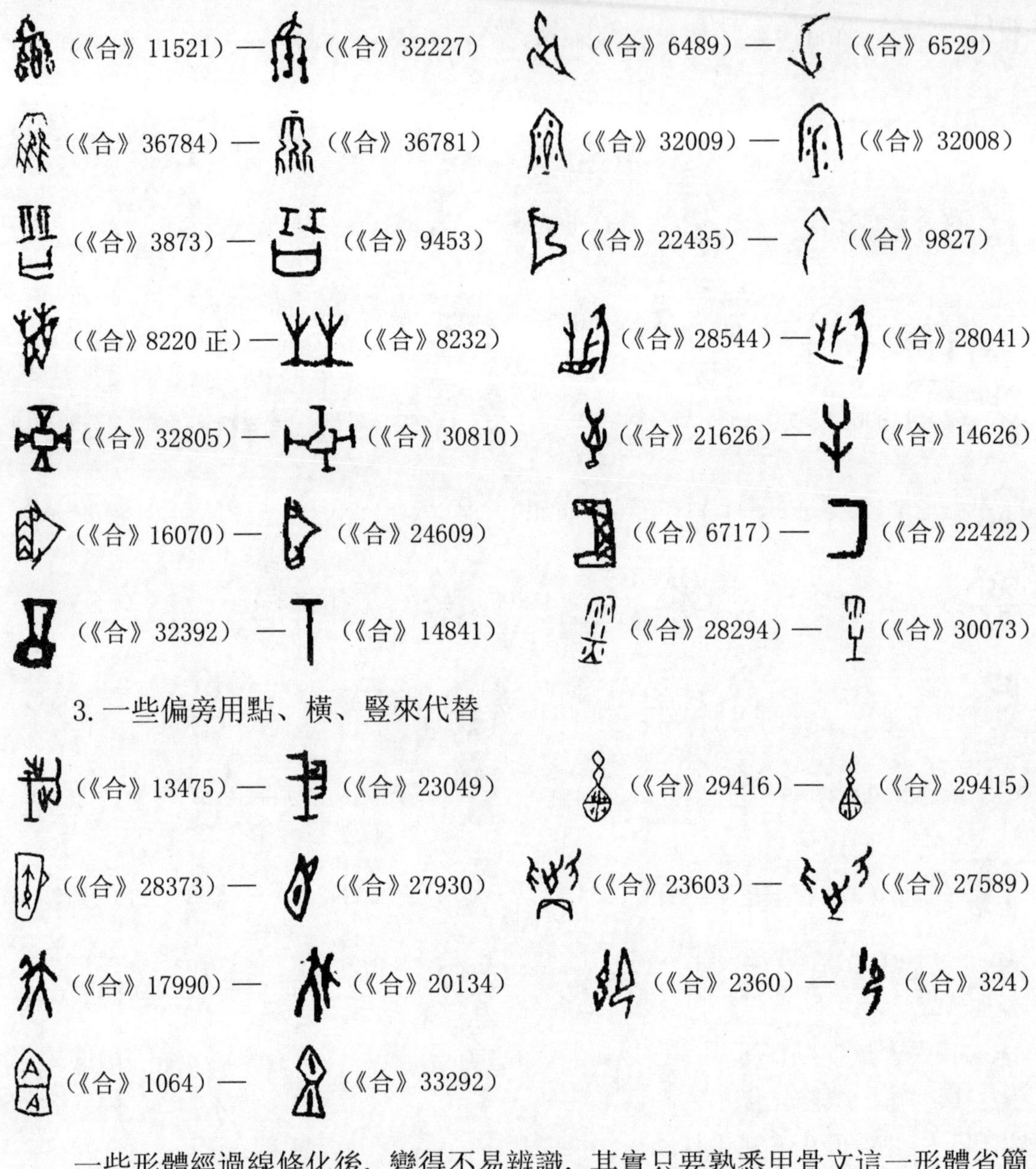

3. 一些偏旁用點、横、豎來代替

一些形體經過線條化後，變得不易辨識，其實只要熟悉甲骨文這一形體省簡規律，還是可以對比出來的。如下面所舉的幾個例子即是：

例 1　高

1 庚戌卜高沉罘卯。　《屯》2667

“高”形以前未見出現，其實不過是高字，即將“高”形上部加以線條化。卜辭有“高……罘……”（《合》28127）可以比較。

例 2　夢、蔑

2 ……申卜王□允大甲降。　《合》19829
3 癸酉卜王□□隹示□。　《合》21380
4 ……辰卜王貞……㞢□……□……永……　《合》21381
5 庚戌……王□……　《合》21382

這些辭條中的“□”“□”形體不易辨識。按“□”即“□”之線條化者，“□”即“□”之線條化者，二字所从之“目”都被一筆所代替了。相類似的例子如：

6 丁卯卜今日□□。　《合》20470
7 ……余曰亡□……三月。　《合》20491

甲骨文蔑字或作“□”，此“□”即“□”字線條化者，目字省成一筆與上論“夢”字同。

例 3　亳

8 甲戌貞又匕己□□歲。
甲戌貞匕辛□又歲。
甲戌貞匕乙□又歲。
甲戌貞□匕癸又歲。
甲……貞……□歲母戌。
甲……□歲……　《合》22206 甲、乙

其中“□”以往都不明所以。其實結論很簡單，“□”應是“□”形的線條化。與“□”線條化作“□”情形相同。“□”於卜辭中似用為祭名，與《合》22145 片“夢䢅…… □于匕乙……㲋鼎”中之“□”用法相同。

三　形體的省略

甲骨文中形體的省略很複雜，有省筆劃的，也有省偏旁的。有的構形經常被省略，成了慣例。充分掌握這些省略的方式，會便於對一些形體的辨識和卜辭的通讀。

有時一個形體可省去大部分，而保留一小部分。如：

（《合》190 正）—（《合》14335）　（《合》27369）—（《合》27643）

有時可省去對稱的偏旁或筆劃：

（《合》24245）—（《合》7075 正）　（《合》21767）—（《合》24247）

（《合》20558）—（《合》3814）　（《合》36612）—（《合》28002）

（《合》1064）—（《合》14396）　（《合》21306 甲）—（《合》27306）

（《合》27254）—（《合》31136）　（《合》122）——（《合》21893）

（《合》28085）—（《合》21909）　（《庫》1025）—（《合》19607）

（《前》8·101）—（《合》6943）　（《合》3123）—（《合》119）

或是省去形體或形體部分的一半：

（《合》1031）—（《合》32917）　（《合》9642）—（《合》33237）

（《合》8525）—（《合》20074）　（《合》5934）—（《合》19310）

個別偏旁經常以省略的形態出現，如“皿”或“糸”等。

甲骨文中凡是像器皿的字，都可以省去像底座或圈足的部分，如：

（《合》10168）—（《合》5772）　（《合》7087）——（《合》698 正）

（《合》17212）—（《合》926 正）　（《合》36520）—（《合》36510）

（《合》3515）—（《合》3518）　（《合》21247）—（《合》21248）

（《合》23257）—（《合》30815）　（《合》6945）—（《合》15986 甲）

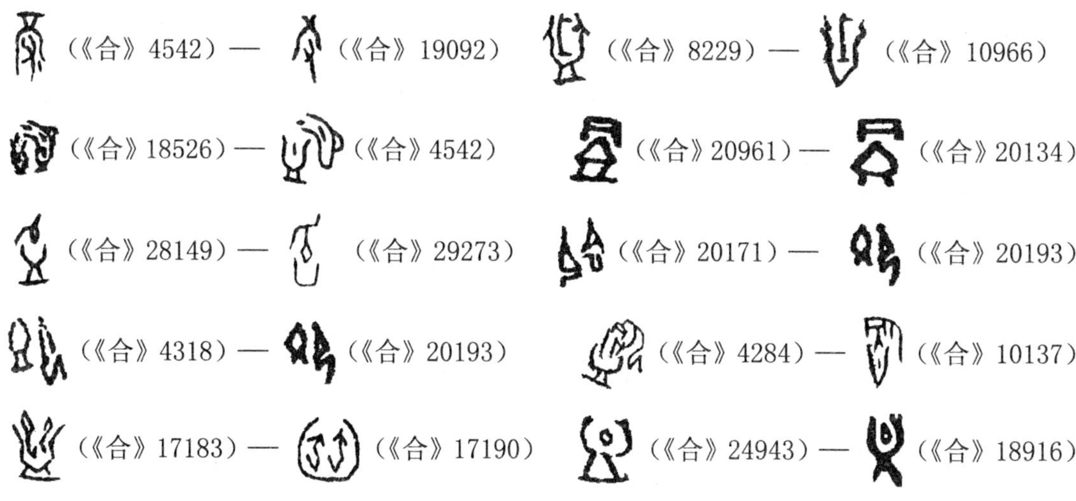

下面看一些具體例證的分析：

例 1　壺

9 ……衆……[oracle-bone glyph]受……又戋羌……　《合》26894

其中“[oracle-bone glyph]”字舊不識，如熟知甲骨文的省略規律，便可知這個字應是“壺”字省去圈足者，復原後作“[oracle-bone glyph]”，一目了然。

例 2　[oracle-bone glyph]

10 乙丑卜貞帚爵[oracle-bone glyph]子亡疾。　《合》22323
11 乙丑卜貞帚爵[oracle-bone glyph]子亡疾。　《合》22324
12 ……方……[oracle-bone glyph] 子。　《合》20412
13 辛未……[oracle-bone glyph]犬……　《合》21905
14 丙申卜令[oracle-bone glyph]伐雨[oracle-bone glyph]不風允不六月。　《合》21017
15 甲寅……[oracle-bone glyph]尹若田。　《合》19838
16 癸……貞……[oracle-bone glyph]吉。　《合》31224
17 ……叀[oracle-bone glyph]夕吉。　《合》31223
18 𠭯庸才[oracle-bone glyph] 又[oracle-bone glyph]其遠。　《合》31012

以上辭中的“[oracle-bone glyph]”字以往多不解其義，如直接隸釋，則應釋為“肉”，但對讀通卜辭毫無幫助。《說文》：“多，重也。从重夕，夕者，相繹也，故為多。重夕為多，重日為曡。凡多之屬皆从多。[oracle-bone glyph]，古文多。”按《說文》所謂“多”字从“重夕”是錯誤的，從古文字來看，多字應為从“重肉”。其造字原理與“重又為友”、“重匕為比”、“重糸為絲”、“重竞為競”等字相同，構成字的偏旁與字本身讀音相同或相近。古音肉在日紐，多在端紐，皆讀為舌音，因此上揭諸刻辭中的“□”就應是“多”字之省形，讀為“多”於卜辭文義頗為切合。“□子”即多子，“□犬”即“多犬”，“□尹”即“多尹”。

可證成“□”即多字之省者，還有另外一個字。卜辭有“帚多”，又寫作“帚姼”，乃一人之異寫，“姼”字是“帚多”之“多”的專字，而非後世訓為“美女也”之“姼”。如卜辭有下列數辭：

19 癸丑卜帚□在孝。
癸亥卜帚□亡囚。
帚□子疾不祉。 《合》22246

此片甲骨所卜大都為“帚姼”生子事。“帚□”顯然就是“帚姼”之省。這可證明“□”確實可省為“□”。卜辭“□”字多見，似都應釋為“姼”，乃“帚多”之“多”的專字。

例 3 龜

20 ……卜韋……□…… 《合》3860
21 尞于□。
壬子卜方弓尞于□。
尞于□二月。 《合》14364 正
22 甲戌卜方貞桒年……尞于□十牛宜…… 《英》1160 正

辭中“□”“□”字以往多不識。按甲骨文龜字作“□”“□”，灉字作“□”“□”“□”形，上揭諸辭中的“□”“□”就是“□”“□”所从之“龜”而省去足形者。“尞于龜”者即燒灼龜以占卜也。

例 4 高

23 于□乙歲牛五。 《屯》2698
24 弓钔于□匕庚。 《合》2381

卜辭中高字作“□”“□”，上揭卜辭中的“□”字顯然為“高”字省去中間部分者，“□乙”即“高乙”，“□匕庚”即“高匕庚”。

例 5　睪

25 辛酉貞王尋[oracle bone glyph]以羌南門。《懷》1571

“[oracle bone glyph]”形使許多人迷惑，缺釋或釋錯。按：甲骨文睪字作“[oracle bone glyph]”“[oracle bone glyph]”。“[oracle bone glyph]”應即“睪”字之省。卜辭言：

26 辛丑卜貞睪以羌王于門尋。《合》261

兩相比較，知“[oracle bone glyph]”為“睪”字無疑。卜辭言：

27 ……卜……貞[oracle bone glyph]不喪衆。《合》31999

“[oracle bone glyph]”為歷組卜辭中的“睪”字，省形與上舉“[oracle bone glyph]”字相同。

例 6　糸

甲骨文糸字有多種寫法，作“[oracle bone glyph]”“[oracle bone glyph]”“[oracle bone glyph]”“[oracle bone glyph]”諸形，最簡省的還可寫作“[oracle bone glyph]”形，如“[oracle bone glyph]”字又作“[oracle bone glyph]”，“[oracle bone glyph]”字又作“[oracle bone glyph]”，“[oracle bone glyph]”字又作“[oracle bone glyph]”，皆是其證。

甲骨文有辭作：

28 貞今者[oracle bone glyph]來牛五月。《合》9178 甲
貞今者[oracle bone glyph]不其來牛。《合》9178 乙

“[oracle bone glyph]”即“[oracle bone glyph]”之省，即所从之“[oracle bone glyph]”省成“[oracle bone glyph]”，字應釋為“奚”。卜辭或言：

29 甲辰卜㱿貞[oracle bone glyph]不其來白馬五。《合》9177 正

辭例與上揭卜辭相類。
相似的省形還如：

30 弜先[oracle bone glyph]王步。《屯》29

“[oracle bone glyph]”即“[oracle bone glyph]”之省。
還如：

31 乙丑卜帚亡[oracle bone glyph]。《合》22323
32 乙丑卜帚亡[oracle bone glyph]。《合》22324
33 乙丑卜亡[oracle bone glyph]。《合》22322
34 甲子卜[oracle bone glyph]束。《合》22284

35 先束。 《合》22282

“”字舊不識，其實不過是“”字之省，字應釋為“夋”，即“後”字初文。下列卜辭可證：

36 甲子卜先束。 《合》22285

四 形體的繁簡

甲骨文中一些字有繁化的現象，繁化表現為筆劃重複、偏旁重複、全字重複以及加聲符等幾種形式。

1．筆劃重複

（《合》31022）—（《合》12939 反） （《合》5532）—（916 正）

（《合》27800）—（《合》27972） （《合》11981）—（《合》8714）

（《合》22226）—（《合》22226） （《合》28403）—（《合》24234）

2．偏旁重複

（《合》36914）——（《合》36904） （《合》34239）—（《合》33223）

（《合》4885）—（《屯》4885） （《合》22044）—（《合》20769）

（《合》248 正）—（《合》21446） （《合》11478）—（《合》11477）

3．全字重複

（《合》518）—（《合》18190） （《合》17748 正）—（《合》20228）

（《合》904 正）—（《合》766 正） （《合》36426）—（《合》33087）

（《合》27271）—（《合》20957） （《合》15517）—（《英》23 正）

4．加聲符

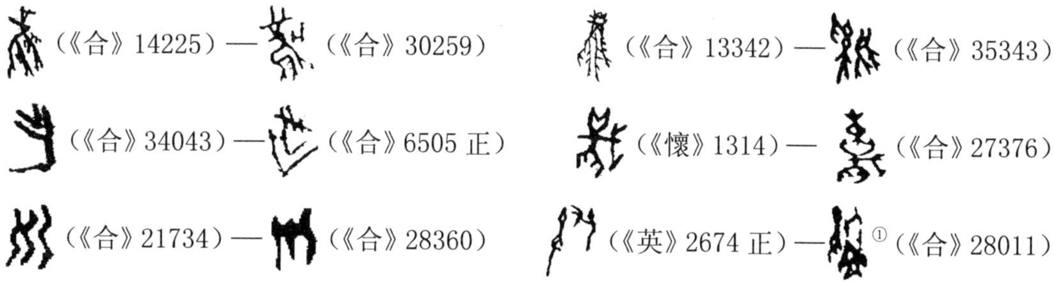

（《合》14225）—（《合》30259）

（《合》13342）—（《合》35343）

（《合》34043）—（《合》6505 正）

（《懷》1314）—（《合》27376）

（《合》21734）—（《合》28360）

（《英》2674 正）—[1]（《合》28011）

甲骨文中許多字的偏旁既可寫成三個（偶爾寫成四個），也可寫成二個，又可寫成一個，許多情況下並不固定。从三個、二個、一個都只是繁簡的不同，實際上仍是一個字。從發展上看，三個和二個自然向一個演變，這符合漢字簡化的規律，但仍有一些保留了从二個的形態，而最後从三個的則幾乎不见。如下面所舉的例子：

1．从一从二同

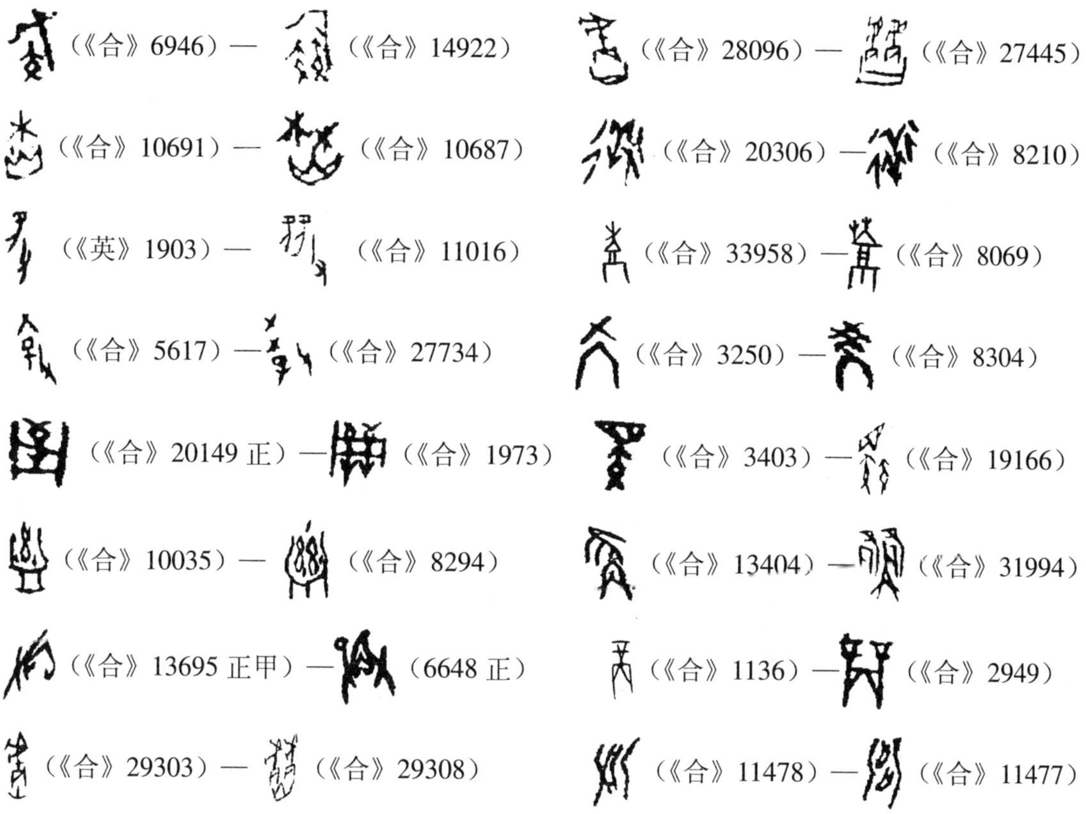

（《合》6946）—（《合》14922）

（《合》28096）—（《合》27445）

（《合》10691）—（《合》10687）

（《合》20306）—（《合》8210）

（《英》1903）—（《合》11016）

（《合》33958）—（《合》8069）

（《合》5617）—（《合》27734）

（《合》3250）—（《合》8304）

（《合》20149 正）—（《合》1973）

（《合》3403）—（《合》19166）

（《合》10035）—（《合》8294）

（《合》13404）—（《合》31994）

（《合》13695 正甲）—（6648 正）

（《合》1136）—（《合》2949）

（《合》29303）—（《合》29308）

（《合》11478）—（《合》11477）

① 裘錫圭《讀安陽新出土的牛胛骨及其刻辭》，《考古》1972 年第 5 期。

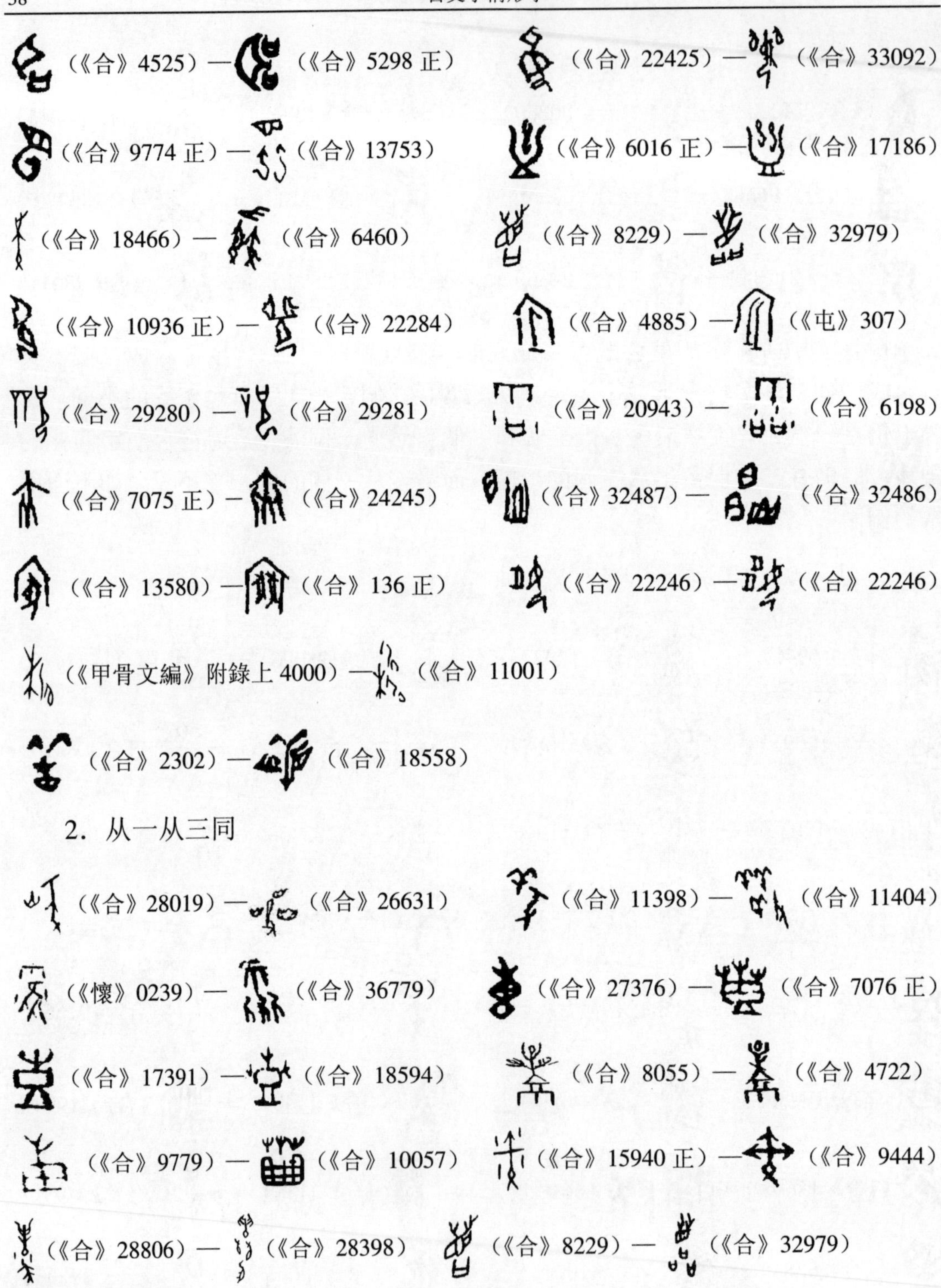

（《合》4525）—（《合》5298 正）　（《合》22425）—（《合》33092）

（《合》9774 正）—（《合》13753）　（《合》6016 正）—（《合》17186）

（《合》18466）—（《合》6460）　（《合》8229）—（《合》32979）

（《合》10936 正）—（《合》22284）　（《合》4885）—（《屯》307）

（《合》29280）—（《合》29281）　（《合》20943）—（《合》6198）

（《合》7075 正）—（《合》24245）　（《合》32487）—（《合》32486）

（《合》13580）—（《合》136 正）　（《合》22246）—（《合》22246）

（《甲骨文編》附錄上 4000）—（《合》11001）

（《合》2302）—（《合》18558）

2. 从一从三同

（《合》28019）—（《合》26631）　（《合》11398）—（《合》11404）

（《懷》0239）—（《合》36779）　（《合》27376）—（《合》7076 正）

（《合》17391）—（《合》18594）　（《合》8055）—（《合》4722）

（《合》9779）—（《合》10057）　（《合》15940 正）—（《合》9444）

（《合》28806）—（《合》28398）　（《合》8229）—（《合》32979）

（《合》8057）—（《合》8059）　（《合》3403）—（《合》13399 正）

3．从二从三同

（《合》14333）—（《合》11521）
（《合》5811）—（《合》10606）
（《合》9618）—（《合》9619）
（《懷》1307）—（《合》28398）
（《合》32 正）—（《合》31994）
（《合》32979）—（《合》32979）
（《合》9002）—（《合》21116）
（《合》19166）—（《合》13399 正）
（《合》2832 乙正）—（《合》13663 甲正）

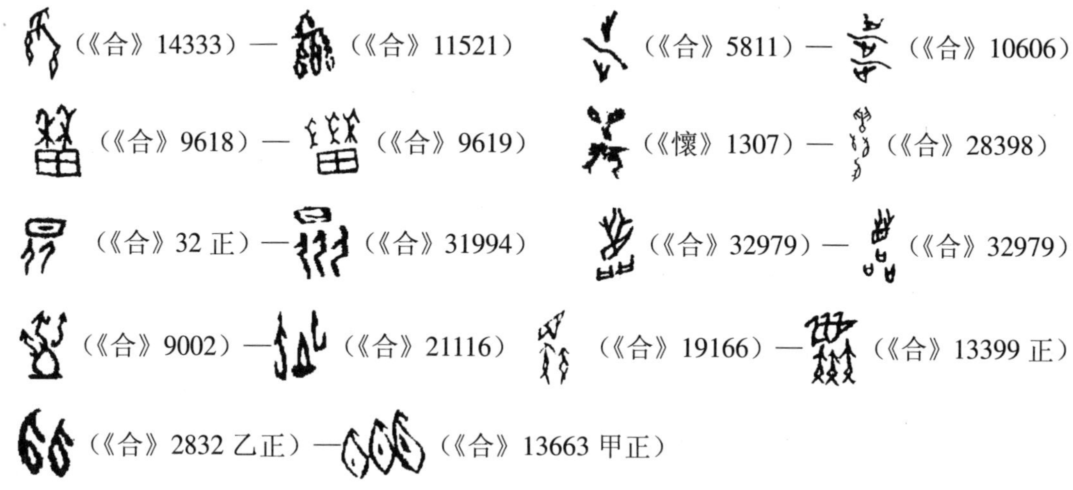

甲骨文中有許多字存在著从“又”或不从“又”的兩種形態，所从之“又”，有的是會意字的組成部分，有的是累加的“動符”。从手或不从手只是一個字繁簡體的差別。如：

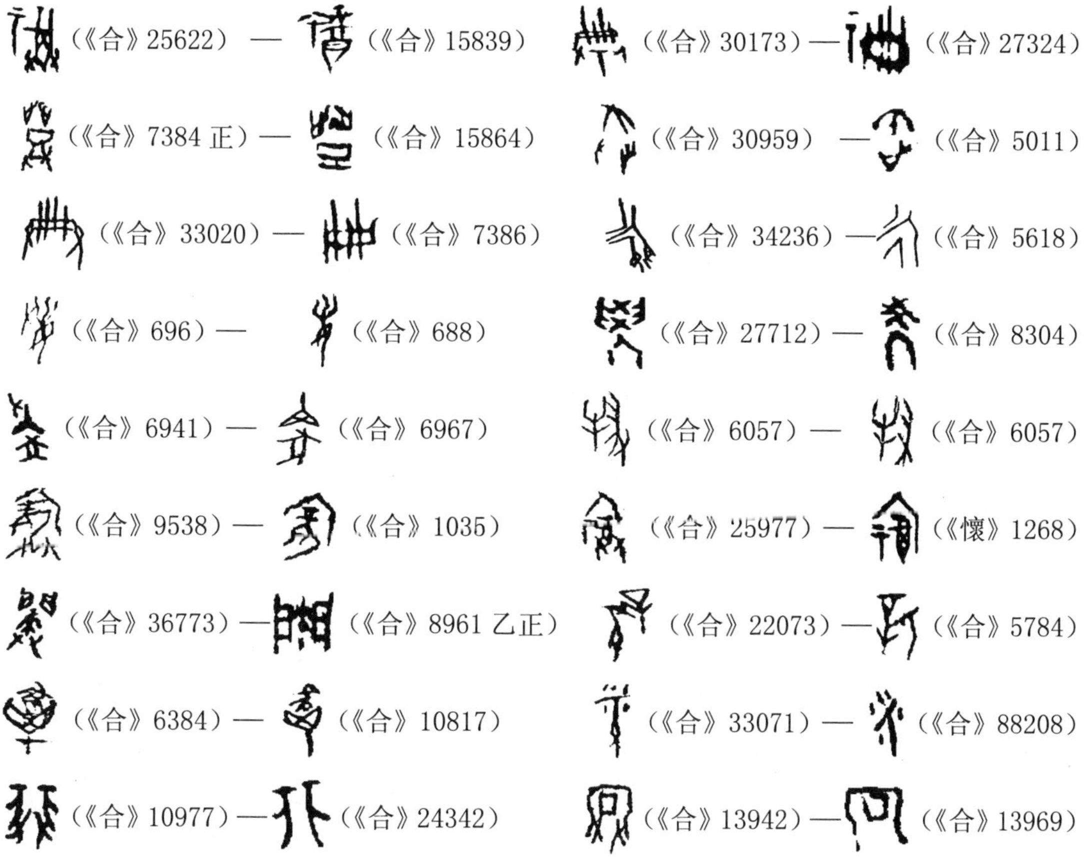

（《合》25622）—（《合》15839）
（《合》30173）—（《合》27324）
（《合》7384 正）—（《合》15864）
（《合》30959）—（《合》5011）
（《合》33020）—（《合》7386）
（《合》34236）—（《合》5618）
（《合》696）—（《合》688）
（《合》27712）—（《合》8304）
（《合》6941）—（《合》6967）
（《合》6057）—（《合》6057）
（《合》9538）—（《合》1035）
（《合》25977）—（《懷》1268）
（《合》36773）—（《合》8961 乙正）
（《合》22073）—（《合》5784）
（《合》6384）—（《合》10817）
（《合》33071）—（《合》88208）
（《合》10977）—（《合》24342）
（《合》13942）—（《合》13969）

（《合》25951）—（《合》30695）　（《合》26954）—（《合》30353）

（《合》30554）—（《合》35481）　（《合》940 正）—（《合》5458）

（《合》7056）—（《英》849 反）　（《合》21002）—（《合》7923）

（《合》3518）—（《合》18538）　（《屯》2061）—（《屯》2061）

（《合》29626）—（《合》29578）　（《懷》1648）—（《合》8277）

（《合》1105）—（《合》1104）　（《合》6007）—（《屯》2510）

（《合》9281 反）—（《合》18402）　（《合》22912）—（《合》16242）

（《合》569）—（《合》32008）　（《合》15169）—（《合》15695 正）

（《合》30991）—（《屯》3676）　（《合》33008）—（《合》185）

（《合》685 正）—（《甲骨文編》附錄上 3853）

根據以上規律，我們來看下面的例子：

例 1　彝

甲骨文有下列數辭：

37 辛亥貞王令以子方奠並在父丁宗。　《屯》4366
38 ……亥貞……以子方奠並于在父丁宗。　《屯》3723
39 ……戌貞辛亥酌……自上甲在大宗。　《合》34044 正
40 甲戌卜乙亥王其于且乙宗。　《合》32360
41 王于且乙宗。　《合》32360

辭中“”“”舊多缺釋或誤釋。按字應是“彝”字的簡體，即“”字之不从“収”者。“彝”於卜辭中用為祭名，試比較：

42 ……在中丁宗在三月。　《合》38223

可知“”確為“彝”字。

例 2　密

甲骨文有字作：

　《合》31996 正

裘錫圭先生在《釋柲》一文中曾釋此字為“密”，十分正確。[①]按甲骨文“宓”字作“”，又重複偏旁作“”，“”所从之“”即“宓”字，而“”則為“山”字，不過與“”重複作“”一樣，“”則是兩“山”重複。山作“”形，是將“”的輪廓省略成單線條的“”形。卜辭从山的“”又作“”可證，這與“”又省作“”頗為相似。“山”寫成重複的兩個，大概是為了與上部的“宓”字所从之“必”寫成重複的兩個相呼應。

五　形體的相通

甲骨文中有的形體在用作表意偏旁時可以和另一形體相通，也即唐蘭先生所說的“凡義相近的字在偏旁裏可以通轉”。如：

人—大

（《合》17165）—（《合》29693）　（《合》28723）—（《合》33573）

（《合》6199）—（《合》21374）

人—女

（《合》37481）—（《合》32301）　（《合》343）—（《合》1133）

（《合》6610）—（《合》970）　（《合》13389）—（《合》1051）

① 裘錫圭《甲骨文字考釋（八篇）》，《古文字研究》第四輯，中華書局 1980 年。

（《合》18077）—（《合》14035）（《合》8592）—（《合》14293 正）

（《合》2097）—（《合》22666）（《合》2203）—（《合》1284 正）

（《合》14006 正）—（《合》584 甲正）

人—卩

（《合》14294）—（《合》8138 正）（《合》32166）—（《合》32162）

（《合》33170 正）—（《合》30356）（《合》14006 正）—（《合》24147）

（《合》8592）—（《合》14272）

女—卩

（《合》16998 正）—（《合》5357）（《合》19891）—（《合》4094）

（《合》13890）—（《合》17569）（《合》1076）—（《合》2360）

（《合》22157）—（《合》185）（《合》1284 正）—（《合》3168）

眉—目

（《合》17484）—（《合》17450）（《合》13399 正）—（《合》19166）

（《合》970）—（《合》14811）

木—來—禾

（《合》29395）—（《合》28376）（《合》37198）—（《合》29578）

（《合》11005）—（《合》27459）（《合》36838）—（《合》36839）

（《合》862）—（《合》17444）（《合》10682）—（《合》10425）

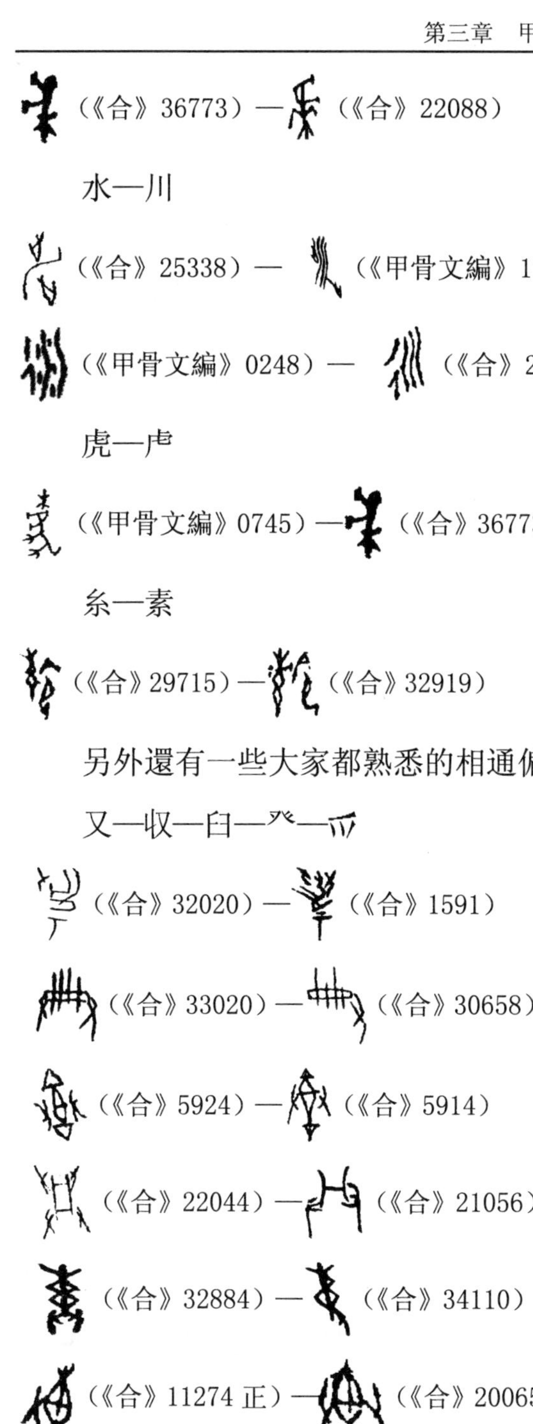

（《合》36773）—（《合》22088）

水—川

（《合》25338）—（《甲骨文編》1345）

（《甲骨文編》0248）—（《合》21526）

虎—虍

（《甲骨文編》0745）—（《合》36773）　（《合》6879）—（《合》33086）

糸—素

（《合》29715）—（《合》32919）　（《合》4248）—（《合》24460）

另外還有一些大家都熟悉的相通偏旁。如：

又—収—臼—𠬞—𦥑

（《合》32020）—（《合》1591）　（《合》31937）—（《合》5315）

（《合》33020）—（《合》30658）　（《合》6648）—（《合》13695）

（《合》5924）—（《合》5914）　（《合》34236）（《合》33263）

（《合》22044）—（《合》21056）　（《合》35362）—（《合》903 正）

（《合》32884）—（《合》34110）　（《合》3814）—（《合》20558）

（《合》11274 正）—（《合》20065）　（《合》 8732）—（《花東》181）

（《合》7408）—（《合》31784）　（《合》8907）—（《合》8929）

（《合》33211）—（《合》9481）　（《合》27823）—（《合》7928 反）

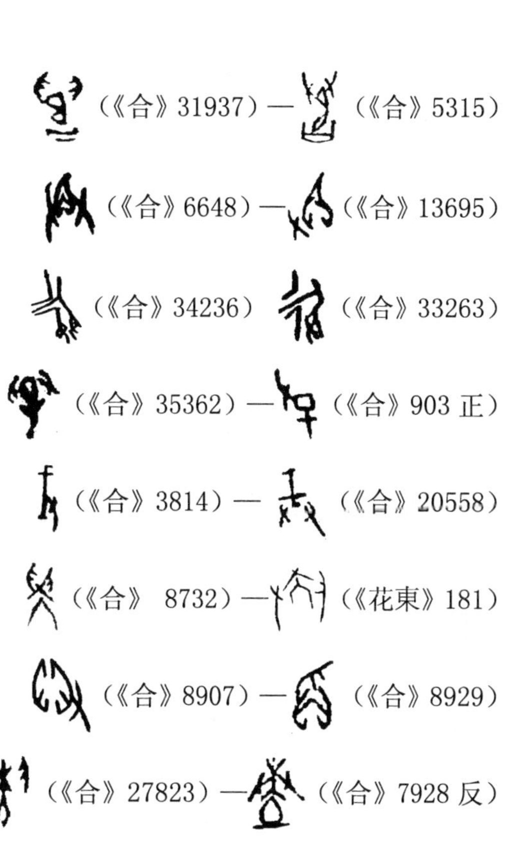

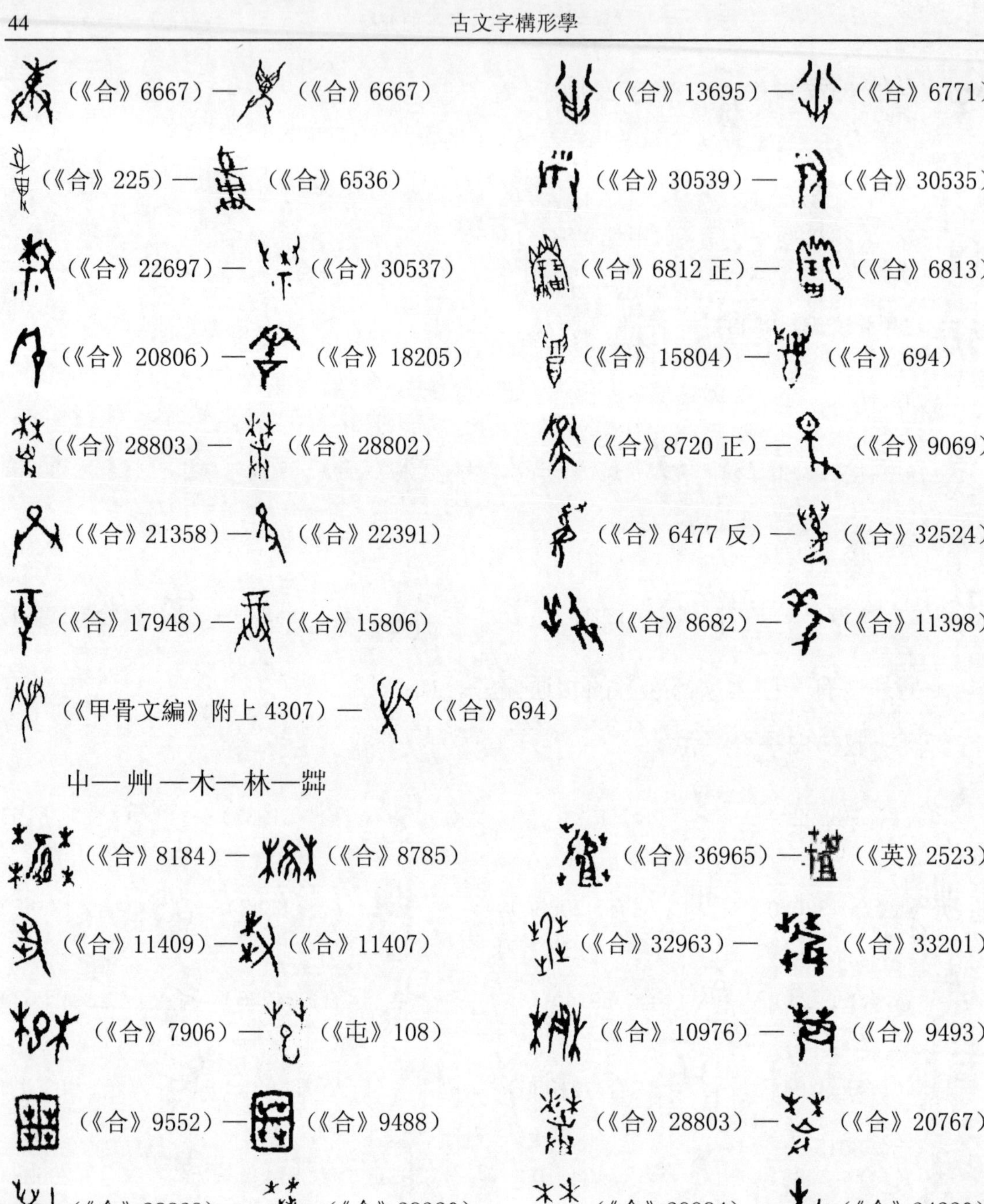

（《合》6667）—（《合》6667） （《合》13695）—（《合》6771）

（《合》225）—（《合》6536） （《合》30539）—（《合》30535）

（《合》22697）—（《合》30537） （《合》6812 正）—（《合》6813）

（《合》20806）—（《合》18205） （《合》15804）—（《合》694）

（《合》28803）—（《合》28802） （《合》8720 正）—（《合》9069）

（《合》21358）—（《合》22391） （《合》6477 反）—（《合》32524）

（《合》17948）—（《合》15806） （《合》8682）—（《合》11398）

（《甲骨文編》附上 4307）—（《合》694）

中—艸—木—林—茻

（《合》8184）—（《合》8785） （《合》36965）—（《英》2523）

（《合》11409）—（《合》11407） （《合》32963）—（《合》33201）

（《合》7906）—（《屯》108） （《合》10976）—（《合》9493）

（《合》9552）—（《合》9488） （《合》28803）—（《合》20767）

（《合》28828）—（《合》28320） （《合》29984）—（《合》34220）

（《合》4855）—（《合》4855） （《合》3190）—（14710）

（《合》10688）—（《合》34495）

（《合》29375）—（《合》38152）—（《合》36534）

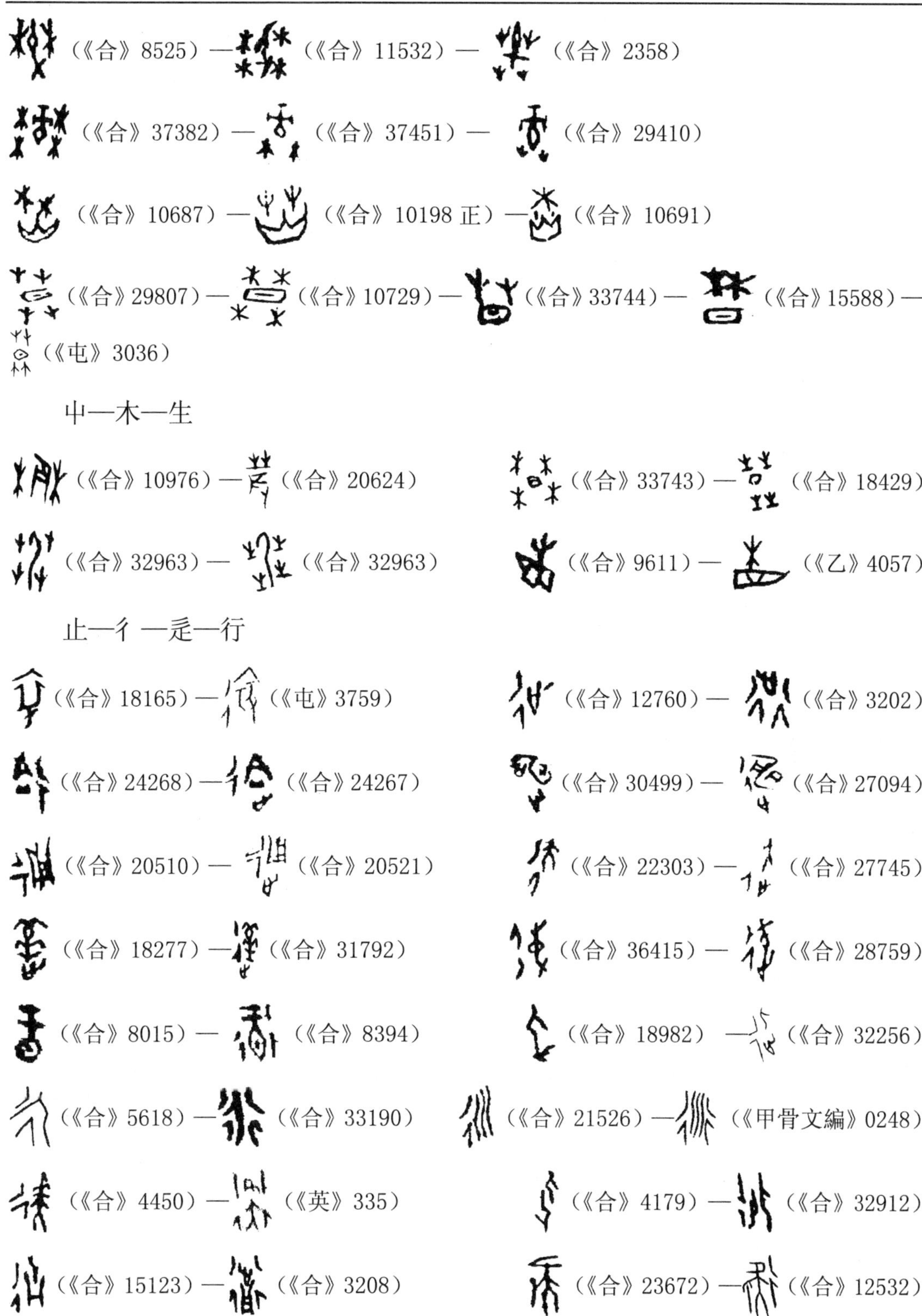
（《合》8525）—（《合》11532）—（《合》2358）
（《合》37382）—（《合》37451）—（《合》29410）
（《合》10687）—（《合》10198 正）—（《合》10691）
（《合》29807）—（《合》10729）—（《合》33744）—（《合》15588）—（《屯》3036）
中—木—生
（《合》10976）—（《合》20624）
（《合》33743）—（《合》18429）
（《合》32963）—（《合》32963）
（《合》9611）—（《乙》4057）
止—彳—辵—行
（《合》18165）—（《屯》3759）
（《合》12760）—（《合》3202）
（《合》24268）—（《合》24267）
（《合》30499）—（《合》27094）
（《合》20510）—（《合》20521）
（《合》22303）—（《合》27745）
（《合》18277）—（《合》31792）
（《合》36415）—（《合》28759）
（《合》8015）—（《合》8394）
（《合》18982）—（《合》32256）
（《合》5618）—（《合》33190）
（《合》21526）—（《甲骨文編》0248）
（《合》4450）—（《英》335）
（《合》4179）—（《合》32912）
（《合》15123）—（《合》3208）
（《合》23672）—（《合》12532）

（《合》2942）—（《合》18696） （《懷》827）—（《懷》1581）

（《合》6391）—（《甲骨文編》0199）

（《合》5951）—（《合》20454）—（《合》4914）

（《合》28881）—（《合》22715）—（《合》28134）

（《合》19276）—（《合》6882）—（《合》20741）

（《合》7861）—（《合》8210）—（《屯》725）

（《合》11004）—（《合》7343）—（《合》7343）

（《甲骨文編》0207）—（《合》13911）—（《甲骨文編》0207）

（《合》8964）—（《合》34530）—（《合》33001）—（《合》28057）

六　形體的訛混

甲骨文中一些形體雖然在音義上有別，但因形體相近，時常也發生訛混，如：口—ㅂ。

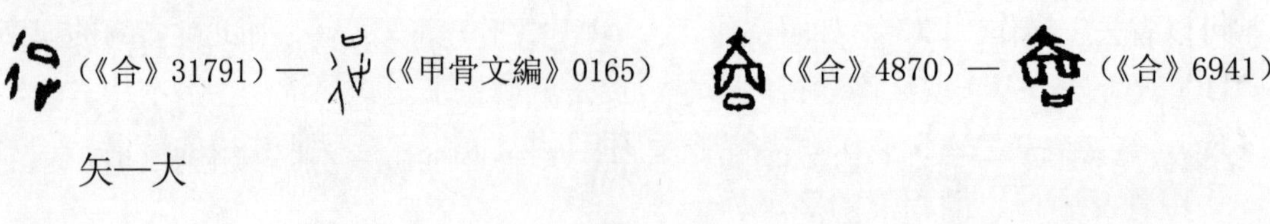

（《合》31791）—（《甲骨文編》0165） （《合》4870）—（《合》6941）

矢—大

（《合》14915）—（《合》26879） （《合》26879）—（《甲骨文編》0492）

刀—人

（《合》15090）—（《合》25886） （《合》36662）—（《合》36723）

方—亥

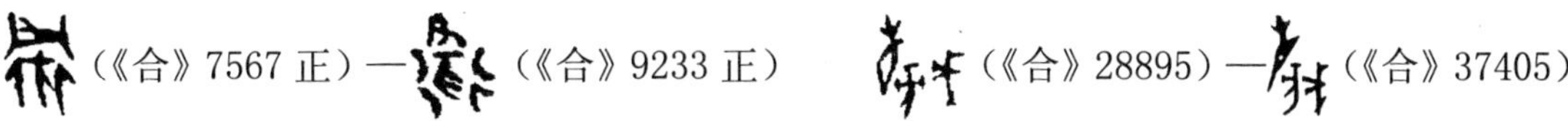

（《合》7567 正）—（《合》9233 正）　（《合》28895）—（《合》37405）

甲骨文祭字作“”，所从肉形作“”，又作“”，肉形與“口”字作“”完全同形。甲骨文有字作：

（《合》22322）　（《合》20338）

過去誤釋為“喙”和“𠯑”，後經學者研究，指出字皆从“肉”，應釋為“豚”和“𣲍”（將），這也是甲骨文偏旁訛混的一個例子。

甲骨文有字作：

（《合》4037）　（《合》28）　（《合》102）

字从“匕”从“𢆉”，又寫作：

（《合》4102）　（《合》32857）　（《合》32846）

从“匕”从“𠙵”。島邦男《殷墟卜辭綜類》中是將兩個形體分列的。但是從卜辭看，這兩個字卻無疑指的是一個人，尤其在歷組卜辭中是既有寫成从“𢆉”的，又有寫成从“𠙵”的。因“𢆉”與“𠙵”似乎不存在音義上的聯繫，所以這兩個形體也有可能是因訛混造成的一字異體。因“”與“”上部寫得幾乎相同，所以才會出現這種訛混。

甲骨文中“口”“凵”相混也是一個突出的例子。

甲骨文出字作“”，各字作“”，是原始形態。因為甲骨文从“口”的字常常可以省去一横作“”，如召字作“”，唐字作“”等等，如此則省寫的口字“”就與“”（坎）字變得同形了，於是就發生了一些混淆。各字本从“凵”（坎），後變為从“口”並作為標準形體保留下來，就是這一訛混造成的後果。

甲骨文中口、凵相混的字，如：

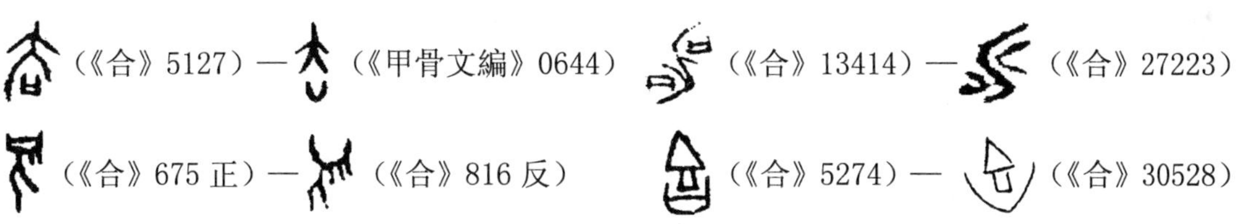

（《合》5127）—（《甲骨文編》0644）　（《合》13414）—（《合》27223）

（《合》675 正）—（《合》816 反）　（《合》5274）—（《合》30528）

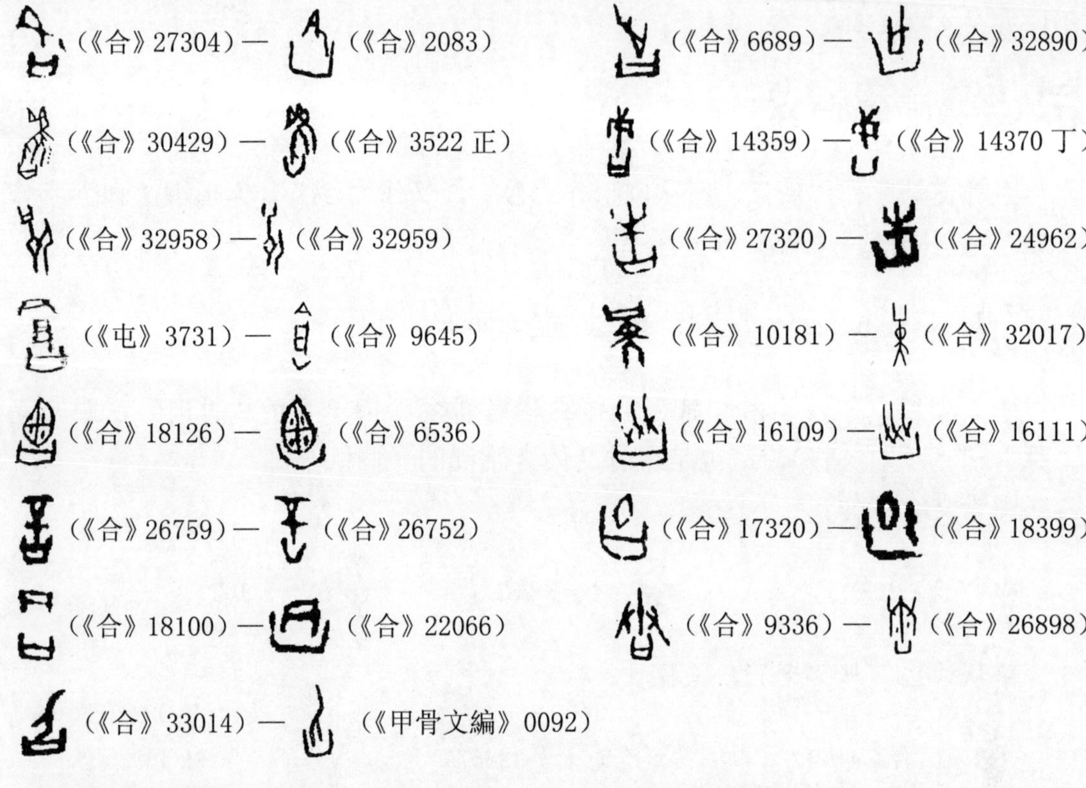
（《合》27304）—（《合》2083）（《合》6689）—（《合》32890）
（《合》30429）—（《合》3522 正）（《合》14359）—（《合》14370 丁）
（《合》32958）—（《合》32959）（《合》27320）—（《合》24962）
（《屯》3731）—（《合》9645）（《合》10181）—（《合》32017）
（《合》18126）—（《合》6536）（《合》16109）—（《合》16111）
（《合》26759）—（《合》26752）（《合》17320）—（《合》18399）
（《合》18100）—（《合》22066）（《合》9336）—（《合》26898）
（《合》33014）—（《甲骨文編》0092）

另外一些位於形體上方的“倒口”也發生相同的變化：

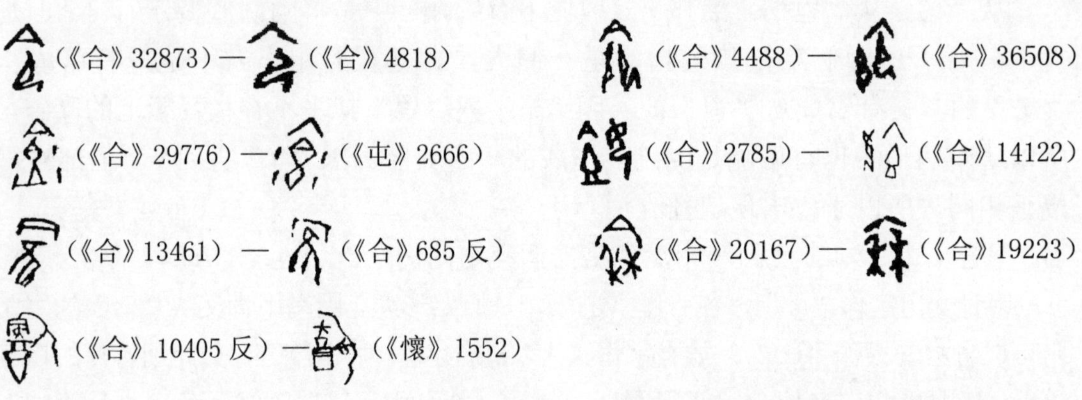
（《合》32873）—（《合》4818）（《合》4488）—（《合》36508）
（《合》29776）—（《屯》2666）（《合》2785）—（《合》14122）
（《合》13461）—（《合》685 反）（《合》20167）—（《合》19223）
（《合》10405 反）—（《懷》1552）

還有一些既不从“口”，也不从“凵”的字也因類化的原因產生相似的變化：

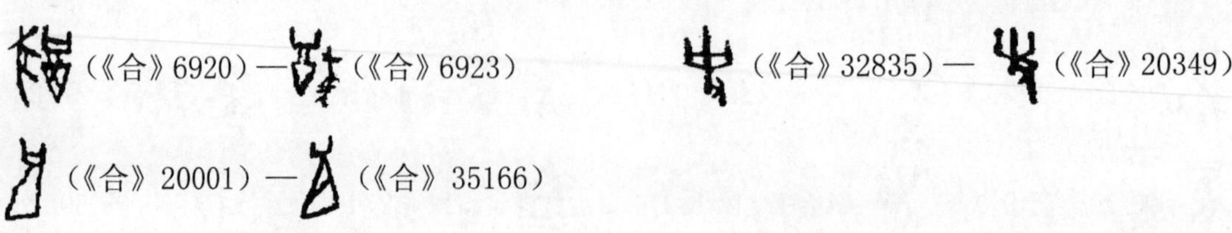
（《合》6920）—（《合》6923）（《合》32835）—（《合》20349）
（《合》20001）—（《合》35166）

下面試分析兩個形體：

例1　舊

43 其用[illegible]䄍二十牛受年。　《合》30688

44 其用[illegible]䄍二十牛受禾。　《合》30689

“[illegible]”即“舊”字，本从“凵”，不从“臼”，到後來才音化為从“臼”並以其為聲。

45 其𠦪河叀[illegible]㝵用于瀹酌。　《合》30429

46 又叀[illegible]用。　《合》30686

“[illegible]”“[illegible]”顯然也應是“舊”字，不過已從从“凵”訛混為从“口”作。

例2　合

甲骨文合字作“[illegible]”，又作“[illegible]”，應代表了早期的形態：

47 ……[illegible]令……[illegible]……示。　《合》14365

48 ……辰……貞翌……其酉卯……[illegible]……　《合》18030

49 王……師[illegible]。　《合》27435

50 貞又[illegible]伐[illegible]彡。　《屯》248

合字舊多以為像器蓋相合形是錯誤的。按合字最早就應作“[illegible]”，像二“口”相對形，乃“答”字初文。卜辭合字又作：

51 [illegible]　《合》22066

“[illegible]”顯然為“合”字下部之“口”省去一橫者，遂與“凵”字相亂。

52 辛未卜叀庚辰用牛于子庚于[illegible]用。　《合》22078

“[illegible]”則應為“合”字上下之“口”都省去一橫的形態，字亦應釋“合”。

七　異體與變形

甲骨文字相對來說還比較原始，許多形體還沒有最後定形，所以一個字常常有許多異寫，如下面的一些例子：

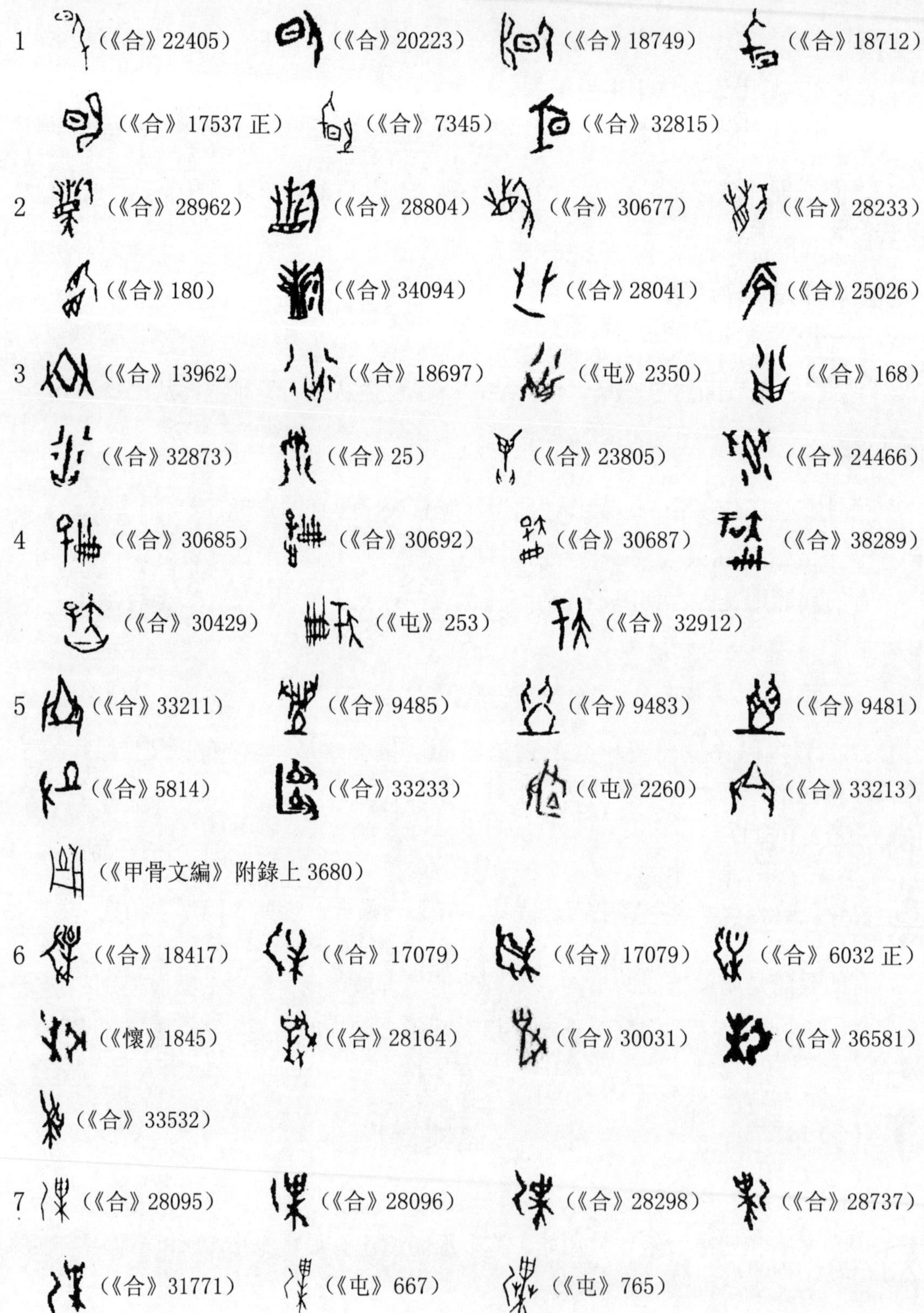
1 （《合》22405） （《合》20223） （《合》18749） （《合》18712）
（《合》17537 正） （《合》7345） （《合》32815）
2 （《合》28962） （《合》28804） （《合》30677） （《合》28233）
（《合》180） （《合》34094） （《合》28041） （《合》25026）
3 （《合》13962） （《合》18697） （《屯》2350） （《合》168）
（《合》32873） （《合》25） （《合》23805） （《合》24466）
4 （《合》30685） （《合》30692） （《合》30687） （《合》38289）
（《合》30429） （《屯》253） （《合》32912）
5 （《合》33211） （《合》9485） （《合》9483） （《合》9481）
（《合》5814） （《合》33233） （《屯》2260） （《合》33213）
（《甲骨文編》附錄上 3680）
6 （《合》18417） （《合》17079） （《合》17079） （《合》6032 正）
（《懷》1845） （《合》28164） （《合》30031） （《合》36581）
（《合》33532）
7 （《合》28095） （《合》28096） （《合》28298） （《合》28737）
（《合》31771） （《屯》667） （《屯》765）

8 （《合》10729）（《合》29807）（《合》33744）（《英》1978）
（《合》18429）（《合》23209）（《合》30937）（《合》27456）

這些異體之間有的非常接近，有的則差別非常大，不注意就會誤以為是兩個字。

造成異體的原因很多，異體的形式也很複雜，比如有的異體是比通常寫法更為象形的原始形態。如：

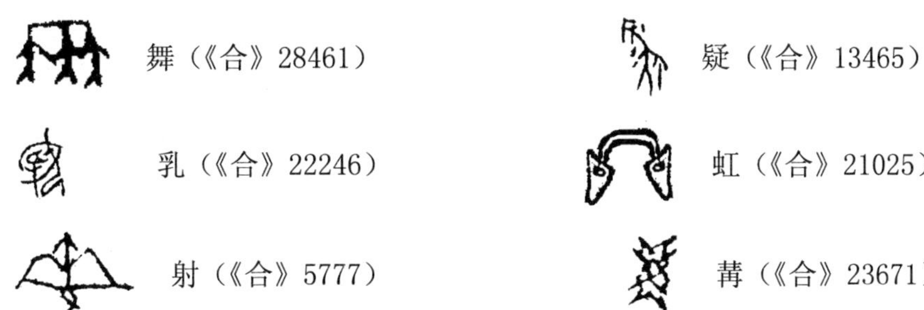

有的異體則是因為使用不同的聲符造成的差異。如：

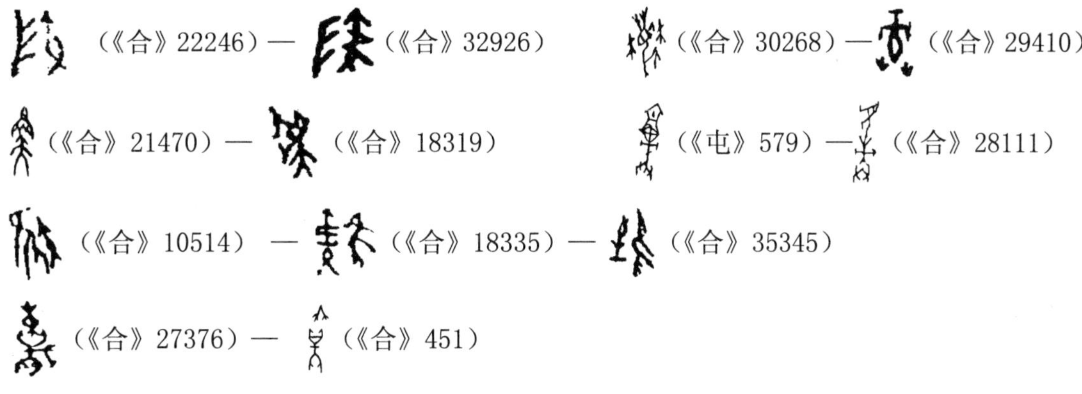

有的異體是屬於繁簡的不同，如有的形體有加“止”與否的繁簡差別：

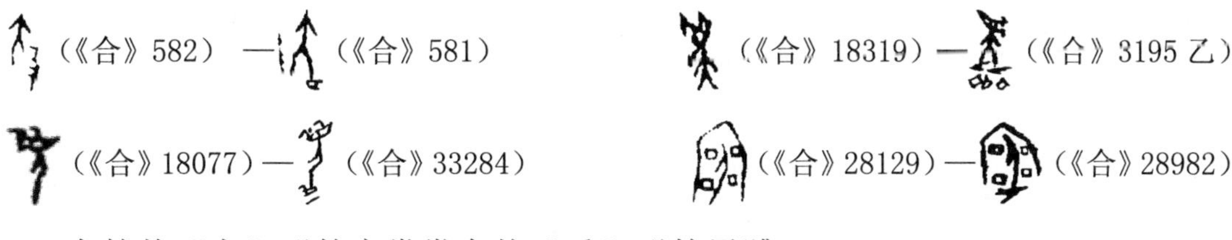

有的从“人”形的字常常有从“手”形的異體：

（《合》10406）—（《合》7408）　（《合》540）—（《合》9815）

（《合》30347）—（《合》28030）　（《合》9503）—（《合》626）

（《合》8809）—（《合》19756）　（《合》185）—（《合》33202）

有的則是局部與整體的不同：

（《合》15105）—（《合》22215）　（《合》4525）—（《合》14295）

（《合》3421）—（《合》14792）　（《合》412 正）—（《合》816 反）

（《合》33176）—（《合》8121）　（《合》30677）—（《合》28962）

有的是加“口”繁化的異體：

（《合》27369）—（《合》14201）　（《合》14915）—（《合》33017）

（《合》12760）—（《屯》4310）

有的是加“動符”繁化的異體：

（《合》27304）—（《合》31164）　（《合》508）—（《合》21791）

（《合》32844）—（《合》13911）　（《合》18589）—（《合》17857）

（《合》28982）—（《合》28285）　（《合》9130）—（《合》30721）

（《合》18103）—（《合》10739）　（《合》30593）—（《合》22302）

（《合》20549）—（《合》21653）　（《合》1107）—（《合》21295）

（《合》21035）—（《合》9053 正）　（《合》21536）—（《合》4592）

（《合》23672）—（《合》12532 正）　（《合》18595）—（《屯》2358）

（《合》4179）—（《合》32912） 　（《合》22546）—（《合》9574）

（《甲骨文編》0297）—（《甲骨文編》0237）

（《合》17230）—（《甲骨文編》附錄上 3296）

（《合》21729）—（《甲骨文編》附錄上 3332）

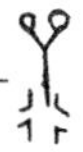

（《合》32947）—（《合》19276）—（《合》6882）

（《合》5951）—（《合》20454）—（《合》32031）

（《合》11402）—（《合》7343）—（《合》7343）

（《合》32844）—（《合》13911）—（《甲骨文編》0207）

下面看一些具體的例證。

例 1　甾

甲骨文甾字簡體作“ ”，繁體作“  ”，多出一橫筆，在从“甾”的字中，這兩種形態是互見的：

（《合》28096）—（《合》28095）　灉

（《合》31904）—（《合》1096）　異

（《合》24453）—（《合》24453）　𨻰

（《合》35481）—（《合》35565）　𩱦

例 2　㝉

甲骨文中的“㝉”字有如下幾種形態：

“”為標準形體，“”為省去圈足的省形，而“”則為進一步的簡省形體，“”為直線條化的特殊形態。這些形體在从“皀”的字中體現如下：

（《英》2562 正）—（《合》26899） （《合》15860）—（《合》34596）

（《合》15860）—（《合》22698） （《合》27321）—（《合》19851）

（《甲骨文編》4961）—（《合》4464 正） （《合》2783）—（《合》13214）

（《合》32019）—（《合》29707）—（《合》29708）

例 3　辛

甲骨文“辛”字有下列幾種形式：

1　2　3　4　5　6　7　8　9

辛字在單獨成字時，由 1 式“”加“”形飾筆發展為“”，發展速度最快。而从“辛”旁的“商”字則呈現出多種形態。既可以从 1 式作“”或“”，又可以从 2 式作“”，還可以从 3 式作“”或“”。因甲骨文一些呈輪廓線的筆劃皆可省成單線條的筆劃，1 式“”可以省成 5 式“”，故“”又可作“”；3 式“”可省作 6 式“”，故“”“”又可省作“”“”；4 式“”可以省作 7 式“”，故商字又可作“”。又因辛字可寫成圓筆狀的“”，故商字又可以寫作“”。

古文字由於每個字的使用頻率不同，其發展演變的速度也就不同。一些字在其單獨存在與其作為偏旁時的發展速度是有差異的。一個字作為偏旁與不同的字組合成新的複合形體之後，因受與其組合的形體的制約，其發展演變也呈現出不同的狀態。

下面將甲骨文中的辛字及一些从辛的字列表如下，以便觀察其不同的發展速度和辛字在不同的形體中呈現出的不同形態：

式／例	[illegible]	[illegible]	[illegible]	[illegible]	[illegible]	[illegible]	[illegible]	[illegible]	[illegible]
辛		[illegible]							
商	[illegible]	[illegible]	[illegible]		[illegible]	[illegible]	[illegible]	[illegible]	
言		[illegible]	[illegible]						
戠	[illegible]	[illegible]						[illegible]	
徲		[illegible]	[illegible]	[illegible]			[illegible]		
宰			[illegible]	[illegible]					
璞			[illegible]				[illegible]		
新		[illegible]							[illegible]
妾	[illegible]		[illegible]						
龍	[illegible]		[illegible]			[illegible]			
風	[illegible]		[illegible]		[illegible]				
童	[illegible]				[illegible]				

從表中可以看出，辛字有多達九種的不同形式。其中“▽”式最早，“[illegible]”式最晚。在不同的形體中，辛字呈現出不同的樣式並保持著相對穩定的狀態。如單獨存在的“辛”字只作“[illegible]”或“[illegible]”，不作別的形式；而妾字所从之“辛”只作“▽”或“[illegible]”，不作別的形式；又宰字所从的辛字只作“[illegible]”或“[illegible]”，不作別的形式。唯有商字，基本包括了辛字的所有形式。

分析文字，就是要將一個基本形體獨立存在的形態與其他偏旁組合後的形態進行排譜比較，確定其早晚關係，從而描繪出其發展演變的軌跡。

《屯》有辭作：

53 甲子卜[illegible]以王族守方在[illegible]亡巛。

54 方不往自。 《屯》2301

“”从“辛”从“山”。甲骨文中从“山”作的字有許多都是“某山”的合文，“”很可能就應讀作“辛山”。這條卜辭是說率王族埋伏在辛山以待“方”前來，結果“方”沒有至辛山。

《屯》又有辭作：

55 庚辰貞王其令。 《屯》2915

知道了甲骨文辛字可作“”“”，則可推測此辭中的“”也應讀作“辛山”，與上兩辭之“”可能指一地。也有可能“”本就是合文，只是兩部分離得遠些。

例 4 競

甲骨文競字作“”，或作“”。甲骨文又有字作“”，過去不識或誤釋為“瓜”，其實“”乃“競”字異體。“”字見於下列辭例：

56 甲戌……。 《合》1847

57 ……弜桒。 《屯》1048

58 ……卜亞般歲。 《合》27938

59 ……二示……歲。

弜。 《合》34098

60 弜。 《合》34585

61 弜。 《屯》810

62 河五牢。

庚戌卜高沉眔卯。 《屯》2667

63 丙寅卜大庚歲于毓且乙…… 《屯》3629

64 ……于高…… 《屯》310

“”顯然為“”之省“辛”者，“”顯然為“”之省“辛”者，“”則為“”之省“辛”者。《說文》：“競，彊語也，一曰逐也。从誩从二人。”卜辭之“競”用為“逐”之義，猶今言“跟著”。“丙寅卜大庚歲競于毓且乙”猶言：歲祭大庚，毓且乙亦跟著歲祭。另外卜辭或言“匕甲匕庚”，競字用法與此相同。

例 5　退

甲骨文退字作“”，从“皀”从“夊”，與金文退字作“”（天亡簋）形右旁相同。甲骨文退字見於下列數辭：

65 甲午卜貞翌于甲寅酌。
　 貞弓酌一月。　《合》557

66 ……貞……　《合》10930

67 丙申卜伐不用。　《合》32260

68 癸未卜……　《屯》2541

69 ……子卜……將其……庚伐……罕。　《合》31261

70 癸巳……舟。　《合》33215

71 癸巳卜枚舟。　《合》33690

72 弜酌河尞其。　《合》34115

73 ……丑卜其旦……　《合》34119

74 弜戠。　《合》34445

75 弜旦其征。
　 丁卯卜戊辰旦。　《合》34601

76 乙巳……　《合》35236

77 其旦弗乍。　《合》34445

上揭辭中“退”有三式。“”為从“豆”从“夊”，與標準的从“皀”不同。“”為“皀”字省去圈足者。戰國中山器退字作“”形，所从叜形也是省去圈足形的形體。卜辭又有辭作：

78 貞先以歲。　《合》15483 正

79 丁未卜爭貞弓先歲𢼄在塗　《合》15484

“”字舊不識，或有釋為“复”字者。按甲骨文复作“”，與此絕不相同。“”也應是退字的異體，與“”“”二式相比，只是从“豆”或从“皀”（簋）及从“尊”的差別。三者皆為器物，在用作表意偏旁上是可以相通的。

卜辭“退”字用為“撤去”義，皆指撤去某種祭祀而言。67 之“退伐”，言退去伐祭不用，或謂“撤去伐牲不用”。74 之“弜退戠（待）”謂“不要撤去，等一等”。

例 6　屰

80 貞□于且辛。

□于且辛。《合》12450

“□”、“□”兩字舊不識。按此應為“屰”字異體。不過在“倒人”下加一横而已。這一横可能是飾筆，亦有可能是代表“地”或是“區域”。

81 貞虎□衆人得。《合》66

82 ……人……㞢□。《合》1071 正

83 ……□䍙……《合》4554

84 ……□貞王使于□。《合》5511

85 ……乎……田……□。《合》5977

86 庚申卜㱿貞伐𢦔□𢦏。《合》6877 正

87 貞王伐𢦔□𢦏……《合》6878

88 ……伐𢦔□……《合》6880

“□”字舊不識，其實也是“屰”字異體，字亦應釋“屰”。81“屰衆人得”謂“逆迎眾人，得到了”。84“屰”為地名，與卜辭“□”也用為地名顯係一地。86、87、88 辭中之“𢦏”字為一種軍事攻擊行動，“屰𢦏”猶卜辭言“屰伐”，指一種迎上前去的攻擊。

例 7　至

89 ……雷……又□。《合》22335

“□”字舊不識。按“□”像帶有矰繳的箭，字應為“至”字異體。“又□”即“有至”，大概是問雷能不能來之意。

例 8　兮

卜辭兮字作“□”，又作“□”“□”。在作為偏旁時，有時下部寫成雙線條的形狀作“□”“□”“□”。由於人們只熟悉兮字單獨存在時作“□”形的寫法，所以將“□”釋為“雩”，卻不知“□”也應釋為“雩”；將“□”釋為“兮”，卻不知“□”“□”“□”也應釋為“兮”。

例 9　雨

90 乙丑降又□。　《合》22487

“□”形很怪，據辭例可判斷應是“雨”字異體。

例 10　崙

91 癸未卜方貞王往于□。　《合》8284
92 ……卜……于□。　《合》8285
93 丁未卜㱿貞□受年。
貞□不其受年三月。　《合》9741 正
94 ……□……馬……　《合》11046
95 ……□二月。　《合》18836 反

“□”字舊不識，湯餘惠先生和金祥恒先生曾論證此字為“崙”字，[①]我們也曾在一篇小文中論及。[②]此為甲骨文中“崙”字最簡的寫法。

96 叀乙亥遘□。　《合》28134
97 叀□遘王受又。　《合》28135
98 其□。
弜□。　《屯》2422
99 叀乙未征遣□王弗悔。　《屯》3165
100 丙午卜丙我叀□𩫖。　《懷》407
101 ……□。　《合》8286
102 庚辰……王㝵……□……　《合》5401

此“□”“□”等字為“崙”字的繁複寫法。金文“崙”字作“□”“□”，與此形相同。又甲骨文有下列之辭：

103 庚辰卜王朕□羌不□囚……　《合》525
104 ……子……𠂤……□……□……　《合》20052
105 ……□……钔……女……　《合》21159
106 钔帚□子于子鴈。　《英》1770
107 甲午卜王□中終夕。　《英》1784

① 湯餘惠《略論戰國文字形體研究中的幾個問題》，《古文字研究》第十五輯，中華書局 1986 年。
② 劉釗《古文字研究》（七種），1985 年自印本。

108 ……卜王…………十二月。　《英》1861 正

上揭辭中“”“”“”等字也應是上釋𦍒字的異體，以往似未曾注意。

對甲骨文進行分期分組的排譜是一項極富有意義的工作，這一研究隨著近年甲骨文分期研究熱的興起，開始被學者們所注意，可做的工作還是初步的，遠遠沒有形成規模。甲骨文中一些字的異體和不同寫法，就是因為其所處的“期”和“組”的不同造成的。其中因“組”的不同也就是因刻寫者的不同產生的不同寫法的現象是非常多見的。

例 11　西

109 戊戌貞令眔涉龍北亡囚。　《懷》1654

110 庚戌……辛亥……眔……北……　《屯》1077

111 丁酉卜亞㚔以眔涉于若。　《合》31983

112 其从爯眔。　《合》31996 正

這幾條卜辭都屬於歷組。辭中“”“”諸字舊皆不識。其實這個字應是“西”字的異體，是“歷組”的特殊寫法，所以才使人迷惑不辨。

甲骨文字在構成和刻寫時常常會發生一些變形，變形後的形體極易使人迷惑，但其中有一定的規律可循。只要充分掌握文字的構成和演變規律，同時利用辭例進行比勘，許多經過變形的字還是可以識出的。

先來看一個“口”字的例子。

甲骨文字中的“口”字在獨立存在和“正寫”時，都作“”形，但當口字與一些形體組合成複合形體並“倒寫”時，則大都變形作“”形並成為標準形體。不過同時還殘留有作“”形的形態。如：

（《合》1076 甲正）——（《合》21963）　合

（《合》20770）——（《合》13461）　雈

（《合》31824）——（《合》27435）　會

（《合》10405 正）——（《合》18675）　俞

（《合》29776）——（《合》20961）　食

（《合》32873）——（《合》23675）　令

這一演變規律使我們知道作“ ”形的字從構形上看要早於作“ ”形的狀態。同時不能將从“ ”與从“ ”的一字誤分為二。“ ”字舊釋為“陰”，“ ”字舊釋為“霧”，就是強分一字為二的錯誤。

甲骨文在刻寫時，往往為刻寫簡便而連寫或省略筆劃，造成一些變形。一個比較明顯的例子就是凡是呈現三歧的筆劃皆可以寫成二歧的，這可能是因為“ ”或“ ”需要三筆寫成，而“ ”或“ ”則可以連寫成二筆的原因。如：

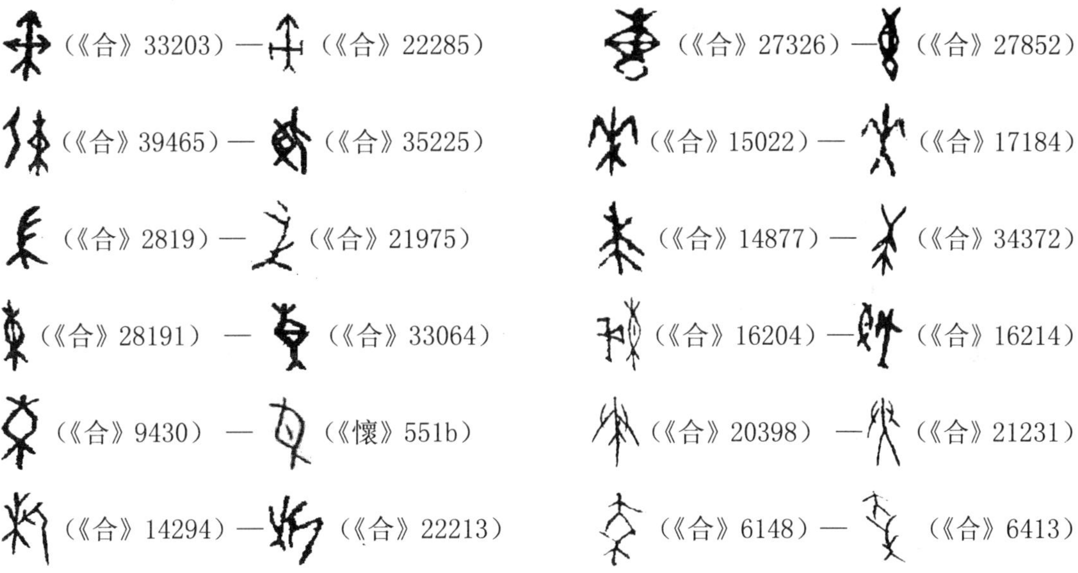

（《合》33203）—（《合》22285）　（《合》27326）—（《合》27852）

（《合》39465）—（《合》35225）　（《合》15022）—（《合》17184）

（《合》2819）—（《合》21975）　（《合》14877）—（《合》34372）

（《合》28191）—（《合》33064）　（《合》16204）—（《合》16214）

（《合》9430）—（《懷》551b）　（《合》20398）—（《合》21231）

（《合》14294）—（《合》22213）　（《合》6148）—（《合》6413）

這種省寫的變體結果是造成一些混淆，使一些本為二歧的形體也逆向變成了三歧的。如：

（《合》1430 反）——（《合》32915）　畀

（《合》7781）——（《合》7782）　膠

這種二歧和三歧的變化關係，在金文中也普遍存在。

下面具體分析一些變形的例子。

例 1　䶒

113 甲戌卜㱿貞弜卯帚孜止于父……　《合》2628

114 甲戌卜㱿貞弜卯帚孜止于父乙。　《合》2627

“”字舊大都不釋，《甲骨文編》列於附錄八八〇頁。按“”字應為“”字之變形。卜辭“弜䶒卯”一詞常見。島邦男《殷墟卜辭綜類》將 113 列於“䶒”字條下是正確的，但又誤摹作“”列於該字下則是錯誤的。

例 2　

115 辛亥卜王㞢且甲。　《合》1781

“”字舊大都不釋，《甲骨文編》列於附錄九〇七頁。按字應為“”字的異體，不過寫得有些變形，成了封口狀的形態。

例 3　爵

116 戊寅卜㱿貞雷其來。

雷不其來。　《合》3945 正

117 王固曰其出其隹呂出其㞢疾弗其同。　《合》3945 反

118 王固曰其出叀呂不出其㞢疾弗其同。　《合》3946 反

119 戊寅卜㱿貞雷其來。

貞不其來。　《合》3947 正

120 王固曰其出其隹呂不出其㞢疾弗其同。　《合》3947 反

對辭中“”“”“”諸字的結構舊皆不甚清楚。因其下部頗像鳥形，或有將此字釋為“鳳”字者。按甲骨文爵字作“”“”，又作“”“”。如“”形省去“”形作“”，則顯然與“”所从之“”為一字無疑。故甲骨文之“”“”“”都應隸定作“爵”。甲骨文又有字作“”，應為此字較規則的寫法。可見爵字正規寫法不難辨識，而稍加變形作“”，便使人產生錯覺。

例 4　冓

甲骨文有字作：

　《合》23354

舊或釋為“菁”，是正確的。菁字本像兩魚相對之形，後加以線條化，其演變過程為：

（《合》23354）— （《合》12571）— （《合》12734）— （《合》33931）

卜辭有下揭二辭：

121 貞其示……。　《合》27456 正

122 貞祏且乙叀至又正。　《合》27194

其中“”“”二字舊不識，疑皆為“菁”字之變形或異寫。

卜辭又有以下諸辭：

123 癸巳貞又伐于伊其大乙彡。　《合》32103

124 其大乙彡。　《屯》532

辭中“”字應為“菁”字之省變，即由“”形又省去四短筆而來。

例 5　五

卜辭有字作：

（《懷》864b）　（《英》1954）

字應為“五泉”合文，又有辭作：

125 ……旅……翌戊寅……于……又一牛。　《合》24424

“”顯然應為“”字兩斜筆未刻到位者，字也應釋為“五泉”合文。

卜辭又有下列二辭：

126 ……曰矣𠂤在。

　　癸巳卜……矣𠂤在。　《合》13517

由“”可作“”，可知“”應為“”字之未刻到位者。

例 6

上邊舉了一個筆劃未刻到位的例子，下邊再來看一個筆劃刻得“超出”的例子。

127 癸未貞叀今乙酉又歲于且乙五豕。 《合》32512

128 癸未貞叀今乙酉又歲于且乙五豕。 《合》32513

由辭例比較得知，上揭二辭中的“”“”無疑應為“”字之變形。

造成變形的原因有一些是因省去部分筆劃形成的。如“”字作“”，省去了人的頭部一筆，折字作“”，“”乃“”字而省去一半者。

有時改變部分偏旁或筆劃的結構位置，也會產生一些變形，如齒字作：

 《合》13645正

將牙齒寫到了“口”外邊。

下邊再舉一些改變偏旁位置的例子：

129 甲申卜王于匕己𢇎娩。 《合》19886

辭中“”字朱鳳瀚先生指出為“司”字，其說甚確[①]。此作“”形即“”之改變位置者。又相類似的例子如：

130 乎冓𦅫望。

冓𦅫望。 《合》4891

其中“”字舊不識，字从“丂”从“口”，應是“”即“可”字改變偏旁位置的寫法。

八 專字與“隨文改字”

專字指用於某一專門概念的字。甲骨文中的專字很多，都具有特指性。如：

牢

坎

牡

① 朱鳳瀚《論卜辭與商金文中的“后”》，《古文字研究》第十九輯，中華書局1992年。

牝

伐

執

這是文字較為原始的一個表現。發展到金文，有些專字便逐漸消失了。如“□”“□”“□”最後歸結為“□”，“□”“□”“□”歸結為“□”，“□”“□”“□”歸結為“□”即是證明。

甲骨文中从“山”“水”“女”的字有許多也都是專字，即在一些山名、水名、女名（或族名）上加上表示其屬性的“山”“水”“女”旁。這些字的含義範圍很小，都用為專有名詞。許多字不能以其隸定的形態與後世相同結構的字相比附。如“□”並非“好”字而是“帚子”之“子”的專字。“□”非“炘”字，而是“斤山”的專字，“□”非“淵”字，而是“㴊水”之“㴊”的專字，等等。

甲骨文沉字作：

□　□　□

分別特指沉牛、沉羊、沉牢。《小屯南地甲骨》有辭作：

131 其□渪王其焚。
其□。　《屯》2232

有學者指出“□”即專指“沉玉”之沉的專字①。古有“沉玉”之禮，這一材料極為重要。

甲骨文有辭作：

132 己巳卜彭貞𢀛于河羌三十人才十月又二卜。
貞五十人。
貞卯十宰。
貞其□。
貞弜□。　《合》26907 正

---

① 詹鄞鑫《讀〈小屯南地甲骨〉劄記》，《考古與文物》1985 年第 6 期。

這一版卜辭是講用羌人或宰𠂜于河的事，故卜問用三十人還是五十人。辭中“[illegible]”字舊皆混於“[illegible]”字，以為字从“牛”，一直沒有引起人們的注意。其實這個字不从“牛”而从“屰”，也即从“倒人”。“[illegible]”顯然是“沉人”之“沉”的專字。

1984 年，詹鄞鑫先生在《研契論叢・釋[illegible]》一文中，談到卜辭中一字代表二詞的現象。他認為甲骨文的“[illegible]”字不同於正常的車字，而是表示“覆車”的意思。其後蕭良瓊先生在《卜辭文例與卜辭整理和研究》一文中進一步比較了卜辭中的幾種車字，她認為車字正常的寫法作“[illegible]”，而寫作“[illegible]”“[illegible]”及“[illegible]”形的則分別表示輈、軸、衡與輈之間斷裂了的車，此字不應釋作車，從意義上講應釋作“輟”。[1]

我們認為詹鄞鑫和蕭良瓊二位先生所談到的是同一現象，我們稱之為“隨文改字”。甲骨文雖然已是成熟的符號體系，但也殘留了許多原始的跡象，如形體的不固定，異體眾多，存在許多合文、借字的現象，有許多專字等等，都體現了甲骨文一定的原始性。同時也顯示了甲骨文書寫環境的重要性。文字越原始，越強調視覺在閱讀上的重要性，“隨文改字”就是這一原始性的孑遺。上舉的幾種“車”字，其實還都應釋為“車”，不必改釋他字。只不過這些車字在書寫時，作了一些與所處的辭句所表達的意義相對應的改造，以便更明顯地揭示辭義。“[illegible]”“[illegible]”“[illegible]”三字所處的辭句，所記之事就應分別是指車的輈、軸、衡與輈之間斷裂的車子而言，所以刻寫者在諸字上作了相應的改寫。

為了說明問題，讓我們再看一個例子：

133 丙寅卜又涉三羌其[illegible]……印。
丙寅卜又涉三羌其[illegible]……至自印。 《合》19756

134 丙寅卜……羌其[illegible]涉河印不[illegible]。 《合》19757

這三條卜辭所卜內容相同。133 為一版中相同的二條卜辭，134 為把正反兩問並於一辭的選擇式卜問。辭中“印”為語氣詞，所卜內容大意是：卜問能否抓獲涉河過來的三個羌人。卜辭有不少辭句卜問執獲羌人能否得到，常常用“得”字，如：

135 貞戈𠦪羌得。 《合》504 正

136 貞𠦪羌得。

① 蕭良瓊《卜辭文例與卜辭整理和研究》，《甲骨文與殷商史》第二輯，上海古籍出版社 1986 年。

貞奉羌不其得。　　《合》505 正

還有用羌方“由”的記載：

137 羌方□其用王受又又。　　《合》28093

上引 133 辭中“□”字从“爪”从“貝”，應為“得”字異體，而相對應的兩條辭中得字作“□”“□”形，从“爪”从“由”。按“□”“□”也應為得字，只不過將所从之“貝”改寫成了訓為“鬼”頭的“由”字，以會抓獲、獲得之意，以迎合辭句所表示的“得羌”之意。這也應是“隨文改字”的一個實例。

第四章　早期銅器銘文的構形特點

早期銅器銘文研究是多年來古文字研究中的一個熱點。對早期銅器銘文性質的認識，是逐步趨於統一和明朗的。最早的研究都是將這些銘文看作是圖畫文字的孑遺，分析的方法和論證的手段都是“看圖會意”式的，所以引出了許多荒誕不經的解說。後來雖然大部分人承認這些銘文應是文字，但還是因其比一般的青銅器銘文具有更強的“象形”意味的特點，因而保留“圖畫文字”或“文字畫”的稱呼。郭沫若先生首先將這些銘文稱為“族徽”，使對這些銘文的認識前進了一步。目前學術界則稱這些銘文為“族徽文字”、“族氏銘文”或“早期銅器銘文”。

早期銅器銘文所包含的內容可能並不單純，不能絕對地否認其中有個別的文字符號具有“圖畫文字”或“文字畫”的性質。如個別動物的形象，就很可能是俘獲到這類動物後刻在銅器上以誌紀念的。也可能還有一些並不是文字，而只是一些“硬性約定符號”。但從總體上看，這些銘文的絕大部分還都是真正意義上的“文字”，是具體有音義、可以釋讀的文字。就這些銘文的形體來看，它們只是用當時的文字經過“美術裝飾化”後來記錄和表達一個較為專門的概念，絕不能因其象形意味濃就認為是早期流傳下來的文字畫。由此也就決定了絕不能用“看圖會意”的方法去對其進行研究，而只能把其當作文字看待，去進行文字學上的辨識和分析。像類似論證“[illegible]”形為“舉尸主以祭”等一類的說法，都是非常不可取的。

李學勤先生稱這些銘文為“美術化了的漢字”①，裘錫圭先生認為相當於後世的“花押”②，都很準確。林澐先生的比喻最為貼切：“近似於我們今天用文字符號加以圖案化而構成商標、廠徽的做法。”③

既然這些早期銅器銘文大都是文字，就應該對其進行文字學上的研究。《金文編》將一些明顯易識的早期銅器銘文歸入正編，而將大量的也可以辨識的早期

① 李學勤《古文字學初階》，中華書局 1985 年。
② 裘錫圭《文字學概要》，商務印書館 1988 年。
③ 林澐《對早期銅器銘文的幾點看法》，《古文字研究》第五輯，中華書局 1981 年。

銅器銘文歸之於附錄是過於謹慎的行為。從目前對銅器銘文研究的程度看，早期銅器銘文大都可以辨識，也都可以在甲骨文或較遲的文字裏找到對應關係。有一些雖然暫不認識，但從其形體構成和偏旁可以隸釋這一點看，也無疑都是真正的文字。下面試將早期銅器銘文中的一些字與甲骨文和西周銅器銘文進行對比隸釋（亞形中的字單獨抽出進行對比，不再注明亞字；複合族徽中的文字也單獨抽出比較）。

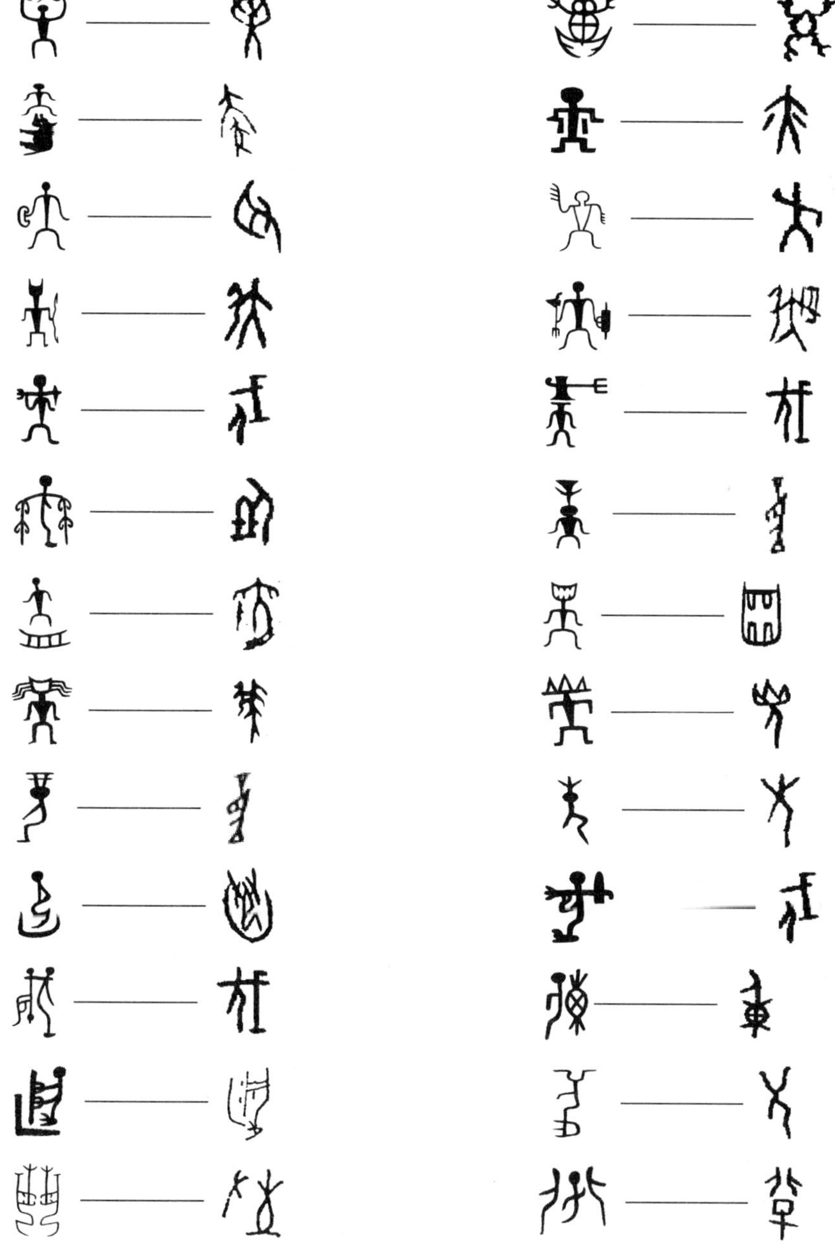

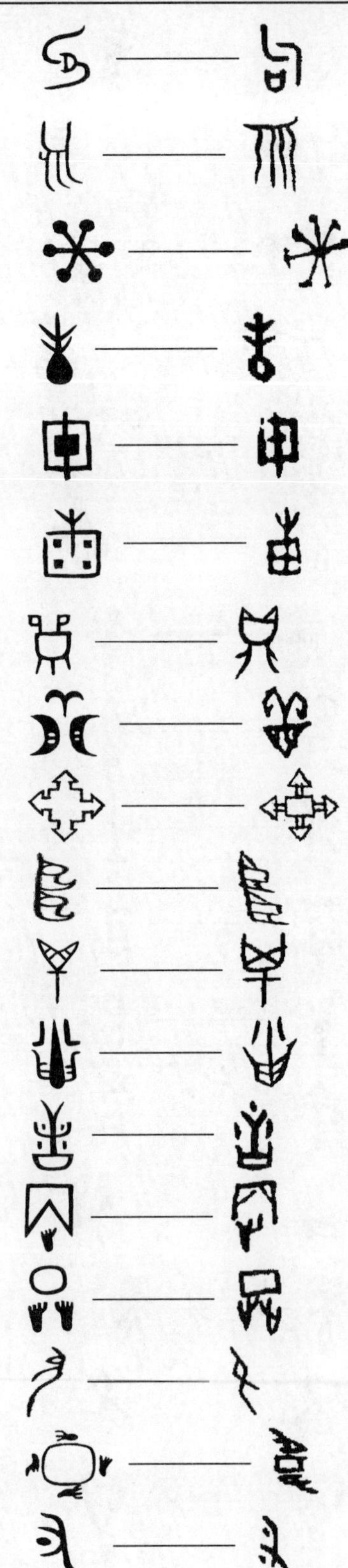

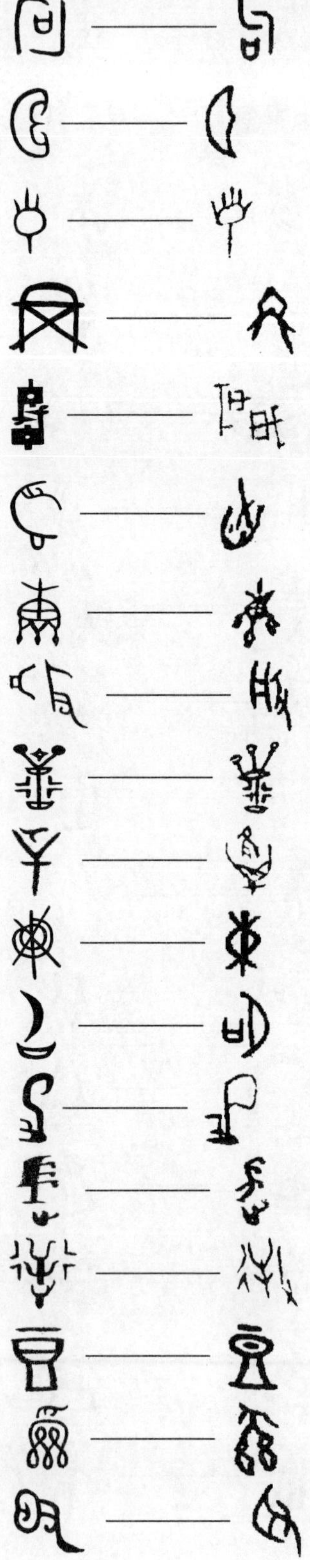

因為早期銅器銘文是一種“美術字”，所以不同於一般的文字，在構形上具有一些顯著的特點。

一　將文字加以圖畫化

文字來源於圖畫，但圖畫一旦成為文字，便迅速地擺脫掉圖畫式的形體而越來越接近於符號。早期銅器銘文中許多字的形體都比同時的一般的銅器銘文更為象形、更像圖畫，這是人們將文字進行了圖畫化的處理造成的，並不是早期的文字形體遺留到後來的結果。

在現代利用漢字構成的商標圖案中，經常可見有將漢字加以圖畫化來表達概念的例子，是為了更突出地表達商標圖案的含義。例如：

早期銅器銘文中一些字寫得很象形，其性質與將商標圖案中的文字加以圖畫化非常類似。如將黽字寫作：

惟妙惟肖地勾畫出了青蛙的形象。將羊字寫作：

《金文編》一〇七八頁

看去直如一幅圖畫。在個別形體上，為突出形體的圖畫意味，使形體具有更強的圖案效果，有時使用一些連線，將兩部分形體連接在一起。如得字作：

《金文編》一一五四頁

在人與貝之間用連線連接，重字作：

《金文編》一〇四三頁

與得字一樣，在人與東（橐形）之間加上了連線，以表示形體之間的關係。

二　裝飾意味濃重

一些獨體的早期銅器銘文常常寫成兩個並互相對稱，裝飾化的意味很濃。如：

二合或三合的組合“族徽”，常將其中的一個形體重複書寫，以造成對稱的裝飾效果。如：

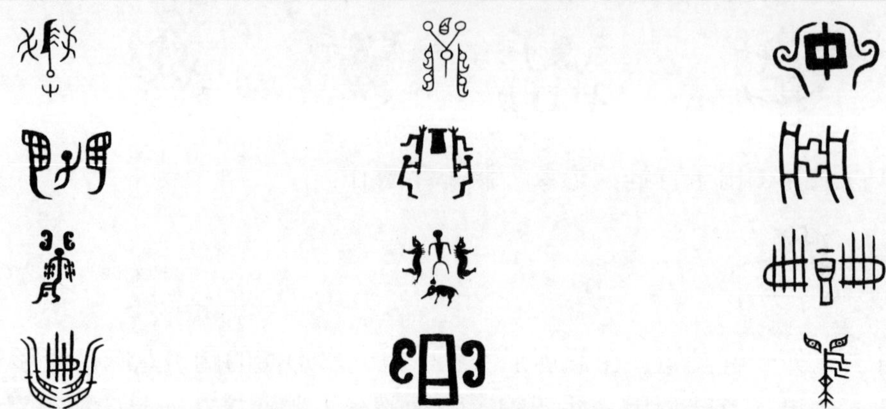

三　借筆的裝飾方法

借筆的方法，在現代商標圖案裝飾中是被經常使用的。例如：

在早期銅器銘文中，也使用這一方法。如：

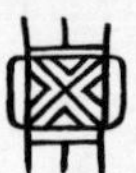

一些形體還將部分構形寫成兩個，以造成對稱的效果。這種形體中單獨的構形對寫成兩個的構形來說，可以看作是借用偏旁。如：

兄　它　令　光

四　幾何變形

早期銅器銘文圖案化的結果，使得一些形體發生了幾何狀的變形，有些形體與原形脫離，變得不易辨識。如：

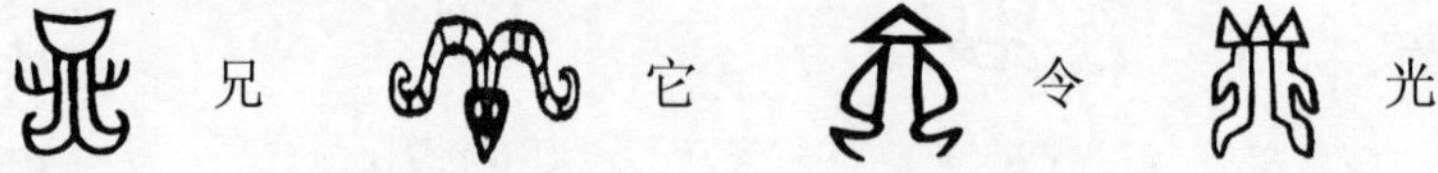

（耳變形）

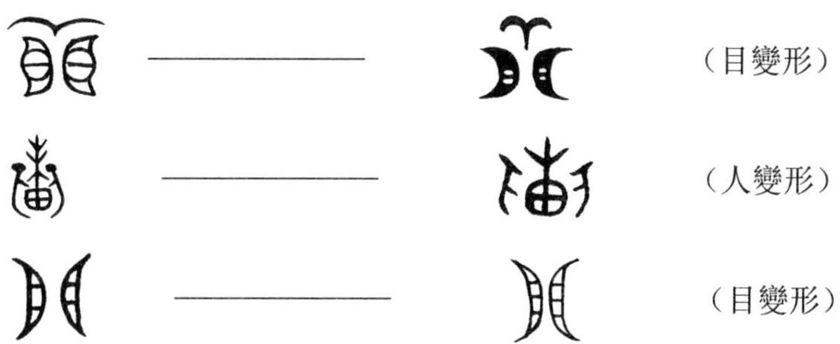

五　圖案裝飾的主要特徵——加邊框

在現代的商標圖案中，經常可見在商標圖案外邊加上各種幾何形的邊框，以使商標圖案顯得更加清晰醒目。如：

在早期銅器銘文中，許多字的外邊都加上了一個“亞”字。以往的研究者大都認為“亞”是指“武官”，用“亞”為框的“族氏”都是以武官為職掌的氏族。但是卻不好解釋為何有如此多的武官而不見其他職官。李學勤先生即對此表示懷疑，謂“有人企圖以‘亞旅’之‘亞’來說明，但‘亞旅’即眾大夫，為什麼只有‘亞’表現於銘文，其他更顯赫的官爵反而沒有反映？殊不可解”。[①]我們不能否認在加“亞”形的族徽中，有一些可能確實是表示職官的。但就大部分來說，我們認為並不代表職官，而只是一種裝飾圖形，同現在的商標圖案用幾何圖形當邊框是一樣的性質。很可能“亞”形最初代表武官，象徵武力，後因人們對“亞形”出於一種偏好，便用此裝飾自己的族徽，長此以往，“亞”字就成了一個人們偏好的圖形，經常用來裝飾族徽和圖案。郭沫若先生在《殷彝中圖形文字之一解》中指出：“今知亞形中字大抵乃氏族稱號或人名，則此亞形者不過如後人之刻印章加以花邊耳。此由亞形之可有可無已可證。又如父己毀之，於亞形中範以‘箕侯’二字，其為單純之文飾毫無疑義。”[②]按，我們認為郭沫若先生的論證十分正確，亞字的作用同現代商標圖案的邊框完全相同，沒有必要去對“亞”形進行更深的推測。族徽有寫作下揭之形者：

① 李學勤《古文字學初階》，中華書局 1985 年。
② 郭沫若《殷彝中圖形文字之一解》，《殷周青銅器銘文研究》，科學出版社 1961 年。

《金文編》一〇六九頁

又寫作：

《金文編》一一二五頁

“▽”形就是與“亞”字作用相同的邊框，圍繞著“𢆉”形並隨其體勢包圍一周，與現代商標圖案的邊框的處理方法如出一轍。

早期銅器銘文的構形特點可以幫助我們對一些形體的分析。如有下列族徽：

《三代》六・二一

字从“羊”从“□”，“□”即“鞭”字初文。此字應釋為“牧”。[①]如果考慮到早期銅器銘文一些形體的偏旁常可寫成對稱的兩個，則此“□”字便不難辨識。此族徽《金文編》將其形體割裂是錯誤的。

有下列族徽：

《金文編》一〇二五頁

如考慮到早期銅器銘文經常寫得比同時的一般銘文更象形、更繁複，則此字像人拿一耳形，很可能是“取”字的一種異體。

有下列族徽：

《金文編》一〇六二頁

如考慮到金文般字可作“□”“□”，所从“凡”字作正置形，即復原後作“□”“□”，與般字一般情況下作“□”，所从之“凡”字豎立者不同，則此字可考慮有是“般”字異體的可能。

① 裘錫圭《甲骨文字考釋（八篇）》，《古文字研究》第四輯，中華書局 1980 年。

第五章　西周金文中“聲符”的類型

甲骨文中已有相當數量的形聲字，而且有些字還在不斷被加上聲符繁化。發展到西周金文，音化趨勢更加強烈，音化的形式和種類也比甲骨文要複雜。

西周金文的音化大致可分為如下幾種形式：一、追加聲符；二、疊加聲符；三、改換聲符；四、變形音化；五、雙聲字。下面逐一舉例加以說明，並附帶談及聲符的訛變、誤解、繁簡和聲中兼義等問題。

一　追加聲符

追加聲符是指在原本為象形、會意或指事字上累加聲符，以強調字音的音化現象。這是文字在聲化趨勢影響下一種最廣泛的音化形式，在西周金文中這種音化數量最多，其中又可分為分化出新字的分化和不分化出新字的分化兩種。

例 1　髭

甲骨文有字作“ ”，突出人的鬍鬚形；金文有字作“ ”（《金文編》附錄一二四四頁），从“ ”从“此”。裘錫圭先生指出與甲骨文“ ”為一字，應釋為“髭”，“ ”即是在“ ”字上追加“此”聲而成。《說文》：“髭，口上須也，从須此聲。”

例 2　寮

甲骨文寮字作“ ”“ ”“ ”，从宀从尞；金文作“ ”“ ”“ ”“ ”“ ”形，從甲骨文寮字發展而來，但已變為从“宮”。對於“ ”形近人多認為是形符，謂像“火塘”形，十分荒謬。按文字發展到西周金文，只有加意符的演變而絕少加形符的例子。寮到西周金文變為从“宮”應視為是一種變形音化。古音宮在見紐冬部，寮在來紐宵部，聲紐很近，韻亦不遠，寮以“宮”為聲符，於音可通。

例 3　禽

甲骨文禽字作“”，像用以捕獵的網罩形；金文作“”“”“”“”，“”下部加“”形飾筆，上部追加“今”為聲符。古音今在見紐侵部，禽在群紐侵部，聲皆為牙音，韻部相同，故禽可从今得聲。

例 4　貍

甲骨文霾字作“”，从雨从。按即貍字初文。金文貍字作“”（余盉），與甲骨文“”字所從之“”形同。金文有字作“”，从从里，即“貍”字（《金文編》附錄下一二六三頁），是在“”字上追加“里”聲而成。古音貍、里皆為來母之部字，故貍可从里為聲。

例 5　樂

甲骨文樂字作“”，像絲在木上形；金文作“”，又作“”，加“白”字，舊多認為是象形或會意。其實“白”字是追加的聲符。古音樂在來紐藥部，白在並紐鐸部。古唇、舌音常可通轉。

例 6　荊

金文荊字早期作“”，像以刀斫草木形，後加“井”聲作“”“”“”，《說文》引古文作“”，乃“”字割裂筆劃所致。古音荊在見紐耕部，井在精紐耕部，韻部相同，故荊字可追加“井”為聲符。

例 7　散

甲骨文散字作“”“”，从“林”从“攴”，又从麓（借偏旁）作“”；金文作“”“”，與甲骨文相同，又作“”“”“”，从“”从“攴”从“月”。“”乃“”之省留下部者，从“月”則極可能就是追加的“聲符”。古音散在心紐元部，月字在疑紐月部，聲為齒、牙通轉，韻為陽入對轉，故散可从“月”為聲符。金文有字作“”（《金文編》二二一頁），舊不識。字从“月”又从“攴”，很可能就是省去“”旁的“散”字。

例 8　童

甲骨文童字作“”，从“辛”从“見”；金文作“”（克鼎鐘字所从），加“東”為聲符。又將東字與“見”所从之人形融合，借筆寫成“”（番生簋）

“”（𤆍盤），又將人形省去作“”，且加上了“土”旁，省變作“”（鐘所从）“”（鐘所从）。古音童在定紐東部，東在端紐東部，聲皆為舌音，韻部相同，故童可以从“東”為聲。《說文》謂童从“重省聲”，不確。

例 9　曼

甲骨文曼字作“”“”；金文作“”或“”“”，在甲骨文“曼”字的基礎上加“”為聲。按“”即“冃”字，乃“帽”字初文。古音曼在明紐元部，冃在明紐幽部，二字雙聲，故曼可加“冃”為聲。

例 10　䜌

甲骨文䜌字作“”“”“”“”形，像以手治絲狀，《說文》：“䜌，亂，一曰治也，一曰不絕也。从言、絲。，古文䜌。”金文䜌字作“”“”“”，从絲从言。按“言”應是追加的聲符。古音䜌在來紐元部，言在疑紐元部，聲紐可以相通，韻部相同，故䜌可从“言”得聲。

例 11　鑄

甲骨文鑄字作“”（《英》2567）“”（《合》29687）；金文作“”“”，又作“”“”，加“𠷎”為聲符。古音鑄在章紐幽部，𠷎在定紐幽部，二字皆為舌音，韻部相同，故鑄可加“𠷎”為聲符。

例 12　疑

甲骨文疑字作“”“”“”“”形，又作“”；金文作“”“”“”，加上動符“辵”，又加“牛”旁。按“牛”應是追加的聲符。古音疑、牛二字都在疑紐之部，聲韻全同，故疑字可加“牛”為聲。

例 13　憂

甲骨文憂字作“”“”“”；金文或作“”，从憂从酉。按此字應為憂之繁體，“酉”旁乃追加的聲符。古音憂在影紐幽部，酉字在喻紐（喻三）幽部，古喻三歸匣，與影紐同為喉音，韻部相同，故憂可追加“酉”為聲符。

古文字憂、夒可能為一字之分化，《說文》謂擾从“夒”，後世从憂作“擾”。金文又有字作“”，从酉从“”，“”應為“憂”之變。孫詒讓釋此字為“擾”，近之。字為憂字繁體，“酉”為追加之聲符。古音憂在影紐幽部，酉在泥紐之部，韻部很近，憂加“酉”為聲符極為可能。

例 14　裘

甲骨文裘字作“”，金文作“”“”“”，加“又”為聲。古音裘在群紐之部，又在匣紐之部，韻部相同，聲為牙喉通轉。金文裘又作“”“”，从“衣”从“求”聲。

例 15　朋

甲骨文朋字作“”“”“”，又作“”“”；金文作“”“”“”，舊皆釋“倗”。于省吾先生指出金文“”所从之“”應是“伏”字，其說甚是。[①]我們認為“”既有可能是“倗”字，也有可能是“朋”字異體，即在“朋”字上追加“伏”聲而成。古音朋在並紐蒸部，伏在並紐職部，聲紐相同，韻為陽入對轉，故朋可从“伏”為聲。匍與後世之“倗”不一定是一個字。金文朋友之朋作匍，寫成从伏聲，大概是有意與貝朋之朋相區別。

例 16　痽

甲骨文痽字作“”“”，應釋為“痽”字，即“膺”字初文。字是在鳥形胸部用一指事符號表示“胸”這一概念。《說文》：“膺，胷也。”金文作“”“”“”，从“”从“”。按“”即由甲骨文“”形演變而成，不過由一個圈變成了一點。這與甲骨文“”又作“”相同。“”乃人字，為追加的聲符。後人字訛變為“厂”，又訛變為“疒”。《說文》認為“痽”从“人”為聲，很可能是對的，但古音痽在影紐蒸部，人在日紐真部。古音侵部字與真部字或可相通，郭店簡“慎”字有从“丨”得聲的，“丨”為“針”字初文[②]，針為侵部，慎為真部，即是侵真相通之例。而侵蒸關係極近，所以蒸真關係亦不遠。文獻中蒸真相通亦不乏其例，如《詩・大雅・下武》：“繩其祖武。”《後漢書・祭祀志》劉注引繩作“慎”即是。故古文字“”可加“人”為聲。

例 17　福

金文福字作“”“”“”“”，从示从畐，又作“”，又省“畐”从“北”作“”。按从“北”應為追加之聲符。古音福在幫紐職部，北也在幫紐職部，二字聲韻全同，故福可加“北”為聲符。

---

① 于省吾《甲骨文字釋林・釋勹、𠣬、匍》，中華書局 1979 年。

② 裘錫圭《釋郭店〈緇衣〉“出言有丨，黎民所訂”——兼說“丨”為“針”之初文》，荊門郭店楚簡研究（國際）中心編《古墓新知》，國際炎黃文化出版社 2003 年。

例 18　醟

金文醟字作“”，从“林”从“亩”，用作“林鐘”之“林”。此字可能是在“林”字上追加“亩”聲而成。古音林、亩皆在來紐侵部，故林可追加“亩”為聲。又作“”，加動符“攴”；又作“”，加意符“金”，从“稟”為聲。字應為“林鐘”之“林”的專字。

例 19　霸

甲骨文霸字作“”（《屯南》873），又作“”（《合》37848），从“革”从“月”或从“雨”从“革”。金文霸字作“”“”“”，从雨从革从月，又作“”形，从雨从革，與甲骨文“”形同。金文霸字又作“”，从雨从革从“帛”。按“帛”應為追加的聲符。古音霸在幫紐鐸部，帛在並紐鐸部，韻部相同，聲同為唇音，故霸字可以加“帛”為聲符。

例 20　叔

甲骨文督字作“”“”“”，从叔从日。按古文字尗、弋本一字之分化。金文叔字作“”“”“”，金文弋字作“”“”“”，从弋的妭字作“”“”，所从之“弋”與“叔”字所从之“尗”相同。古音尗在書紐覺部，弋在喻紐職部，聲皆為舌音，韻例可旁轉，故可知“尗”“弋”乃一字之分化。金文叔字作“”“”“”，从“叔”从“”。按“”即“小”字，應為追加的聲符。古音叔在書紐覺部，小在心紐宵部，但小字的孳乳字少字即在書紐宵部，可知叔、小聲韻皆通，故“叔”可加“小”為聲。

例 21　耤

甲骨文耤字作“”“”“”，像人踏耒形，又作“”“”“”，从“耒”“災”聲。从“災”得聲的字還有“昔”字，舊以為是會意字，是錯誤的。金文耤字作“”“”“”，都已在甲骨文“”字的基礎上加“昔”為聲符。

以上所舉之例皆為不分化新字的追加聲符，而有的字追加聲符後，舊有的形體和追加聲符後的形體在意義上有所分化，於是便產生了新字。

例 22　在

甲骨文才字作“”，用作“在”，或作“”（《英》1989）“”（《合》

371 正），从“才”从“士”。按士應為追加的聲符。古音才在從紐之部，士在崇紐之部，聲皆為齒音，韻部相同，故“才”可加“士”為聲符。金文在字作“”“”“”，皆从“才”从“士”，都已加上“士”為聲符。

例 23　原

甲骨文泉字作“”“”“”，像泉水從泉眼流出形。金文原字作“”“”“”“”，从厂从泉。按原為源之本字，字从厂从泉，“厂”應為追加之聲符。古音泉在從紐元部，厂在曉紐元部，二字疊韻。故原可加“厂”字為聲。

例 24　番

金文釆字作“”“”，番字作“”“”。《說文》認為番字从“釆”从“田”，像獸掌，引古文“”。按“”即“釆”字。古文字釆、番應為一字之孳乳分化，小篆宷又作“審”可證。番字應是在“釆”字上又累加“田”聲而成。古音番在滂紐元部，田在定紐真部。古唇音與舌音常可相通，韻為真元旁轉，故番可加“田”為聲。

例 25　匍

甲骨文勹字作“”，像人俯身之形；金文作“”（匋所从）“”（匔所从）。金文匍字作“”“”“”，从勹从甫。《說文》：“匍，手行也，从勹甫聲。”《玉篇》謂：“匍，匐伏也。”按，金文牆盤“匍有上下”，古璽文作“勹有上下”。匍應是在勹字上追加“甫”聲而成。古音勹、甫皆在幫紐魚部，古音相同，故勹可追加“甫”為聲。

例 26　顏

《說文》：“顏，眉目之間也。”又“面，顏前也”，按面、顏之不同，為後人所分。從古文字看，面、顏應為一字之分化孳乳。甲骨文有字作“”，舊釋面，但金文面字作“”，與甲骨文“”構形不同。從形體上看，釋甲骨文“”為“面”大有問題。金文顏字作“”（九年衛鼎），以往分析此形者都認為字从首从彥，其實是錯誤的 。按“”字應分析為从“面”从“彥”，“”乃“面”字，“”即“彥”字初文。從古文字看，彥字最早就作“产”，从“彡”是戰國時期加上的“飾筆”。“”即顏字，即在“”（面）字上又追加“彥”聲而成。古音顏在疑紐元部，面在明紐元部，二字疊韻，聲亦可通，故面字可追加“彥”字為聲。

二　疊加聲符

疊加聲符是指在形聲字上再疊加聲符的音化現象。疊加聲符的原因既可能是因為時間和地域的關係而使舊有的聲符發生音變，使聲符的讀音與形聲字的讀音產生距離，從而加上一個更準確表示形聲字讀音的聲符。也可能因為一個形體所記錄的詞在語言中義項過多，通過加聲符的辦法，使一個字分化出新字，用來分擔原形聲字所記錄的過多的義項。也可能只是為了強調讀音而進行的疊床架屋式的繁化。

例 27　旂

甲骨文旂字作“[illegible]”“[illegible]”“[illegible]”“[illegible]”，字从單斤聲。古音蘄在群紐文部，斤在見紐文部，聲皆為牙音，韻部相同，故蘄可从斤得聲。金文旂字作“[illegible]”“[illegible]”“[illegible]”“[illegible]”，从蘄从“㫃”。按“㫃”乃“旂”即“旗”字初文，本像旗形，《說文》謂“㫃”聲近於偃，這恐怕是聲音上的訛誤。“㫃”最初就應讀“旂”。旂、旗二字是在“㫃”上又累加“斤”“其”二聲而成。金文休盤即用“㫃”為“旂”字。所以金文旂字是在蘄字上累加“㫃”聲而成。“㫃”古讀如“旗”，旗古音在群紐文部，與旂讀音同，故蘄字可疊加“㫃”為聲。

例 28　俯

甲骨文伏字作“[illegible]”，像人俯身形。金文有字作“[illegible]”，从“府”从“[illegible]”，《金文編》釋為“俯”。按“[illegible]”乃“伏”字，“[illegible]”字是在“[illegible]”字上疊加“府”聲而成（或在府上疊加勹聲），古音府在幫紐侯部，勹古讀如包，包在幫紐幽部，聲紐相同，韻為旁轉，故“勹”可加“府”為聲。

例 29　參

金文參字作“[illegible]”，从“卩”从“星”。金文參字又作“[illegible]”“[illegible]”“[illegible]”“[illegible]”，从“[illegible]”从“[illegible]”。按“[illegible]”即“三”字，應為疊加之聲符。古音參與三皆在心紐侵部，聲韻全同，故參可疊加“[illegible]”為聲符。

例 30　㝬

金文㝬字作“[illegible]”“[illegible]”“[illegible]”，从“害”从“夫”，是在“[illegible]”字上加

注“夫”聲而成。古音害在匣紐月部，夫在幫紐魚部，似乎遠隔，但金文“𢻬”用為“胡”，而胡即在匣紐魚部，與“夫”疊韻，故可知“害”可加“夫”為聲。金文𢻬字又作“[古文字]”，从“古”作，又寫作“[古文字]”（[古文字]父簋），增加了一個“巨”旁，此“巨”應為疊加之聲符。古音巨在群紐魚部，與“夫”韻部相同，與胡聲紐為喉牙通轉，韻為疊韻，故“𢻬”可疊加“巨”為聲符。

例 31 將

甲骨文將字作“[古文字]”“[古文字]”，从肉爿聲；金文作“[古文字]”，從肉從刀爿聲。金文䵼字作“[古文字]”“[古文字]”“[古文字]”，所从之“將”皆从肉从爿，與甲骨文同，或加“刀”為意符。金文又有字作“[古文字]”“[古文字]”，从將从“[古文字]”。按“[古文字]”乃象字，為疊加的聲符。古音將在精紐陽部，象在邪紐陽部，聲皆為齒音，韻部相同。故將可疊加“象”為聲。卯簋之“宗彝[古文字]寶”即“宗彝䵼寶”。

例 32 𧺆

金文有字作“[古文字]”，唐蘭釋“堂”，《金文編》列在“堂”字下，又列於附錄。按字从“[古文字]”从“[古文字]”，“[古文字]”應為“京”字之省。金文小臣俞尊言“王省[古文字]”，“[古文字]”即“京”字之省。“[古文字]”字从“[古文字]”从“止”。古文字中“尚”字在與其他形體組合成複合形體時常常可省去所從之“口”，“[古文字]”即“尚”字之省，“[古文字]”从尚从止，應釋為“𧺆”。《說文》：“𧺆，歫也，从止尚聲。”金文“𧺆”復从“京”，應為疊加的聲符。《說文》堂字籀文作“[古文字]”，《說文》謂从“京省聲”。堂可从京聲，𧺆自然也可从“京”聲。古音𧺆在定紐陽部，京在見紐陽部，古見系音與舌音常可通轉，二字疊韻，故“𧺆”可加“京”字為聲符。

例 33 紳

金文紳字作“[古文字]”“[古文字]”“[古文字]”，从𤔲从田，應為从𤔲（𤔔）田聲的形聲字。古音申在書紐真部，田在定紐真部，聲皆為舌音，韻部相同，故紳可以“田”為聲。金文紳字又作“[古文字]”，从“[古文字]”从“攴”，“攴”應為追加的“動符”。字又作“[古文字]”“[古文字]”“[古文字]”，累加了一個“陳”字所从之右旁。戰國文字作“[古文字]”，“陳”之右旁省去下部，且寫成四個以裝飾美化。按累加的“陳”之右旁應為疊加的聲符。古音“田”“陳”皆在定紐真部。古“田”“陳”二字相通為常識，故从申聲的“紳”既可加“田”為聲，又可疊加“陳”之右旁為聲。

例 34　顯

金文顯字大都作“”，从頁从㬎，而㬎則从日从“𢆶”（䜌字初文）。又作“”，省去日旁，混𢆶為絲。又作“”，累加一“尹”字。按“尹”應為疊加之聲符。顯从㬎聲，而㬎从“𢆶”聲。古音“𢆶”在來紐元部，尹在喻紐文部，聲皆為舌音，韻亦不遠，故顯可疊加“尹”為聲符。

三　改換聲符

改換聲符是指將形聲字的聲符改換成另一個可以代表這個字讀音的字。改換聲符的原因大概有兩種可能：一是因聲音變化。原來的聲符已不足以代表字的讀音，於是便用一個更為準確的音代替舊的聲符。一是受相同或相近的讀音的影響而發生類化，使音有所改變或產生差異，於是影響了字形上的改變。另外也有可能僅是出於字形訛混的因素。改換聲符的現象有一個值得重視的特點：即在改換聲符時，常常用一個形體與原有聲符形體相近的字來取代舊的聲符。

例 35　鼄

甲骨文鼄字作“”“”“”“”諸形，或加束聲作“”“”。甲骨文𢦏字作“”，又作“”。金文鼄字作“”，已改“束”聲為“朱”聲，即將“束”聲改換成與其形體接近並可代表“鼄”字讀音的“朱”字。

例 36　鞭

甲骨文鞭字作“”，又加丙聲作“”，從而分化出“更”字。金文便字作“”，从“人”从“更”（鞭），“”字从攴从“”。按“”即“免”字，亦即冕字初文，便字从免應為聲符。古音便在並紐元部，免在明紐元部，聲韻皆通，故便可从“免”為聲。便从“免”為聲是將原从“丙”聲改从與其形體接近的“免”字而成。

例 37　睪

睪字甲骨文作“”，从目从矢；金文作“”，又作“”，目訛為“日”，又作“”，矢訛為“大”。睪字最早有可能是从目矢聲的形聲字。古音睪在喻紐鐸部，矢在書紐脂部，聲紐很近。金文有字作“”“”（小子鼎），字从目从“[illegible]”，按“[illegible]”即“射”字。此字方濬益釋為“斁”，劉心源釋為“羼射”二字。按字應釋為“罜”，不過是將矢聲改為“射”聲而已。古罜、射二字通用，不煩舉例。

例 38　飢

甲骨文飢字作“[illegible]”，从皀从丮才聲。又作“[illegible]”，从皀𢦔聲。按𢦔本从才聲，故从才从𢦔無別。字又作“[illegible]”“[illegible]”，从皀甾聲。金文飢字作“[illegible]”“[illegible]”，結構同於甲骨文，又作“[illegible]”“[illegible]”“[illegible]”，从食从丮甾聲或从皀聲。按从“甾”得聲是將聲符“才”換成了聲符“甾”。古音才在從紐之部，甾在莊紐之部，二字古音極近，所以才聲可以改換成“甾”聲。

例 39　道

金文道字作“[illegible]”“[illegible]”“[illegible]”，从行首聲或从行从止首聲。又作“[illegible]”，从行从止从“[illegible]”，按“[illegible]”應為“舀”字之訛，从舀是聲符。古音道在定紐幽部，而从“舀”得聲的“蹈”“稻”也都在定紐幽部，故可知“道”字可从“舀”得聲。戰國侯馬盟書道字又作“[illegible]”，明顯从“舀”作，與金文結構相同，這是道可由从“首”聲改為與其形體接近的“舀”得聲的硬證。

例 40　獻

金文獻字作“[illegible]”“[illegible]”“[illegible]”，从虍从鬳从犬，[illegible]即鬳字初文，虍為聲符，而犬則為累加的聲符。古音獻在疑紐元部，犬在溪紐元部，聲韻皆通，故獻可從“犬”為聲。金文獻字又作“[illegible]”，从“貝”从“[illegible]”。“貝”乃鬳形之省訛，“[illegible]”則為“虤”字之省形。古音獻與虤皆在疑紐元部，故獻又可改从“虤”得聲。金文“[illegible]”按隸定可釋為“贙”，贙字見於《說文》，疑即從獻字分化出的一個字。金文獻字又作“[illegible]”，似應隸定作“䡾”，是省去鬳形的省體，也从“虤”得聲。

四　變形音化

變形音化是指將象形字或會意字、指事字的部分構形因素，改造成與其形體接近的一個可以代表這個字字音的字。變形音化與一些訛變不同，常常是一種有意識的改造。但誘發這種改造的原因，則常常是因形體的訛變。關於變形音化請參考第七章，在此只簡單舉幾個例證。

例 41　匜

金文匜字作“”“”，从皿也聲；或作“”“”，从金也聲；又作“”“”形。一般認為“”像匜形。我們認為形下部為“皿”，上部“”形（下部與皿字共劃借筆）應是兔字之省。金文䨓字作“”“”形，魯字作“”，所从兔頭形與匜字上部形體全同。匜字从“兔”，應是將“也”聲改成了“兔”聲，同時借用了“皿”字的筆劃進行改造。古音匜在喻紐歌部，兔在透紐魚部，而从兔得聲的逸即在喻紐，故可知匜又可从“兔”得聲。

例 42　逆

甲骨文逆字作“”，又作“”。金文逆字作“”“”“”，皆从辵从屰。字又作“”“”“”，屰字寫得與“牛”字相同。這極可能是一種有意識的改造，即將“屰”字改寫成與其形體接近並可代表“逆”字讀音的“牛”字。古音逆在疑紐鐸部，牛在疑紐之部，二字為雙聲，韻為旁對轉，故逆可从“牛”為聲符。

例 43　敢

金文敢字作“”“”“”，本从“口”，又作“”“”“”，口中加一點變成“甘”字。這也可能是為了迎合字音而進行的改造，即將“口”改造成與其形體接近並可代表敢字讀音的“甘”字。古音敢、甘皆在見紐談部，聲韻皆同，故“敢”可从“甘”為聲。

五　雙聲字

雙聲字是指一個形體的兩個構形因素對於所記錄的詞來說都是表音的聲符，而沒有形符、意符或其他別的成分。這類字一般都是在只表讀音的假借字上累加聲符而成。

例 44　㠱

金文其字作“”“”“”，又作“”“”，从其从丮。按从

“丮”是在“其”字上又累加“丮”聲而成。古音其在群紐之部，丮在見紐鐸部，聲皆為見系，韻為旁對轉，故“其”可累加“丮”聲為雙聲字。

例 45　雩

金文于字作“□”“□”，又作“□”，又作“□”“□”。于又作雩，是在“于”字上又累加“雨”聲而成。古音于、雨皆在匣紐魚部，聲韻全同，故“于”可累加“雨”聲為雙聲字。後用雩為祭雩之雩，字形又分化出“粵”字。

另外如䖒、虖、靜、差等也應都是雙聲字。

六　聲兼義

音義兼顧，是指聲符兼有表義或意符兼有表音的作用而言，這是早期文字的一個特點。從構形學的角度說，人們造字時對此不會刻意追求。在為一個字確定音符時，恰好想到一個與這個字所記錄的詞詞義相同或相近或有聯繫的字；在為一個字確定意符時，恰好想到一個與這個字讀音相同或相近或有聯繫的字，這些都是可能的。不過這到底是極少數，而且與在一個字上增加類符從而分化出新字，聲符部分即同時兼有音義二重作用的現象不同。

目前古文字學界對文字構形中音的重要性認識不足，常常將一些形聲字或兼有表音作用的構形因素說成是會意字或義符。下面就對幾個舊誤認為是會意字或義符的構形因素進行一點分析。

例 46　孫

《說文》：“孫，子之子曰孫。从子从系，系，續也。”

金文孫字作“□”“□”，從古文字看，孫字从糸不从系，《說文》的說解是錯誤的。不過一般人都認為《說文》將孫字看成會意字是正確的，從糸有連綿不斷之意。其實這種理解不一定對。我們認為“糸”應是聲符，起碼是義中兼聲或聲中兼義。古音孫、糸都為心紐字，二字雙聲，孫从糸聲是極有可能的。戰國璽印文字孫字或作“□”，吳振武先生認為从“針”字初文得聲，①其說甚是。戰國孫作形聲結構，甲骨、金文也就有可能是形聲結構。

① 吳振武先生的說法出自“紀念郭店楚簡出土十周年”會議上的發言，2003 年湖北荊門。

例 47　賓

甲骨文賓字異體極多，或作“□”“□”；金文作“□”“□”，从宀从貝。《說文》：“賓，所敬也，从貝㝎聲。”《說文》以“貝”字為義符，可貝與“所敬”似無必然聯繫。古音賓、貝皆幫母字，賓从“貝”可能是累加的“聲符”，起碼也是聲中兼義或義中兼聲。

例 48　冒

《說文》：“冃，小兒蠻夷頭衣也，从冂，二其飾也。”又：“冒，冡而前也，从冃从目。”

《說文》認為“冒”為會意字。金文作“□”。按从“目”會意不顯，从“目”應有表音的作用在內。古音冒在明紐幽部，目在明紐覺部，二字古音極近，故冒字從“目”極大可能有表音的作用。

七　聲符的訛變

文字的不斷演進和訛變，使得一些字原來所从的聲符消失，舊的構形不復存在，這時就需要上溯其最早的構形，弄清它的結構，復原其初始的狀態。

例 49　廷

金文廷字作“□”“□”“□”，从乚从㐱。“㐱”應為聲符。古音廷在定紐耕部，㐱在章紐文部，从㐱得聲的殄在定紐，故廷、㐱聲紐相同。古文字中从人形的字常在人形下部加上一横，一横與人組合後又常常變為土字，土字又與人形組合成“壬”字。金文廷字又作“□”“□”“□”，加“土”為意符，後土與人重合變為从壬，又將“㐱”所从的“彡”省去。原來的聲符消失，構形從此不明，而變形後成為从“壬”聲的形聲字。

例 50　虖

《說文》：“虖，哮虖也，从虍乎聲。”

金文乎字作“□”，後加一横飾筆作“□”，兮字作“□”，與乎字不加飾筆的差別就是一作三點，一作二點。

金文虖字作“□”“□”“□”，字从“虍”从“兮”，不从“乎”。這是虖字的早期構形，後虍字中間一豎筆下垂穿透筆劃作“”“”“”“”，字下部遂變得與“乎”字接近，後便訛為从“乎”得聲。古文字乎、兮皆从“丂”得聲，音可相通。甲骨文寧字作“”，从皿从丂；又作“”，从皿从乎，可見“丂”“乎”音近。故虖字本應从“兮”得聲，後因形體變化而變為从“乎”得聲，如不考察“虖”的早期構形，就不會發現這一演變。

例 51　利

《說文》：“利，銛也，从刀，和然後利，从和省。”

按利字甲骨文作“”“”，从禾从“勿”，不从刀，偶爾寫作“”，“”乃“勿”之省。這與甲骨文從勿的“物”字作“”形，偶爾也作“”一樣。金文利字作“”“”“”，皆从“勿”作。利字從“勿”應為聲符。古音利在來紐質部，勿在明紐物部。按古音明、來二紐關係極為密切，常可相通，質、物旁轉，故“利”字从“勿”為聲的可能性極大。後因“利”所从之“勿”訛為“刀”，“利”字初形遂淹滅不顯。

例 52　旦

甲骨文旦字作“”，从“日”从“”。按“”非像大多數人理解的那樣是“像地形”，而是“丁”字。旦从“丁”應為聲符。古音旦在端紐元部，丁在端紐耕部，聲紐相同，韻為旁轉。金文旦字作“”“”“”形，與甲骨文不同的只是“日”與“丁”寫到了一起，這與甲骨文正字作“”，金文作“”形，筆劃也寫到了一起是同樣的現象。因金文旦字兩部分寫到了一起，更使以旦為會意字的人對“像日出於地上形”深信不疑。其實金文“丁”字就寫作“●”，“”所从仍然是丁字而絕不像“地形”。戰國古璽旦字作“”“”“”“”，而丁字作“”。可見直到戰國文字“旦”仍然从丁聲作。秦漢時旦字下部所从之“丁”變為一横，於是旦从丁聲這一構形便消失了。《說文》：“旦，明也。从日見一上，一，地也。”《說文》據小篆形體分析構形，其說不可信。

八　聲符的誤解

一些文字中本應屬於構形成分中表義的部分，卻被誤當作聲符而進行了同音替代，這是文字表音化趨勢强烈的表現，也是對構形不明而產生的誤解，是易使人迷惑的地方。

例 53　壯

壯字中山器作“”，从爿从士。《說文》：“壯，大也，从士爿聲。”古文字士、土二字易混，戰國文字壯或又从土作。又金文有字作“”“”，又作“”，加“口”為羨符，郭沫若釋為“將”。按此字極可能為“壯”字異體，虢季子白盤“武于戎工”，即“壯武于戎工”，宋公即宋莊公。壯字又作“”，是將本可能為義符的“士”改換成與其音近的“甾”，古音士在崇紐之部，甾在精紐之部，於音可通。

因形體的變化，一些本為象形或會意字的構形，有的誤認為是形聲字，而大量的本為形聲字的構形，又被誤認為是象形字或會意字。

例 54　必

必字甲骨文作“”“”“”，又作“”“”“”，其下部一筆和兩側的兩點都是後加的飾筆。金文必字作“”“”“”，兩側的飾筆一直保留並成為“必”字的構形成分，不過這一成分來自飾筆，本並不關乎字的音義，可是後來的人因為這二筆與“八”字很近，就誤認為是“八”字並以其為“必”字的聲符。《說文》：“必，分極也，从八弋，弋亦聲。”段注改“弋亦聲”為“八亦聲”。

例 55　正

甲骨文正字作“”，从“”从“止”。過去多以為是會意字，謂“”像城邑，以腳趾表示前往征伐，應為“征伐”之“征” 的本字。按甲骨文丁字作“”，所以“”所从之“”也有是“丁”字的可能。曾有學者指出“正”字从“丁”聲，①這一分析應該是正確的。金文正字早期皆作“”“”“”“”，而同時的丁字即作“”“”，但同時像城邑的“”則從不作“”，如衛字作“”，邑字作“”，可見直到金文正字仍从“丁”作。後正字上部之“丁”省成一橫，這與旦字所从之丁後也省成一橫相同。古音正在章紐耕部，丁在端紐耕部，古章紐讀為舌音，故正、丁二字古音很近。侯馬盟書定字作“”，从正。又作“”，从丁。可見“正”“丁”於音可通。

---

① 聞一多《古典新義》，古籍出版社 1956 年。

九　聲符的繁與簡

古文字中有些字所从的聲符要繁於這個字後世所从的聲符，而有些字的聲符卻又簡於這個字後世所从的聲符。在晚期文字中，聲符繁化的現象較為突出，許多字的聲符都要繁於這個字後世所从的聲符，即聲符本身就是以這個聲符為聲符而組成的一個形聲字。

金文中聲符繁於後世聲符的例子如：遇从寓聲作“”，許从舌聲作“”，誠从緘聲作“”，圃从専聲作“”，部从腊聲作“”。聲符簡於後世聲符的例子如：環从袁聲作“”，獵从戈聲作“”。掌握了這條規律，就可以對一些聲符繁化或聲符簡化的字進行正確的分析。

例 56　貴

金文有字作“”“”“”“”，从聿从“貝”，《金文編》隸作“貴”，以不識字列於貝部。古文字盡字作“”“”，从聿从皿，《說文》：“盡，器中空也，从皿㶳聲。”又《說文》：“㶳，火餘也，从火聿聲。”從古文字來看，盡字从聿不从⺣，應是从皿聿聲的形聲字。侯馬盟書盡字作“”“”，又在一豎筆兩側加飾點作“”。又作“”“”，所从變得近似“火”字，這便是後來誤為从㶳的由來。侯馬盟書盡字又作“”“”“”，在一豎筆上加“彡”“彡”形飾筆，由此又分化出“盡”字。《說文》分“盡”和“盡”為二字，其實乃一字異體。㶳从聿得聲，後世作燼。金文“”从聿从貝，應即後世的賮字，後又作“贐”。《說文》：“賮，會禮也，从貝㶳聲。”賮字作贐是聲符的進一步繁化，而金文作貴，則是聲符簡於後世聲符的一個例子。

例 57　𧷢

金文有字作“”，《金文編》隸作“𧷢”，以不識字列於貝部。按字从貝从刜。刜从弗从刀。𧷢字應是从貝刜聲的形聲字。因刜从弗聲，故𧷢字實際上也从弗聲。字从貝刜聲，應隸作𧷢，釋為“費”。費从刜即聲符繁於後世聲符的例子。《說文》：“費，散材用也。从貝弗聲。”

第六章　古文字中的“類化”

類化又稱“同化”，是指文字在發展演變中，受所處的具體語言環境和受同一文字系統內部其他文字的影響，同時也受自身形體的影響，在構形和形體上相應地有所改變的現象。這種現象反映了文字“趨同性”的規律，是文字規範化的表現。

一　文字形體自身的“類化”

所謂文字形體自身的“類化”，是指在一個文字形體中，改變一部分構形以“趨同”於另一部分構形的現象。

例 1　祗

祗字甲骨文作“”“”，金文作“”“”“”。郭沫若謂像兩“畄”相抵之形。金文“祗”已基本省去甲骨文兩畄之間的筆劃，牆盤作“”，還略有保留。蔡侯紳鐘祗字作“”，字中間部分也寫成了與上下相同的“畄”字，這是受上下構形的影響類化而成。

例 2　率

率字甲骨文作“”，金文作“”，又加動符“辵”孳乳出“逹”字作“”“”。因為逹字从彳，故可將“”左邊二點省去，又將右邊兩點類化成“亍”作“”“”。

例 3　害

匩字甲骨文作“”“”“”，从匚从害；金文作“”，从匚从害。又作“”“”“”“”“”“”。又借害為之。按，金文害字作“”“”，應是本作“”“”，後加口為羨符，又變形音化从古聲作“”“”，又加“五”聲作“”“”。師㝨鼎𫎋字作“”，牆盤害字作“”，其下部受上部影響，也類化成“”形。

例 4　攸

攸字甲骨文作“”“”，金文作“”或“”，後又加“”形飾筆作“”“”，其三點後又連寫成一豎筆。金文鋚字作“”“”，又作“”，攴旁受人字的影響也類化成為“人”形。

例 5　保

金文保字作“”，本像抱負嬰孩形，後省去人形手臂形，但在“子”形下仍保留有一個筆劃。古文字中有許多字都具有圍繞中間一筆左右對稱的兩個飾筆，如示、余、必、黑等字。金文保字受殘留的那一點筆劃的影響，為求對稱，於是在左邊也贅加上一筆，如司寇良父簋保字作“”，左右寫成了對稱的筆劃，開了小篆作“”形的先河。

例 6　樂

樂字甲骨文作“”，从木从絲，金文作“”，加白聲又作“”“”，而樂子敬豧匿寫作“”，所从絲旁受“白”字的影響，也寫成了“白”形。漢代樂字還有下面三種形體：、、，上部所从也都寫成一致的形態，也是同樣的類化現象。

例 7　豐

金文豐字作“”“”，从壴（鼓）丰聲。从二“丰”是為了填空以為美觀。後筆劃割裂，下部訛為从“豆”。豐井弔簋豐字作“”，壴字中間一豎筆也受兩邊“丰”字的影響而寫成了倒“丰”字。

例 8　虡

甲骨文“𠔼”字作“”，後加“虍”聲。戰國文字寫作“”“”，所从“𠔼”字與“乘”“舞”“無”等字一樣都加上了腳形。蔡侯鐘虡字作“”，所从“𠔼”字上部受下部从腳趾形的影響，上肢上也類化而加上了腳趾形。

例 9　死

死字甲骨文作“”“”，金文作“”“”，鼄乎簋寫作“”

“”。受“丏”字影響，將“人”字與“丏”字連接並加以變形，寫得與“丏”字形態相同，造成一種整齊對稱的效果。

例 10　餴

金文餴字作“”“”，从皀从𠦬，或作“”“”“”，从食从𠦬。齊國陳曼匿餴字作“”，所从食旁下部受上部的影響，也類化而寫成與上旁相同的“”形。

例 11　僕

僕字甲骨文作“”，像頭戴冠、下身著尾、手捧箕之人形。金文割裂人與箕形寫作“”“”，箕形訛變為“甾”，从辛或變為从言。旂鼎僕字作“”，从人从甾从兩子。其實上一子字乃“言”或“辛”之變，而下一子是受上一子影響類化寫成的。

例 12　昶

金文昶字作“”“”“”，从日永聲。按甲骨文永字作“”，从“彳”从“人”作，又作“”或“”。金文永字作“”“”是承續甲骨文的寫法。金文昶字又作“”，受中間从“人”的影響，本从“彳”的構形也省去一筆並類化而寫成“人”形。

例 13　姞

金文姞字作“”“”“”，从女吉聲。楸車父壺姞字作“”，所从女旁受“吉”字旁的影響，也類化而加上一個“口”字。

例 14　弔

甲骨文弔字作“”“”，金文作“”或“”“”“”，像人身纏繞繒繳（或謂蛇）形。弔簠弔字寫作“”，受繒繳形（或謂蛇）的影響，人形也類化而加上了尖狀的筆劃，變得與繒繳（或謂蛇）形態相同。

例 15　邑

邑字甲骨文作“”，金文作“”“”形，像人跪跽於城邑旁。戰國文字中燕系文字的邑旁常常寫作“”，如邸字作“”，鄗字作“”。邑字上部變作“”，就是受了形體下部“”的影響而發生的類化。

例 16　玉

玉字甲骨文作“”“”等形，金文作“”。後與王字相混，戰國時便在玉字上加區別符號以示區別。古璽作“”或“”，後又類化作“”或“”“”“”。

例 17　弗

弗字甲骨文作“”“”，金文作“”形。戰國文字作“”“”，加上兩個飾筆，這是受“戈”“戊”“戌”“我”等字的影響所致。古璽𨚒字作“”，左側筆劃受右側的影響，類化成相同的形態。

例 18　後

後字甲骨文作“”，从夊幺聲，又加動符作“”。金文作“”“”，訇簋後字作“”，師寰簋作“”。“夊”形受上部“幺”的影響，都類化地寫作相近的形態。

例 19　𣪘

𣪘字甲骨文作“”“”“”，金文作“”“”，且戊簋寫作“”，所从“皀”旁因類化的關係，寫成上下一致的形態。

例 20　良

良字甲骨文作“”“”，金文作“”或“”，戰國文字作“”，又從亡聲作“”（天星觀）“”（信陽 2·4）“”（包山 218），又作“”（包山 218），上部受下部从“亡”聲的影響，也改寫成从“亡”。

在典籍中，有許多字受上下文的影響，從而類化改寫偏旁，以趨同於上下文，這一點與上引古文字中的情況極為相似。如：

《詩·豳風·鴟鴞》“徹彼桑土”，韓詩又作“徹彼桑杜”；

《詩·小雅·正月》“謂天蓋高，不敢不局；謂地蓋厚，不敢不蹐”，《釋文》引局字又作跼；

《詩·小雅·皇皇者華》“周爰咨諏”，《釋文》謂咨本亦作諮；

《詩·魯頌·駉》“有騅有駓”，《釋文》騅又作駱；

《詩·周南·葛覃》“是刈是濩”，《釋文》刈又作艾；

《詩·齊風·載驅》“四驪濟濟，垂轡濔濔”，《釋文》爾本亦作濔。

《説文解字》中所引典籍也可看出這種類化的普遍。如：

《易·離卦》“百穀艸木麗乎土”，《説文》引麗作蘼；

《尚書·禹貢》“厥艸惟繇”，《説文》引繇作䌛；

《易·系辭》“服牛乘馬”，《説文》引服作犕；

《左傳·僖公四年》“爾貢包茅不入，王祭不供，無以縮酒”，《説文》引縮作莤。

這種類化由此產生了一些專字，如《詩·大雅·靈台》“賁鼓維鏞”，賁乃鼓的修飾語，後類化加鼓旁作“鼖”，從此產生鼖字。《説文》“鼖，大鼓也。”《易·豐卦》“豐其屋”，《説文》引豐作寷。豐為形容屋的形容詞，《説文》“寷，大屋也。”《左傳·僖公十六年》“隕石於宋五”，《説文》引隕作碩。《尚書·堯典》“至於岱宗，柴”，《説文》引柴作祡。《詩·小雅·車攻》“助我舉柴”，《説文》引柴作㧘。

在後世的一些雙音節詞中，常常通過加注或改換偏旁來造出分化字，這些也都是類化的形式。如古代傳說的一種馬叫綠耳，後來把綠耳的糸旁改為馬旁寫成“騄耳”，然後又類化成“騄駬”。葡萄最早寫作“蒲陶”，後來將陶字的阜旁改寫成草字頭作“蒲萄”，後來又類化為“葡萄”。相似的例子還有：[①]

流黃—硫黃—硫磺　　伐閱—閥閲

馬腦—馬瑙—瑪瑙　　展轉—輾轉

在金文中，這種類化的現象也時常可見，如：

華母壺：華母自作薦篕。

兮甲盤：母敢不出其負其責。

師　簋：戈㦸㦸。

揚　簋：易女赤𩂣市。

害客簋：害客乍朕文考日辛寶障毀。

不𡢁簋：厰允廣伐。

　　　　㡯伐厰允。

師𩛥鼎：赤市朱𧜁。

大克鼎：宝靜于猷，盄哲𠂨德。

陳貯簋：韙盟禖神。

盂　鼎：伐甙方。

梁伯戈：印魃方□□攻旁。

---

① 裘錫圭《文字學概要》，商務印書館1988年。

鬿父卣：鬿父乍旅彝。

散氏盤：滏田煔田。

金文遇、敾乃一人，疑即禹鼎之禹。敾鼎：“師雝父省道至于㝬，敾從。”遇甗：“師雝父戍才古𠂤，遇從。”根據上下文的不同，禹字進行了不同的類化。[①]

有時的類化是追求形體在視覺形象上的統一，在佈局上的均衡美觀。如古璽有下列二方私璽：

（《璽彙》1398，以下出現《璽彙》字形一律只標注號碼）

（1443）

第一方璽應釋為“宋桁”。因宋、桁二字皆从木，故為了追求佈局上的美觀和整體的統一呼應，將桁字所从之行寫在了“木”旁的左右，並造成與“宋”字相近似的外觀形態，同時將“行”字的上部加以變形，造成與宋字所从之“宀”在視覺上相一致的效果。第二方印應釋為“宗向”，或釋為“宔向”，“宔”可能讀作主姓之“主”。向字為了追求與宔字統一的佈局效果，在口字下添加一豎筆，以取得與宔字一豎筆的對稱和平衡。

二　受同一系統內其他文字影響而發生的類化

受同一系統內其他文字影響發生的類化，是指同一系統文字中相近形體之間的“趨同”現象。這種“趨同”經常帶有一定的規律性。

例 21　旅

旅字甲骨文作“”“”“”，金文作“”“”“”“”，像人聚集於旗下形。因秦漢文字从字經常可以寫作“”形，如從字作“”，所以旅字可寫作“”，“”為㫃，“”即“从”之變。从可寫作“”，

① 上引金文中類化字的例子，參見沃興華《論類化字及其訓詁法》，中國古文字研究會第八屆年會論文，1988 年，長春。

與上部㫃字的一筆在一起與“衣”字的形態很接近，於是旅字右邊便類化寫成了“衣”，漢晉旅字寫作“”“”“”“”，就是把右旁寫成了“衣”。

例 22　霸

霸字甲骨文作“”，从革从月；金文作“”“”，加雨旁，又从帛聲作“”。秦漢文字霸字作“”“”“”“”“”。又秦漢文字朔字作“”“”，字也从月作，與朝字形體很近，於是受朔字的影響，霸字也類化為从朔作“”“”。

例 23　猒

金文猒字作“”，从肙从犬，後變形音化為从“甘”並以甘為聲。後又加“厂”為聲作“厭”。秦漢文字能字作“”“”，左旁變得與猒字同，受能字影響，漢代厭字又類化為从能作“”。

例 24　望

望字甲骨文作“”，像人竪目張望形，金文加義符“月”作“”，下部變為从“壬”作，又變形音化从亡聲作“”。漢代望字作“”“”“”。漢代䝵字作“”“”，因朢字所从之“朢”與“䝵”字具有相同的“臣”這一部分，所以朢字便受䝵字影響，發生類化而又從䝵作“”“”。

例 25　鷄

甲骨文鷄字作“”，又加奚聲作“”，因從鷄的字只此一個，鳮形又與鳥形寫得極為接近，故鷄字便受到鳥字的影響，小篆已類化為从隹作，而籀文則从鳥作。

例 26　厚

厚字甲骨文作“”，金文作“”“”或“”，又作“”，下部訛為从“子”。漢代厚字作“”“”，下部也从“子”作。又秦漢享字作“”“”“”“”，與厚字所从形體極為接近，故厚字又受享字的影響，類化為从享作“”“”“”。

例 27　鳥

鳥字甲骨文作“”“”，金文作“”或“”“”（鳴字所从）、

“□”（鳴字所从），戰國文字作“□”（古璽鳴所从），漢代鳥字作“□”“□”“□”，同時的馬字作“□”“□”“□”，鳥字下部寫得與“馬”字很接近。於是鳥字受馬字的影響，下部又類化為从“馬”作“□”，从鳥的鷂字作“□”，从鳥的鴰字作“□”，所从之鳥的下部也都變為从“馬”，相類似的如焉字漢代作“□”，其類化情況與鳥字相同。

例 28　溓

金文溓字作“□”，从水从兼，又加動符“止”作“□”“□”。因水形與止形結合起來與“涉”字很接近，於是受涉字的影響，溓字又可類化从“涉”作“□”。

例 29　厚

金文厚字作“□”“□”，又作“□”“□”“□”，从厚从欠，如金文“欼”字作“□”，所从欠旁相同。因□形下部與“糸”字很接近，於是受糸字影響，厚又寫作“□”，所从“欠”旁下部類化成與“糸”相同。

例 30　宜

宜字甲骨文作“□”“□”，金文作“□”或“□”“□”，或說像俎上有肉形，或說像倒酉中有肉形。戰國文字宜字寫作“□”“□”“□”，所从“□”形下部不封口，因“□”“□”變得與古文字中的“宀”旁很接近，故受“宀”字的影響，最後就類化為从“宀”旁作。

例 31　奠

奠字甲骨文作“□”“□”，像置酒樽於地；金文作“□”“□”“□”，下部加上兩點飾筆，後兩點飾筆逐漸立起來作“□”“□”形。鄭伯筍父甗奠字作“□”，左旁从三點。這是因為酒字从酉，同奠字一樣具有“酉”旁，於是奠字受“酒”字影響，也類化為从“酒”作。

例 32　帝

帝字甲骨文作“□”“□”“□”，金文作“□”“□”“□”，後加口孳乳分化出“啻”字，這與不字加口分化出“否”，刀字加口分化出“召”一樣。師虎簋啻字作“□”，上部變形為从“辛”。這是因為帝字上部與辛字很接近，受辛字影響，於是類化為从“辛”。

例 33　祗

祗字甲骨文作“”“”“”，金文作“”“”“”，又作“”。金文而字作“”。因祗字下部“”與“而”字很接近，於是受“而”字的影響，祗字又類化為从“而”作“”“”。

例 34　鐘

金文鐘字作“”，从金童聲；又作“”，从金从重；又作“”“”，重字所从的“人”字上部寫得很彎曲。按金文升字作“”“”“”，與把人形寫得上部彎曲很大的鐘字的“”部分很接近，於是受升字影響，鐘字又作“”，重字上部也類化成與“升”字相同的形態。

例 35　曆

曆字甲骨文作“”，从口林聲；金文作“”，从秝从甘，从甘乃口之類化，又从秝與歷字甲文作“”又作“”相同。曆字金文後又加“厂”旁作“”“”，這與歷字甲文作“”，金文也加“厂”旁作“”是平行的現象。按金文野字作“”，从林从土，與“”字都具有“林”這一偏旁。受野字的影響，曆字也發生類化，从野作“”。

例 36　晝

金文晝字作“”“”，从聿从乂。後又加周字作“”“”“”。金文父字作“”“”。因金文尹字（尹、聿一字）與父字形體接近，所以从聿的晝字受父字的影響，又類化為从父作“”。

例 37　捐

漢代捐字作“”“”，能字作“”“”，能字左旁與捐字右旁同，又作“”“”“”。捐字右旁受能字左旁的影響，又寫作“”，右旁上邊也从“厶”作，類化得與能字左旁相同。

例 38　毓

秦漢毓字作“”“”，玄字作“”“”。毓字所从育字上部之“”與“玄”字形體很接近，受玄字影響，毓字上部也類化為从玄作“”“”“”。

例 39　薄

漢代薄字作“”“”，又作“”“”，章字作“”“”。由於薄字所从之“尃”上部與章字部分相近，所以受章字的影響，薄字又可類化作“”“”“”，上部寫得與“章”字很近。

例 40　樹

漢代樹字作“”“”“”，从木从尌。爵字省體作“”，與樹字的右邊下部很接近。受爵字省體的影響，樹字下部也發生變化作“”，類化為从“叚”（爵字省體）作。

例 41　且

金文且字作“”“”，其字作“”“”，奠字作“”“”。因“且”字具有與“其”“奠”二字相同的下部的一横，受“其”“奠”二字的影響，且下部也加上二豎筆作“”（邾公孫班鎛），類化得與“其”“奠”字下部相同。

類化的規律使我們知道，一些形體接近的字或構形因素，往往會發生趨同於一的演變。那麼原本就具有相同的構形因素的兩個或兩個以上的字，雖然分別組合成新的形體並發生一些各自不同的變化，但其變化也是有規律的，大都是可以類推的。由這種“類化”，我們可以對一些文字的最初構形作出解釋。

例 42　虖

《說文》：“虖，哮虖也，从虍乎聲。”按金文虖字作“”“”“”，从虍从“”，“”乃“兮”字，古文字兮字作“”，乎字作“”，區別就在於上邊的二點或三點。虖字本从虍从兮，並不从乎，也應是一個雙聲字。後因兮、乎二字形近，又於音可通，在書寫過程中便類化為从“乎”作。關於“兮”的讀音，過去一些人認為應讀作“呵”。帛書《老子》“淵呵似萬物之宗”，呵今本《老子》俱作“兮”，可證“兮”古讀“呵”不誤。《說文》：“兮，語所稽也，从丂八，象氣越亏也。”說文對兮字的形體解釋根本不可信，兮字應是形聲字。又《說文》：“乎，語之餘也，从兮，象聲上越揚之形也。”從形體上看，乎字與兮字一樣，也應是从“丂”得聲的，古“兮”“乎”“呵”“虖”一類嘆詞，其最初都應發類似“呵”的音。

例 43　質

《說文》：“質，以物相贅，从貝从所，闕。”

許慎對質字為什麼从貝从所已不知所以然，這大概是因為質讀為“之月切”的原因。按金文慎字作“”，从折从言，應為从言折聲的形聲字，其所从之“”乃“”形省去左邊的形態，故可作“”形。“”形又連寫並類化為“阜”，慎又作“”“”“”，井人佞鐘誓字作“”，所从之“”也為“”之一半，但上下錯開，兩部分組合看去很像“斤”字，這便是後世的“誓”字。誓字見於《廣韻》，不見於《說文》，但金文已有，說明這個字的起源較早。誓字寫作“”，所从“”形寫得已很像“斤”。戰國詛楚文誓字作“”，所从也極像“斤”字，從類化的角度推測，誓字所从之“”因受“斤”旁的影響，後又類化為“斤”，於是便出現“質”這一形體。也就是說，質字是由誓字分化出的一個字，這也就是質還保存著“折”這一讀音的原因所在。

有一些文字，由於受某一文字的影響，形體會發生相應的改變，以趨同於施影響者，這種影響有時不只涉及一個字，還可涉及一系列的字。

例 44　鑄

鑄字甲骨文作“”，金文作“”“”或“”，篙平鐘鑄字寫作“”，其所从之“皿”因寫得與“其”字相近，於是將其類化寫成既像皿又像其的形態。這個字在銘文中實際上是一個形體代表两個字的，讀作“鑄其”，這種鑄和其的關係可称为“近似借筆”。①

例 45　者

甲骨文者字作“”，後加“口”作“”，其後發展到金文筆劃變直寫作“”“”，又作“”“”“”，所从之“口”兩側向外侈出並下垂，整體輪廓與其字作“”的外部輪廓相似，於是者字受其字的影響又寫作“”，其下部所从之“口”類化為“其”字。

例 46　必、戈、戊、戌、我、弗

必字甲骨文作“”“”，後在上下出現兩個飾筆而寫作“”，又在兩側加飾點作“”，金文皆作“”。

戈字甲骨文作“”“”，像柲形的部分也加飾筆寫作“”，金文作“”。

① 孫稚雛《金文釋讀中的一些問題的探討》，《古文字研究》第九輯，中華書局 1984 年。

戊字甲骨文作“□”“□”，像柲形的部分也加飾筆寫作“□”，金文作“□”“□”。

戌字甲骨文作“□”“□”，像柲形的部分也加飾筆寫作“□”，金文作“□”。

我字甲骨文作“□”“□”，又作“□”，上下皆加有飾筆，金文作“□”“□”。

通過以上“必”和从“柲”的幾個字加飾筆的演化，可以看出一個基本構形在不同的字中其演變有時是相同的。戈、戊、戌、我都具有“柲”這一部分，所以其演變與“柲”字的演變相一致。其他如“戉”“成”“戎”或“戋”“戍”“戚”“咸”等凡是从“戈”字或是“柲”形的字，發展也是平行的。弗字受這些字的影響，也發生了類似的類化：

□ □ □

這一類化並不是弗字與柲形或戈形有關，而純是因為弗字構形上橫筆與豎筆的相交部分與上述幾個字很接近，於是便產生了這種類化。

例 47 弌、弍、弎

古文字中“一”“二”“三”三個數字的形體來源於早期刻劃符號，形體一直無變化。漢代的“一”字或寫作“□”，加上“弋”旁（弋、戈二旁常常相混），加“弋”的原因既可能是加“弋”為文飾，以豐滿“一”字的字形，便於同其他文字相協調，也可能加“弋”為聲符。後來“二”字也寫作“□”，“三”字也寫作“□”，則是受“一”字加“弋”的影響而產生的類化。就是說“一”加“弋”是有原因的，而“二”“三”加“弋”就是無原因的類化了。因為“一”“二”“三”是構形相近，經常在一起使用的三個數位，尤其當秦代就已出現“四”字寫成“□”“□”的形態，使“四”字變得與“一”“二”“三”積劃而成的形態不同，而似乎與來源於客觀圖像的文字成為一個系統後，“一”“二”“三”之間的關係就變得更為緊密。所以當“一”字產生加“弋”旁的演變後，自然也就影響了關係密切的“二”“三”兩字也緊跟著發生了類化。“一”“二”“三”加上“弋”旁後，字形上變得豐滿，與同系統內的其他文字更為協調。不過可能因為“一”“二”“三”通行的時間太長，人們早已習慣，所以“弌”“弍”“弎”並沒能取代“一”“二”“三”而成為通用字，而只是作為一種“古體”被保存下來。

例 48　朝

朝字甲骨文作“”“”，金文作“”或“”“”“”，从水或从川，又作“”或“”，或作“”。因為“”形與戰國文字舟旁作“”形形體接近，故又變形音化為从“舟”聲。《說文》：“朝，旦也，从倝舟聲。”又《說文》：“倝，日始出光倝倝也，從旦㫃聲。”從金文朝字看，倝字既非从旦从㫃，朝字也非从倝。其實本沒有倝字，《說文》所說的“倝”本即朝字所从的“”這一部分，從甲骨文看，像日在草中形，倝字是在“”形的基礎上類化出的一個字。金文㫃字作“”“”，因“”字上部作“”，與“㫃”字上部形近，於是受㫃字的影響，在“”形上類化加上一筆寫成从㫃，戰國文字寫作“”“”，下部有所變化。而朝字反過來也受“倝”字的影響，也類化為从“倝”作。

從類化的角度可以反向推溯一些字的結構。《說文》中有三個字具有形態相同的上部，這三個字是“庶”、“席”、“度”，從小篆的構形向上推溯，可推測這三個字的上部在早期也是相同的。庶字甲骨文作“”“”，金文作“”“”。結構皆為从“石”从“火”，應該就是从火石聲的形聲字。因戰國文字“口”可以寫作“”，而“厂”“广”又本是一字之分化，所以庶字上部所从之“石”後來就寫作“”形。《說文》：“席，籍也。禮，天子諸侯席有黼繡純飾。从巾，庶省。𠌻，古文席，从石省。”《說文》所說“省”大都不可信，謂“席”从庶省不對，但保存的古文謂从石省，則透露出了真實的信息。其實从古文字材料，尤其是戰國文字資料來看，席字就應是從巾石聲的形聲字。《說文》：“度，法制也，从又庶省聲。”《說文》謂度从庶省聲，錯誤與說“席”字同。從度字構形和類化角度考慮，度字顯然也應是从“石”為聲。目前在古文字中我們雖然還沒有發現“度”字，但其早期結構一定是“从又石聲”，這一點則可以肯定。

類化這一規律還體現在“訛變”這一現象中，一些基本形體在各自的組合形體中發生訛變，訛變的結果卻相同；一些相同或相近的形體，經過訛變也都向某一個形體靠攏。

例 49　長、老、畏

長字甲骨文作“”，像長毛披髯一老者拄杖形，其本義大概是年長之“長”；金文作“”“”“”，“”（杖）形漸漸訛為从“”（匕）。

老字甲骨文作“”“”，像老者拄杖形。甲骨文老、考本一字，後分化為二。分化為考的方式是將“”形音化為“丂”，而分化為“老”的方式與長字同，即"丨"（杖）形訛變成"匕"作"㐬"。

畏字甲骨文作"𤰈"，从鬼从"丨"，金文作"𤰈""𤰈"，戰國文字作"𤰈"，秦漢作"畏""畏"，下部訛為"山""山"，《說文》謂山像"虎爪"，失之。

長、老、畏本皆从"丨"（杖），最後都訛為"匕"形，可謂殊途同歸。

例 50　用、朩

下列字來源不同，但在發展演變中都曾被類化為从用：

下列字來源不同，但在發展中上部都類化成了同樣的形態：

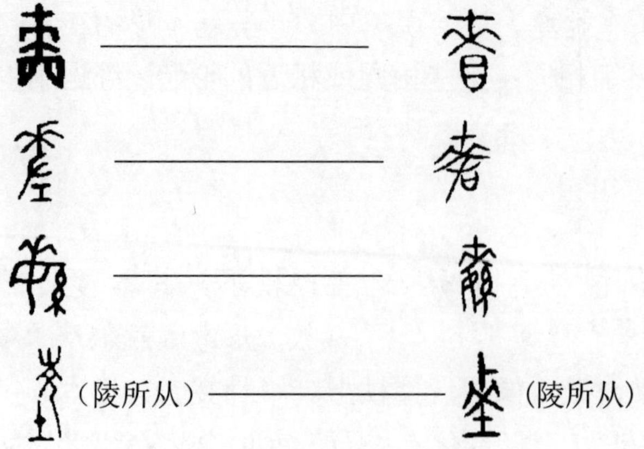

第七章　古文字中的“變形音化”

變形音化，是指文字受逐漸增強的音化趨勢的影響，將一個字的形體的一部分，人為地改造成與之形體相接近的可以代表這個字字音的形體，以為了更清楚地表示這個字字音的一種文字演變規律。

變形音化大都是將原為象形字或會意字的形體改造為形聲字。變形音化具有訛變的性質，但與訛變又有不同，它的改造過程具有人為的有意識的因素。

人們很早就已注意到了這一文字演變現象，但一直沒有系統的歸納論述。裘錫圭先生在《釋“勿”“發”》一文中，曾舉“何”“昃”二字論證了這一現象。[①]張桂光先生在《古文字中的形體訛變》一文中，也將其歸為“訛變”的範疇加以論述。[②]我們曾在《古文字構形規律的再探討》一文的第三節中，舉“甫”及“喪”“良”“襄”“兩”等字談到這一問題，並將其歸納稱之為“變形音化”[③]。“變形音化”是古文字發展演變中一個很值得總結的規律，充分認識這一規律，會對古文字的一些形體的來龍去脈和發展演變有更清晰的認識，同時也會更清楚地體會到古文字發展的“音化”趨勢，增強我們對古文字構形規律的認識和理解。

下面列舉字例論證這一規律。

例 1　甫

甲骨文甫字作“”，結構為从屮从田，應是“苗圃”之“圃”的本字，後因借為“男子美稱”的“甫”，遂又造一個“圃”字為之。甲骨文叀字早期作“”“”，晚期作“”，从叀的專字早期作“”“”，晚期作“”“”，早晚的差別就在於有無下邊的圓圈。甲骨文甫字作方框形，叀字作橢圓形，區別很明顯，《甲骨文編》將早期叀字“”釋為“甫”，將早期的專字“”釋為“專”，都是錯誤的。“甫”字發展到金文演變為下列兩種形態：

1　　2

① 裘錫圭《釋“勿”“發”》，《中國語文研究》第二輯，香港中文大學 1981 年。
② 張桂光《古文字中的形體訛變》，《古文字研究》第十五輯，中華書局 1986 年。
③ 劉釗《古文字構形規律的再探討》，中國古文字研究會第五屆年會論文，1985 年。

1式是繼承甲骨文的寫法，只是順應古文字發展圓筆漸多的趨勢，將田形寫成了橢圓形。這與甲骨文畜字作“”，金文作“”，下部變為从“田”的演變順序正好相反。金文甫字下部變圓後作“”的寫法與甲骨文叀字早期作“”正好形同，但在甫字作“”形的同時，金文叀字則繼承甲骨文晚期的寫法，下部都有一圓圈，與“”形一般不相混。由這一區別特徵我們可以糾正以往對一個金文形體的誤釋。《金文編》卷十四有字作“”，《金文編》釋為“轉”。按字所从之“”下部不从圓圈，所从為“甫”而不是“叀”，故此字其實應釋作“輔”。

2式寫法乃訛變的結果，下部訛變為从“用”。古文字中凡从“田”或類似“田”形的字，在發展演變中常常類化為“用”。這與周、葡、帝、束等字的訛變過程如出一轍。2式上部由从“中”變得向一邊彎曲，已漸漸與“父”字形體很接近，於是人們便在此基礎上進行了人為的有意識的改造，將甫字上部彎曲的筆劃改寫為“父”字，並以其為“甫”字的讀音，於是會意字便成了形聲字，這也便是《說文》認為甫字“从用从父，父亦聲”的由來。

例2　喪

喪字甲骨文作“”“”，結構為从桑从口，口字數量不等，而隨著結構的不同變化數量，是與字音字義無關的“區別符號”。喪字是從桑字分化出的一個字，即在桑字上加口作為區別符號從而分化出喪字。金文喪字作“”（趚字所从）“”，寫法與甲骨文相近，因其下部的形體與“亡”字接近，故人為地將其改寫為與其形體接近並可代表“喪”字讀音的“亡”字。金文喪字或作“”“”“”及“”，形體下部已經改寫為“亡”字，這也就是《說文》謂喪字“从哭从亡會意亡亦聲”的由來。

例3　良

良字甲骨文作“”“”，金文作“”或“”“”“”“”。本為象形字或會意字，因其下部形體與“亡”字接近，故又將其改寫為與其形體接近並可代表良字讀音的“亡”字。戰國文字良字作“”（侯馬盟書）“”“”“”“”(古璽)，下部已改寫為“亡”字。《說文》：“良，善也。从畗省亡聲。”

例4　昃

昃字甲骨文作“”“”“”，像日西人影斜的形象。本為會意字，又作“”“”，人形寫成直立形，但仍从“大”不變。因大、矢二字形體接近，故又將“大”改寫為與其形體接近並可代表“昃”字讀音的“矢”字，滕侯昃戟寫作“”，戰國齊陶文作“”形，都已从“矢”作。《說文》：“日在西方時側也。从日仄聲。”

例 5　朝

朝字甲骨文作“”“”，金文作“”“”“”“”，从水或从川，又作“”“”，或作“”。因為“”形與戰國文字舟字作“”形形體接近，故又將朝字所从之“水”或“川”改寫為與其形體接近並可代表“朝”字讀音的“舟”字。戰國文字朝字作“”（朝訶右庫戈）“”（古璽），已變為从“舟”聲。又古璽朝字又作“”“”，變“舟” 聲為“召”聲。又漢印朝字作“”，又从“刀”為聲。《說文》：“朝，旦也，从倝舟聲。”

例 6　者

甲骨文者字作“”，又增口繁化作“”“”，發展到金文，“者”字上部的彎筆多寫成直筆。如从水的渚字作“”“”（《金文編》附錄一二四八頁），从月的睹字作“”，口字也變成了“甘”。由者字的這種寫法可以糾正《金文編》的一個錯誤。《金文編》六九七頁有字作“”，《金文編》隸作“奤”，以不識字列於大部。其實這個字下部就應是“者”字，字从大从者，應釋為“奢”，奤父乙簋應改稱為“奢父乙簋”。金文者字有的加飾點作“”“”，因為其上部兩個向兩邊斜出的筆劃寫得不對稱，從而使其上部變得與“止”字很接近，如金文者字或作“”“”“”“”，中山器作“”“”“”，其上部已基本變為从“止”作。這也是人為有意識的改造，以“止”來表示“者”字的讀音。古音者在章紐魚部，止在章紐之部，音很接近。《說文》：“者，別事詞也，从白𣥠聲，𣥠，古文旅字。”按《說文》所謂“白”乃口字之變，𣥠非旅字，即者字上部之“”“”形，乃改造而成的“止”字。

例 7　歆

歆字甲骨文作“”“”“”“”形，像人伏就於尊盤前吸食狀，本為會意字。金文作“”“”，已將人身體與口形割裂分離，並將口形人為地改寫成與其形體接近的“亼”或“今”字，以其為歆字的聲符。戰國文字歆字作“[illegible]”，从今作已甚為明顯。《說文》“㱃，歠也，从欠酓聲，凡㱃之屬皆从㱃。”

例 8　猒

猒字不見於甲骨文，金文作“[illegible]”“[illegible]”，从口从肉从犬。秦漢時期猒字作“[illegible]”（厭所从）“[illegible]”（厭所从）“[illegible]”“[illegible]”，結構仍與金文相同。小篆猒字作“[illegible]”，口字已變為从“甘”作，這也是人為地加以改造的“變形音化”。《說文》謂：“猒，飽也，从甘从肰。”按猒本从口不从甘，从甘是很晚才產生的變化，是將“口”改造為與其形體接近並可代表“猒”字讀音的“甘”字而成。猒字後來又加上“厂”聲作“厭”，猒與厭乃一字在不同時期的繁簡兩體，很晚才發生分化，《說文》分為二字不一定妥當。《說文》猒字又作“[illegible]”，謂“或从㠯”。按从“㠯”也為“變形音化”，不過是將“甘”聲改成“㠯”聲而已。

例 9　能

甲骨文能字作“[illegible]”（屯南 2169），像肩頸有長毛的熊。[1]金文能字作“[illegible]”“[illegible]”“[illegible]”，口形已訛為“肉”，這與“龍”字的演變正同。金文能字所从之“[illegible]”本像熊之頭部，到金文“變形音化”為“㠯”字並以其為聲符。《說文》：“能，熊屬，足似鹿。从肉㠯聲。”按从“肉”乃口之變，从“㠯”即頭形的變形音化。

例 10　州

州字甲骨文作“[illegible]”“[illegible]”，本像河中有州形；金文作“[illegible]”“[illegible]”“[illegible]”，與甲骨文形同。戰國文字作“[illegible]”“[illegible]”“[illegible]”，有的形體中間割裂筆劃，已寫成了“丩”字，有可能即因州、丩音近而以“丩”為聲符。秦簡州字作“[illegible]”，漢簡作“[illegible]”，已類化為从三“丩”，“[illegible]”即“丩”字，小篆作“[illegible]”，形體與甲骨文、金文相近，但也已類化為从三“丩”。《說文》：“水中可居曰州，周遶其旁。从重川。”

例 11　望

望字甲骨文作“[illegible]”“[illegible]”“[illegible]”，像人企足張目遠望之形；金文作“[illegible]”“[illegible]”，結構與甲骨文相同，又作“[illegible]”“[illegible]”“[illegible]”，加月旁為義符，所从之“目”又或訛變為“耳”作“[illegible]”“[illegible]”。因“耳”字與“亡”字形近，於

---

① 劉釗《甲骨文字考釋》，1985 年油印本。

是便人為地將“耳”改造為與其形體接近且可代表“望”字讀音的“亡”字。後“朢”“望”二字遂分化為二 。《說文》：“望，出亡在外望其還也。从亡朢省聲。”“亡”乃變形音化之聲符，非會意也。

例 12　考

甲骨文考、老本一字，作“”“”“”諸形，像披發老人持杖形，至金文分化為二，“”所从之杖形訛變作“”作“”，從而分化出“老”字。因“”所从杖形與“丂”字形近，於是又人為地加以變形音化從而分化出考字作“”“”形，《說文》：“考，老也。从老省丂聲。”

例 13　舞（無）

舞字甲骨文作“”“”，像人手持牛尾跳舞之形；金文作“”，又作“”“”形，所从牛尾形加上羨符“口”，下部或又訛為“木”，或用借筆的方式寫作“”，其所从之“”，已與古文字“某”字形同。可能也是人為的“變形音化”，即以“某”為“舞”字的聲符。《說文》：“𣞣，豐也。从林𡘲，或說規模字，从大丗，數之積也，林者，木之多也，丗與庶同意，《商書》曰：‘庶草繁無’。”《說文》割裂形體，說解毫不可據。

例 14　悤

悤字甲骨文作“”，本為會意字；金文作“”“”“”；小篆作“”，已將“”形人為地改寫為與其形近的“囪”字，並以“囪”為聲。《說文》：“悤，多遽悤悤也，从心囪，囪亦聲。”漢代“悤”字作“”形，與甲骨文和金文形同，又作“”（蔥所从），其後又在“”形上部左右各加一飾筆變形音化為“公”字，並以其為“聲符”，如聰字作“”“”。

例 15　兩

兩字金文作“”“”“”。戰國文字或作“”“”“”，中間已變為从“羊”。這與鬲字本作“”，像袋足的部分後來也割裂筆劃寫作“”一樣。兩字中間从羊作，是人為地將兩字中間寫成形體相接近的羊字並以其為聲符。

例 16　智

智字甲骨文作“”“”“”“”“”“”“”等形。或从

“口”，後到小篆變為从“白”，這與者字本从口，到小篆也變為從“白”演變相同。甲骨文智字从子或从于，發展到金文時作“”“”，又作“”或“”，將所从之“大”人為地改造為與其形近的“矢”字並以其為聲。《說文》：“智，識詞也，从白从亏从知。”

例 17 襄

襄字甲骨文作“”“”“”“”，金文作“”“”，加上土旁和動符“攴”，其後又加“衣”旁分化出㸑、襄二字。襄字作“”“”“”，又作“”“”。戰國古璽及貨幣文字中的襄字又作“”“”（讓字所从），像人形的部分已人為地加以變形音化為“羊”，並以羊為“襄”的聲符。《說文》：“襄，漢令解衣耕謂之襄。从衣㸑聲。”又：“㸑，亂也。从爻工交吅。一曰窒㸑，讀若禳。”

例 18 羞

羞字甲骨文作“”“”，从羊从又；金文作“”“”，與甲骨文形同。秦簡作“”，仍从羊从又。漢簡作“”，漢印作“”，已將“又”改寫為“丑”，即將“又”字改寫為與其形體接近又可代表“羞”字讀音的“丑”字。《說文》：“羞，進獻也。从羊，羊所進也，从丑，丑亦聲。”

例 19 聽（聖）

聽字甲骨文作“”“”，又作“”“”；金文作“”“”，本為會意字。後人形下部加上一横筆作“”“”，人形中部又加上一點飾筆，飾筆又漸漸演變成一横作“”“”，於是人形變為从“壬”，即將人形改寫成與其形體接近並可代表“聽”字讀音的“壬”字。相同的變化還有“巠”“城”（戰國文字或从壬為聲）。“聽”“聖”本一字之分化，《說文》：“聖，通也，从耳，呈聲。”

例 20 顧

戰國中山王器顧字作“”，从鳥从“”。按“”為“寡”字之省，中山器寡人之寡皆作“”可證。如果小篆形體不誤，則顧字本應从“頁”，从寡字省是因為寡字省形與頁字形體很近，且寡、顧古音相同，於是故意將“頁”改寫為“寡”字之省，並以“寡”省為聲符。

例 21　便

甲骨文“更”（叓）字作“”，“”即“鞭”字初文，後加“丙”聲，再後又加“革”為意符作“鞭”。金文便字作“”，“”即“更”，即鞭字初文。其上部不从“丙”而从“”。按“”乃“免”字，像冠冕形。更（鞭）字从“免”，是人為地將“丙”字改寫為與其形體接近的“免”並以其為聲符。這個例子與前舉的例子有些不同，即變形的部分原來就是聲符。但與一般的改換聲符也不一樣，就是它的變化是基於變形部分與代替它的部分在形體上必須是接近的。“免”與“便”古音更近，把“丙”改成“免”，是為了更好地表示讀音。

例 22　保

保字甲骨文作“”，像人抱子形；金文作“”，後割裂筆劃作“”“”“”，或類化作“”；戰國中山器又作“”，“”形是在“子”形上加上了“爪”旁，與“”形一起構成了“孚”字，並以“孚”為保字的聲符。這也是一種變形音化，與前舉之例的不同是並未具體改變某一形體，而是加上了一個形體。《說文》：“保，養也。从人。孚省聲。”（據段注本）

例 23　齍

金文齍字作“”，从皿齊聲；或作“”，从鼎齊聲；又作“”，从皿妻聲。弔鼎又寫作“”，白六鼎作“”。因妻字上部歧出的三筆與齊字形近，於是就在从妻聲的基礎上，利用妻字上部的筆劃加以變形音化，又加上了“齊”聲，造成了共存的兩個聲符。

例 24　盂

盂字甲骨文作“”“”，从皿于聲；金文作“”；戰國金文又作“”“”，即在“于”字上加上了部分筆劃，與于字構成了類似“羊”字的形體，並以其為聲符。

例 25　烏（於）

烏、於乃一字之分化。金文作“”“”“”，像烏的形狀。又割裂筆劃作“”“”，戰國中山器作“”“”，割裂出的筆劃已寫成“”形。按此“”形乃“伏”（或“俯”）字，①即人為地將烏字割裂出的“”

① 吳振武《〈古璽文編〉校訂》，吉林大學博士學位論文，1984 年。

“[illegible]”形寫成與其形體接近並可代表“烏”字讀音的“勹”字。《說文》：“烏，孝烏也。象形。[illegible]，象古文烏省。”

例 26　參

金文參字作“[illegible]”，从卩从星；又作“[illegible]”“[illegible]”“[illegible]”，又加上“彡”形，“彡”很可能就是“三”字，即加上“三”為聲符。戰國文字又省作“[illegible]”，又作“[illegible]”，三字豎置，已與“川”字形近。古璽參字或作“[illegible]”“[illegible]”，已變形音化為从“川”得聲。古璽參字又作“[illegible]”“[illegible]”，即从金文“[illegible]”形省變而來，其下部也變形音化為从“㐱”得聲。《說文》：“曑，商星也。从晶㐱聲。”

例 27　霍

霍字甲骨文作“[illegible]”“[illegible]”，金文作“[illegible]”“[illegible]”，漢印作“[illegible]”，又作“[illegible]”，在隹字下加一“又”字，與“隹”字構成“隻”（獲）並以其為聲符。與前舉“保”字相類。靃、霍乃一字之分化。《說文》：“靃，飛聲也，雨而雙飛者，其聲靃然。”

例 28　脂

脂字秦漢作“[illegible]”“[illegible]”“[illegible]”；碩人鏡作“[illegible]”，从肉从自。即將“旨”改成與其形近的“自”並以其為聲符。

例 29　熟（孰）

熟字甲骨文作“[illegible]”，金文作“[illegible]”“[illegible]”形，秦漢文字作“[illegible]”“[illegible]”“[illegible]”“[illegible]”。皆从享从丮，或作“[illegible]”“[illegible]”，變為从享从舟，即將“丮”改寫為與其形近並可代表“孰”字讀音的“舟”。

例 30　樊

樊字金文作“[illegible]”“[illegible]”“[illegible]”，从林从爻从収；漢印作“[illegible]”，又作“[illegible]”。漢永建黃腸石、樊氏鏡作“[illegible]”“[illegible]”，“爻”皆改為从“文”作。即將“爻”改成與其形近並可代表“樊”字讀音的“文”字。

例 31　寧

寧字甲骨文作“[illegible]”，金文作“[illegible]”或“[illegible]”“[illegible]”，秦簡作“[illegible]”，漢

帛書作“”。漢印作“”，下部已訛為从“南”作，即將“皿”與“丂”改寫成與其形近並可代表寧字讀音的“南”字。

例 32　發

發字甲骨文作“”“”“”“”，金文作“”“”“”。加“”為追加聲符。秦漢作“”“”，或作“”“”“”，上部已訛為“非”，即將聲符“”改寫成與其形近並可代表“發”字讀音的“非”字。秦漢廢字或作“”“”，演變與發字相同。

例 33　敝

敝字甲骨文作“”，金文作“”，漢帛書作“”“”，又作“”。蔽字作“”“”“”，幣字其所从或敝字本身之“敝”都已訛為从“米”，即將“敝”字改寫成與其形近並可代表敝字讀音的“米”字。

第八章　古文字中的“簡省分化”

簡省分化，是指一個文字形體的一部分借用為另一個文字形體，同時接受“母字”的讀音作為記錄語言的符號。或者說是一個文字的形體截取下來部分構形因素來充當另一個文字形體的一種文字分化現象。

在古文字形體中，有一些字是沒有獨立來源的，它只是借用了另外的一個文字形體的一部分，這種文字分化現象是“六書”不能包括的，也應該看成是一種造字手段。

簡省分化是文字表音化傾向趨於強烈的表現。分化出的新字無所謂“本形本義”，其形體只是“母字”的一部分，其讀音則來源自“母字”。

分化出的新字有的雖然被《說文》列為部首，但在實際文字系統中，卻從不單獨使用，而僅僅是作為一個表音的偏旁與其他形體組合成複合形體使用。

例 1　虍

《說文》：“虍，虎文也。象形。”

《說文》謂“虍”為像“虎文”的象形字，其說大謬。虍字甲骨文作“[illegible]”（虘所从）“[illegible]”（皆字所从）“[illegible]”（盧所从）；金文作“[illegible]”（虖所从）、“[illegible]”（虔所从），皆像虎頭形。《說文》“虍”乃是由虎字作“[illegible]”截取其上部分化出的一個字。虍字來源於虎，聲音也借用了虎的讀音。虍字在文字系統中從不單獨使用，而是作為一個構形因素與其他構形因素組合成複合形體。虍字在複合形體中大都作為聲符使用。如“虘”“盧”“虞”“虖”“虞”“虘”等等，所从之“虍”都應是聲符。因“虍”乃“虎”之省，故古文字中有些从虎的字又可从虍作。如甲骨文盧字作“[illegible]”，又作“[illegible]”；虒字作“[illegible]”，又作“[illegible]”即是。而有些从虎的字，後世就變為从虍。如甲骨文虐字作“[illegible]”，像虎殘人形，後因金文虎字下部變得與人字接近，與虐字本从的人字重複，故又省去部分形體。古璽虐字作“[illegible]”，形體已變為从“虍”从人作，與小篆从“虍”相同。[1]

總之“虍”字乃“虎”字之截取省化，後作為一個聲符與其他形體組合成

① 裘錫圭《甲骨文字考釋（八篇）》，《古文字研究》第四輯，中華書局 1980 年。

字，它並不獨立存在記錄語言。《說文》雖然將其單列為字，但嚴格說來，它只是一個構形因素。

例 2　畾

《說文》無畾字，但有从畾之字。《集韻》收有畾字，訓為“田間”，音同“雷”，又謂與“壘”同。《說文》：“壘，軍壁也，从土畾聲。”按壘為從土畾聲的形聲字。壘並不同於畾。靁字甲骨文作“”“”“”“”諸形；金文作“”“”“”，又加意符雨作“”；戰國古璽作“”（鄗所从）；小篆作“”。按“畾”即靁字之省，即截取靁字作“”等形的“”或小篆“”的下部而成，是從靁字分化出的一個字，讀音與“靁”字相同。畾字在文字系統中不單獨使用，而是作為一個構形因素與其他構形因素組合成複合形體。畾在複合形體中無一例外地用作聲符。如“櫑”“罍”“儡”“勴”“儽”“灅”“壘”“鑸”“礨”“斝”“欙”“藟”“讄”“鸓”等字皆是。正因為“畾”乃“靁”字之省，所以後世从畾的字在古文字中可从“靁”作。如甲骨文鼺字从靁作“”（合 31319），金文作“”，又戰國陶文有字作“”，字形為从肉从靁，就應釋為“”。膇字見於《集韻》《廣韻》等書。

例 3　肙

《說文》：“肙，小蟲也。从肉口聲，一曰空也。”

《說文》對“肙”字的說解令人生疑。其實肙字也是一個省形分化字，其來源的“母字”就是“猒”字。

《說文》：“猒，飽也。从甘从肰。”

《說文》對猒字的分析據晚期形體立說，不甚允當。按金文猒字作“”“”“”，字皆从肙从犬，而肙字則為从口从肉，肙字早期並不从“甘”，从“甘”乃後世的變形音化。這與敢字本从口，金文或改為从“甘”的音化相同。猒字从肙从犬，分析其構形有兩種可能：一種可能是肙字本即猒字初文，像口啖肉形，故字有“飽”義，犬字乃後來追加的意符或音符；一種可能是肙與犬組合成會意字，會犬以口啖肉之意，但犬與肙字筆劃不連，似乎是一個不好解釋的現象。如果是第二種可能，那麼肙字就應是從猒字截取部分構形分化出的一個字，字音仍沿猒字讀音，但有些變化。古音猒在影紐談部，肙在見紐元部，聲為喉牙通轉，古音談部與元部或可相通，在古文字中不乏其例，如楚簡“絹”字有寫作上部从“占”聲的，絹元部，占談部。猒字異體又作“猒”，變形音化為从

“厶”得聲，肙字異體也作“育”，其演變相同，這也是二者本是一個來源的旁證。肙字在文字系統中不單獨使用記錄語言，只是作為一個聲符，作為一個構形因素組成複合形體。如“圓”“弲”“鋗”“鞙”“睊”“稍”“焆”“涓”“埍”“蜎”“削”“餶”“痟”“弴”等字。

例 4　马

《說文》：“马，嘾也，艸木之華未發圅然。”

马字怎麼會像艸木之華未發圅然之形？《說文》對马字的解釋顯然不可信。

马字也應該是一個簡省分化字，其所从出的“母字”就是“圅”字，即截取圅字的一部分，並沿用“圅”字的讀音而成。

圅字甲骨文作“”“”“”，金文作“”“”“”，戰國璽印作“”。皆像“矢圅”之形，旁有一用於懸掛的環。

戰國文字马字作“”“”（肥字所从）“”（所从）“”（所从）“”（所从）。

马字作“”，是截取“”形的“”這一部分，即像懸掛的套環的部分而成，而並非像《說文》所說像什麼“艸木之華未發圅然”之形。

马與圅音同，在文字系統中不單獨使用記錄語言，而是作為一個構形因素，作為一個聲符與其他字組合成複合形體。如“犯”“範”“笵”“範”“軛”“氾”等字。

例 5　卉

《說文》無卉字（與桒所从之“卉”及三十之“卉”不同），但有从卉得聲的字。

金文奔字作“”，从“走”从三止，強調其奔跑義。古文字中止、屮二形常常訛混。金文奔字又作“”，所从的“止”已經訛變為“𡳿”。卉字乃截取“奔”字下部之“歨”即“𡳿”而成，讀音仍沿用“奔”之讀音。卉字《說文》不收，在古文字中也沒單獨出現，在文字系統中不單獨使用記錄語言，而是與貝字組合成“賁”這一形體。《說文》：“賁，飾也。从貝卉聲。”《說文》以賁所从之“卉”字為“桒”字所從之“卉”是錯誤的。“卉”乃“奔”字截取部分構形而成的簡省分化字。賁、奔古音相同。卉與貝組合成“賁”字後，又孳生出一批从“賁”得聲的字，而實際上也就是从“卉”得聲，如“噴”“歕”“濆”“獖”等。

與上舉五例不同的是，簡省分化後有些字在文字系統中可以單獨使用記錄語言，同時也可以作為一個構形因素與其他構形因素組合成複合形體，在這些形體中只起聲符的作用。

例 6　世

《說文》：“世，三十年為一世。从卅而曳長之，亦取其聲也。”

《說文》認為“世”字从“卅”，為會意兼形聲字，其說大有問題。

按金文世字作“ ”“ ”“ ”，顯然不从“卅”。世字其實也應是一個簡省分化字，其所从出的“母字”就是“枼”字，即葉字。

《說文》：“枼，楄也，枼薄也。从木世聲。”又《說文》：“葉，草木之葉也。从艸枼聲。”

葉字甲骨文作“ ”“ ”形，像樹木有葉形；金文作“ ”，樹葉形省為一點，“ ”形訛變為“ ”。而“世”字就是截取葉字上部而成，讀音仍同葉。古音世在書紐月部，葉在喻紐葉部。書、喻皆為舌音，月、葉古代可以通轉。

例 7　哭

《說文》：“哭，哀聲也，从吅獄省聲。”

《說文》認為哭从獄省聲是有問題的。哭字應是一個簡省分化字，其所从出的“母字”就是“器”字。

金文器字作“ ”“ ”，《金文編》誤釋為“咢”。《說文》：“器，皿也，象器之口，犬所以守之。”按《說文》認為器字从犬為守護意，恐怕有問題，古音器在溪紐質部，犬在溪紐元部，聲紐相同，器从“犬”有是聲符的可能。

古文字中从四口的字，常常可以省成從二口，如喪字金文作“ ”，小篆作“ ”；金文囂字作“ ”，《說文》古文作“ ”，古璽作“ ”；金文器字又作“ ”，已省四口為二口，與後世哭字形同；戰國文字器字作“ ”“ ”“ ”，已多从二口。哭字由器字从二口的形體分化出來，讀音仍與器字存在關係。古音器在溪紐質部，哭在溪紐屋部，二字雙聲。

例 8　介

《說文》：“介，詞之必然也。从入丨八，八象氣之分散。”

《說文》對“介”字的說解是據小篆形體并以“介”字在語言中的用法進行

的推測，無絲毫的根據。

從古文字來看，尒字應是一個簡省分化字，其所从出的“母字”就是“爾”字。

《說文》：“爾，麗爾，猶靡麗也。从冂从㸚，其孔㸚，尒聲，此與爽同意。”

《說文》對爾字的說解一片混亂，不足為據。

爾字甲骨文作“[illegible]”“[illegible]”，其本形本義已不可知，金文作“[illegible]”“[illegible]”“[illegible]”。古文字中常常在一豎筆兩側各加一點飾筆。如余字本作“[illegible]”，後加飾筆作“[illegible]”；必字本作“[illegible]”，後加飾筆作“[illegible]”等等。爾字作“[illegible]”形，就是在甲骨文“[illegible]”字基礎上左右各加一個飾點而成。《說文》所謂从“㸚”，是甲骨文爾字下部筆劃連寫而成。尒字就應是截取金文“[illegible]”字上部的“[illegible]”而成，其聲音還沿用“爾”的讀音。古音尒、爾音同。

例 9　与

《說文》：“与，賜予也。一勺為与，此与與同。”

《說文》解釋“与”字的構形為“一勺”，甚為荒謬。按与字也應是一個省形分化字，其所从出的“母字”就是“與”字。

《說文》：“與，黨與也。从舁从与，[illegible]，古文與。”

按金文與字作“[illegible]”“[illegible]”“[illegible]”，皆从舁从“[illegible]”。按“[illegible]”即牙字，與字从牙應為聲符。古音牙、與皆為魚部字，故與可从牙得聲。而“与”乃是截取“[illegible]”字的“[illegible]”部分而成，字音仍沿用“與”字的讀音。

例 10　負

《說文》：“負，恃也。从人守貝，有所恃也。一曰受貸不償。”

《說文》不知負字的形體來源，故解為从人守貝，其實負字也是一個簡省分化字，其所从出的“母字”是“府”字。

《說文》：“府，文書藏也。从广付聲。”按戰國金文府字作“[illegible]”“[illegible]”“[illegible]”，从府从貝，貝乃贅加的意符，貝又可省成“目”字作“[illegible]”“[illegible]”，古璽則作“[illegible]”“[illegible]”，又古璽郙字作“[illegible]”，字从邑，為府姓或負姓的專字。古璽的府字都已省去了付字所从的“又”字，並將人字寫在了貝字的上邊。中山器兆域圖府字作“[illegible]”，省貝為目，也省去“又”旁。又中山器有字作“[illegible]”“[illegible]”，从[illegible]（府之省）从立。戰國文字从土的字有許多皆从立作，故此字从府省从土，土應為贅增的意符，此字也應是府字異體。而負字就是截取府字作

“[illegible]”“[illegible]”的“[illegible]”部分而成，字音仍然沿用“府”字的讀音。古音府在幫紐侯部，負在並紐之部，聲為一系，韻亦可通。

古文字中有的簡省分化字只流行了一時，隨後便消失了，成了死文字，只有通過辭例的推勘才知道相當於後世的什麼字。甲骨文中的“㞢”字就屬於這種情況。

例 11　㞢

甲骨文有字作“㞢”，與後世的已識字找不到形體上的聯繫，但從辭例上可以斷定它相當於後世的“又”和“有”字。黃錫全先生認為“㞢”的形體來源於“牛”字，其說大致可信。“㞢”應為“牛”字的簡省分化字。①甲骨文牛字作“[illegible]”“[illegible]”，“㞢”即截取“[illegible]”字的上部而成，其讀音仍沿用“牛”字的讀音。古音牛在疑紐之部，又在匣紐之部，韻部相同，聲為喉牙通轉。

古文字中還有的簡省分化字，其簡省分化出的部分，不像以上所舉的例子都是來源自形體中的“實體”的一部分，而是來源自飾筆。古文字中的“丌”就屬於這種情況。

例 12　丌

《說文》：“丌，下基也，薦物之丌。象形。凡丌之屬皆从丌，讀若箕同。”

戰國文字之前，從未發現過“丌”字。其實“丌”字也是個簡省分化字，其所从出的“母字”就是“其”字。甲骨文其字作“[illegible]”“[illegible]”“[illegible]”等形，金文同甲骨文作“[illegible]”“[illegible]”形，又在下部增加一橫飾筆作“[illegible]”，又在一橫下增加二點飾筆作“[illegible]”“[illegible]”，後二點漸漸寫得立起來作“[illegible]”，這與奠字本作“[illegible]”形，後加二小橫飾筆作“[illegible]”，又發展成為“[illegible]”的情況相同。“丌”就是截取“[illegible]”字下部的“[illegible]”形而成，其讀音還沿用“其”的讀音。古音其、丌聲韻全同。因“丌”為“其”的簡省，所以古文字中“丌”“其”又可通用。

① 黃錫全《甲骨文“㞢”字試探》，《古文字研究》第六輯，中華書局 1981 年。

第九章　古文字中的“一字分化”

例1　强、弘

甲骨文有字作：

《類纂》2616、2617、2626

裘錫圭先生釋為“强”，甚是。[1]以上字從“弓”從口，應是從弓字加口孳乳分化出的一個字，與刀加口孳乳出召，魚加口孳乳出魯，牛加口孳乳出告，丂加口孳乳出可，又加口孳乳出右，文加口孳乳出吝等相同。口旁與字音字義没有關係，在某種程度上只起一個區別符號的作用。字音則仍沿用其所从出的那個字的音，與其相同或相近。古音弓在見紐蒸部，强在群紐陽部，聲紐為一系，韻亦不遠。

金文有字作：

《金文編》八五〇頁

以上字从弓从口，舊不識，今也應釋為“强”。

甲骨文有下列二辭：

癸未卜爭貞生一月帝其[illegible]令雷。

貞生一月帝不其[illegible]令雷。　　《合》14128 正

“强”應讀為“弘”，因强、弘本一字之分化，故强可讀為弘。“弘令”即“大令”。

古璽强字作：

（2749）　（3553）　（4110）　（2810）

① 裘錫圭《說字小記》，《北京師範學院學報》1988 年第 2 期。

从“弓”从“口”，口字下加有“〓”飾筆，戰國文字中許多字在口字下加有“〓”形飾筆，這是為了平衡佈局。古璽㢡字寫作：

（2671）　（1045）　（0525）　（0526）

从强从力。强字又作

①

从强从虫，已開始加上虫旁，分化出《說文》訓為“蚚也”之“強”。而强實應為“彊”字之本字，《說文》訓為“弓有力也”，故後引申有“堅”義。

《說文》剛字古文作：

以往多不得其解。其實《說文》剛字古文乃“强”字，从“弓”从“口”，不過將“〓”形飾筆移到了“口”上而已。《說文》是借“强”為“剛”字古文。楚器剛字作：

《金文編》二八九頁

正是借强為之。所从之“人”“刀”均為“弓”字之訛。《說文》剛訓“彊斷”。剛，古音在見紐陽部，與群紐陽部的强音很近，故知剛、强二字是個音義皆近的字，故剛可借强為之。

侯馬盟書有字作：

《侯馬》三二三頁

舊釋“剛”，其實應釋“强”，人名□梁應讀為“强梁”，古無剛姓而有强姓。又有字作下揭形：

《侯馬》三二六頁

① 李家浩《戰國邙布考》，《古文字研究》第三輯，中華書局1980年。

从“强”从“手”或从“强”从“木”，舊釋“弜”，其實應釋為“搵”和“榲”，二字見於《集韻》，謂同於“弶”字。

從以上的分析可知强字早期構形就是从弓从口。由這個構形演變，後來又分化出了“弘”字，史牆盤弦字作：

《金文編》五三六頁

所从“弘”字作“”，“”形應為“口”之變。這與金文戠字作“”，所从“言”旁之“口”變為“”形，右字作“”，所从之“口”也變為“”形相同。漢印弘字作“”或“”，又作“”“”“”，本从“弓”从“口”，“口”也訛作“”“”形。帛書《老子》甲本附古佚書弘字作“”，《春秋事語》作“”，皆从“弓”从“口”。範氏碑作“”，孔龢碑作“”，孔彪碑作“”，字也由“口”變為“”。小篆弘字作“”，所从之“”乃由“”至“”又至“”演變而來。由“”至“”的演變與戰國文字私字作“”“”“”，小篆作“”，“”“”也變為“”是相同的變化。

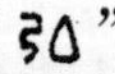

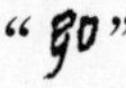

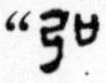

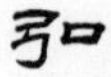

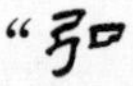

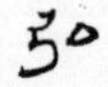

《說文》：“弘，弓聲也，从弓，厶聲。厶古文肱字。”

通過以上分析知道“强”“弘”本一字之分化，最早之結構即為从“弓”从“口”，而《說文》謂“弘”从“厷”則是錯誤的。又《說文》：“強，蚚也，从虫弘聲，𧔬，籀文強从䖵从彊。”按秦漢時强字作：

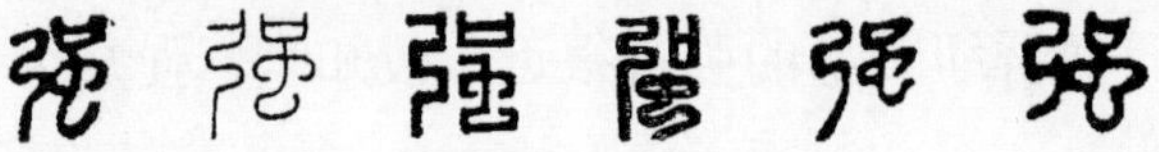

《篆表》九五〇頁

以上字皆从弓从口，也就是从“强”“弘”的初文，並不从變為从“厶”後的“弘”字。只是因“強”“弘”本一字之分化，故後來才把从“弓”从“口”的形體改成了變化後的“弘”字。《說文》雖然說“强”从“弘”是錯誤的，但透露出了“强”“弘”二字的關係。古音强在群紐陽部，弘在匣紐蒸部，聲為喉牙通轉，韻亦不遠，所以强、弘二字的分化，在音義上皆有關係，二字本為一字，分化後也應看作是同源字。

例 2　夗、丸

甲骨文習字作：

《類纂》0604

又省作：

  　《類纂》0604

宛字作：

　《類纂》2111

金文𡨦字作：

   　《金文編》三六二頁

令（夗）字作：

 　《金文編》一一七一頁

苑字作：

 　《金文編》一二一〇頁

趣字作：

 　《金文編》一一七六頁

秦漢時宛字作：

　《篆表》四九九頁

《說文》：“夗，轉臥也。从夕从卪，臥有卪也。”《說文》謂夗字从“夕”，從古文字看來應為从“肉”之訛。

《說文》：“丸，圜，傾側而轉者。从反仄。”

漢印丸字作：

　《漢徵》九・十一

小篆丸字作：

丸與夗字音義皆近。《說文》訓釋皆有“轉”義，古音夗字在影紐元部，丸字在匣紐元部，古音很近，所以我們懷疑“夗”“丸”本一字之分化，丸字作“”，可能就是由甲骨文“”形演變而來。

例 3　眉、苜

甲骨文眉字作：

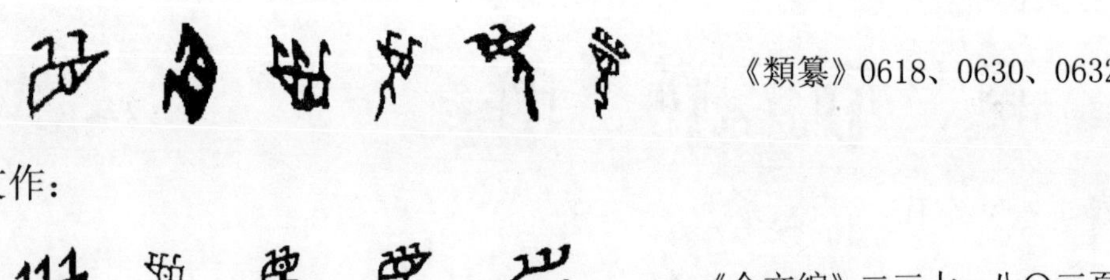

《類纂》0618、0630、0632

金文作：

《金文編》二三七、八〇三頁

甲骨文蔑字作：

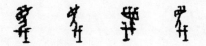

《類纂》2459

蔑字从戈眉聲，金文作：

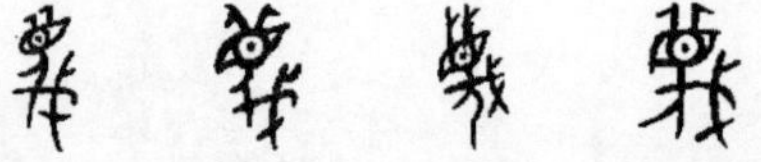

《金文編》二六〇頁

結構與甲骨文同，所从之眉或寫作“”，也即《說文》的“苜”字。《說文》：“苜，目不正也。从丫从目，凡苜之屬皆从苜。莧从此，讀若末。”又《說文》：“蔑，勞目無精也。从苜，人勞則蔑然，从戍。”《說文》謂“蔑”字从“苜”从“戍”是割裂形體，字應分析為从“戈”从“莧”（苜）。《說文》謂从“苜”的字還有“瞢”“莫”和从瞢省的“夢”。其實“苜”並不是一個獨立起源的字，是因為許慎對蔑字結構已不甚了了，便將本从眉的字“”上部截取下來以統屬从“苜”的幾個字。從蔑字的演變看，“苜”應是從眉字分化出的一個字。古音眉在明紐脂部，苜在明紐月部，二字雙聲，韻為旁對轉。

例 4　萬、禼

《說文》：“禼，蟲也。从厹象形，讀與偰同。，古文禼。”

按先秦古文字中不見禼字。金文有字作：

　《金文編》一二二四頁

陳邦懷先生認為以上字所从之“ ”“ ”就應是离字。這一認識從形體上看似乎有些道理，但並沒有形體上的同時比較和其他證據，所以這一結論還不能令人相信。

目前所見最早的离字是漢代竊字所从的偏旁。漢帛書竊字作：

《篆表》四九三頁

《說文》：“竊，盜自中出曰竊。从穴从米，离、廿皆聲。廿，古文疾。离，古文偰。”

《說文》對竊字的說解極不可信，對竊字所从“廿”“离”的分析更是大有問題。歷來治《說文》的學者大都對此字有過闡釋，卻都不足為憑。上揭漢帛書竊字的寫法所體現的應是早期的構形，皆从“宀”从“米”从“萬”。竊字从“穴”，乃是從漢帛書竊字从宀變來的。又小篆竊字所从之“离”，實乃“萬”字之變形。漢祝睦後碑竊字作：

所从之“ ”即帛書竊字所從“ ”形之變。漢孔彪碑竊字的寫法與祝睦後碑相似，所从之“萬”也已變為“离”：

這與厲字本从萬，漢武榮碑作：

而漢尹宙碑作：

糲字本从萬，劉寬後碑作：

而婁壽碑作：

所从之“萬”也都變為與“离”字形體很接近的“”“”如出一轍。至於小篆竊字所从之“廿”，則很可能是萬字所从之“”形的訛變，這與漢帛書《老子》甲本離字作：

而《老子》甲本後古佚書作：

“艸”也訛變為“廿”是相同的變化。

通過以上的分析可以論定，离字本是從萬字中分化出的一個字，即萬字經過形變，分化出了與其讀音相近的“离”字。甲骨文萬字作“”，本像蠍形，因語言中蠍字與萬字的讀音相近，故用蠍形假借記錄語言中“萬”這個詞。金文萬字作“”，加上一横飾筆，又作“”，累加上“”形飾筆，這與禺字作“——”，禽字作“——”是相同的演變。萬的本字小篆作“萬”，訓為“毒蟲”，後世又造形聲字作“蠍”。萬為蠍字的初文，應有蠍的讀音。古音蠍在曉紐月部，离在心紐月部，二字疊韻。又离字《說文》訓為“蟲”，與萬字訓為“蟲”正相合，故可知萬字和离字在音義上都有聯繫，這更證明了离字乃是萬字的分化字的推論。

楚帛書有這樣一句話：

> □逃為禹為萬，以司域襄。

其萬字作“”，商承祚先生和陳邦懷先生皆讀“萬”為“离”，非常正確。或釋禹為“蟲”，或訓“禹”“萬”二字為蟲，都是錯誤的。禹即夏禹，萬即离，也即商契，典籍离與契、偰通，契乃商之先祖。這句話“禹”“契”並舉，文從字順。商、陳二先生雖然將“萬”讀為“离”，但因不明“离”字的來源，字形沒有解釋清楚，所以這一正確的意見未被重視。我們前邊論證了“离”乃“萬”字的分化字，帛書以“萬”為“离”也就不難理解了。由此還可以知道商先祖之名本字應作“萬”，而“离”為分化字，契、偰則是假借字。

例 5　需、耎

金文有字作：

《金文編》七五三頁

舊釋“需”，非常正確。字从“雨”从“天”，應為“需”字之初文。

《說文》：“需，𩔲也，遇雨不進，止𩔲也，从雨而聲。《易》曰：‘雲上於天，需。’”徐鉉案：“李陽冰據《易》‘雲上於天’云當从天，然諸本及前作所書皆从而，無有从天者。”從古文字來看，李陽冰謂从“天”是正確的，後變為从“而”，乃因形體相近而訛。

𩁹字後來經過訛變產生分化，分化出了“需”和“耎”兩個字。即“𩁹”所从之“天”訛為“而”分化出“需”，“𩁹”所从之雨又訛為“而”，“天”訛為“大”分化出“耎”字。在隸書中，“雨”“而”二字寫得極近，“而”與“天”也很接近，而“大”“天”本一字，古文字中更易相混，其例甚多。另外“𩁹”變為“需”和“耎”，也有可能都是一種變形音化，就是都以“而”為聲符。《說文》：“耎，稍前大也。从大，而聲，讀若畏偄。”耎古音在日紐元部，需在心紐侯部，聲音似遠隔，但从需得聲的“儒”即在日紐，與耎聲同，這可看出耎、需二者的關係。這兩個字的音最早一定很近，只是因為分化，音隨義轉，才產生差異，而正因為需、耎為一字之分化，所以在形體上兩字一直寫得很混亂，如字書“稬”又作“稬”，“礝”又作“碝”，“濡”又作“渜”，“儒”字又作“偄”，“蠕”又作“蝡”，“瑌”又作“瑌”，“嚅”又作“㖕”，“輭”又作“輭”等。後世治文字學者因“需”“耎”音不同卻多互換，以為乃“後人多亂之”，實不知二字本來源於一個形體，所以才有此相混的現象發生。

例 6　皃、𡈼

《說文》：“毀，缺也。从土，毇省聲，古文毀从壬。”

《說文》从毀的字有：

燬，火也。从火毀聲，《春秋傳》曰：“衛侯燬”。

擊，傷擊也。从手、毀，毀亦聲。

嫛，惡也。一曰人皃，从女毀聲。

《說文》又有“毇”字，謂“米一斛舂八斗也，从臮从殳” 。

《說文》又有從“𡈼”的字，謂“陧，危也。从𨸏从毀省”。

《說文》所談“省聲”大都不可信，毀字就應从“𡈼”為聲，並非从“毇”省，相反“毇”才應是从“毀”省，可見《說文》應該列有“𡈼”部才對。對毀字的說解歷來的文字學家都不得確詁。從古文字構形規律看，从殳或从攴的字，其所从的“殳”或“攴”大都是孳乳分化時加上去的動態符號，而最早的初文本就不从“殳”或“攴”。以此例之，毀字的初文就應作“𡈼”。從古文字孳乳分化的一般規律來看，我們認為“𡈼”字是“兒”字的分化字，這是因為古文字中从“人”形的字，常常在人形下部加上一横，從而變化為从“壬”，或是加上“土”旁，與“人”形組合構成“壬”字。如：

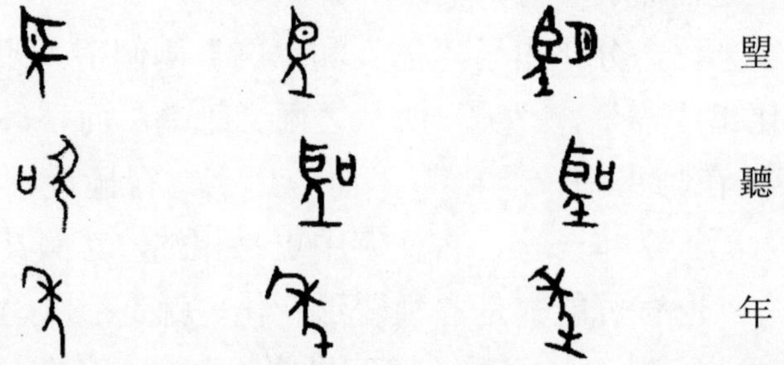

兒字甲骨文作“ ”“ ”，金文作“ ”或“ ”“ ”“ ”。郳字金文作“ ”，兒字下部加有一横，這是“兒”字可變為从“壬”的先兆。

戰國古璽郳字作：

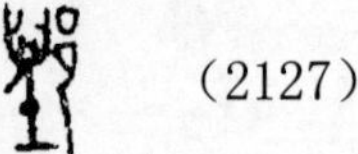

兒字下部已變為从“壬”作。鄂君啟節毀字作下揭形：

睡虎地秦簡作：

漢簡《孫臏兵法》作：

皆从“㲋”从“攴”，而“㲋”字下部皆从“壬”，與《說文》古文同。可見毀字本从“壬”作，从“土”作乃後來的變化，即省去“”形下部的一斜筆所致。這與童字本从“壬”作，而小篆下部也變為从土相類似。將鄂君啟節和秦簡毀字所从的“”“”與古璽郳字所从的“”相比較，就會發現二者形體一致，所以我們推論“㲋”字就是“兒”字的分化字，也即“兒”字下部變為从“壬”後分化出的一個新字。古陶文有字作：

《陶彙》六・六〇

从阜从土从兒，字書所無。如考慮到“㲋”字就是“兒”字之分化字，則可釋此字為“隉”字。

“兒”分化出“㲋”（毀），可能沒有意義上的承繼，而只有音上的聯繫。古音兒在日紐支部，从兒得聲的倪、婗、蜺等字在疑紐支部，而从兒得聲的“鬩”卻在曉紐錫部，毀字在曉紐微部。古音曉、疑二紐為牙喉通轉，從諧聲材料看，如許从午聲，在曉紐，而午在疑紐，即疑、曉相通的佳證。從鬩的讀音可知兒也可讀曉紐，與毀字聲同。尤其上舉《說文》認為从阜从毀省的“隉”字謂“讀若虹蜺之蜺”，更是兒、毀可通的直接證據。

楚帛書有下面幾句話：

日月既亂，乃又□。
三垣發（廢），四興，以亂天尚（常）。
不見陵□，是則至。

“”乃“兒”字，舊或釋“鼠”，是錯誤的。第一句“”字後所缺應為“至”字。這三個“兒”字在帛書中的用法相同，李零先生讀為“倪”，何琳儀先生讀為“鬩”，高明先生讀為“䏎”字並訓為“毀”。其中以高說為最善。《說文》謂：“䏎，𣪠也。”又“𣪠，毀也。”段注認為𣪠䏎乃連綿詞，其說甚是。按𣪠䏎即阢隉，也即劓刖，䡾𨊠、槷䡉，皆毀壞、凶災、不安之意。毀字本从攴，後變為从殳，而䏎字从兒从攴，頗疑即毀字異體，即所从兒字還未變為从“壬”時的形態。高明先生讀“兒”為“䏎”，訓為“毀”，說義是，釋字則不夠準確。我們前面分析過“㲋”（毀）乃“兒”字的分化字，所以帛書的“兒”字就應直接讀為“毀”。毀，壞也，敗也。將帛書兒讀為“毀”文從字順，絕無疑義。《易・繫辭》謂“乾坤毀則無以見易”。“乾坤毀”猶帛書言“日月既亂，乃又毀至”。

例 7 荆、刅

《說文》：“荆，楚木也。从艸，刑聲。，古文荆。”

金文荆字作：

《金文編》三五頁

像刀斫艸木形，後加井聲作“”，所从艸木形有所簡省。《說文》古文作“”，乃割裂筆劃所致，也可能“”形為“井”字之變。

由“”這種形體後來分化出了“刅”字。《說文》謂：“刅，傷也。从刃从一，，或从刀倉聲。”刅字金文作：

《金文編》二九一頁

作“”與荆作“”所从完全相同，二字為一字分化無疑。或从“立”作，“刅”訛為“刃”。古音荆在見紐耕部，刅在清紐陽部，古齒音與牙音偶可通轉，韻為旁轉。如劍从僉聲，攫从矍聲，芍从勺聲，皆為見紐與清紐相通之證。

刅字又可與“水”字組合成“汈”字：

《金文編》七三二頁

《說文》：“梁，水橋也。从木从水，刅聲。”按“汈”即“梁”字所从之“汈”，亦“粱”“粱”所从之“汈”。古音“梁”在來紐陽部，正與“刅”韻部相同。古音見、來二紐關係密切，故從荆字變化而來的“刅”得聲的“汈”組合成“梁”“粱”“粱”等字後，又可讀來母的音。

例 8 足、疋

甲骨文有字作：

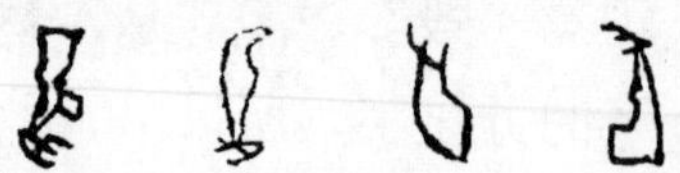

《類纂》0829

舊或釋“疋”，其實這個字應是“足”字的初文。金文足字作：

《金文編》一二三頁

就是由甲骨文“”形加以規整化後變來的。過去或以為甲骨文“”為“足”字，意為甲骨文“正”“足”一字是錯誤的。古文字中一個形體用作兩個字，或是義有關聯，如月與夕、立與位；或是音有相通，如矢和寅，七和甲等。足、正二字音義皆無絲毫聯繫，不可能一形兩用。認為甲骨文“”為“足”字是沒有歷史地分析形體，是以小篆形體直接與甲骨文比照產生的錯覺。其實甲骨文足字作“”，正字作“”，區別明顯，而發展到金文，雖然因為足字省簡作“”與正字形體有些接近，但金文正字作：

早期上部寫成實心圓點，晚期圓點又變成一橫劃，仍然與足字作“”有著明顯的區別。[①]金文足字見於下列銘文：

令女（汝）足周師司𢼸。　《免簋》

……命師晨：足師俗司邑人，隹小臣……　《師晨鼎》

昔先王既令女𠂇（佐）足𩡫侯。　《善鼎》

足尹𩁹𠦪威義（儀）。　《瘐鐘》

王命尹冊命申：更乃且（祖）考足大祝。　《申簋》

余既令女（汝）足師龢父，司左右走馬。　《師兌簋》

對以上“足”字的用法諸家多有誤解，唯有陳夢家先生認為足字應讀作“胥”，訓為“輔”“相”義，方為確詁。不過陳氏只據足、疋義訓相同而據以認為足讀為胥，並不知足、疋本一字。在西周金文時代，疋字尚未從足字中分化出來，所以足自然可讀為“胥”。以上諸銘文中，足字讀為“胥”甚為貼切，上述第四條“足尹”就應讀作“胥尹”，第三條“𠂇足”應讀作“佐胥”，二字為同義複詞。

正因為足、疋本一字，所以直到戰國文字時，在此前的後世從疋作的字，古文字中都从“足”作。如金文楚字从足作“”“”“”，㞕字作“”“”“”，左㞕君壺和右㞕君壺之“㞕君”就應讀為“胥尹”。古璽胥字从足作“”“”“”，梽字从足作“”“”，邱姓之疋的專字作“”，㾖字从足作“”“”，閮字作“”“”。又複姓胥於作“”“”。[②]直到漢代，後世一些从疋的字仍然還从足作，如楚字作“”

① 金文正字只有一例作“”（駒父盨），與足字形近。

② 朱德熙、裘錫圭《戰國文字研究（六種）》，《考古學報》1972年第1期。

“”，胥字作“”“”，旋字作“”等等。

《說文》：“足，人之足也。在下，从止口。”又《說文》：“疋，足也。上象腓腸，下从止，《弟子職》曰：‘問疋何止？’古文以為《詩·大雅》字；亦以為足字；或曰胥字。一曰：疋，記也。”

從《說文》對“疋”字的說解，足可看出足、疋二字的關係。古音足在精紐屋部，疋在心紐魚部，聲皆為齒音，韻為旁對轉，可見足、疋音義都有聯繫，為一字之分化無疑。從足字分化出疋字，是將足字上部加以改變，由圓形寫成開口的形狀所致，這與由巳字分化出已字如出一轍。這一分化很晚才產生，最早超不過漢代，所以“疋”字是漢代以後才產生的一個字。

例 9 壺、壹

《說文》：“壺，昆吾圜器也。象形，从大象其蓋也。”

《說文》：“壹，專壹也。从壺吉，吉亦聲。”（據段注本）

甲骨文壺字作：

《類纂》2732

又作：

《英》2674 正

加“魚”為聲符。古音壺在匣紐魚部，魚在疑紐魚部，韻部相同，聲為喉牙通轉。金文壺字作：

《金文編》七〇三頁

結構與甲骨文相同。後從壺字分化出“壹”字。金文懿字作：

《金文編》七〇四頁

所从之壹作“”“”，即像壺形，與金文壺字的區別只是沒有上部的“蓋”，應是壺字省形。《說文》認為懿从恣省聲是錯誤的，字應从“壹”得聲。古音壺在匣紐魚部，壹在影紐質部，聲紐可通。壺、壹應為一字之分化。戰國秦封宗邑瓦書“冬十壹月”之壹作“”“”，詛楚文“兩邦若壹”之壹作“”，秦簡壹字作“”“”，秦權兩詔壹字作“”“”，漢帛書壹字作“”“”“”，漢簡作“”“”，皆以“壺”字為之。秦漢壹字又作：

《篆表》七三〇頁

此是在壺字上又追加“吉”聲而成。吉古音在見紐質部，與壹韻部相同，聲為喉牙通轉，故壹可加“吉”為聲。

例 10　弋、尗

《說文》：“弋，橜也。象折木衺銳著形。”
《說文》：“尗，豆也。象尗豆生之形。”
甲骨文有字作：

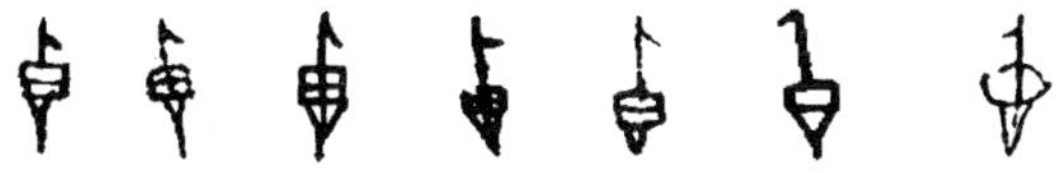

《類纂》2881、3370

裘錫圭先生指出該字應該就是橛杙之“杙”的本字“弋”，十分正確。[①]
金文弋字作：

《金文編》附錄一二七五頁

乃由甲骨文“”“”線條化後變來。又作：

《金文編》八一五頁

从弋的“妣”字作：

《金文編》八〇一頁

从弋的“杙”字作：

《金文編》三九〇頁

“弋”字都已進一步線條化。這與甲骨文弋字晚期也線條化寫作“”演變相同。

《說文》認為“尗”像豆形，謂“叔”為“汝南名收芌”。甲骨文有督字，

① 裘錫圭《釋柲》，《古文字研究》第三輯，中華書局 1980 年。

見於下列各辭：

1 叀　彫三十在宗父甲……　《合》30365

2 貞桒叀　彫。　《合》30599

3 ……　……　《合》30767

4 叀　彫。　《合》30893

5 　叀彫。　《合》30894

6 ……　王受又。　《合》31215

其所从的赤字作：“”“”“”，與甲骨文的“弋”字形同，也應是“弋”字。郭沫若先生指出叔字从“弋”，這一認識是非常正確的。又金文叔字作：

《金文編》一九一頁

所从之“赤”作“”“”“”，與金文“弋”字相同，可證“弋”“赤”本為一字之分化。

甲骨文有字作：

《合》22352

所从之“”也應為“弋”字，字應釋為“叔”。又有字作：

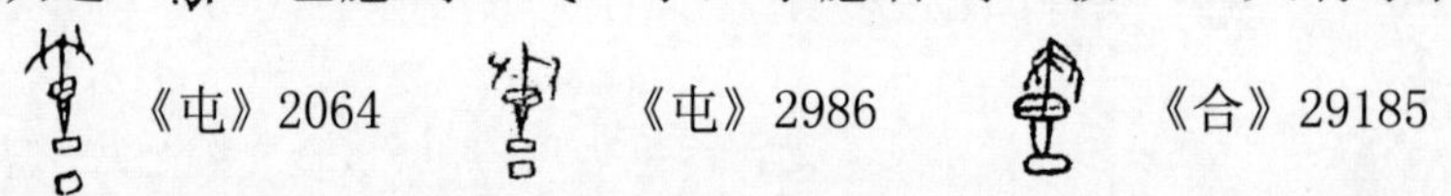

《屯》2064　《屯》2986　《合》29185

其所从之“”“”“”也應為“弋”字。按古文字“又”“𠬞”二字在用作表意偏旁時常可以相通，所以這個字也有可能是“叔”字的異體。只是前兩個形體下部加有一個或兩個方塊形體，不知與構形是什麼關係。

“叔”字所从之“弋”發展到金文作“”“”“”“”，下部皆加有“小”字，這應是累加的聲符。古音叔在書紐覺部，小在精紐宵部，而小字的分化字少就在書紐宵部，叔、少、小的古音應非常接近，所以“叔”可加“小”為聲符。後從“叔”又省形分化出“赤”這個字。

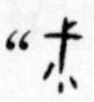

古音“弋”在喻紐職部，“赤”在書紐覺部，聲皆讀舌聲，韻為旁轉，二字古音較近，故可由一形分化為二。

第十章　古文字中的“訛混”

在文字演變規律中有一個很重要的現象，這種現象我們可以稱之為“訛混”。“訛混”是指一個文字構形因素與另一個與其形體接近的構形因素之間產生的混用現象。發生訛混的構形因素既可以是單獨存在的字，也可以是構成字的偏旁。從廣義上看，“訛混”與“訛變”有相同之處，“訛混”可以列為“訛變”的一個小類。從狹義上看，“訛混”與“訛變”又有區別。“訛混”與“訛變”的區別主要表現在：1.“訛變”所指的構形因素可大可小，既包括獨立的字和偏旁的訛變，也包括筆劃的訛變，而發生“訛混”的構形因素基本是指可以獨立的字和構形偏旁；2.“訛變”一般是指構形由一種形態向另一種形態的轉變，大都是不能逆轉的單向發展，而“訛混”則不光有單向的發展，還有兩種形態之間的混用，有時是可以互換的雙向互動。“訛混”與“義近偏旁通用”不同，“義近偏旁通用”的“偏旁”之間一般情況下形體並不接近，只是因為“義近”才產生互換，而“訛混”的主要特徵就是形體接近，混用的偏旁之間“音”和“義”都沒有關係（偶然的巧合不算）。“訛混”與“類化”也有一定的關係，有些“訛混”就可以歸入“類化”的範疇。

因文字構形實際情況的複雜性，以上對“訛混”所下的界定不能保證十分嚴密，容許有溢出限定的例外。

如果不考慮時代，將由甲骨文到秦漢篆隸資料的古文字歷史放到一個平面上來看的話，一時想到的典型的“訛混”有如下一些例子：

止——屮	目——日	目——田	力——刀	予——邑
白——日	日——戶	支——丈	广——疒	來——朿
录——彖	大——天	大——矢	米——釆	尚——㡀
㐬——朿	宀——穴	臼——心	云——虫	黽——龜
自——爪	𦣝——止	又——夂	又——乎	天——而

女——止　目——貝　分——辰　朿——亦　朿——夾

力——巾　赤——亦　水——米　門——鬥　人——刀

黿——黽　史——夬　夫——夭　竹——艸　需——耎

大——六　也——只　史——弁　文——爻　屰——牛

畐——酉　云——缶　止——疒　止——匕　人——厂

木——出　尸——弓　木——來　口——肉　口——凵

又——丑　戊——戌　口——曰　鼎——貝　耳——目

口——甘　舟——凡　肉——舟　丹——井　𠃬——犬

崔——雚　魚——焦　斗——升　爿——疒　日——口

卩——邑　由——古　昜——易　木——火　丂——于

氏——民　告——吉　勿——彡　叀——專　史——吏

王——主　且——旦　叟——更　任——在　官——宮

啇——商　離——雖　尔——彡　干——千　陵——陸

焉——烏　循——修　官——宦　弋——戈　求——來

實際文字系統中的訛混當然要遠遠多於這些例子。這些例子中有些訛混主要盛行於古文字階段，有的訛混還延續到後世文字中。

“訛混”有時是一個獨立的字與另一個獨立的字整體的混用，這會使一個古文字形體面目全非，如果不從“訛混”的角度分析，將很難辨識。如戰國貨幣銘文中有字作：

《貨系》1350 　《貨系》1372

從形體看無疑就是“尚”字，但釋“尚”無助於詞例的通讀。李家浩先生從“訛混”的角度思考問題，通過例證指出該字應該釋為“㡀”，讀為“貨幣”之“幣”，從而使這一難解的問題一時間渙然冰釋。[①]這一考釋是利用“訛混”規

① 李家浩:《戰國貨幣文字中的“㡀”和“比”》,《中國語文》1980年第5期。

律解決疑難字形的一個成功範例，一直被學術界所稱道。

有時“訛混”是一個字中的一個偏旁與另一個偏旁的混用。因為有字中其他構形成分的限定，常常會提供一定的考釋線索。如金文有字作如下之形：

南宮有司𣌭鼎　　　　𣌭卣

《金文編》隸定作“𣌭”，注為“《說文》所無”。陳漢平先生在《〈金文編〉訂補》一書中指出古文字中“心、臼、貝三字形近，易混淆”，由此釋此字為“慭”。[①]從“訛混”的角度考慮，這一考釋是非常有道理的。

“訛混”有時會產生新的構形因素，這些構形因素又成為新的構字成分。如以大家熟知的“止——屮”訛混為例，金文“奔”字作：

盂鼎　井侯簋　效卣　克鼎

以上字本从三“止”以會快速奔跑之意，後來字所从之三“止”有訛為三“屮”者，此三“屮”又從“奔”字中分離出來，仍然保留著“奔”的讀音並成為一個新的聲符，與“鼓”字組合構成“鼖”字，又與“貝”字組合構成“賁”字，作為聲符衍生出了“鐀”“蟦”“獖”“憤”“僨”“鱝”“饙”“馩”“隫”“轒”“豶”“膹”“羵”“燌”“濆”“歕”“橨”“幩”“黂”等字。這與“其”字本作“”，後加飾筆作“”“”，所从之“”部分後來可以獨立出來，並延續“其”字讀音作為聲符也變成一個構形因素一樣。

從“訛混”這一演變規律考慮問題，會使我們對一些字的早期構形產生新的認識和推測。如《說文·目部》謂：“督，察也，一曰目痛也，从目叔聲。”我們目前所能看到的“督”字大都為秦漢時期的寫法：

《馬王堆·老子》乙本

漢渭陽邸閣督印　　漢督競私印　　曹全碑　　魯峻碑

可以發現除了馬王堆帛書《老子》乙本的一例外，“督”字都寫作从“日”。其實馬王堆帛書《老子》乙本的一例是否一定从“目”也還是一個疑問，因為帛

① 陳漢平：《金文編訂補》第380頁，中國社會科學出版社1993年。

書此字左上有些殘泐，其所从“目”的左上部分很可能是“朩”字右下的一點，而“目”字上部一横筆很可能是“又（寸）”字左撇的一筆。即使我們承認這一例的確从“目”，也難以解釋為何本該从“目”的“督”字大都寫作从“日”。因為同時期从“目”的字並沒有大量寫成从“日”的現象。大家知道，在古文字中“目”與“日”經常訛混，而且有許多本該从“日”的字後來就變為从“目”作，如“眔”字就是一個典型的例子。從這個角度出發，我們可以做出這樣的猜想：督字能否最初就是从“日”呢？正好在甲骨文中有一個寫成从“叔”从“日”的字：

《合》33871　　《合》30365

《合》30894　　《合》30599

這個字以往或認為是“晷”字之異，或釋為“暗”，或認為與“晝”字是同源字，本義是置弋揆度日影以定方位。①這些考釋從字形上講都不能令人信服。其實我們有理由推測甲骨文的這個字很可能就是“督”字，也就是說“督”字本來就是从日叔聲的一個字，“督”字本義可能並非“督察”之意，只是因為後來用為“察”義，人們才“變形義化”，把“督”字所从的“日”旁改成了“目”旁以迎合字義。

“刀”“力”二字極易訛混，在古文字中有許多例證。有時這些例證可以讓我們瞭解一些字形體的演化過程和最初的形態。如戰國中山國銅器中有字作：

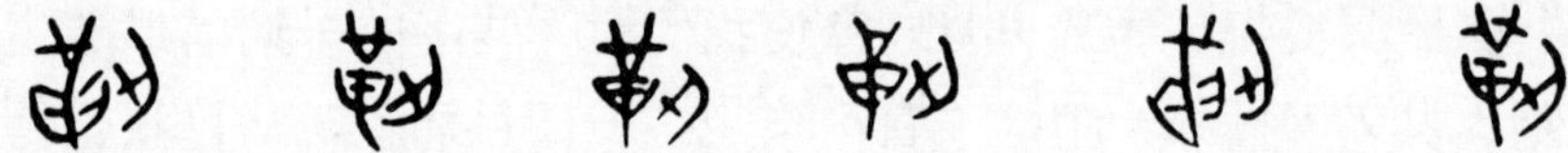

以上字从革从刀（从刃與从刀同）。我們曾指出這個字應該就是“勒”字的初文。字从刀為義符，从革為聲符，本是個形聲字。後來“勒”變為从革从力，即把本為義符的“刀”改寫成“力”，並使其變成聲符。這是一種變形音化，同時也使“勒”字變成了一個雙聲字。②

《說文·筋部》：“筋，肉之力也。从力、从肉、从竹。竹，物之多筋者。”現在已知早期的“筋”字皆从“刀”作：

① 宋鎮豪：《釋督晝》，《甲骨文與殷商史》第三輯，上海古籍出版社 1991 年。

② 關於“勒”字董珊先生有詳細論證，見《戰國題銘與工官制度》第 152～153 頁，北京大學博士學位論文，2002 年。

龍崗秦簡　　漢胡筋之印

《馬王堆·老子》乙本　　《馬王堆·相馬經》

《篆表》收錄的“筋”字中睡虎地秦簡和馬王堆帛書《老子》甲本的“筋”字都摹成从“力”，經檢驗原簡照片，都是誤摹所致，原照片可以看出字从“刀”並不从“力”。這與秦簡“牖”字本从“日”作，因不明結構，《睡編》都誤摹成从“戶”是一樣的錯誤。後來“筋”字所从之“刀”訛混為“力”，一是因為“刀”“力”字形接近，本極易混淆，二是因為這是一種“變形義化”，即把“刀”旁改成“力”，以迎合“筋”字“筋力”、“肉之力”的字義。當然，《說文》訓“筋”字為“肉之力”，顯然是在“筋”字已經由从“刀”訛混為从“力”後據此作出的解釋。

同理，已知的“勶”字早期也皆從“刀”不從“力”：

《睡虎地》49·77　　《睡虎地》10·10

《馬王堆·老子》甲本卷後古佚書

《馬王堆·相馬經》　　漢郭勶印

漢趙勶印　　漢任勶印　　漢張勶印

所以“勶”字最早很可能也是从“刀”而並不是从“力”的。

字書中“刦”與“劫”、“剽”與“勡”、“劉”與“𠢐”都有異體的關係，正揭示了“刀”與“力”易訛混的現象。字書中“勢”字訛體作“⿱埶刀”（《篇海類編·器用類·刀部》）也是其例。《集韻·薛韻》有絕字異體从刀作“⿰糸⿱⺈刀”，又訓為“拽”。《集韻·薛韻》同時還有“⿰糸⿱⺈力”字，字从絕从力，訓為“斷物”，字還見於《類篇·力部》，訓為“拽”。很顯然，“⿰糸⿱⺈刀”和“⿰糸⿱⺈力”也是因“刀”“力”訛混而造成的異體。

“力”和“巾”也易訛混，如果將“力”字寫得豎起來，就和“巾”非常相像了。《漢印文字徵》卷十三“募”字下收有兩個形體，作如下之形：

漢募人陷陣印　　漢募五百將印

第二個形體已經像是“幕”字而不像“募”字了。所以，我們懷疑“幕”和“飾”分別是由“募”和“飭”訛混分化而來的。

我們曾考釋過金文中的“殿”字，“殿”字在金文中有如下一些寫法：

永盂  史密簋  師寰簋  師寰簋

這些“殿”字可以分為兩類，或是从“尸”从“自”，或是从“尸”从“爪”，看去兩類形體差別很大，似乎沒有聯繫。其實這兩類“殿”字正體現了“自”與“爪”兩個構形因素可以訛混的現象。“自”可以訛混為“爪”，是因為書寫者將“自”的兩個“扁口”加以線條化，即用兩個單線條筆劃代替兩個“扁口”，於是就使“自”看上去變成了“爪”。戰國文字中有關“自”與“爪”相混的例子有很多，徐在國先生和董珊先生都有很好的論證，尤其董珊先生的討論更為細密。①其實大家以往都沒有注意到一個更早更直接的證明材料，那就是見於王盂的“歸”字，寫作：

王盂

其所从的“自”已經簡化，變得與“爪”類似。這說明在周初“自”字就已露出訛混為“爪”的端倪。

“訛混”是產生異體的一條途徑。如“㐬——束”的訛混就是這樣。在秦漢簡牘帛書中“疏”字寫作：

《馬王堆·老子》甲本  《馬王堆·老子》乙本

其所从之“㐬”旁因為“連筆”的關係已經寫得與“束”字很接近。加之“束”與“疏”音近，於是將錯就錯加以“變形音化”，索性將“疏”字所从之“㐬”改為“束”，作如下之形：

《居延漢簡》乙 220·18

從而產生了“疏”字的異體“踈”。②

茝字有異體作“芷”，這個異體是如何產生的，以往並不清楚，一般人肯定

① 董珊《戰國題銘與工官制度》第 251～253 頁，北京大學博士學位論文，2002 年。
② 裘錫圭《〈秦漢魏晉篆隸字形表〉讀後記》，《古文字論集》，中華書局 1992 年。

以為這是不同聲符構成的異體。其實這也是訛混造成的。“茝”字本从“𦣞”聲，但在秦漢時期，“茝”所从之“𦣞”經常會寫得與“止”很接近：

《陶彙》5·347　　《秦代陶文》1223

《睡虎地》52·11　　漢茝少陽印

因為“𦣞”“止”音近（“𦣞”在喻紐之部，“止”在章紐之部），在此基礎上變形音化，很自然就產生了異體“芷”。

還如“迹”字。《說文》：“迹，步處也。从辵亦聲。蹟，或从足、責。速，籀文迹从朿。”按古音“迹”在精紐錫部，“亦”在喻紐鐸部，二字音韻均遠隔，無由相通，所以《說文》說“迹”从“亦”聲顯然是錯誤的。秦漢時期“迹”字有的作如下之形：

《馬王堆·春秋事語》　　《馬王堆·老子》乙本卷前古佚書

不難發現，“速”字之所以會出現“迹”這一異體，完全是因為“速”所从的“朿”訛混為“亦”的結果。

古文字中的這種訛混有時是呈規律性的，即一種訛混現象在許多文字中多次出現。如古文字中本从“人”的字，“人”易訛混為“厂”，以下的兩個字都是如此：

古文字中本从“艸”“屮”和“木”的字，“艸”“屮”“木”易訛混為“出”，下列三字都是如此：

祟　（《包山》245）　（《睡虎地》日乙 206）

（《睡虎地》日乙216）

敖 （乖伯簋） （《陶彙》5·384）

暴 （《璽彙》0293） （《睡虎地》日甲42背）

探索這樣的規律對於我們認識文字的發展過程和考釋古文字都會有極大的幫助。

如"爿"和"疒"易混，這個訛混就是雙向的。一方面"疒"字省去所從之"人"就變成了"爿"，如《說文·㝱部》下的"㝱""寱""寐""寤""寢""寐""寣""寎""寱""寤"諸字小篆皆从"疒"作，如果加以隸定的話，上部皆應有由人形變來的一橫。但是隸楷後的字形常常將這一橫省去，寫成"寤""寐""寎"等，於是从"疒"就變成了从"爿"；一方面在戰國文字中，一些本該从"爿"的字，受類化規律的影響，又訛混成从"疒"作，例如醬字寫作"瘤"（《璽彙》0095）即是。

如"史"與"夬"易訛混，"史"與"吏"也易訛混。金文有如下一字：

井季㚏卣 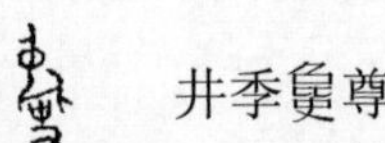 井季㚏尊

字从"㲋"从"史"，清代學者認為此字就是《說文·㲋部》中的"㚏"字。《玉篇·㲋部》下分別收有"㚏"和"㚏"字，清紐樹玉《說文解字校錄》謂："《玉篇》'㲋'上有'㚏'，古穴切。獸，似狸。'㲋'下有'㚏'，生冀切。獸，似狸。疑實一字。石鼓文有'㚏'，疑《說文》是'㚏'。"從西周金文就有"㚏"字看，紐樹玉的推測無疑是有道理的。"㚏 "字讀"古穴"切，是字由从"史"訛混為从"夬"後的音隨形轉。《集韻·志韻》又收有"㚏"字，从㲋从吏，顯然也是"㚏"字的訛混。

無獨有偶，下列三字也有與以上相同的訛混關係：

1.《說文·馬部》："駃，駃騠，馬父贏子也。"《集韻·夬韻》："駃，馬行疾。"

2. 唐慧琳《一切經音義》卷六十六引《倉頡篇》："駛，馬行疾也。"

3.《說文新附·馬部》："駛，疾也。"《龍龕手鑒·馬部》："駛，同駛。"

"駃"和"駛"的關係很可能也是本為一字，後來因訛混而分化出兩字。只

是一時還難以確定是先由“駃”訛混為“駛”還是先由“駛”訛混為“駃”。“駛”自然是由“駛”訛混而來。“駃”和“駛”讀音的不同也是訛混分化後的“音隨形轉”。

有時字形的訛混甚至造成詞語的訛混。如秦漢時期“支”和“丈”兩個偏旁容易訛混，而在傳世文獻中分別有“桃支”和“桃丈”兩個詞語。“桃支(枝)”是指桃樹的枝條，而桃樹的枝條正好可以作為“桃丈（杖）”來使用。《梁書·列傳二十》有蕭琛“著虎皮靴，策桃枝杖”的描寫，正說明“桃枝”與“杖”的關係。《後漢書·禮儀志中》曰：“葦戟、桃杖以賜公、卿、將軍、特侯、諸侯云。”《通典》卷七十八“時儺”下引此文“桃杖”即作“桃枝”；《殷芸小說》卷四“後漢人”條載曹操《與楊太尉書》中提到“八節銀桃枝一枚”，《容齋隨筆》卷十二“曹操殺楊修”條引此文“桃枝”作“桃杖”。這正是“支”“丈”易混的適例。這兩個詞語很可能本來就是一個，只是因為“支”和“丈”的訛混，才產生出“桃支（枝）”和“桃丈（杖）”兩個詞語來。

“龜”旁與“黽”旁易訛混。“龜”本像龜鱉，“黽”本像蛙類，區別甚為明顯，但是因為字形寫得很接近，於是就產生了訛混的現象。這種訛混從很早就開始發生了。戰國楚簡中寫成从“黽”的字有許多都應該是从“龜”作的，如以下諸字：

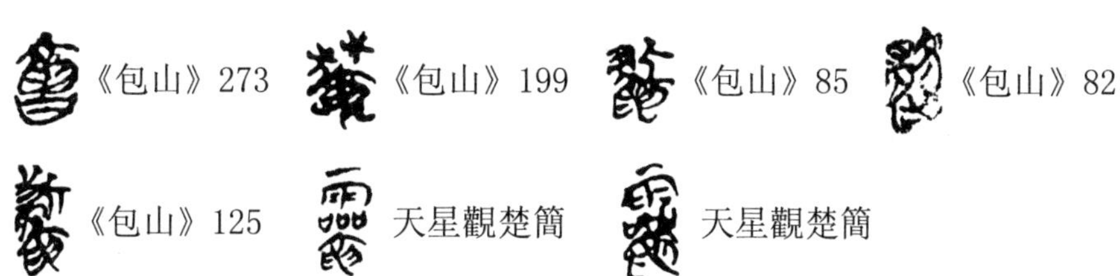

《包山》273　《包山》199　《包山》85　《包山》82

《包山》125　天星觀楚簡　天星觀楚簡

其中“”就是“靇”字，甲骨文作“”“”“”，後又由從“黽”訛為从“竜”（龍）。《禮記·禮器》正義引《爾雅》郭注：“今江東所用卜龜黃靈、黑靈者……”。文中的“黃靈”就是黃靇，[1]乃占卜時常用的靈龜。其他諸字在簡文中也都指占卜用的龜。“龜”“黽”的訛混，造成一些字分別有从“龜”和从“黽”的異體。如“䶌”又作“䵷”，“䆅”又作“竈”，“𪚩”又作“䱍”，“鼈”又作“鱉”等即是。上文所列從“黽”的諸字在字書中的義訓如下：

䵷　《集韻·談韻》：“龜甲邊。”

---

① 朱德熙、裘錫圭、李家浩：《望山楚簡》考釋（七三），《望山楚簡》第98頁，中華書局1995年。

䶮 《集韻・唐韻》："龜屬，頭喙似鴟。"

䶰 《字彙・黽部》："䶰䵶，龜屬。"

鼈 《廣韻・薛韻》："魚鼈，俗作鱉、蟞。"

義訓皆與"龜"有關，顯然應該以从"龜"為正體，从"黽"都是因訛混造成的。字書中還有如下諸字：

黿 《説文・黽部》："大鱉也。从黽，元聲。"

鼅 《廣韻・齊韻》："鼅鼊，似龜，堪啖，多膏。"

鼇 《説文新附》："海大鱉也。"

鼊 《集韻・麻韻》："鼅鼊，似龜，生海邊沙中。"

上引諸字从"黽"作，但義訓卻與"龜"有關，我們可以推測這些字最初很可能也是从"龜"作的。

第十一章　古文字中形近易混形體的區別形式

古文字中有許多形體非常接近的字，極易產生混淆。其中有的本是一個字形記錄兩個詞，到後來分化成兩個字的，而大量的則是與音義無關，僅是形體接近的不同的兩個字。這種現象在古文字早期尤為明顯。隨著文字的發展，人們為了避免這種混淆，常常利用區別的形式對這些易混的字進行改動或追加區別符號，使它們具有明顯的區別標誌。

一個形體代表兩個詞，這種現象在早期文字中是存在的，如甲骨文中的月和夕、立和位、王和士、卜和外等等。但是這種現象與文字的規律相悖，所以後世便趨於滅亡。在早期文字系統中，區別這種字的方法主要是靠辭例，即語言環境的提示，其次是一些相對的區別形式。

例 1　月、夕

甲骨文月、夕兩字皆像一殘月形。作“”“”或“”“”，有的學者認為“月”與“夕”最早是音義皆通的兩個字，也有的認為“月”與“夕”只有意義上的聯繫而無聲音上的紐帶。無論如何，甲骨文“月”和“夕”在形體上的一致是大家都承認的事實。甲骨文區別“月”和“夕”的方法一般是靠辭例。另外還有一個相對的區別形式，即在一個時期內如果月字寫作“”，則夕字一般寫作“”；如果夕字寫作“”，則月字寫作“”。當然這一相對的區別形式既不固定又不十分嚴格，在不同的時期有不同的變化，有不少的例外。所以可以說甲骨文早期“月”和“夕”在形體上還沒有分化。

甲骨文晚期“夕”和“月”在形體上開始出現分化的徵兆，即月字較多地作“”，中間有點，而夕字則作“”，中間無點。

金文“月”和“夕”開始分化，即月字一般都作“”，絕大多數中間都有點，只有極少數的例外（尤其在偏旁中），夕字則作“”，絕大多數中間無點（尤其在偏旁中）。相對應的如从月的霸字絕大多數从月作“”，从夕的夜字絕大多數从夕作“”。金文外字作“”（《金文編》共收四例），《說文》誤分析為从“夕”，知道了月、夕的區別在有無一點這一形式，就可以知道外字本从月，不从夕，甲骨文以“卜”字為“外”，[①]卜、外乃異字同形。金文外字又从月，是加“月”為聲符。古音月、外皆在疑紐月部，聲韻皆同。

戰國文字中，月字由“[illegible]”形變為“[illegible]”“[illegible]”，即月字中間的一點拉長至兩邊。而夕字則作“[illegible]”，或在左側加一點以示區別作“[illegible]”。戰國古璽夜字作“[illegible]”或“[illegible]”，从“夕”作不誤，而外字則作“[illegible]”，已由从“月”訛變為从“夕”，這也就是小篆誤為从“夕”的由來。

金文中月和夕在形體上還偶爾相混，到戰國時就已區分嚴格，不再混淆。如古璽有下揭一字：

[illegible] (2754)

字从“中”从“夕”，“夕”字帶區別標誌的一點，為夕字無疑。戰國文字中从艸作的字，大都可省从“中”作，於是可知此字應釋為“芀”字。芀字見於《玉篇》和《集韻》。

發展到秦漢時期，月和夕形體已經定形，不再相混，月字作“[illegible]”或“[illegible]”，夕字作“[illegible]”。

月和夕屬於早期用一個形體記錄兩個詞的例子，相同的如立、位本一字，後位字加人字為類符以示分化；王、士本一字，甲骨文晚期在王字上部加一横為區別作“[illegible]”或“[illegible]”，開始與士字作“[illegible]”產生區別；卜、外本一字，金文在“卜”上加聲符“月”作“[illegible]”，開始分化出“外”字。

另外大量的易混形體是本來音義都無關的兩個字，只是因為在演變過程中，在某一時期兩個形體寫得相近而產生了混淆。

例2　月、肉

甲骨文月字作“[illegible]”或“[illegible]”，肉字作“[illegible]”或“[illegible]”，从肉的字如“[illegible]”（多）“[illegible]”（宜）“[illegible]”（祭）“[illegible]”（膏）“[illegible]”（肜）“[illegible]”（䰞）“[illegible]”（豚）。月和肉形體本來並不相近，但甲骨文肉字有時可加一筆寫成“[illegible]”，如从肉的䰞字作“[illegible]”即是。金文肉字個別作“[illegible]”，如“胤”字作“[illegible]”“[illegible]”，但大多數都已加上一筆作“[illegible]”。金文月字作“[illegible]”，與肉字尚不混，但發展到戰國文字，月字也因中間的筆劃拉長而寫成“[illegible]”“[illegible]”“[illegible]”，開始與肉字形體接近，遂產生了一系列的訛混。其實如果仔細分析比較，戰國時的月和肉還

① 裘錫圭《關於殷墟卜辭命辭是否問句的研究》，《中國語文》1988年第1期。

是有區別的。其區別標誌一是加飾筆，即區別符號。古璽肉字大多作“ ”，在右上方加上一筆作為區別於“月”的標誌，如“胎”字作“ ”，胗字作“ ”，脊字作“ ”，腏字作“ ”，臘字作“ ”即是。其區別標誌二是兩者的形態略有差別，即肉字大都作豎向上的走向，作“ ”，而月字則大都作橫向上的走向，作“ ”或“ ”。其區別標誌三是書寫上的不同，即肉字是由“四筆”寫成，而月字則是由“三筆”寫成。試圖示如下：

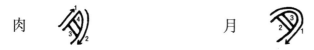

也就是說月字的外框是一筆寫成的，肉字的外框是兩筆寫成的。[①]

不過即使有這樣的區別形式仍然沒能阻止一些訛混的發生，隨著文字的發展，月和肉還是出現了一些混淆。如肖字大梁鼎作“ ”，古璽作“ ”，字本从“月”，秦簡作“ ”，漢印文字作“ ”，由於隸化後月和肉都可以寫作“ ”，於是小篆便誤以本从月的肖字為从“肉”。還如散字金文作“ ”“ ”，本从“月”，漢印作“ ”，仍从“月”不誤，而小篆卻訛混為从“肉”。相反的如金文有字作“ ”，字从肉無疑，而小篆卻訛“肉”為“月”字。相似的訛混如多字本从肉作“ ”，發展到小篆卻訛為从“夕”；古璽胗字作“ ”，所从“多”字已經訛“肉”為“夕”。這種雙向的訛混促成了月、肉在隸楷後類化為一，從形體上已不能進行分別，使得一般人已不能正確判定一個字是从月還是从肉。

肉字在秦漢時寫作“ ”，將中間的二橫筆加以彎曲便寫作“ ”，上部出頭後作“肉”形，於是便從“ ”演變成了“肉”。

例 3　肉、口

甲骨文肉字作“ ”或“ ”，與口字作“ ”形同。甲骨文𠂤(將字初文)字作“ ”，《甲骨文編》誤以為从“口”而隸作“㓁”。又甲骨文豚字作“ ”，舊釋為“喙”，至商承祚先生方改釋為“豚”。文字發展到西周金文後，因肉字多已加上飾筆寫作“ ”，而口字則仍然作“ ”，故從此二形不再相混。但是一些本應像“口”形的字，卻受“肉”字演變的影響也類化成了“肉”。如龍字本作“ ”，辛下本像龍口之形，金文則演變為“ ”，口形已變為“肉”，以至《說文》認為龍字从“肉”。又甲骨文羸字作“ ”“ ”

① 李裕民《古字新考》，《古文字研究》第十輯，中華書局 1983 年。

“”形，像口形的部分金文也變為“肉”作“”。甲骨文能字作“”，金文作“”，口也訛為从“肉”。

甲骨文中一些形近易混的字，對當時人來說是很容易區別的，而在我們今天看來，一是要利用辭例，一是需要進行分期分組的字形比較，尋找出兩字之間的細微差別。如甲骨文“比”“从”二字形近，極易混淆，從辭例上看，“从某（方位、方國）”、“从雨”之“从”應為“从”，而“某（人名、族名）比某（人名、族名）”之“比”則應為“比”。從字形上看，“从”从二人，而“比”則从二匕。林澐先生曾對“比”“从”二字進行過分組比較：①

	比	从	匕	人
武丁𠂤組				
武丁賓組				
祖庚、祖甲				
廩辛、康丁				
武乙、文丁				
帝乙、帝辛				

由上面的排比可以看出，“比”字人手的上折和下肢的後曲這一特徵，是“从”字所不具備的，這也就是從字形上區別“比”“从”二字的關鍵。

另外甲骨文中的“犬”與“豕”，“山”與“火”，也是兩對極易混淆的形體，但結合辭例和字形綜合比較，還是可以進行區分的。近年來有人對這兩組字進行研究，已取得初步的進展。“犬”字尾部彎曲上翹和有的強調“爪”形這一點是“豕”字所不具備的；而“豕”強調“粗身”，尾部下垂這一點也是“犬”字所不具備的。“火”字所帶的“小點”是“山”字從沒有的。這些都是區別這兩組字的癥結所在。

正確地區別一些形近易混形體，會使字形的考釋工作大大前進。有些形近字其實只在某個時期內相混，而一般情況下並不相混，只是因為我們缺乏對這些字的深入分析和認真比較，才人為地混淆了一些字的區別。例如以往多認為古文字“豐”“豊”為一字，實際上，這兩個字在漢代才開始相混，在此之前一直區別嚴格。林澐先生《豊豐辨》一文，已將這兩個字的區別加以分析，結論令人信服。②《甲骨文編》收有一些从“火”的字，從今天的研究程度看，其中有許

① 林澐《商代的方國聯盟》，《古文字研究》第六輯，中華書局 1982 年。

② 林澐《豊豐辨》，《古文字研究》第十二輯，中華書局 1985 年。

多應是从“山”的，例如“□”“□”“□”“□”“□”“□”“□”等字都應該是从“山”的，而《甲骨文編》誤認為是从“山”的“□”，卻不知本是“□”字之省，根本不从“山”。

例 4　田、周

甲骨文田字作“□”，周字作“□”“□”，如果周字去掉中間的四點，就極易與田字相混，故周字所从之四點實為區別於田字的區別符號。西周金文周字作“□”“□”“□”或“□”，或增加羨符“口”作“□”“□”形，而田字則與甲骨文同作“□”“□”。周字的兩豎筆常常寫得出頭，恐怕也是一個區別標誌。周字後來省去了所从的“四點”，省去的原因，可能是因加上“口”字後，已具有了新的區別標誌，而不會與“田”字相混，故原來的區別標誌“四點”就變得無意義而被取消了。

例 5　三、乞

甲骨文三字作“□”，三橫等長，乞字作“□”，中橫短於上下二橫。不過在骨臼刻辭“干支□乞□三購”一類記事刻辭中，乞字卻大量寫成三橫等長的形態，與“三”字形同。這是因為在這一特定的、常見的語言環境中不易產生訛混的緣故。金文三字仍作“□”“□”，作三橫等長形，而乞字則作“□”，還是中橫短，或作“□”或“□”，雖然是三橫等長，但為了與三字區別，將上邊一橫或上下兩橫上下加以延長斜出，以此為區別標誌來區別“三”字，從此二字不再相混。

例 6　甫、叀

甲骨文甫字作“□”，像田上生出“中”形。叀字早期作“□”，晚期作“□”，下部加有一圓點，相對應的專字早期作“□”，晚期作“□”。《甲骨文編》誤以“□”為“甫”字，誤以“□”為“専”字，就是犯了跨時代簡單比較的錯誤。之所以犯這一錯誤，是因為西周金文甫字可寫作“□”，與甲骨文叀字的早期形態相同，於是便忽略了“甫”“叀”之間的差別。其實甲骨文甫字作“□”，呈方框形，而叀才作近似圓形的“□”。只不過發展到西周金文，甫字才由方變圓，開始與甲骨文的“叀”字接近。但是雖然甲骨文中“甫”與“叀”之間的方與圓這一區別標誌因“甫”字變圓而不存在了，可從西周金文這一階段來看，甫與叀仍然有區別。區別就是甫字一般作“□”“□”形，而叀字則承續甲骨文晚期的寫法，下部都有一個圓圈而寫作“ ”，這就是西周金文這一階段甫字與叀字的區別標誌。《金文編》收有一字作：

《金文編》九三四頁

《金文編》釋作“轉”，知道了西周金文“甫”與“叀”的區別標誌，就會清楚此字釋“轉”是錯誤的，而是應該釋為“輔”。

例 7 正、足

甲骨文正字作“ ”“ ”，从止丁聲，足字作“ ”“ ”。甲骨文言“疾 ”，即“疾足”。舊多以為甲骨文“正”“足”一字，其實是錯誤的，這也是由晚出形體向上逆推，進行跨時代的比較造成的錯誤。卜辭謂“正年”“正雨”，“正”應讀為“當”。卜辭“雨不正”即《詩》之“雨無正”。甲骨文正、足本為音義皆無關的兩個字，只是因為後來足字由“ ”形省變為金文的“ ”形，才與甲骨文正作“ ”有跨時代的相近之處。但是同時代的西周金文正字卻作“ ”或“ ”“ ”，與足字作“ ”仍然區別明顯。正字或作實心圓點，或作一横，與足字寫作空心圓形絕不混同，這也就是在金文階段正、足二字的區別標誌。所以說“正”“足”二字本來就不相混，只是有跨時代的相似之處，而將“正”“足”作為一字看待，是以往對字形的分析不夠造成的錯誤。

有的形體之間本來並不訛混，只是到了戰國文字時才因形體的不同演變變得接近，於是便採取了簡省形體或加區別標誌的辦法來加以區別。

例 8 兔、象

甲骨文兔字作“ ”“ ”，象字作“ ”或“ ”“ ”，其突出長鼻的特點很顯著。不過甲骨文兔字又可寫作“ ”，而甲骨文象字又可寫作“ ”或“ ”，二者已經有些接近。雖然尾部還有區別，但頭部已變得很相像。不過象、兔一長尾、一短尾的根本特徵一直不變。由 又可作“ ”，知“ ”一定是“兔”而不是象。甲骨文陽甲寫作“ 甲”，“ ”“ ”“ ”“ ”“ ”諸字從上翹的尾部看只能是“兔”而不是“象”。 甲讀為陽甲屬於聲音上的假借。①

金文象字作“ ”“ ”“ ”“ ”“ ”，兔字作“ ”（𧰼所从）

① 裘錫圭《甲骨文字考釋（八篇）》，《古文字研究》第四輯，中華書局 1980 年。

“”“”，二者頭部寫得很接近。金文𧷾字作“”，从廾从象从肉，乃將字加“象”聲者。所从之象已省去尾形。又古璽豫字作“”“”，與蔡侯器“”為一字，所从之象相同。又古璽象字作“”，而兔字作“”，逸字作“”“”，兔字都省成頭部，與象字寫出全體不同。可見在戰國文字中象、兔頭部相同，其區別特徵是象為全體，而兔只省留頭部。

例 9　王、玉

甲骨文王字作“”，加飾筆作“”，玉字作“”或“”，二字字形迥異，絕不相混。金文王字作“”“”“”，玉字則已省作“”，已變得與“王”字接近。但此時王、玉的區別在於王字的中劃靠上，而玉字三劃等距。這一區別標誌十分嚴格，絕不相混。發展到戰國文字則發生變化，王字也開始有寫成三橫等距的作“”，開始與玉字相亂。為了區別二字，開始在玉字上加區別符號作“”或“”。曾侯乙鐘珈字作“”、漢印作“”，漢印琦字作“”，瑍字作“”，所从“玉”旁都已加上一點或二點為區別標誌。發展到晉代，玉字已多作“”“”“”“”等形，為後世“玉”字定形之始。

例 10　魚、焦

古璽有下列幾字：

A　　　B　　　C

如簡單分析形體，很可能會將此三字分別釋為“譈”“瘲”“鄬”。雖然第三字可認為是“魚”姓之“魚”的專字，但前兩字卻不見於字書。李家浩先生指出這幾個字所从的“”“”應是“焦”字，①所論甚是。此三字應分別釋為“譙”“瘭”“鄡”（焦姓之“焦”的專字）。焦字寫得與魚字形體相近易混，是因為魚字尾部從西周金文始已加飾筆變得與“火”相近並逐漸訛變為“火”，這一點與焦字从火相同，而同時魚字上部又與隹字上部形體相近，這兩方面的因素就促成了古璽魚字和焦字的相混。不過也由此產生了區別標誌，即在焦字上再累加“小”為聲符作“”，這便是古璽魚和焦的區別標誌。

通過以上的分析可以看出，除了像月、夕這樣本為一字之分化的情況外，形

① 李家浩《戰國𠬝布考》，《古文字研究》第三輯，中華書局 1980 年；《從戰國“忠信”印談古文字的異讀現象》，《北京大學學報》1987 年第 2 期。

近易混的形體一般情況下還是可以分開的。沒有絕對的同形，只有相對的區別。為了避免混淆，區別易混形體的方法就是省簡其中的一個字，或是加以變形，或是加上區別符號。同一時期內的易混形體，一定有一個時期的區別形式。形體相混是有悖於文字的應用要求的，所以避免混淆的措施只能是進行分化和區別。當然隨著文字符號化程度的越來越高，文字間的區別就越來越嚴格。可是文字的趨於書寫便利簡省和類化的影響，又為訛混提供了條件。因為存在其他的區別特徵，一些約定俗成的混淆便被文字系統接受並採納，像"月""肉"後世在偏旁中都隸定作"月"就是一個例子。

第十二章　古文字基本構形構成演變譜系舉例

隨著古文字研究的日益深入，對於字形的分析和排比漸趨精密，而各個時代古文字材料的大量面世，又為形體上的歷史比較提供了可能。許多以前未被識出或缺乏瞭解的構形因素（或稱基本形體），或是只窺到某一孤立構形形態，而對這一構形因素的初形及發展脈絡還未弄清的一些基本形體，都隨著研究的不斷深入而漸漸變得清楚明白。

許多構形因素都有著獨立的起源，並經過不同的演變形成較為固定的形態。有的可以獨立成為一個記錄語言的整體，有的則不單獨成字，而是作為一個構形成分與其他構形因素結合起來使用。有的構形因素沒有獨立的源，而是截取某一基本形體的部分而成。正確地識別一個構形因素，有時可連帶解決一系列以這一構形因素為成分構成的字，像唐蘭先生的釋"斤"，于省吾先生的釋"心"，裘錫圭先生的釋"必"，曹錦炎先生的釋"賫"等等，都是這方面的佳證。

要想更好地考釋古文字，將每一個構形因素的來龍去脈搞清楚，就要將每一個構形因素的歷史畫出一個清晰的發展演變圖解，這可以說是一項基礎的但卻是非常重要的工作。當然，因為每個構形因素所已知的材料有詳略的不同，因而對每一個構形因素的解釋也就會存在徹底與否或全面與否的問題。不過將每一個構形因素的有關材料都集中在一起進行分析比較，列出其演變的譜系，應該說是第一步的工作。下面對近年來學術界經過研究取得進展的一些基本形體舉例進行構成演變譜系的解釋說明。

例 1　幵

《說文》："幵，平也。象二干對構，上平也。"

《說文》對"幵"字的說解一無是處。甲骨文有下面一字：

　　《合》367 正

唐蘭先生在《殷墟文字記》中將其釋為"龏"字，十分正確。《說文》：

“龓，龍耆脊上龓龓。从龍幵聲。”

金文有下面一字：

《金文編》附錄一二五九頁

字从“弓”从“幵”，唐蘭先生釋其為“弙”字。《說文》：“弙，帝嚳䠶官，夏少康滅之。從弓幵聲。”

甲骨文有字作：

《合》27250

字舊釋“先”。裘錫圭先生認為字應為“妍”字，其說甚是。①字从女从幵，像女人頭戴簪之形。《說文》：“笄，簪也。从竹幵聲。” 幵字應即笄字的初文，即像“簪”形。

金文有下面一字：

《金文編》附錄一二三二頁

張亞初先生認為字从“衣”从“丅”，“丅”即“幵”字之省。古文字中具有兩個相同的構形因素的形體，常常可以省去其中的一個。“幵”作“丅”正是如此。所以張亞初先生釋“ ”為“衦”。②《集韻》：“衦，古衣也。”“衦”字見於㝬簋，㝬簋銘文曰“易（賜）乎臣弟㝬井五梠，易衦、冑、干、戈”，“衦”訓“古衣”，按之銘文正合。

古璽有字作：

（2650）  （1838）

字从“幵”从“欠”，應隸定作“欦”。裘錫圭先生指出古文字中“言”“欠”二旁常可通用，故字可釋為“訮”。《說文》：“訮，諍語訮訮也。从言幵聲。”此字還見於《侯馬盟書》，字作：

1：66  92：25

① 裘錫圭《史牆盤銘解釋》，《文物》1978年第3期。
② 張亞初《古文字分類考釋論稿》，《古文字研究》第十七期，中華書局1989年。

在盟書中用為人名。

古璽還有字作：

（2971）　（2043）　（1016）

《璽文》列在“豻”字下。按以為字从“干”甚誤。字从“犬”从“幵”，裘錫圭先生指出應釋為“狅”。[①]《集韻》：“狅，犬名也。”按《集韻》又謂“狅”本作“犴”，與古璽正合。

金文有下面一字：

《金文編》一一六七頁

疑也應釋為“幵”字，此字見於“幾父壺”，銘曰：“易幾父丅𩖃六，僕四家，金十鈞。”丅字在銘文中的用法不詳。

从“幵”為聲的字還有“鳽”（又作鳽）“豣”“麉”（又作麉）“枅”“汧”“岍”“研”“趼”等字，所从“幵”旁經過漢魏隸變後多連寫成“开”，作“枅”“研”“趼”“鳽”等形。刊字篆文作“幵”，所从應為二“干”，是一種重複偏旁的繁化形態，與“幵”字形體相同易混。這可能就是《說文》誤以“幵”為从二“干”的由來。又本从“井”聲的字，後世也偶或有訛為从“幵”的。如刑字本从“井”聲，後變為“刑”，與“幵”字經隸變連寫後的形體相同，故又類化為从“幵”作“刑”。形字本應从“井”聲，後小篆从“幵”旁作“形”，與刑字的變化相同。

例 2　彥

《說文》：“彥，美士有文，人所言也。从彣厂聲。”

按《說文》謂“彥”字从“彣”“厂”聲，其分析結構有誤。從古文字的實際情況看，彥字本作“产”，應是从“文”“厂”聲的形聲字。

金文有下列三字：

彥鼎　　厚氏𤋗會　　陳昉簋

可分別隸作“彥”“𤋗”“𢒪”或“彣”“諺”“𢒪”。“产”即“彥”字初

① 裘錫圭《戰國璽印文字考釋三篇》，《古文字研究》第十輯，中華書局 1983 年。

文。由此可知“”字為从“言”从“彥”，字應釋為“諺”。金文顏字作：

九年衛鼎

《金文編》注曰“从百”，顯然是把字理解成了“”“”兩部分，即把“”當成了“彥”字，把“”當成 “百”字。其實這樣的理解是錯誤的，“”就是“彥”字初文，是一個獨立的部分。“”又是一個獨立的部分，是“面”字。此“顏”字的造字構形，是在“面”字上又疊加了一個“彥”聲而成。古“面”和“顏”同訓，故顏可从“面”作。

古璽有下揭一字：

（3661）

字从“彥”从“生”，吳振武先生釋為“產”字，其說甚是。[①]《說文》：“產，生也。从生彥省聲。”從古文字的演變規律來看，“彥”當是在初文“产”的基礎上又增繁而成。其所增繁的部分“彡”既有可能是“飾筆”，也有可能是“三”字而作為聲符使用的。而“產”字則可能是“彥”字的分化字，即在“彥”上累加“生”聲而成，古音“彥”“生”一在元部，一在耕部，上古漢語耕部與元部有些字關係密切。所以“產”最初可能就是“彥”之繁體，後從“彥”字中分化出來，最早可能是個雙聲字，讀音與“彥”字近，後又讀“生”的音，所以《說文》還認為是“彥省聲”，可見讀音與“彥”一定不遠。正因為如此，所以古文字中从“彥”得聲的字，又可以从“產”作。如漢印顏字从“產”作：

漢代帛書顏字作：

从“彥”作皆改為从“產”作。

例3　勹

《說文》：“勹，裹也。象人曲形，有所包裹。”

① 吳振武《〈古璽文編〉校訂》，吉林大學博士學位論文，1984年。

《說文》對“勹”字的說解不盡準確，于省吾先生認為甲骨文中的“”即小篆之“勹”，字形像人俯伏狀，即伏字的初文。[①]裘錫圭先生也指出此字應是俯字的初文。[②]所論皆是。

甲骨文有字作：

字从隹从“”，于省吾先生和裘錫圭先生都指出字應釋為“鳧”，即見於金文的“”“”。《說文》：“鳧，舒鳧，鶩也，从鳥几聲。”據古文字，應改作“从鳥勹聲”。

甲骨文有字作：

字从“艸”（或“林”或“芔”）从“勹”，吳振武先生將其隸定作“芍”，釋為“苞”。[③]苞字从包聲，而包从“勹”聲，故从包的苞可从最初的聲符“勹”作。《說文》：“苞，艸也，从艸包聲。”

甲骨文有字作：

《合》31759

又見於金文，作：

《金文編》六五〇頁

于省吾先生釋為“复”，甚是。复字是在复字上累增“勹”聲而成。《說文》：“復，重也。从勹復聲。复或省彳。”金文又作：

《金文編》一一一頁

增加動符“彳”，於是便出現了《說文》的“復”和“复”繁簡兩體。但不是像《說文》所說是“復”省成“复”，相反是“复”增繁為“復”。

① 于省吾《甲骨文字釋林·釋勹、鳧、匐》，中華書局1979年。
② 裘錫圭《甲骨文字考釋（八篇）》，《古文字研究》第四輯，中華書局1980年。
③ 吳振武《釋“苞”“鬱”》，《中原文物》1990年第3期。

金文匍字作：

《金文編》六四九頁

是在“勹”字上又累增“甫”聲分化而成。《說文》：“匍，手行也。从勹甫聲。”

金文匊字作：

《金文編》六四九頁

字从“勹”从“米”，應是“鞠躬”之“鞠”的本字，从“勹”“米”聲。《說文》：“在手曰匊。从勹米。”也可能就是掬字初文，字从勹（有包意）米聲。

金文倗字作：

《金文編》五六一頁

字又見於甲骨文，作：

 《合》12 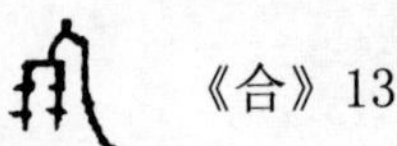 《合》13

于省吾先生認為字从“朋”从“勹”，是在“朋”字上疊加“勹”聲而成，後“勹”誤為“人”，構造初形便失。

金文伏字作：

《金文編》五六八頁

字从“人”从“犬”。頗疑所从之“人”也為“勹”字之變。《說文》：“伏，司也。从人犬，犬司人也。”說解可能並不正確。

金文繁字或作：

《金文編》六五一頁

字从繁从勹，即在繁字上又疊加“勹”聲而成繁化形態。

金文寶字或作：

《金文編》五一六頁

字从玉从貝从缶从“勹”。即將“宀”變形音化為从“勹”為聲。

金文有字作：

　《金文編》五七四頁

《金文編》釋作“俯”，《集韻》：“俯，俛也。”《說文》無俯，而有頫或俛。據金文可知俯字起源很早，且本不从“人”，而从“勹”作，即是在“勹”字上又累加“府”聲分化而成。

甲骨文有字作：

《合》578　《合》8844　《屯》2154　《屯》2154

高明先生的《古文字類編》將其釋為“陶”，甚有見地。字从“阜”从二“勹”，應為从“阜”勹聲的形聲字。西周伯陶鼎“陶”字作：

《金文編》九四二頁

後又加土為義符作：

《金文編》九四二頁

金文鞄字从陶作：

《金文編》一六八頁

上揭陶作“”形，所从之“勹”上各有一點，可能是一種指事符號，與甲骨文陶字作“”形正同，這進一步可以說明釋甲骨文“”為“陶”之不誤。

金文有字作：

《金文編》六五一頁

字从勹从土，《金文編》隸作“㘬”，湯餘惠先生懷疑此字為“陶”字。此即從陶作“”“”形省化而來。此字又見於古璽，作下列形：

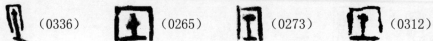

（0336） （0265） （0273） （0312）

0336、0265、0312 三字在璽文中與“家”字組辭為“陶家”，前為地名。“陶家”大概是指制陶的機構或組織。

金文匋字作：

   《金文編》三六八頁

字从“勹”从“缶”，應是一個雙聲字。

甲骨文鬱字作：

 《合》5426、8182

或作：

 《合》6946

不从“勹”。“鬱”字从“勹”可能是作為聲符的。但古音“鬱”“伏”有些距離，其原因待考。

金文鬱字作：

《金文編》三五六頁

結構與甲骨文相同。

古璽勹字作：

（5566） （4923） （4924）

（0361） （0022） （5562）

5566 之勹用為人名，0361、0022、5562 之勹見於燕官璽，何琳儀先生認為應該讀作“符”，用為“符信”義。4923、4924 之勹見於下揭一枚五面印：

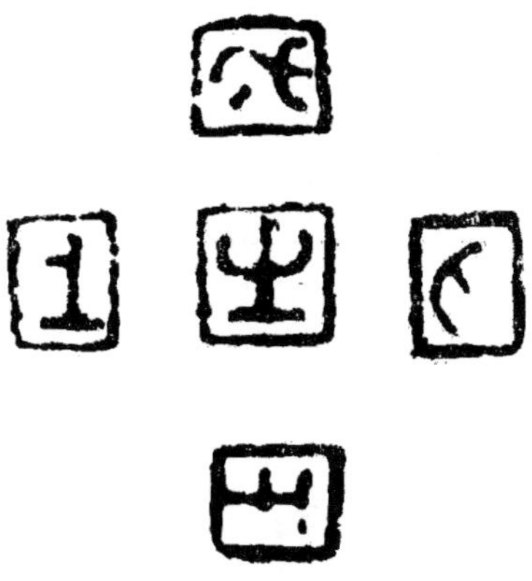

《璽彙》釋作“有上下□生”。按印文應逆時針讀作“勹有上下·生”。“勹有上下”與“生”是兩個吉語，中間不應連讀。“勹”即“伏”字。“勹有上下”應讀作“匍有上下”。金文牆盤謂“匍有上下，迨受萬邦”，文句與璽文正同。

戰國齊刀幣文墨字作：

从“墨”从“”。按“”即“勹”字。何琳儀先生指出這是在墨字上又疊加“勹”聲而成。[①]

金文有字作：

《金文編》六〇三頁

《金文編》釋作“㞋”。《說文》：“㞋，伏皃。从尸辰聲。一曰屋宇。”從金文形體來看，㞋所从之“”“”“”很可能是“勹”字，如此則《說文》訓“㞋”為“伏皃”很有可能是有根據的。字可能為从“勹”“辰”聲。

甲骨文有字作：

《合》37434

這個字也見於金文，寫作：

《金文編》五七五頁

從金文看，這個字也應該是从“勹”作的。

① 何琳儀《戰國文字通論（訂補）》，江蘇教育出版社 2003 年。

金文有下面一字：

《金文編》一二六五頁

這個字所从的“”也應該是“勹”字。

例 4　𡕥

《說文》：“睦，目順也。从目坴聲。一曰敬和也。，古文睦。”

甲骨文陸字作：

《合》36825

金文作：

《金文編》九三九頁

又作：

《金文編》九三九頁

從古文字演變規律看，陸字作“”，所从之“兂”作“”，也即是“六”字，這應該是代表了早期的構形。六字作“”，是在“”字之上又累加“”形飾筆演變而成。古文字中常常在一豎筆上加“”形飾筆，此即一例。陸字所从之“兂”，也就是加“”形飾筆的“六”字，是作為聲符使用的，也就是說“陸”字是以“六”字為聲的。

金文有字作：

《金文編》七〇八頁

《金文編》隸作“𡗞”，認為字从“大”，非常錯誤。按字从二𡗗，而𡗗為从“目”从“六”。此字應即小篆之“𡕥”，不過與小篆不同的是小篆目在下，聲符六又加上了飾筆而已。字从二𡗗，是因為籀文好重疊，是一種繁複的寫法。

金文又有字作：

《金文編》七〇八頁

字从“阜”从二“𡿺”，可隸作“𨻰”或“𨼗”。因“𡵞”“陸”皆从“𡴆”得聲，故此字很有可能就是“陸”字的異體。這與睦字作“𡵞”相同。

金文賣字作：

　　《金文編》四三七頁

《說文》：“賣，衙也，从貝𡵞聲。𡵞，古文睦。讀若育。”“𧷗”所从“𡵞”上之“屮”形應即“陸”所从之“𡴆”形之省，而一圓點則是後加上的飾點。𡵞的演變大概經過了以下的過程：

金文價字作：

　　《金文編》五六五頁

“𡵞”所从之“𡴆”進一步有所省化。

金文有字作：

　　《金文編》一一八三頁

从“彳”从“𡵞”从“又”。“又”可能是贅增的“動符”，古文字中贅增“又”為動符的例子很多，不贅舉。如此則“𢔶”可看作是从“彳”从“𡵞”。這個字還可以从“言”作下揭形：

　　《金文編》一一八三頁

字从“彳”从“𡵞”从“言”，可以看作是从彳“讀”省聲的一個聲符繁化字。劉心源早已指出“𢔶”所从之“𡵞”為“𡵞”，可謂有識，高田忠周和郭沫若兩位先生均認為這個字有可能是“遺”字。按从“彳”“辵”相通、止旁有時訛混為“又”的規律看，“𢔶”為“遺”字的可能性是存在的。而“𢕊”也可以看作是从“辵”“讀”聲的字，即“遺”字聲符繁化的異體。這兩個字至今還有人認為是从“直”或从“省”，這應是沒有認真分析形體的原因。“𡴆”形這種加飾點並彎曲的形態，是“直”和“省”絕對沒有的，而這正是“𡵞”字的特徵。

金文還有字作：

　《金文編》一二五八頁

高田忠周先生認為“□”即“𥅀”字，所釋不誤。古文字中“走”“辵”二旁常可相通，所以“□”字从“走”从“𥅀”，也有可能是“𨗴”字。

金文覿字作：

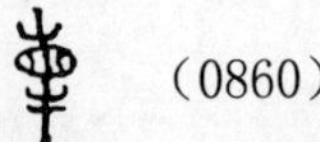　《金文編》六二〇頁

字从三“圥”从“見”。因𧶠从“𥅀”聲，而𥅀又从“圥”聲，故从“𧶠”聲的字又可以從“圥”聲作。字从三“圥”只是一種繁複的寫法而已。

《說文》：“𧶠，衒也。从貝𥅀聲。”𥅀字與貝字組合成形聲字後，又作為一個聲符與其他形體組合，成了一個使用頻率較高的構形因素。古文字中从“𧶠”聲的字經常可以省去義符“貝”，而只保留聲符“𥅀”。

古璽犢字作：

□（0860）

曹錦炎先生曾有文進行過精彩的論證，指出該字从“𥅀”从“牛”，應為从“牛”“𧶠”省聲的“犢”字[①]。字又从“邑”作：

（2072）　（2070）　（2071）

从“邑”是古璽姓氏字的繁化慣例，用以表示是姓氏字的專字。字又作：

（0660）　（0379）

省去“圥”旁，這是戰國文字常見的“省頭”的一例。古璽“句犢”合文作：

（3430）　（0353）

“句犢”即《左傳·桓公十二年》所記之“句瀆”。一作“□”，一作“□”，可見“犢”字確可省去所从之“圥”。相對應的姓氏專字作：

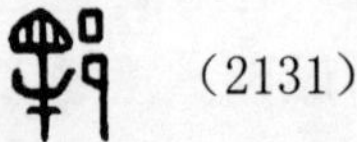（2131）

---

① 曹錦炎《釋𡱁—兼釋續、瀆、𧶠、𨛜》，《史學集刊》1983年第3期。

字也省去所从之“尭”。因為犢字从賫聲，而賫字从𡕥聲，犢和賫的聲符從根本上說是一致的，都是“尭”字。但是在戰國文字中后世从“賫”聲作的字大都卻不从“賫”，而是从犢，也就是將聲符“賫”繁化為聲符“犢”。但在構成字時，往往將犢字省去“貝”旁而寫作“𤛗”，所以看上去在戰國文字中，犢字的省體“𤛗”是被當作“賫”字來使用的。如古璽瀆字作：

（2594）

續字作：

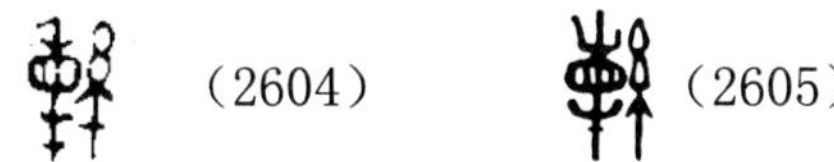
（2604）（2605）

竇字作：

（3062）

瓄字作：

（550）

所从的“賫”字都寫作“𤛗”。

古璽又有字作：

（4034）（1312）

字从“𡕥”从“月”，曹錦炎先生隸作“䐻”。查“䐻”字不見於字書，我們懷疑這是“賫月”兩個字的合文。古璽中常見古人名“某月”者，例如：

（2767）（1841）（3067）（5333）（1613）

應分別為“要（嬰）月”“新月”“中月”“七月”“五月”合文，在璽文中都用為人名。按從上揭“ ”的構形形態看，與“嬰月”等合文一樣採用月字包含另一字的佈局，所以這個字是“賫月”合文的可能性很大。這一合文見於下揭璽文：

（5618）

巧的是在新發現的“趙□戈”中出現了相同的人名。[①]璽文“肖”應讀作姓氏之“趙”，戈銘中的“□”顯然就是“⿰賣月”字無疑，所以這兩個人名是相同的。當然可能並不是一個人，不過這使我們知道戰國時不止一人叫“賫月”。

古璽有字作：

（3661）

字从“人”从“貝”从“□”。按“□”應即“𡕘”字，故字應釋為“價”。

漢印文字“德”字作：

《漢徵》二・十六

贖字作：

《漢徵》六・十八

德字所从之“□”（直）與贖字所从之“□（𡕘）”在形體上有些接近，又因為“德”“賫”二字音可通，於是漢印文字中一些本从“賫”的字又可从“悳”（德）作。如漢印有字作：

《漢徵》附錄五

从“宀”从“悳”，似乎應隸作“𡨄”，釋為“竇”。漢印又有字作：

《漢徵》二・四

字从“牛”从“悳”，似應隸作“犆”，釋為“犢”。又有字作：

《漢徵》三・十

① 陶正剛《趙簡子戈考釋》，中國古文字研究會第八屆年會論文，1988年，長春。

字從“言”從“恵”，似應隸作“諡”，釋為“讀”。

例 5　叕

甲骨文有字作：

　《類纂》0227

像人四肢有所連綴形，張政烺先生將其隸作“叕”。這個隸釋有可能是正確的。此字與無字作“”形有些近似，區別即在於下部。這個字又可以寫作：

　《類纂》0228

人形下部多出一圓形筆劃。金文有字作：

《金文編》一二四六頁

湯餘惠先生據秦簡叕字作：

釋上揭金文為“叕”字，從形體上看，這個考釋無疑是正確的。[①]金文叕字所从人形只是將上肢橫寫而已。由此也就知道陶文中下一字：

　《陶舂》附編十一頁

也應該是“叕”字。

金文有字作：

《金文編》附錄一二六七頁

舊釋“啜”，十分正確。字應隸作“㗻”，釋為“陊”，所从“口”旁應為“羡符”。按“陊”不見於字書，待考。

又金文有字作：

① 湯餘惠《略論戰國文字形體研究中的幾個問題》，《古文字研究》第十五輯，中華書局 1986 年。

《金文編》一二八三頁

湯餘惠先生認為字从“叕”从“欠”，應釋為“敪”，確不可易。

戰國文字中還有一些从“叕”的字。

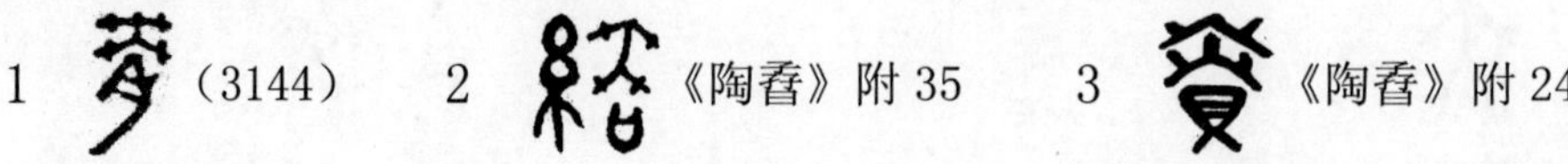

1 （3144） 2 《陶孴》附 35 3 《陶孴》附 24

其中之 1、2 丁佛言分別釋為“腏”和“綴”，頗具卓識，3 从“叕”从“貝”，又見於楚璽文字：

（5701）

由楚簡文字綴字作：

《楚文字編》七四五頁

可知陶文“”和楚璽“”可能也應釋為“叕”，所从的貝旁應為義符或羨符。

楚器中有一怪字作：

《金文編》一二〇二頁

舊釋皆不準確，現在看來字也應是從“叕”。从“叕”从“肉”从“刀”，應隸作“劂”，釋為“腏”，在銘文中用為“祭酹”義，或如《說文》所訓“挑取骨間肉也”，與廚房食官有關。

琉璃河大保器中有一字作：

張亞初先生認為字所从之“”應為“叕”字，與甲骨文“”形比較來看，這種可能性還是存在的。

例 6 粦

甲骨文有字作：

《合》33040

舊或釋為“粦”，比較可信。

甲骨文又有从“”从“水”的一個字：

《甲骨文編》一三〇一頁

人形又可加上“止”而寫作：

《合》27286

字从“水”从“粦”，應釋作“潾”。這個字既有可能就相當於後世的潾字，也有可能是“粦水”之“粦”加水旁的專字。

金文粦字作：

《金文編》六九二頁

人形也已加上“止”形，與甲骨文潾字所从之“粦”人形也加上“止”形相同。這如甲骨文乘字所从人形演變到金文也加上“止”形是同樣的變化。

《說文》：“粦，兵死及牛馬之血為粦，粦，鬼火也。从炎、舛。”按《說文》對粦字的說解完全錯誤，粦本从“大”，即从“人”形，之後割裂筆劃，小篆才訛變為从“炎”。

金文有字作：

《金文編》九四四頁

舊釋為“隣”，非常正確。《金文編》誤隸作“隥”，以為字从“炎”作，失之。字又有所簡省，作：

《金文編》九四四頁

省去上部兩點，《金文編》隸作“陪”，是不明結構所致。

金文隣字下从“口”作，口是羨符。金文粦字也从口為羨符作：

《金文編》七二頁

《金文編》誤釋為“啖”字，以為字从二“火”作，不知“炎”字的二火從不相連。

金文又有字作：

《金文編》一二六七頁

據上邊論證“ ”可省作“ ”來看，這個字顯然也應釋為“隣”。

例 7　䜌

《說文》：“䜌，亂也，一曰治也，一曰不絕也。从言，絲。 ，古文䜌。”

《說文》以為䜌字从絲並以䜌為會意字，是錯誤的。

甲骨文有字作：

《合》26875

又大都加“爪”或“又”作：

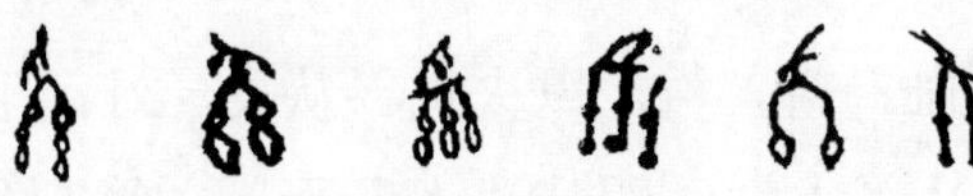

《類纂》3173

古文字中有時一個字具有从手與不从手的繁簡兩體， 又从手作“ ”，與《說文》䜌字古文“ ”從形體上看應是一字。字大概本像絲相聯形，又引申有亂和治意，所以《說文》訓為“亂”“治”“不絕”三個意思。“ ”形應該就是“䜌”字的初文，而“ ”形从“手”作，應是繁體，也可以釋為“攣”，是從“䜌”字中分化出的分化字。

這個字金文作：

《金文編》八五一頁

又可以加美術化並對稱地寫作：

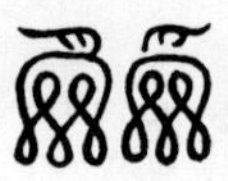

《金文編》一一三八頁

形體與甲骨文相同。

金文䜌字作：

  　《金文編》一四五頁

字从“言”从“𢇍”，是從甲骨文的“”形發展來的，小篆變為从“絲”，是割裂筆劃訛變所致。從甲骨文發展到金文，許多字都加上了聲符，由“𢇍”到金文的“䜌”，就是在“𢇍”字的基礎上又加注“言”聲而成。

戰國文字中从“𢇍”的字有不少，裘錫圭先生在《戰國璽印文字考釋三篇》一文中論證甚詳。

古璽有字作：

（2662）

裘錫圭先生指出即“𢇍”字。字結構同於甲骨文，應即“䜌”字初文。因為“𢇍”為“䜌”字初文，所以戰國文字中从“䜌”的字大都从“𢇍”作。如鑾字作：

（2503）　（2508）　（2506）

臠字作：

（1983）　（0415）

戀字作：

（0386）　（2676）

䜌姓之䜌从邑作：

（2122）　（2123）

甲骨文有字作：

  　《類纂》0682

字从“耳”从“糸”，“”乃“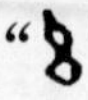”之省，蔡運章先生釋此字為“聯”，其說甚是。[①]卜辭“不聅雨”即“不聯雨”，“稱玉聅”即“稱玉聯”。

金文有字作：

《金文編》一二〇〇頁

字从“耳”从“糸”，與甲骨文聯形體相同，此字也應釋為“聯”。

古璽聯字作：

 （2389）

字从耳从“𢇍”，可見甲骨文和金文的“”“”形所從之“”相當於“”。

金文有字作：

《金文編》二六四頁

字從鳥從“𢇍”，舊誤釋為“鶱”，《金文編》即列於鶱字下。按丁佛言早就將此字釋為“鸞”，結論十分正確。

西周金文有字作：

《金文編》一一五頁

舊或誤釋為“禦”，《金文編》即列在“禦”字下，裘錫圭先生指出這個字从“𢇍”作，字應隸定作“𢀜”，原讀作“遮闌”之“闌”，後改讀為“襲擊”之“襲”。[②]字又作下揭形：

《三代》七·一〇上

字右邊殘泐嚴重，但從結構看，極可能為“”之異體。

明白了“𢇍”字的構形，則可對“㬎”字的構形重新加以認識。《說文》：“㬎，眾微妙也。从日中視絲。”按《說文》認為㬎字从絲是錯誤的。甲骨文濕

① 蔡運章《釋聅》，《中原文物》1981年特刊。

② 裘錫圭《關於晉侯銅器銘文的幾個問題》，《傳統文化與現代化》1994年第2期。

字作：

《類纂》3174

所从“”“”是“䋣”字，而絕不是“絲”字。顯然，縣字本从“䋣”，後訛為从“絲”，這與“𢇍”字本从“䋣”，後也訛為从“絲”相同。縣字从“䋣”應是聲符。金文顯字作：

《金文編》六二八頁

所从“縣”字下部从“䋣”作無疑。

例 8　害

《說文》：“害，傷也。从宀从口，言从家起也，丯聲。”

按《說文》據後世形體立說，無助於對害字早期構形的理解。

甲骨文有字作：

《屯》446

又从“林”作：

《合》29371

古文字“艸”和“林”在用作表意偏旁時可以通用，故“”“”為一字無疑。字又从“止”作，寫作：

《合》33572

又从“茻”从“口”寫作：

《合》37439

“”乃口字省去一橫者，“”為茻字的特殊寫法。于省吾先生在《甲骨文字釋林》中釋“”為“萿”，其說甚是。金文萿字也从茻作：

《金文編》四一頁

與甲骨文“萶”字結構相同。由甲骨文“萶”字可知害字本作“”。

甲骨文又有字作：

《類纂》0866

這個字又有一種異體寫作：

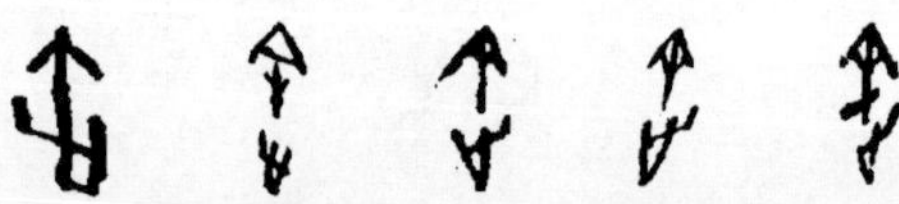

《類纂》0866

據這種異體，以往學術界大都認為此字从“余”作，于省吾先生就曾釋此字為“途”。現在看來這個字也應是从“害”作的，字應隸定作“遙”。湯餘惠先生認為卜辭常見的“首”應該讀作“割首”，指祭祀時用牲首而言。這一解釋比以往的解釋要更為可信。

金文害字作：

《金文編》五三一頁

以上字都已加上“口”旁。在由甲骨文演進到金文這一過程中，許多字都加上或正式固定地加上“口”旁，所加“口”旁有的是起區別分化作用的，有的則純粹是一種“羨符”，如“周”“高”“商”“右”“台”所从之“口”即是如此。害字由甲骨文的“”發展到金文作“”，所加口旁就是與音義皆無關的“羨符”。

金文中从害的割字作：

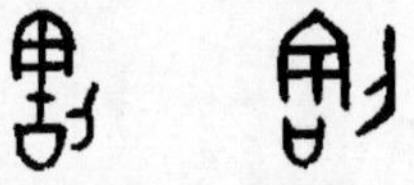

《金文編》二八九頁

从害的“㝬”字作：

《金文編》七一〇頁

㝬字是在害字上累加“夫”聲而成的一個雙聲字。

金文害字又借為“匜”，作：

《金文編》八四六頁

考察金文“害”字形體有如下變化：

1. 在“　”形豎筆上加一飾點，飾點又變成一橫，再加以變形音化，於是出現“　”形以“古”為聲的形體。

2. 在“　”形上又累加“五”為聲。

3. 改變下部形態，類化成“　”式形體。

甲骨文有字作：

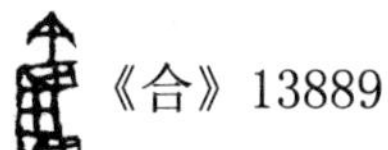《合》13889　《合》6717　《合》5712

字从“匚”从“　”，過去或釋為“匬”，其實這個字所从的“　”“　”“　”也是“害”字。由“　”又可作“　”，可知“　”所从之“　”為害之異體，所以字應隸作“匩”，而匩就應是“匄”字的一種異體。金文“匄”字或作：

《金文編》八四六頁

从“匚”从“害”，與甲骨文“　”字結構相同，故可知釋甲骨文“匩”為“匄”不誤。

秦漢時期害字作：

 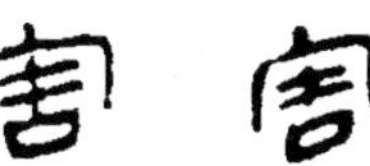

《篆表》五一三頁

與金文結構相同。

小篆害字作：

是將害字所从之“　”加以變形音化，改為从“丯”得聲。

例 9　席

《說文》：“席，藉也。《禮》：天子諸侯席有黼繡純飾。从巾，庶省聲。　，古文席，从石省。”

《說文》所謂“省聲”大都不可靠，對“席”字的說解就不夠準確。古文字庶字作“”或“”，从火石聲。席字小篆作“”，庶字作“”，庶既然从石聲，可知席也應从石聲，而並非从“庶”省聲。《說文》保存的席字古文作“”，《說文》謂“从石省”，正透露出了席字本从“石”的信息。

古音席在邪紐鐸部，石在禪紐鐸部，韻部相同，聲亦可通，故席字可以“石”為聲。“㐭”字《說文》謂：“舌貌，从谷省，象形。，古文㐭。讀若‘三年導服’之導。一曰竹上皮，讀若沾。一曰讀若誓，弼字从此。”所謂“讀若誓”，也就是讀為席。古音誓在禪紐月部，與席字聲符“石”禪紐鐸部非常接近。所謂“讀若沾”，也就是讀為“簟”，簟字義為“竹席”，與《說文》“一曰竹上皮”正合。可見“”就像“席”形。甲骨文坐字作“”，形體正是以席形會意的，所以《說文》席字古文可以分析為从“”為義符、以“石”為聲的形聲字。其實也就是在席字象形初文上又累加“石”聲而成。

戰國楚簡有字作：

信陽簡 208A

又寫作：

望山 M2

字从“竹”从“”，而“”則是“石”之加有二橫飾筆，如：

礴	《金文編》六六二頁	庶	（3198）
砠	（5406）	砒	（3518）
斫	（2606）	硂	（2321）
硯	（4105）	研	（2202）

故上揭楚簡之字應隸作“笞”。林澐先生指出這個字應釋為“席”，所言極是。[①]字从竹石聲，應為席字異體。

金文有字作：

① 林澐《釋笞》，《中國語文研究》第八輯，香港中文大學 1986 年。

《金文編》六六三頁

字从“厂”从“巾”，《金文編》隸作“帀”，並列於“厂”部後。按此字所从之“厂”，應為“石”字之省，與席字古文作“𢂊”，石也省成“厂”相同，字从巾石省聲，應即“席”字省形。

例 10　睪

《說文》：“睪，目視也，从横目从㚔，今吏將目捕罪人也。”

甲骨文有字作：

《類纂》0643

字从“目”从“矢”，舊釋作“眣”。《說文》謂：“眣，目不正也。從目失聲。”又《玉篇》謂：“眣，目動也，以目通指也。”段玉裁注眣字謂：“按《公羊傳》文公六年：眣晉大夫使與公盟也。何云：以目通指曰眣。成公二年：郤克眣魯衛之使，使以其辭而為之請。《釋文》字皆從矢，云眣音舜，本又作眣，丑乙反，又大結反。《五經文字》曰：眣音舜，見《春秋傳》。開成石經、《公羊》二皆作眣，疑此字從矢會意，從失者其訛體，以訛體改《說文》，淺人無識之故也。陸云‘又作眣’而已，未嘗云‘《說文》作眣’也。”按段玉裁謂字本應从矢，从“失”乃訛體，其言甚是。字本應从目从矢，即从目矢聲，與上揭甲骨文的構形同，後又訛變為从“失”得聲，古音“失”“矢”音通，所以“眣”又變作“眣”，可看作一種“改換聲符”的現象。眣、眣本一字，分别訓為“目動也，以目通指”和“目不正也”，歸納其意猶今言“使眼色”。

甲骨文的“[illegible]”字同時又是“睪”字，本應作“𥃩”，从目矢聲。古音睪在喻紐，矢在書紐，聲皆讀為舌音。後改換聲符作“睪”，所以由“[illegible]”形實際上分化出了“睪”和“眣”這兩個字。字書載眣（眣之變）字異體有“䀸”和“睪”兩種，其所从的“仐”“㚔”就是“睪”所从之“㚔”，可見眣與睪字的關係。

金文睪字作：

《金文編》二一七頁

字从“目”从“矢”，仍沿承甲骨文睪字的構形，所从“罒”乃“目”字之省，在銘文中用作“亡斁”之“斁”。字又作：

同上

字从“日”从“矢”，日為“目”字之訛混。古文字中“日”與“目”經常相混，甲骨文从“日”的“眔”字發展到金文訛為从目就是一個例子。字在銘文中也用作“亡斁”之“斁”。字又作从“大”之形。

《金文編》七〇八頁

字从“目”从“大”，按“大”乃“矢”字之訛。古文字中“矢”訛為“大”的例子多見，此不贅舉。字又作：

《金文編》二一七頁

《金文編》一二四四頁

字从“日”从“大”，即由从目訛為从日，从矢訛為从大。“ ”形上部且多出一斜筆。字又作：

《金文編》三七三頁

字从日从矢，日形上部也出現飾筆，使形體變得與“白”字接近。此字見於鄦臭鼎，鄦臭應讀作“無斁”。“無斁”乃周代一常用語，斁字訓為“厭”，訓為“終”，以“亡斁”為名乃古人習慣，古璽中有人名為“亡澤”或“亡鐸”者，“澤”和“鐸”也應讀作“斁”。字又作：

《金文編》一二四四

字从“白”从“矢”，“白”乃由“日”字變來，即在“ ”形之“ ”上又加上一斜出的飾筆演變而成。這與下列字加斜出飾筆的過程相同：

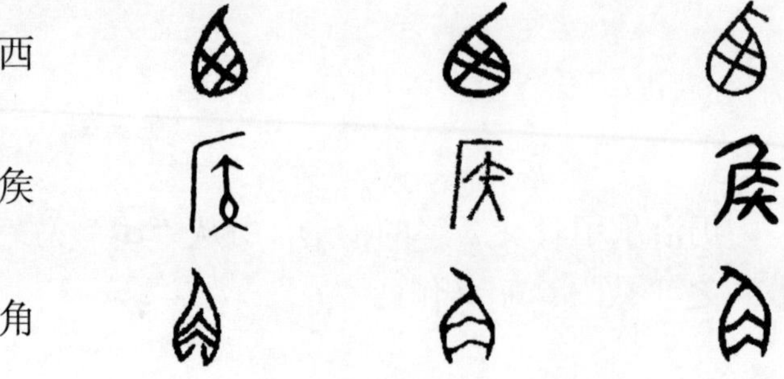

此字見於中山器，銘文曰：“天不□其有忨”，字亦讀作“斁”。

欒書缶斁字作：

《金文編》二一七頁

所从之“睪”下部既像从“㚔”，卻又像从“大”，也像从“矢”，又三者都不是。這一形態可能是睪字由“罢”變化到“睪”的一個過渡階段。

似乎在戰國文字中才開始出現“睪”這一从“㚔”的形體。由“罢”過渡到“睪”，可能屬於改換聲符的變化。《說文》：“㚔，所以驚人也。从大从羊，一曰大聲也。凡㚔之屬皆从㚔。一曰讀若瓠。一曰俗語以盜不止為㚔，㚔讀若籋。”古音睪在喻紐，㚔在泥紐，聲皆讀為舌音，故睪可以由“矢”聲改為从“㚔”聲。

金文睪字作“□”“□”形者，後來分化出了“臭”字。《說文》：“臭，大白澤也，从大白，古文以為澤字。”歷來治《說文》者皆不明“臭”字之由來，其實“臭”只是“睪”字訛變後分化出的一個字，所以《說文》既訓為“大白澤”，又謂“古文用為澤字”。前面分析了睪字从目訛為“日”，又由日訛為“白”的過程，也分析了由“矢”訛為“大”的經過，金文“□”“□”形是介於金文與小篆之間的形態，下部所从仍是初形所从之“矢”，進而發展到小篆，又經過一輪訛變，即由“矢”字又訛變為从“大”作。曾侯乙鐘銘文鐸字寫作：

《金文編》九一五頁

其所从之“睪”字上部，仍然可以看出訛為从“白”的痕跡。

睪字發展到漢代寫得很亂，有多種異體，大約從這時起，便逐漸地又從“睪”字中分化出了一個“皋”字。《說文》：“皋，氣皋白之進也，从夲从白。《禮》：‘祝曰皋，登謌曰奏。’故皋奏皆从夲。《周禮》曰：‘詔來鼓皋舞。’”

前邊論證了睪字上部可訛為从“白”，臭字就是證明，“皋”字上部即來源於此，而下部之“夲”，其實只不過是“㚔”之省訛。《說文》：“夲，進趣也，从大从十。大、十，猶兼十人也。凡夲之屬皆从夲，讀若滔。”按《說文》列出“夲”字無道理，本來並無“夲”這一形體，只是因《說文》對“桒”“暴”“𠦬”“奏”“皋”等字的下部不知所從，於是才列出這一形體以統屬桒等字。像這樣因不明構形而生造形體的現象在《說文》中極多見。

漢代“睪”字和“皋” 字分別作：

罢 漢印 漢印 漢印

皋 漢印 漢印 漢帛書 漢簡

從以上形體可以看出“睪”“皋”就是一個字無疑。《後漢書·馬援傳》載光武帝建武十七年（公元 41 年）馬援出兵交趾時，“璽書拜援伏波將軍”。李賢注引《東觀記》載當時馬援曾上書云：“臣所假‘伏波將軍’印，書‘伏’字，‘犬’外嚮。‘成皋令’印，‘皋’字為‘白’下‘羊’，丞印‘四’下‘羊’，尉印‘白’下‘人’，‘人’下‘羊’。即一縣長吏印文不同，恐天下不正者多。符印所以為信也，所宜齊同。”薦曉古文字者，事下大司空，正郡國印章。

從這段記載既可以看出當時皋字書寫的混亂，也可以從對皋字幾個字形的描述中，知道當時“睪”“皋”二字在形體上並無區別。

“睪”“皋”二字在典籍中有大量相通的例子，張頷先生在《成皋丞印跋》一文中，曾對“睪”“皋”二字相混與相假的原因作過分析。[①]下面將其所引之“睪”“皋”相假的例證轉引如下：《離騷》“步余馬於蘭皋兮”，王注“澤曲曰皋”；《詩·小雅》“鶴鳴于九皋”，注謂“皋，澤也”；《釋文》引韓詩“九皋，九折之澤”；《史記·封禪書》“秭鳺先滜”，《索隱》“謂子鳺鳥春氣發動則先出野澤而鳴也”；又《水經注》“潁水逕睪城北”注“睪城即古成皋亭”；《荀子·解蔽》“皋皋廣廣”注“讀皞字，或作睪”；《左傳·哀公二十六年》之“越皋如”在《春秋繁露》中作“大夫睪”；《漢書·地理志》之“成皋”，《後漢書·郡國志》作“成睪”；《列女傳》“睪子生五歲而贊禹”，曹大家注“皋陶之子伯益也”。

睪、臭、皋之間的關係前人早有注意，如段玉裁在注“臭”字時便指出“古澤睪皋三字相亂”。張頷先生則認為“皋”和“澤”在字義上有著密切的關係，於是“皋”便和“澤”所从之“睪”混同了。其實以往的分析一直沒有抓住要害，缺乏科學的文字符號觀上的認識，而實際情況是“睪”“皋”“臭”三字本來就是一個字，是後來才從一個形體中分化出來的，但這種分化在漢代以後才逐漸產生，所以在漢代及漢以前的文字資料中，這三個字並無區別，因此在音義上自然也就有著許多聯繫，而從後世看來，因不知其本為一字，便會對其音義上的聯繫和混同難以理解。

這裏出現一個問題：我們前邊分析過“睪”字是以“犇”為聲，睪讀喻紐為

① 張頷《成皋丞印跋》，《古文字研究》第十四輯，中華書局 1986 年。

舌音，皋、臭讀見紐為牙音，為何由一個形體分化出兩個不同音的字呢？這裏存在兩種可能。一種可能是因為舌音與牙音關係密切，一些學者認為“見”“溪”“群”“疑”就是由“端”“透”“定”“泥”變來的，因“睪”“皋”“臭”為一字分化，於是音隨義轉，“睪”與“皋”“臭”的音便出現差別。如果字書所載“臭”字讀見系的音不錯，則據前邊形體的分析，可知“臭”字很早就已產生，也就是說“臭”很早就已有見系的音。可是在古文字中，“臭”皆用為“斁”，這也就預示著當初這種舌音和牙音的區別並不存在。一種可能是“睪”所从之“㚔”本來就有兩種讀音，後分離為舌音的“睪”和牙音的“皋”，而“臭”則可能是受“皋”字的影響而讀成牙音。這裏《說文》對“㚔”字的訓解為我們提供了材料。《說文》謂“㚔”字“一讀若籋”，為舌音，“一讀若瓠”，為喉音。㚔字甲骨文作“[illegible]”“[illegible]”，本像桎梏之形，應為梏字的本字，即今日之手銬。《說文》：“梏，手械也。” 㚔字最初可能就有“梏”的讀音，所以《說文》謂“一讀若瓠”。古音梏在見紐，瓠在匣紐，古牙喉音之間的關係極為密切，多可相通。又“瓠”字從構形上看極可能是個右形左聲的形聲字。因瓠字訓為“瓢”，所以从“瓜”自然應是義符，从“夸”則應是聲符，其形聲結構與“瓟”“瓢”等字相同，瓠字又作“瓳”，又改為“壺”聲便是證明，而“夸”字就是在溪紐，屬牙音。由此可見“㚔”極有可能很早就有舌音和牙音兩種讀音，而由以“㚔”為聲的“睪”分化出讀牙音的“皋”字，便不難理解了。

中山王方壺銘文有一句謂：

氏（是）以身蒙[illegible]胄

“[illegible]”即“㚔”字，在此應讀作“甲”。“㚔胄”即“甲胄”。小盂鼎載賞賜物有“畫虢一，貝胄一”，虢字从“㚔”从“虎”，應為“甲胄”之“甲”的專字。此字伯晨鼎作“[illegible]”形，其所从之“[illegible]”，疑與“睪”或“㚔”字有關。孫詒讓釋“[illegible]”為“皋”，謂“蓋皋字”，“謂以虎皮包甲”，其說甚是。“㚔”為“睪”之聲符，而“皋”又為“睪”之分化字，故“㚔”可用為“皋”，由這一例證可知“㚔”確可讀為牙音。

以科學的文字符號觀來認識文字，始終以符號的眼光來看待文字，重視聲音在文字孳生與分化過程中的重要作用，是正確考釋文字的關鍵。漢字在發展演變中，許多形體上的變化是受語言的影響而以聲音為樞紐的，一個形體可以分化出一個或幾個形體，這種分化有時只有音的聯繫而無義的聯繫，只有正確地認識這種分化，才能對文字形體的發展演變做出科學的結論。睪字的分化便是這樣的一個佳證。

通過以上的形體分析，可為睪字的分化列出譜系如下：

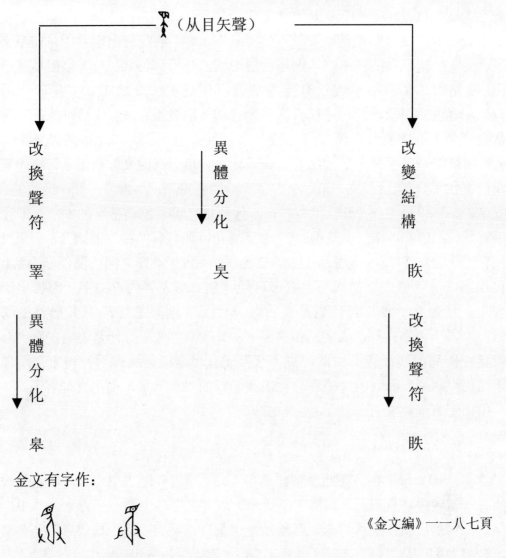

（从目矢聲）

改換聲符 → 睪 → 異體分化 → 皋

異體分化 → 臭

改變結構 → 眣 → 改換聲符 → 眣

金文有字作：

《金文編》一一八七頁

字从“目”从“”。按“”即射字，字从目从射，應隸作“䠶”。此字舊或釋“睪”，比較可信。古“睪”“射”相通，例證極多，睪字作“䠶”，是將聲符“卒”改換成了聲符“射”。

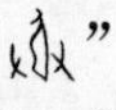

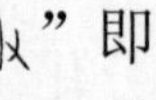

甲骨文有字作：

《合》23796

字从“目”从“射”，舊不識。其實這個字也應隸作“䠶”，極有可能也是

“睪”字異體，其結構與上揭金文相同。

戰國文字睪字作：

（0461）　（0098）

从睪的字有：

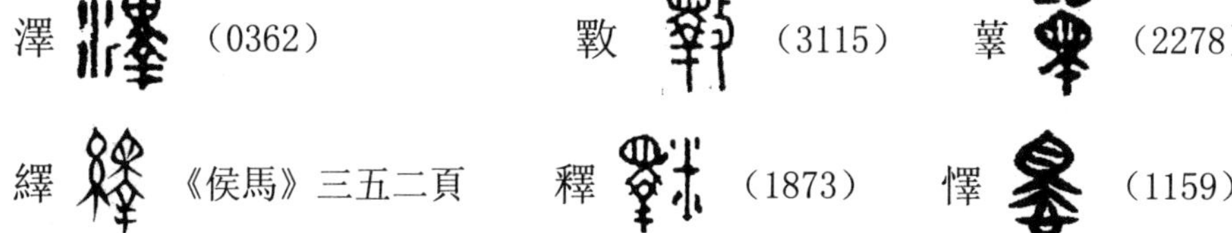

澤（0362）　斁（3115）　蘀（2278）

繹《侯馬》三五二頁　釋（1873）　懌（1159）

古璽有字作：

（0306）

所从之“□”應為“羑劃”，字應釋為“斁”。

古璽有字作：

（3666）

“□”即“目”之變，字可隸定作“鐱”，是聲符繁化的“鐸”字。璽文“亡鐸”應讀為“亡斁”，“亡斁”乃戰國秦漢人常用之名。

古璽有字作：

（0344）

字从“肉”从“□”，“□”應即“睪”之變形，字應釋作“膵”。

古璽有字作：

（2259）

字从“艸”从“幸”，字書所無。前邊論證過睪字从“幸”得聲，戰國文字中一些字有“省頭”的現象，如古璽“□”（犢）字可省頭作“□”即是例證。“□”所从之“□”可推測是“睪”字之省，這符合形聲字省去形符保留聲符的規律，如此則字可釋為“䕒”。“䕒”字見於《集韻》。

古璽又有字作：

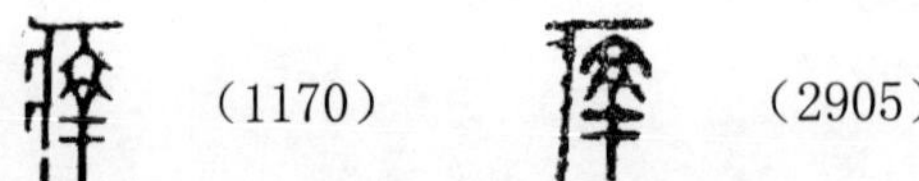

字从“疒”从“𠦑”，字書所無。依上釋字之例，則字應釋為“瘴”。瘴字見於《集韻》。

例 11 冎

《說文》：“冎，剔人肉置其骨也。象形，頭隆骨也。”

又《說文》：“咼，口戾不正也，从口冎聲。”

甲骨文有字作：

《類纂》2241

舊或釋“冎”，是正確的。冎乃骨字初文，字本像有骨臼有臼角的卜骨形。

甲骨文又有字作：

《類纂》3361

于省吾先生釋為“冎”，其說甚是。

在甲骨文中冎字出現“”“”兩種形體，使得許多古文字研究者不知所從。于省吾先生就因釋“”為“冎”而堅決否定釋“”字為“冎”。其實這兩個形體都是“冎”字，不過形有繁簡的不同而已。陳夢家先生早年曾有《釋冎》一文，已指出“”是由“”衍變而來，其結論是正確的，可惜並未引起重視。在中國古文字研究會第六屆年會上，常正光先生在提交大會的《古文字的訛變對考釋的影響》一文中，據陳夢家先生的結論尋找到了由“”演變到“”的具體證據。他所舉的《屯》幾片甲骨中的“”字作：

《屯》115、429、2079

從中確實可以看出由“”過渡到“”的痕跡。所以甲骨文“”“”皆為“冎”字，只是形有繁簡的不同，這一結論便應該為學術界所接受。通過這個字簡省過程的分析，可以使人感到甲骨文省化的劇烈，因此只靠形體的形象去考釋文字，是非常危險的。

甲骨文有字作：

　《合》18015

舊或釋“歃”或“歆”，于省吾先生改釋為“旤”，非常正確。《說文》：“旤，屰惡驚詞也，从旡咼聲。讀若楚人名多夥。”

甲骨文又有字作：

　《合》17230正

字从“刀”从“冎”，于省吾先生釋為“冎”，也即別字。《說文》：“冎，分解也。从冎从刀。”後世又造“剮”字為之。

金文有字作：

　《金文編》一一一六頁

于省吾先生認為即“冎”字橫寫者。

金文過字作：

《金文編》九四頁

仍从“冎”作，還未曾繁化為从“咼”。

戰國文字過字作：

（2004） 　①　《侯馬》三一九頁

所从之“冎”已加“口”。

金文稱字作：

《金文編》四〇頁

古璽稱字作：

① 吳振武《讀侯馬盟書文字劄記》，《中國語文研究》第六輯，香港中文大學1984年。

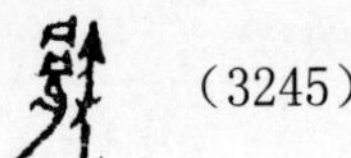
（3245）

字从“艸”从“稍”或从“禾”从“骨”。按“冎”為骨字初文，骨是在初文上又累加義符“肉”而成。“□”所从之“骨”作“□”，上部之“□”猶保持著初形。

戰國文字骨字作：

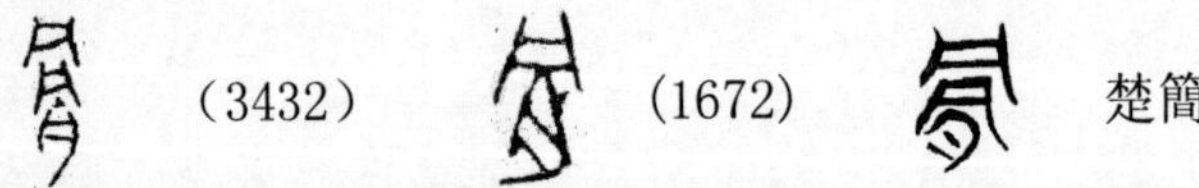
（3432） （1672） 楚簡

所从之“冎”已有訛變。又髖字从骨从鬼，作下揭形：

（5489）

其所从之“冎”形為小篆所本。

例 12　皆

《說文》：“皆，俱詞也。从比从白。”

按《說文》據後世形體立說，其形體解說不足為訓。

甲骨文有字作：

《類纂》1995

又省“虘”作：

《類纂》1994

字从“虍”从“𠫑”从“口”。又作：

《合》31182

从“𠫑”从“口”。此字舊或釋“朁”，並不正確。于省吾先生將其隸作“朁”“虘”“皆”，讀作“列”，訓為“並”。[1]按于省吾先生釋義是，釋字則非。中山器文字發表後，已知此字應釋為“皆”字。字本从“口”，所从之

① 于省吾《甲骨文字釋林・釋𠫑、杲、皆、朁、虘》，中華書局 1979 年。

“𠧪”大概如于省吾先生所說是“聲符”。古音皆在見紐脂部，列在來紐月部，古舌音與牙音的關係很密切，“皆”从“𠧪”聲極為可能。

甲骨文皆字見於下列刻辭：

1　豚眔羊𣅀用。　《合》31182

2　其𧆛用𦾔臣貝吉。　《合》29694

3　𧆛𩃰二田喪盂有大雨。　《合》30044

4　其𧆛取二山有大雨。　《合》30452

5　𧇖令二人。　《合》27749

6　辛巳卜王其奠方眔用𧇖在盂奠王弗……羊大吉。　《屯》1029

字讀為“皆”，極為恰當。

中山器皆字作：

　《金文編》二四五頁

是由甲骨文“𧆛”形變來。只是“𠧪”字省去上部，口加飾點訛成了“甘”。

楚帛書皆字作：

　272

所从之“𠔿”為“𠧪𠧪”之訛變，即由甲骨文作“𧇖”之形變來，後省去一“虍”，二“𠧪”共用偏旁，兼用一“虍”字，後“𠧪𠧪”又訛為“𠔿”。

金文皆字作：

　《金文編》二四五頁

楚簡皆字作：

　信陽楚簡一・〇六

此形即由楚帛書皆字作“𧇖”形省去“虍”字後變來。

金文有字作：

　《金文編》一四三頁

字从“言”从“”，“”即“皆”字，結構與甲骨文同，孫稚雛先生釋此字為“諧”，非常正確。①“康諧和好”即“康諧和好”。

金文有字作：

《金文編》四〇四頁

又有字作：

《金文編》四〇三頁

字从“木”从“”。按“”即“皆”字。李學勤先生釋此字為“楷”，可謂卓識。

例 13　者

《說文》：“者，別事詞也。从白𣥂聲，𣥂，古文旅。”

按《說文》對者字的說解不足以明瞭其早期的構形。

甲骨文者字作：

《類纂》1405

又增口作：

同上

卜辭常言“今”“來”，即“今者”“來者”，是指一個不固定的時間段，猶今天說“近來”和“下一段時間”。

金文者字作：

《金文編》二四七頁

已將甲骨文的彎筆改為直筆，且周圍加上飾點，至戰國時又將上部變形音化為從“止”作，並且以其為聲：

① 孫稚雛《金文釋讀中的一些問題的探討》，《古文字研究》第九輯，中華書局 1984 年。

《金文編》二四八頁

金文有字作：

《金文編》六九七頁

字从“大”从“”，《金文編》隸作“奢”，以不識字列於木部。按“”即“者”字，其上部與甲骨文者字寫得很接近，只是有彎筆和直筆的不同，字應釋為“奢”。

金文有字作：

《金文編》一二四八頁

字从“水”从“”。按“”即“者”字。此字舊或釋為“渚”，較為可信。

甲骨文有字作：

《合》36956

字从“水”从“”。按在甲骨文中凡倒置的口字，多寫作“”形。“”其實是“”之倒書，字就是“者”字。字从水从者，應釋為“渚”。

在金文中者字有時省作，即省去下部而只保留上部，也就是《說文》所謂“从白，𣥒聲”之“𣥒”。

如金文堵字作：

《金文編》一二六二頁

鬻字作：

《金文編》一二三〇頁

鍺字作：

《金文編》一二六四頁

雒字作：

《金文編》一一九九頁

槿（楮）字作：

《金文編》一二一二頁

逽（徒）字作：

《金文編》一一八二頁

金文中从“者”得聲的字有：

堵 都 割 書

戰國文字中者字寫得很亂，其中燕國的者字作：

(0082) (0050) （都所从）(0215)

所从之者字作“”“”形，這是由者字作“”“”形訛變來的。作“”形與《說文》旅字古文作：

極為相近，不過旅字从“”而“”形从“”，這種形近的關係可能就是《說文》謂“𣥠”為“古文旅”之由來。當然也有可能是因為“者”“旅”二字音近的緣故。古音者在章紐魚部，旅在來紐魚部，韻部相同，聲皆為舌音。所以“者”“旅”之間也可能是假借的關係。

例 14 𣶒

《說文》：“淵，回水也。从水，象形。左右岸也，中象水皃。𣶒，淵或省水。，古文从囗、水。”

甲骨文有字作：

　《屯》2650

字从“口”从“水”，舊釋為“𣶒”，可信。字又从水作：

　　《類纂》1348

金文𣶒字作：

　《金文編》七三五頁

字不从“水”，且形體與甲骨文𣶒字差別較大，故可能是一種異寫。

甲骨文有字作：

　《合》10510

字从“鳥”从“□”，“□”與上揭金文𣶒字極近。黃錫全先生疑此字應釋為“䨼”。[①]《說文》：“䨼，鳥群也。从雥𣶒聲。”

金文淵、𣶒又作：

　　《金文編》七三五頁

楚帛書𣶒作：

“□”“□”即由甲骨文之“□”變來。

金文肅字作：

　　《金文編》二〇一頁

又从言作：

---

① 黃錫全《〈汗簡〉注釋》，武漢大學出版社 1990 年。

《金文編》一五一頁

又作：

《金文編》七二三頁

《金文編》誤隸作“⿱聿心”，列於心部。

金文⿱竹𣶒字作：

《金文編》二〇一頁

从竹从𣶒，省去“聿”旁。

金文有字作：

《金文編》二二二頁

字从“攴”从“”，“”疑為“𣶒”字。字可隸作“⿰𣶒攴”。由金文⿱竹𣶒字作“”，肅可省去“聿”旁例之，則此字似可釋為“⿰肅攴”。⿰肅攴字見於《集韻》。

金文又有字作：

《金文編》一二九二頁

字似也應釋為“𣶒”。

例 15 蝁

《說文》：“亶，多穀也。从㐭旦聲。”

《說文》：“蟺，夗蟺也。从虫亶聲。”

甲骨文有字作：

 《合》26898   《屯》880

字从“㐭”从“虫”，虫字頭部借“㐭”字的筆劃公用，字應隸作“蝁”，

釋為“蟺”。[①]

金文蟺字作：

　《金文編》八七五頁

郭沫若謂“乃‘蟺’字古文”，所言極是。“蝱”就應是“蟺”字的古文，字从虫从“亩”，又增“旦”為聲符。

後世从“亶”的字，在古文字中多从“蝱”字作。如金文旜字作：

　《金文編》四六三頁

檀字作：

　《金文編》四六三頁

憻字作：

　　《金文編》七二五頁

《汗簡》引壇字作：

《說文》引鱣字籀文作：

皆从“蝱”作。

甲骨文還有字作：

　《合》29408

字从“木”从“蝱”，顯然應釋為“檀”。

① 劉釗《釋甲骨文耤、羲、蟺、敖、𢦏諸字》，《吉林大學學報》1990 年第 2 期。

古璽亶頁字作：

 (3232)

漢印作：

《漢徵》九·三

"亶"已加上"旦"為聲。古璽又有字作：

 (3534)

疑"亶"為"亶"字，"頁"為"頁"字，字也應釋為"亶頁"。

例 16 弅

《說文》無"弅"字，但有以"弅"為聲的字，可見為《說文》所遺漏。

甲骨文有字作：

《類纂》1038

（倒書）

舊或釋為"弅"，是正確的。字从"丨"从"廾"，所从之"八"乃飾筆。或从"行"作，既有可能是累加的"動符"，也有可能是由"八"形類化而成。

早期銅器銘文中也有"弅"字，寫得很象形：

《金文編》一一二七頁

與甲骨文作"弅"形者極為接近，可知"丨"形乃由"丨"形省化。

金文弅字作：

《金文編》一六二頁

所从之"丨"中間出現一橫飾筆，這是由飾點變來的。金文从"弅"的字有：

送　賸　佚　朕　縢　塍　陕

所从之“灷”或訛作“火”，並由此再訛為“火”，即小篆从“火”之由來。

古璽有字作：

(1163)

字从“立”从“灷”。戰國文字中从土的字皆可改為从“立”作，此字似可釋為“埢”。

古璽文字中有一個从“糸”从“朕”的字寫作：

(3827)

楚璽中寫作：

《書法》1984年第4期第46頁

吳振武先生釋此字為“縢”，十分正確。①

古璽又有字作：

(5682)　(3112)

吳振武先生認為字从“竹”从“虒”，應隸定作“箎”，釋為“籐”，指出“虒”字很可能是《說文》“鷈”字的異體，而箎則應是見於《玉篇》《集韻》等書的“籐”字異體。

東周銅戈銘文中有字作：

《三代》一九·三一·二

吳振武先生指出與上揭璽文為一字，也應隸作“箎”。銘文曰“箎子”，“箎”應讀為“縢”。

① 吳振武《釋戰國文字中的從“虘”和從“朕”之字》，《古文字研究》第十九輯，中華書局1992年。

例 17 朁

《說文》："先，首笄也。从人，匕象簪形，凡先之屬皆从先。簪，俗先从竹从朁。"

《說文》："兟，朁朁，銳意也。从二先。"

又：

《說文》："朁，曾也。从曰，兟聲。"

按《說文》以為"先"字像人戴笄形，即"簪"字初文，故從先的"兟"字為"銳"之意，這一認識恐怕有問題。我們前邊論述過"开"字，並知道"开"字作"[glyph]"，與考古實物可以相比照，確是像"笄"形。而現已知確定的最早的"兟"字作：

[glyph] 《金文編》三一六頁

朁字作：

[glyph] 《金文編》七一二頁

《金文編》誤釋為"替"。番生簋銘曰："虔夙夜専求不[glyph]德。""不[glyph]"即"不朁"，與大豐簋之"不[glyph]王"之"不[glyph]"同，為美譽之詞。

甲骨文有字作：

[glyph]《合》18323 [glyph]《合》6653 正

與金文兟和朁所从之"兟"形體相同，應為一字，也應釋為"兟"。又有字作：

[glyph] [glyph] [glyph] [glyph] [glyph] 《類纂》3223

从"兟"从"口"。古文字从"口"的字後多訛為从"曰"，字从"口"从"兟"，應釋為"朁"。其中作"[glyph]"形者與金文朁字作"[glyph]"之形非常接近，應為一字無疑。

甲骨文有下列各辭：

1 其㞢[glyph]。 《合》974 正

2 ……㞢[glyph]。 《合》1899 正

3　乙未卜爭貞其㞢。　《合》3271 正
4　貞亡九月。　《合》3271 正
5　……入弗悔。　《合》31272
6　貞亡來。　《合》19406
7　……亡。　《合》18325
8　……气戌……允。　《合》18324

疑“䜭”應讀為“僭”，訓為“亂”。《詩·小雅·鼓鐘》：“以雅以南，以籥不僭。”《釋文》謂：“僭，亂也。”

金文有字作：

《金文編》六六九頁

“”應為“”之省去尾部者，與金文兓和䜭所从之“兓”形同，似也應釋為“兓”字。又有字作：

《金文編》六六九頁、七六頁

从“兓”从口（或从甘），似應釋為“䜭”字。又有字作：

《金文編》七六頁

从“兓”或“䜭”从“攴”，與下揭甲骨文：

《合》11016

應為一字。疑為加動符的“兓”或“䜭”字，也有可能是“撍”字。又有字作：

《金文編》六八八頁

字从“火”从“兓”，疑應釋為“熸”。

古璽潛字作：

(2584)　(2585)

所从之“晉”猶存初形。

漢簡簪字作：

《篆表》六一五頁

所从之“旡”已有省化。

例 18 甹

《說文》：“甹，亟詞也。从丂，从由。或曰：甹，俠也。三輔謂輕財者為甹。”

甲骨文甹字作：

《合》18842

字从“甾”从“丂”，並非如《說文》所言從“由”。

甲骨文𨸏字作：

《類纂》1292

字从“阜”从“甹”，字書所無，於卜辭中用為地名。

金文甹字作：

《金文編》三二〇頁

繁化為从二“甾”，又从“𠮷”作：

《金文編》三二〇頁

金文有字作：

《金文編》三二〇頁

字从“并”从“甹”，是個雙聲字。

戰國古璽甹字作：

(3472)

也从“亘”作。

古璽又有字作：

(2951)　(2950)　(2967)　(2960)

字从“𠂔”从“平”，何琳儀先生認為即甹字。[①]即將甹字所从之“丂”加以音化改為以“平”為聲。古音甹在滂紐耕部，平在並紐耕部，二字音極近，故“甹”可以从“平”為聲。甹字在璽文中用為姓氏字，應讀為“平氏”之“平”。《廣韻》謂“齊相晏平仲之後”。

例 19　堯

《說文》：“堯，高也。从垚在兀上。高遠也。㚧，古文堯。”

《說文》對堯字形體的說解不可信。

甲骨文有字作：

《合》9379

字从“卩”从二“土”，古文字中从“人”與从“卩”偶可通用，故此字釋為“堯”較為可信。

金文有字作：

《金文編》一二七一頁

舊不識。按字从“土”从“人”，與《說文》堯字古文相同，字也應釋為“堯”。

戰國文字中从“堯”的字很多，所从之“堯”皆作从“土”从“人”之形。可見堯字作“夫”應是較早的結構，而《說文》古文作“㚧”則是重疊的繁複寫法，至於小篆作“堯”則不過是將所从之“土”加以重疊書寫繁化而已。

楚帛書有字作：

① 何琳儀《古璽雜識》，《遼海文物學刊》1986 年第 2 期。

李學勤先生和湯餘惠先生皆釋“堯”。①湯餘惠先生又指出下列戰國文字也都从“堯”作：②

譊 獟 憢 橈 譊

所言皆是。戰國陶文又有字作：

《季木》0903

所从之“ ”乃“目”字，與懌字作“ ”所从之目近似，字从“目”从“堯”，應釋作“曉”。

漢代堯字作：

《篆表》九七八頁

从三“土”从“人”，後小篆將“ ”形中“土”字下一横一變為二，一横移於人字上，於是便出現了小篆的所謂“兀”字。

例 20　马

《說文》：“马，嘾也，艸木之華未發函然。象形，凡马之屬皆从马，讀若含。”按《說文》對“马”字的說解不足為據。

古文字函字作：

《金文編》四八六頁

“马”乃截取函字上部部分筆劃，兼借其音分化而成，即“函”之“ ”形部分。此乃古文字中簡省分化之一例。這一分化大概從戰國時開始。

古璽有字作：

(2286)　(2285)

字从“艸”从“軞”，軞从車从“巳”。按“ ”即“马”字，字从“艸”

---

① 李學勤《論楚帛書中的天象》，《湖南考古輯刊》第一輯，1982 年；湯餘惠《略論戰國文字形體研究中的幾個問題》，《古文字研究》第十五輯，中華書局 1986 年。

② 湯餘惠《略論戰國文字形體研究中的幾個問題》，《古文字研究》第十五輯，中華書局 1986 年。

“軋”聲，諸家皆釋為“範”。字在璽文中用為姓氏字，應讀作“範氏”之“範”。字又作：

(1825)

从“軋”从“艸”省。戰國文字中从“艸”的字許多都可以省成从“中”。字又作：

(2170)　(2169)

从“範”省从“邑”，從“邑”是古璽姓氏字常常累加的義符。[①]

中山器有字作：

《金文編》七一一頁

字從“立”從“範”省，於銘文中讀作“犯”。

古璽有字作：

(3517)

字从車从马，應釋為軋，軋在金文中用為姓氏字，應讀作“範氏”之“範”或“范氏”之“范”。

古璽又有字作：

(1642)

字从“肉”从“　”，按“　”即“马”字。吳振武先生釋此字為“肥”，十分正確。[②]《說文》：“肥，多肉也，从肉卩。”按《說文》謂肥字从“卩”不確，字應从“马”。

秦漢時肥字作：

《篆表》二七五頁

“　”所从之“乚”猶存初形。

① 以上從“马”諸字的考釋見吳振武《〈古璽文編〉校訂》，吉林大學博士學位論文，1984年。

② 吳振武《〈古璽文編〉校訂》，吉林大學博士學位論文，1984年。

古璽有字作：

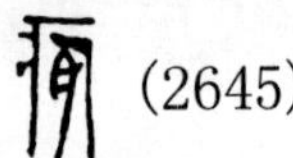

字从“疒”从“肥”，吳振武先生釋作“痱”，痱字見於《玉篇》，為“痱”字異體。[1]

楚簡有字作：

字从羽从“肥”，字書所無。疑其為“翡”字異體。

楚簡又有字作：

字从“口”从“[illegible]”，何琳儀先生認為字所从之“[illegible]”即“马”字，字應為函字異體，即將“[illegible]”形寫在“○”形內者，字釋函，按諸簡文文義很順暢。[2]

例 21　禾

《說文・稽部》：“稽，留止也，从禾从尤旨聲。”

對“稽”字的構形和演變學術界以往不是很清楚。

古音“稽”在見紐脂部，“旨”在章紐脂部，古文字資料表明，古牙音“見”系字與古舌音字多有通轉，其例甚多，[3]如此“稽”“旨”韻部相同，聲紐例可相通，“稽”从“旨”為聲符自然沒有問題。

按文字構成的一般規律，形聲字除去聲符後的形符部分大都或是象形，或是會意，如此“稽”字除去聲符“旨”後的“秔”就應該是象形字或會意字，而从“秔”由兩部分構成來看，“秔”顯然應該是會意字。

从“禾”从“尤”會什麼意？如何會意呢？

對於“稽”字所从之“尤”，以往的《說文》學家或是避而不談，或是曲為解說，如徐鍇《說文繫傳》謂：“尤者異也，有所異處，必稽考之，考之即遲留

---

① 吳振武《〈古璽文編〉校訂》，吉林大學博士學位論文，1984 年。

② 何琳儀《戰國文字通論（訂補）》，江蘇教育出版社 2003 年。

③ 陳初生《上古見系聲母發展中一些值得注意的現象》，《古漢語研究》1989 年第 1 期；師玉梅《西周金文音韻考察》，中山大學博士學位論文，2004 年。

也。”孔廣居《說文疑疑》謂：“尤，色之美者也，旨，食之美者也，美食美色，皆足以留滯人，此三體會意也。”林義光《文源》謂：“按尤者从手中引物之象，稽之義猶手持物有引之者，不令取，故从尤从禾。”這些解釋都迂曲離奇，不合文字的構形特點和規律，極不可信。之所以會出現這樣錯誤的說法，都是因為這些解釋者沒有看過“稽”字古文字字形的緣故。

《睡虎地》中的“稽”字寫作：

《睡虎地·為吏之道》5

字从“禾”从“又”从“旨”，“旨”字所从的“匕”和“甘”因借筆寫到了一起。很清楚，此“稽”字从“又”，並不从“尤”。廣州南越國宮署遺址出土的殘瓦上有如下一字：

《廣州秦漢考古三大發現》[①]圖版二·94

《廣州秦漢考古三大發現》一書以不識字視之，釋文以空方框替代。按此字與上引秦簡“稽”字形體相同，也應該釋為“稽”，“稽”字於此是用為工匠的名字。此“稽”字形體也是从“又”不从“尤”，所从“旨”字反書，也採用借筆的方法將“匕”和“甘”連寫在一起。

在古文字中，从“又”的字經常會有从“攴”的異體，以《金文編》所收金文為例，如：

啟作文父辛尊　　召卣

牆盤　　厲羌鐘

兮甲盤　　梁其鐘

“稽”字也是如此，既从“又”作，同時也有許多从“攴”的異體：

A  《馬王堆·十大經》122　　B  《馬王堆·老子》甲本 061

① 廣州市文化局編《廣州秦漢考古三大發現》，廣州出版社 1999 年。

C 《馬王堆・戰國縱橫家書》213　　D 《馬王堆・十問》017

E 《銀雀山》617　　F 《銀雀山》882

G 《馬王堆・經法》004　　H 《馬王堆・經法》036

以上所列“稽”字結構都从“攴”作。其中 A、B、C、D 四個形體所从的“旨”字採用借筆法將“匕”和“甘”連寫在一起，F、G、H 三個形體更是索性將所从聲符“旨”字中的“匕”旁省去，直接寫成从“甘”作。A、B、C、D 四個形體所从“旨”字的簡省方法與下列“閻”字所从“臽”字的簡省方法非常相似。秦印“閻”字作：

《秦印》[①]229 頁

又可以將所从的“臽”字加以簡省，作：

《秦印》229 頁　《秦印》229 頁　《秦印》229 頁

兩者的簡省方法如出一轍。

秦印中有如下一字：

《秦印》288 頁

《秦印》以其為《說文》所無字並將其列於第二部分，隸定作“㕡”。其實與上揭馬王堆帛書中的“稽”字比較可知，秦印此字也應該釋為“稽”，印文應讀為“比稽”。

郭店楚簡《五行》篇中有字作：

《郭店・五行》33

《郭店》一書釋文隸定作“攸”，以為是“攸”字異體，讀作“迪”。裘錫圭先生在《郭店》一書注釋的按語中說：“馬王堆帛書《老子》甲本‘稽’字作‘稽’。簡文此字疑是‘稽’字之異體，讀為‘繼’。二字古音極近。”對裘錫

① 許雄志主編《秦印文字彙編》，河南美術出版社 2001 年。

圭先生釋此字為‘稽’，學術界似乎並不相信，有多個學者將其改釋為“殺”字就是證明。其實如果將此字與上引古文字中的“稽”字比較就會發現，兩者有多個相同之處。其所从的“禾”字上部一筆不向右傾斜而是歪向左側，與“禾”字相混，這與上引銀雀山漢簡中的“稽”字寫法相同，同時字也是从“攴”作。字下所从之“𠆢”並不是“人”，而是“旨”字之省，即“匕”字。《說文》指出“旨”字从“匕”得聲，如此省去“甘”而保留聲符“匕”，是古文字中形聲字很多見的省略現象，並不奇怪。所以我們認為裘錫圭先生釋“稽”為“稽”是正確的。至於“稽”字在簡文中是否一定讀為“繼”，則可以進一步討論。

漢代新嘉量上的“稽”字作：

《秦漢金文彙編》155 頁

其所从的“叉”似乎介於“又”字與“尤”字之間，但仔細分析，仍然是“又”而不是“尤”。“尤”字是由“又”字分化出的一個字，戰國秦漢時期大都寫作“尤”（《上海博物館藏印選》36），“又”旁與另外一筆相連，而此字的“又”與另外一筆並不相連，所以不是“尤”字。眾所周知，春秋戰國以後“又”字常常在形體上加上一點飾筆，變成與“寸”字形體類似，此字所从之“叉”顯然也是加了一點飾筆的“又”字。“稽”字後來訛變為从“尤”，應該就是從這類形體開始的。所以新嘉量器物時代雖然不早，但銘文中的“稽”字卻保存了較早的構形。

漢印中“稽”字又寫作：

《兩漢官印彙考》[①]730“會稽守印”

《兩漢官印彙考》733“會稽讀尉章”

所从之“又”已經訛變為“尤”並為小篆所本。

通過以上考論可以知道“稽”字構形的演變過程是：本來作从禾从又，是個會意字，也就是說从禾从又的“秇”應該是“稽”字的初文。後來在初文上加上了“旨”聲，變成了形聲字“稽”，所从之“又”又訛混成與其形音皆近的

① 孫慰祖主編《兩漢官印彙考》，上海書畫出版社大業公司 1993 年。

“尤”。

至於从禾从又會什麼意，如何會意，則目前尚無理想的解釋。筆者對此有個不成熟的想法，暫時還不能提出請教。

西周金文中有如下一字：

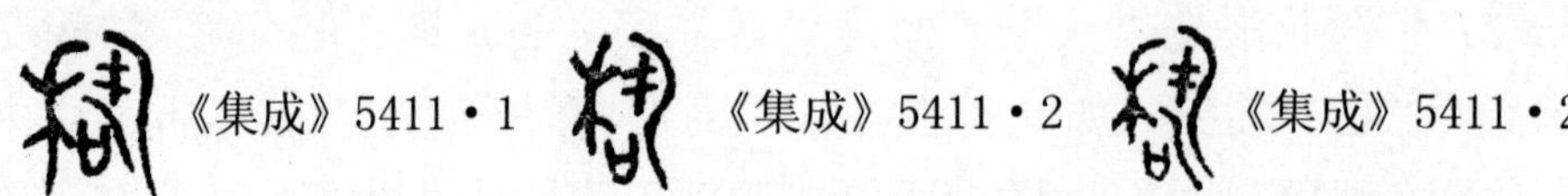
《集成》5411·1　《集成》5411·2　《集成》5411·2

這個字因為只有摹本，其摹寫的準確程度不得而知。這個字所从的“禾”很容易被誤認為是“禾”字，實際上大家也是如此隸定的。其實在西周金文中，“禾”字上部極少寫成向右傾斜的形狀，所以這個字也是从“禾”作的。古音“稽”在見紐脂部，“𥝢”字在見紐鐸部，聲紐相同。從結構上看，這個字有與“稽”字存在某種聯繫的可能。

下面對《說文》和字書中與“稽”字有關的幾個字稍加解釋。

1.《說文·禾部》：“禾，木之曲頭，止不能上也。”在古文字和後世典籍中，從未見“禾”字單獨使用的例子，也就是說“禾”字很可能並不是一個可以獨立的形體。《說文》設立“禾”部，不過是因為“稽”字等字無法統屬的緣故。類似這種在實際文字系統中並不單獨存在，而是因為個別字不能統屬而設立的部首在《說文》中還有一些。

2.《說文·禾部》：“積，多小意而止也。从禾、从支，只聲。一曰木也。”結合古文字構形來看，積字所从的“支”應該是“攴”字之訛，就是說“積”所从的“枝”本來就是“稽”字的初文“秖”，只不過所从是類似上揭馬王堆帛書那種从“攴”作的異體而已，推測其本作“枝”。“枝”所从的“攴”變形音化為“支”，就變成了“積”字所從的“枝”。“枝”後來又加上“只”聲，就變成了形聲結構的“積”。

3.《說文·禾部》：“𥠉，積𥠉也。从禾从又句聲。又者，从丑省，一曰木名。”此字从“禾”从“又”从“句”聲，所謂从“禾”从“又”正是“稽”字的初文“秖”。所以在“𥠉”字上保存了“稽”字从“又”作的早期構形。

4.《說文·稽部》：“䅾，特止也。从稽省，卓聲。”《說文》中大量的所謂“省”，从古文字看其實並不是“省”，而是最初就如此作。就是說“䅾”字本來就是从“稽”字的初文“秖”。

5.《說文·稽部》：“𥡴，𥡴𥠉而止也。从稽省咎聲，讀若皓。賈侍中說：稽、䅾、𥡴三字皆木名。”此字結構與“䅾”字同，也是从“稽”字初文“秖”，並不是从“稽”字之省。

通過論證可知，上引諸字除“禾”字外，都是由“稽”字的初文“秔”增益分化而來，這些字有些在早期可能只是異體的關係，後來才產生分化。其中“稽”字是累加的“旨”聲，“積”字是累加的“只”聲，“𥟍”字是累加的“句”聲，“穛”字是累加的“卓”聲，“穭”字是累加的“咎”聲。這裏有個現象值得注意，就是都是在會意字“秔”上累加聲符，按理所加聲符應該與“秔”字音同或音近。上邊說過“稽”字在見紐脂部，而“積”所从的聲符“只”在章紐支部，“𥟍”所从的聲符“句”在見紐侯部，“穛”所从的聲符“卓”在端紐藥部，“穭”所从的聲符“咎”在群紐幽部。這些字所从的聲符都是牙音見系字和舌音，兩者之間存在可以相通的關係。韻母有的可通，有的有些隔閡，這不排除因加聲符早晚的不同而產生的音變或其他因素的存在。

古音“尤”在匣紐之部，與在見紐侯部的“𥟍”字聲符“句”和在群紐幽部的“穭”字聲符“咎”音皆不遠，所以“稽”字初文由从“又”訛變為从“尤”，可能不僅僅是因為形近的原因，還有音的關係在內，就是說“稽”字初文由从“又”訛變為从“尤”，可能也是一種“變形音化”。

6. 字書中有“嵇”字，即嵇康之“嵇”，見於《廣韻》《集韻》等書，這個字應該是以“稽”字的初文“秔”為聲符的。

7.《字彙・言部》有字作䛴，謂“同啓”。古音啓在溪紐支部，頗疑這個字也是从“稽”字初文“秔”為聲符的。

第十三章　秦漢篆隸資料在古文字構形研究中的重要性

秦漢間的篆隸古文字資料，是研究古文字形體演變不可忽視的一個重要部分，以往在這一方面注意力不夠，是需要加以彌補的。從形體結構上看，秦漢時期的一些篆隸形體常常比小篆更接近于西周金文和戰國文字，其中一些字保存了較早的構形形態，對我們上溯文字的早期構造和糾正《說文》的一些錯誤說解，具有不可低估的作用。下面通過幾個字例來對一些文字的構形作些分析。

例 1　局

《說文》："局，促也。从口在尺下，復局之。一曰博，所以行棊。象形。"《說文》認為局字从尺从口，是象形字。可从尺从口怎麼就像局促形呢？段注解釋為："尺所以指斥規榘事也，口在尺下，三緘其口之意。"《說文》和段注的解釋都牽強附會、迂曲難通，歷來研究《說文》的人對局字的說解也都推闡《說文》的解釋而不得確解。

《說文解字詁林》丁福保按語謂："慧琳《音義》五十卷十五頁局注引《說文》：'促也，从口在尸下復句（案句宜作勹，《音義》一百卷下十一頁引作勹可證）之，一曰博局所以行棊，象形。'蓋古本如是，今二徐本尸誤作尺，復勹之勹誤作局，博下奪也字。"

又《說文解字疑疑》謂："故顧氏以二字皆隸魚模韻，但顧氏謂局當从句，非是。"

按丁福保引慧琳《音義》謂局字結構應為從口在尸下復勹之，雖然說字從"勹"失之，但謂字从尸則是正確的。又《疑疑》以不狂為狂，謂顧氏說局從句為"非是"，正好是非顛倒。局字不見於甲骨文和金文，但在秦漢文字中卻保留了較早的構形。睡虎地秦墓竹簡局字作：

《睡虎地》52・1

結構為从“尸”从“ ”，“ ”即“句”字，上部寫作“ ”，即慧琳《音義》誤為从“勹”之由來。漢印有字作：

《漢徵補》隸作“局”，列於尸部（八·五）；《篆表》將其釋為“局”，列於口部（二·一二），非常正確。由此我們可以知道局字的較早構形應是从“尸”从“句”，應是从“尸”“句”聲的形聲字。古音句在見紐侯部，局在群紐屋部，聲皆為牙音，韻為陰入對轉，故二字於音可通，局可以从“句”為聲。《說文》對局字的說解是錯誤的。

例2　脊

《說文》：“脊，背呂也。从𠂧从肉。”又“𠂧，背呂也，象脅肋也。”《說文》認為“脊”字為會意字，“脊”所从之“𠂧”是象形字，像背呂之形。

從小篆形體看，“𠂧”絕不像背呂形，古文字中也從未發現有“𠂧”字，《說文》的說解肯定不可靠。

按睡虎地秦簡脊字作：

 36·75

漢帛書、漢印作：

《縱橫家書》67　 《漢徵補》附錄一

字皆从肉从“ ”，“ ”即《說文》所謂象形的“𠂧”字。

西周金文責字作“ ”（旂作父戊鼎）“ ”（缶鼎），从“朿”从“貝”，是从“貝”“朿”聲的形聲字。責字發展到秦漢時期，上部所從的“朿”字常常寫得有些變形。如睡虎地秦簡責字作“ ”（25·41），漢帛書責字作“ ”（《老子》甲後 37），“ ”（《老子》甲 91）。从責的積字在睡虎地秦簡作“ ”（24·22），漢簡作“ ”（《孫臏》161），从責的漬字漢簡作“ ”，可知秦漢時朿字可以寫作“ ”。這與上揭秦漢時代的“脊”字上部寫作“ ”完全相同，於是我們可以知道“脊”字構形應為从“肉”从“朿”，即从肉朿聲的形聲字。古音朿在清紐錫部，脊在精紐錫部，聲紐皆為齒音，韻部相同，例可相通，故脊字可从“朿”得聲。典籍中从脊與从朿得聲的字常常可相通，如蹐字又作

“趚”，瘠又作“膌”，漬字又作脊、瘠、渍，脊字又作“逨”等，皆可為證。《釋名》：“脊，積也。” 因脊、積皆从朿得聲，故此脊字聲訓為積。

古璽文有字作：

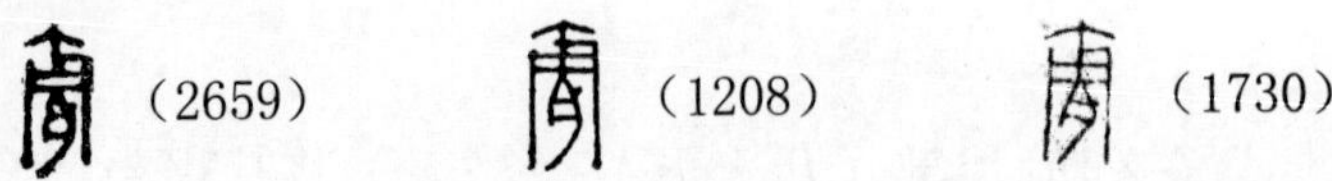

（2659） （1208） （1730）

林澐先生認為字从肉从朿，應隸作“脨”，十分正確。[①]按字从肉朿聲，就應釋為“脊”。又長沙帛書有字作：

丙八·三

字从肉从朿，朱德熙先生認為應隸作“脨”，釋為“瘠”。[②]按其說是，不過該字其實可以直接釋為“脊”。

又古璽有下揭一字：

（5569）

字與秦漢時“脊”字形體相同，如古璽此字確為“脊”字，則說明在戰國時朿字即可以變形寫成“[illegible]”形。

《說文》所列部首，有些並非真有其字，而是因為有些字之所从《說文》已搞不清楚，無法統屬，才將其單列出來作為部首，而在實際上文字系統中此形體並不存在。《說文》誤以从肉朿聲的脊字為會意字，又因脊字無法歸屬而將其上部單列為部首，就體現了這一體例和處理方法。由此我們可以知道並沒有“𠦝”這個字和偏旁，它只不過是“朿”字的變形。

按《說文》分析文字的體例，脊字應分析為“从肉朿聲”。

例 3 竊

《說文》：“竊，盜自中出曰竊。从穴从米，禼、廿皆聲也。廿，古文疾；禼，偰字也。”

《說文》對“竊”字的說解比較含混費解，對竊字从廿、禼的分析則更有問題。歷來治《說文》者大都對此字有過闡述，但都信口開河，不足為憑。而晚近的一些文字學著作，也都常常引用“竊”字作為一字具有兩個聲符的典型字例加

① 林澐《釋古璽中從朿的兩個字》，《古文字研究》第十九輯，中華書局 1992 年。
② 朱德熙《長沙帛書考釋（五篇）》，《朱德熙古文字論集》，中華書局 1995 年。

以論證。

漢帛書竊字作“”（《老子》乙前一二下）“”（《縱橫家書》五一），結構為从宀从米从萬。這是目前所見竊字的最早構形，應該代表了較早的構形形態。

《說文》：“卨，蟲也。从厹象形，讀與偰同，，古文卨。”先秦古文字中从未見“卨”及从“卨”之字。我們認為“卨”字應是萬字的訛體分化字，即是从萬字中經過訛變分化出的一個字，而聲還與原來所从出的字的讀音相近。這與“與”字本作“”，从“舁”“牙”聲，而後牙字經訛變分化出“与”字是同樣的情況。漢祝睦後碑竊字作“”，所从之“”即漢帛書竊字作“”所从“”形之變。漢孔彪碑竊字作“”，萬字已變為“卨”字，這與厲字本从萬，漢武榮碑作“”，而漢尹宙碑作“”；糲字本從厲，劉寬後碑作“”，而婁壽碑作“”，所从“萬”字也都變成與“卨”字形體很接近的“”、“”形如出一轍，可證萬字確可訛為“卨”。

古文字中宀旁和穴旁例可相通，許多字由宀旁演化成穴旁。漢簡竊字从宀不从穴，應該是早期的形態，而从穴則是後來演變成的。

至於小篆竊字从“廿”，則很可能是萬字所从之“”的訛變，這與離字漢帛書《老子》甲本寫作“”，而《老子》甲本後古佚書作“”，“艸”也訛變為“廿”是相同的演變。

通過以上的分析可以論定，卨字本是從萬字中分化出的一個字，即萬字經過形變分化出了與其讀音相近的“卨”字。甲骨文萬字作“”，本像蠍形，因語言中蠍字與萬字的讀音相近，故用蠍形假借記錄語言中“萬”這個詞。金文萬字作“”，加上一横飾筆，又作“”，累加上“”形飾筆，這與禹字作“——”，禽字作“——”是相同的繁化。萬的本字小篆作“”，訓為“毒蟲也”。後世又造形聲字作“蠍”。萬為蠍的初文，應有蠍的讀音。古音蠍在曉紐月部，萬在明母元部，聲為喉牙通轉，韻為嚴格的對轉關係。卨在心紐月部，與蠍字疊韻。卨字《說文》訓為“蟲”與萬字訓為“蟲”正相合。故可知萬字和卨字在“音”“義”上都有聯繫，這更證明了卨字乃是萬字分化字的推論。

總之，竊字本从“萬”，《說文》的說解是錯誤的。如按《說文》分析文字的體例，竊字應分析為“从宀从米萬聲。”

例 4　罡

《說文》：“鑩，酒器也。从金罡，象器形。罡，鑩或省金。”

對𧯠字的形義，歷來的文字學家都沒有解決，只能憑空猜測，徒費口舌。其實從秦漢篆隸材料看，𧯠字的形體演變非常清楚。

睡虎地秦簡鬭字作"□"（36·74），从門（鬥之訛）从斲，漢簡作"□"（《孫臏》101），或作"□"，从門从斲，或作"□"（《孫子》49）"□"（《孫臏》310）；帛書斲字作"□"（《老子》乙二一二下），漢簡作"□"（《天文雜占》一·四）"□"（《相馬經》十三上）。從上引諸从𧯠的字可以看出，𧯠其實可以分成兩部分，下部所从之"□""□""□"就是"豆"字，而上部之"□""□""□"乃卯字。即在豆字上累加的一個聲符。古音豆在定紐侯部，卯在明紐幽部，古音唇舌常可通轉，如典籍中苜、髦、杒、敀、鍪諸字都有明紐與定紐兩讀。從古文字來看，如匋从勹得聲就是唇舌二音相通的確證。古幽、侯例可通轉，故豆可加"卯"為聲。由此可知，"𧯠"字不過是"豆"字加聲符的異體，因為"卯""豆"兩個偏旁連寫，便出現了小篆"𧯠"這種形體。豆、𧯠本一字，後分化出加卯聲並連寫的𧯠字。豆𧯠音同，字書中鬭□、侸□、眡□、剅□、郖□、譈□、短□、鋀□，皆一字之異體，更可證豆、𧯠本一字。𧯠字後世俗書猶作"□"，上卯下豆，保存了較早的形態。

𧯠字《廣韻》《集韻》皆訓為"禮器"，與"豆"的功用正合。石經《毛詩》"酌以大𧯠，以祈黃耇"，今文作"斗"，《周禮》作"豆"。按豆與𧯠一字，"酌以大𧯠"即"酌以大豆"，或作"斗"乃假借。

又甲骨文有字作"□"，于省吾先生舊釋為"𧯠"，後《甲骨文字釋林》不收，看出于省吾先生已放棄此說。不過現在仍有一些人對此說深信不疑。其實從𧯠字的演變和產生的時代來看，甲骨文時代絕不會有"𧯠"字。

例5　冤

《說文》："冤，屈也。从兔从冖，兔在冖下不得走，益屈折也。"

《說文》認為冤是从冖从兔的會意字，說解迂曲難通。冤字如果本義果真是"屈"，則古人造字絕不會如此曲折費解。

冤字漢印文字作：

《漢徵》十·五

字从冖从□。□字既有可能是兔字，也有可能是免字。古文字免字作"□"（免簋）"□"（同上），像人戴有冠冕，當是冕字初文。睡虎地秦簡免字作"□"（23·17），漢帛書字作"□"（《老子》）"□"（《縱橫家書》），"冕"

形上部已出現"ㇸ"形飾筆。這一飾筆添加過程可與下揭諸字的演變相比較：

—— —— 　　矦

—— —— 　　角

—— ——（構擬）　　詹

在漢代文字中，免字與兔字已經開始混淆，免字也寫得很像兔字。漢印免字作：

《漢徵》十・五

兔字作：

《漢徵》十・五

當兩個字都獨立出現時，免與兔的區別是兔字突出兔的短尾形，在字的下部多出一筆表示，而在偏旁中卻可相混。如漢印逸字作：

《漢徵》十・五

所从之"兔"字就已與免字形同。上揭漢印兔字的最後一個形體作" "，沒有兔字應有的短尾形，這個形體就既可能是兔字，也可能是免字，而尤以是後者的可能性大。《漢徵》收有字作：

《漢徵》十二・五

《漢徵》隸作"閬"，以不識字列於門部。从兔从門的字不見於字書，由兔免二字形近易混且此字所从之"兔"不突出尾形這一點考慮，這個字無疑應釋為"闅"，闅字見於《五音篇海》。

那麼冤字所從之"兔"能否是"免"字之訛呢？我們認為這種可能性極大。一是因為《說文》說解"冤"字从兔的道理極為牽強，另外在漢代文字中，冤字似乎皆从免作，而從沒有明確的帶短尾形的兔字。在漢晉的碑文中，冤字也大都从免作，如校官碑冤字作" "，夏承碑作" "。漢簡覫作" "，所从冤字仍从“免”。漢簡婏字作“”（《孫子》131），還可看出从“免”，但下部已類化成加上二筆與兔字从的短尾形極近，又寫作“”（《孫子》133）“”（《孫子》134），所从免字已完全與兔字相混了。冤字既然本从免作，則其構形便極好解釋，冤字應該是“从冖免聲”的形聲字。古音免在明紐元部，冤在影紐元部，韻部相同，古音喉唇偶可通轉，从免為聲的鮸，一音為於袁切，又音模元切，即兼影、明二紐。《集韻》謂“鮸與鯇同”，可證冤、免音通。

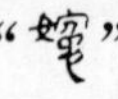

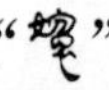

漢代始免、兔二字常常相亂，但二字在聲音上並不接近，這可以讓我們從聲音上對一些从免、从兔的字在構形上做出一些推論。《廣韻》《集韻》引鯇字作“鮸”，顯然是保存了從“免”這一早期構形。《說文》“鞔，履空也。從革免聲。”大徐本篆文作“”，顯然是將免字誤為从兔。

《說文》：“頫，低頭也。从頁逃省。太史卜書頫仰字如此，揚雄曰：人面頫。俛，頫或从人、免。”段注謂：“《匡謬正俗》引及小徐皆作俗頫字，篆體或改作俛，解作从人兔。以从兔聲而讀同俯為鱩。不知舊讀同兔。”按俛今作俯，篆體或从人从兔，並非後人所改，最初就應从兔。漢印俛字作：

以上三字皆明顯為“从人从兔”。可見很有可能俛字本从人从兔，即以兔為聲，所以音近於俯。後因兔免相混，遂誤从兔為从免，而又將錯就錯讀為免，“俛”的聲音與“免”“勉”相通。

《說文》兔部有字作娩，謂“娩，兔子也，娩，疾也。从女兔”。娩音芳萬切，應是從兔為聲，後兔誤為免，故娩又有匹附切，即因訛為从兔後音也隨之變化。字極可能本作“娩”字，字從女免聲，即分娩字。娩字訓生，故娩字又從生作嬔，訓為生。娩、娩本一字，後因專指兔生子，或因與兔混而改為从兔。

典籍中也有免、兔相亂之例。如《漢書·陳勝傳》贊曰：“免起阡陌之中。”如淳曰：“僻屈在阡陌之中。”師古曰：“免者，言免脫傜役也。”沈兼士謂“免起即兔起，語曰‘兔起鶻落’，言陳涉揭竿而起，如兔之突躍而出於阡陌之間也。”[①]按沈氏所言極是，免起即兔起。不過沈氏認為兔、免本一字而具二音，則大謬。二者不過是形近相混，本源還是兩個，絕不能混為一字。漢武梁祠畫像王陵母云：“臣伏劍死，以兔其子。”清人鈕樹玉《說文校錄》謂：“是以兔當勉。”按兔字應為免字之混，不應說是以兔當勉。

① 沈兼士《初期意符字的特性》，《沈兼士學術論文集》，中華書局 1986 年。

通過以上對冤字構形的分析，可以看出漢代免兔二字相混的程度。這對於下面我們認識毚字的構形具有同樣的意義。

《說文》："毚，狡兔也。兔之駿者，从㲋兔。"按《說文》對毚字的解說有問題，秦漢時代毚字作：

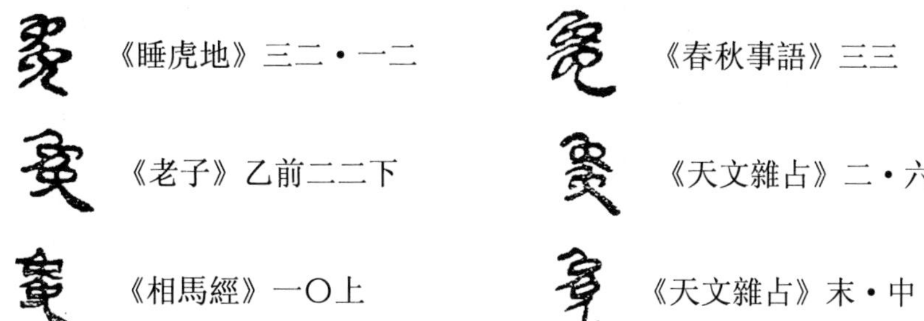

《睡虎地》三二・一二　《春秋事語》三三

《老子》乙前二二下　《天文雜占》二・六

《相馬經》一〇上　《天文雜占》末・中

可以看出所从絕無兔字突出的尾形，應是从"免"更為可信，即字本从二"免"相疊，小篆訛為从㲋从兔。古音免在明紐元部，毚在崇紐侵部。古音唇齒或可通轉，如菻、訬、系等字都有明、崇二音。《說文》謂訬"讀若毚"，而訬即兼有明、崇二紐，凡此皆可證"免""毚"於音可通。由此我們推測毚字本从二免，同時以免為聲，這與比从二匕、以匕為聲，友从二又、以又為聲，絲从二糸、以糸為聲情況類似。

例 6　夐

《說文》："夐，營求也。从旻人在穴。"（據段注本）《說文》對夐字的說解乃據後來訛變的形體立說，不足為憑。

睡虎地秦簡瓊字作：

43・202

讂字作：

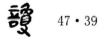

47・39

所从夐字上部从"角"，下部从"臼"从"又"作。漢印瓊字作：

《漢徵》一・五

此是將角字下部一筆與臼字上部一筆重合，臼字與角字一筆訛寫為"目"

字，“又”改換成“攴”旁，便成了小篆的結構。而從秦簡的構形看，應該比漢印更早地代表了早期形態。所以夐字的構形在小篆之前應是“从角从臼从又”。

秦漢間篆隸文字資料的重要，還在於這一時期正處於文字徹底打破整體結構，筆劃解體，符號化程度進一步加劇，以及文字類化增多和文字體系更趨於規整的階段，許多文字的訛誤現象可由此找尋到根源和契機，從此弄清楚一些訛誤的來龍去脈。下面舉兩個例子具體說明這一問題。

例 7　朋、侖

漢印文字中有字作：

《漢徵》九・八

《漢徵》釋為“崙”，列於山部。按漢印侖字作“”（淪所从，《漢徵》十一・七）、“”（掄所從，《漢徵》十二・八）、“”“”“”（綸所从，漢徵十三・四），皆从“亼”从“冊”，而“”字既不从“冊”又不从“亼”，顯然不能釋為“崙”字。“”字从山从，乃“朋”字。漢簡倗字作“”（《居延漢簡》二四五），漢帛書堋字作“”（《縱橫家書》一九九）可證。如此則“”字應釋為“崩”。《馬王堆・天文氣象雜占》崩字作“”，又《倉頡篇》崩字作“”，皆與漢印“”字形同，說明釋“”為“崩”不誤。崩字見於《說文》山部。

漢印又有字作：

《漢徵》八・四

《漢徵》釋為“倫”，列人部倫字下。按字从人从崩，應釋為“傰”。傰字見於《集韻》等書。

漢印中，侖字所从之“冊”，常常寫得與“朋”字形同。在漢隸中，从朋的崩和傰與侖字形體上也有些接近。如漢印从侖的綸字作“”“”（《漢徵》十三・四），所从侖字的“冊”字已經與朋字作“”形同，這便為“朋”“綸”二字的相亂創造了條件。致使《漢徵》誤將崩和傰釋為“崙”和“倫”。《史記・田敬仲完世家》記齊大臣有名段干朋者，《戰國策・齊策》作段干綸，這是朋字與侖、綸相混的例證。朋和綸只有一個是正確的，另一個則是訛誤所致。訛混的途徑不外兩條：一是可能崩訛為侖，又借綸為之，一是可能侖訛為崩，又借朋為之或脫寫山字。《後語》段干朋又作段干萌，則又是因朋、萌音近而假借為之。

例 8　烏焉成馬

“烏焉成馬”這一成語源於古諺，又寫成“書經三寫，烏焉成馬”。是指書籍經輾轉傳抄，易生訛誤，烏焉二字可能錯為馬字。何以烏焉二字能誤為馬字呢？這幾個字有無訛誤之可能，這一古諺大致產生於何時，這些都可通過漢代的篆隸資料得到解決。

下面將漢代文字中這幾個字的形體排比如下：

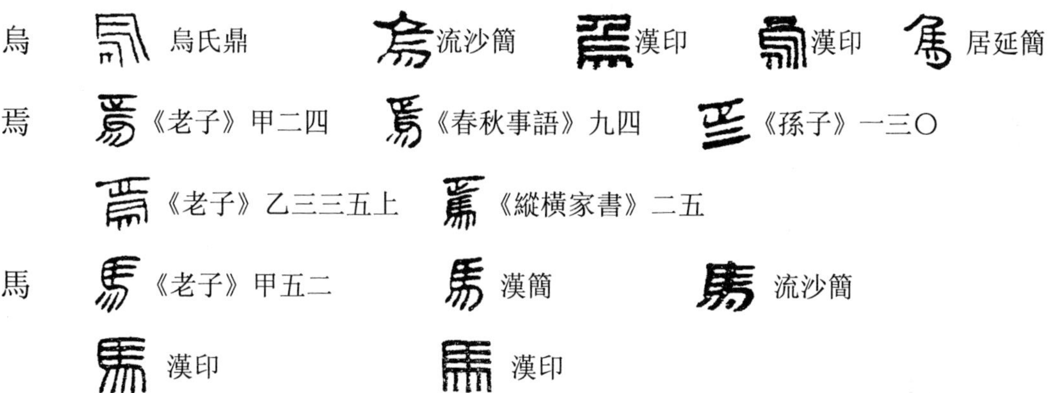

烏字最後一形形體下部已寫得與“馬”字極為接近，而焉字最後一個形體下部乾脆就寫成了“馬”。這是文字類化作用產生的結果。與烏字形體極近的“鳥”字在漢代也發生了類似的變化。如鳥字作：

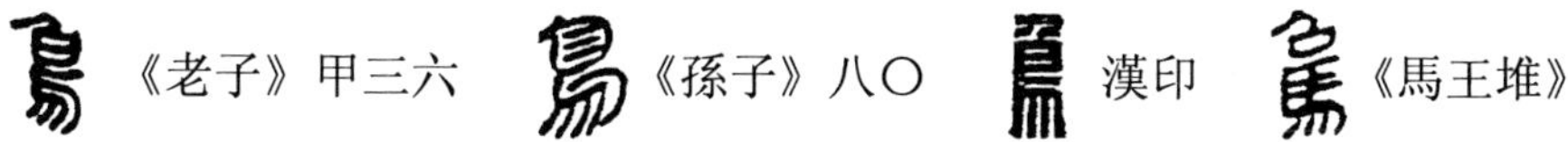

从鳥的字作：

《馬王堆》　《馬王堆》

鳥字最後一個形體和“鴣”“鷂”兩字所从鳥的下部都已寫成从“馬”，與“焉”“烏”的變化相同。

通過以上字形的比較可知：烏焉二字確有訛混為“馬”字的可能。“烏焉成馬”這一古諺絕非虛構，而是當時文字訛誤實際情況的比況。這一成語的產生，極有可能在隸書盛行的漢代。

第十四章　談古文字考釋方法

如何考釋古文字，換句話說，古文字是怎樣被科學地考釋出來的，這是古文字學界多年來面對的一個重要的理論問題。從漢代對用戰國文字書寫的“古文”典籍的整理開始，古文字考釋發展到今天，在世世代代學者的努力下，已經取得了極為豐富的成果。研究的廣度越拓越寬，研究的深度愈進愈遠，積累了許多理論和方法上的成功經驗。然而我們今天面對的現狀卻是：古文字考釋的成就與理論方法上的總結不太相稱，因而造成了在古文字的考釋上，長期存在著兩種截然相悖的方法的抗爭：一種方法是建立在科學的文字符號觀基礎上，堅持“以形為主”的基本原則的方法。這種方法是正確可行的；另一種方法則是把文字當作圖畫，採用“看圖識字”、“猜測想象”的手段，將古文字考釋引入歧途。由於這種“看圖識字”錯誤方法的易於掌握，使得一些初學古文字的人或古文字學界外的學者常常加以仿效。經常是臆說爭放，奇想競呈，將古文字考釋視同兒戲。致使許多不明真相的人或是被臆說奇想嚇倒，以為此中“高深莫測”，從此不敢接觸；或是看破個中“奧妙”，轉以為古文字考釋“不過如此”，從此將古文字考釋視為“射覆猜謎”。

任何學科的發展提高，都有賴於理論和方法上的總結。在幾次中國古文字研究會年會上，“怎樣考釋古文字”都被列為重點討論的問題。正像有些學者指出的那樣，[①]前人在古文字考釋上已經積累了許多成功經驗，而我們今天既要消化吸收前人這方面的成果，同時也要進行充實和提高。一些人對古文字形體缺乏深入細緻的研究，對前人的考釋成果良莠不分，對成功的經驗視而不見，片面地認為古文字考釋還沒有形成公認的理論和方法，這是非常錯誤的。造成一些人持有這種看法的原因，是因為這些人在認識上存在著偏差，同時也表明古文字學界在理論和方法的總結方面工作做得不夠。對於前人的成功經驗，許多學者早就在平時的研究中自覺或不自覺地加以運用和檢驗，但是往往缺乏理論和方法上的總結和概括，缺乏對古文字的構成演變規律的說明和闡述，這一點是大家都深刻認

① 趙誠《中國古文字研究會的第三屆年會》，《中國語文研究》第二期，香港中文大學 1981 年。

識到並亟待加以彌補的。

古文字考釋絕不像一些人想象的那樣“艱深”，也絕不像一些人所認為的那樣是“人皆可為”的“猜謎”，它是有方法可依，有規律可循的科學。只有對古文字形體的構成演變進行過深入研究的人，才具有考釋古文字的能力。我們需要對前人的成功經驗進行全面的清理，更需要從考釋古文字的最新、最高成果中總結歸納古文字考釋的新理論和新方法。切不可忽視這一基礎理論工作的重要性。古文字考釋的實踐會充實古文字考釋的理論和方法，而古文字考釋的理論和方法的總結，又會大大促進古文字考釋的實踐。這一工作要避免“小家不能”“大家不為”的局面。呼籲古文字學者齊來構築這一理論大廈的基石，使古文字考釋真正成為有完整系統的理論體系和嚴密科學的考釋方法的學科。

怎樣考釋古文字是個大題目，其含量絕非一章一文所能包容。下面只想就古文字考釋中在認識和方法上存在的一些問題，進行一些簡單的評價、分析和論述。就事論事，絕非針對一人一字。

一　科學的文字符號觀

世界上所有獨立起源的文字，即自源文字，其最初都來源於圖畫，這一點絕無例外。人們最早用圖畫表達簡單的意念，當這些圖畫經過以不按語序的“連環畫”形式表達一個語段，到表達語言中的一句話、一個個的詞，最後與語言緊密地結合起來並按語序逐詞記錄語言時，就成為真正意義上的文字。

文字來源於圖畫，但不等同於圖畫。必須注意區分嚴格意義上的文字與一般意義上的“文字”的差別。從廣義上講，一切表達概念的符號都可以稱之為“文字”，而嚴格說來，只有逐詞記錄語言的符號系統才能稱之為“文字”。我們以下談到的“文字”，都是指嚴格意義上的“文字”，而廣義上講的文字則稱之為“記號”。

文字的來源是一回事，文字的構成應用又是一回事，必須注意區別這兩個不同意義上的層次。漢字的大部分基本形體都來源於圖畫，但是一旦這些圖畫變成記錄語言的文字形體，它就再也不是圖畫，而是變成了“符號”。它本身的構成演變就不再是圖畫的構成演變，而只能是符號的構成演變。漢字來源於圖畫，又是保留這種來源痕跡較重的文字系統，於是便極易引起一些誤解。

1. 誤認為古文字相當於或類似於圖畫，從古文字的形體可以看出其所記錄的詞義。

從文字性質上將漢字看成是“象形字”的觀點早已被學術界所否定，但這一觀點在人們心目中的影響依然存在。有相當數量的人是把甲骨文當成圖畫看的，認為都是“視而可識，察而見義”的圖像。其實這是一個極大的誤會。我們不否認甲骨文形體的圖畫意味較為濃厚，但是從這些形體與其所記錄的語言的關係看，從這些形體在構造新字時所起的作用看，它們已經變成了一種“記號”。甲骨文已是一種高度發達的符號系統，去圖畫已久遠，需要具備特殊訓練的專家才能加以辨識分析，而絕非是什麼人都一看便“視而可識”的。不要說是外國人，就是認識漢字的中國人，如果沒有學過“六書”或古文字，就連甲骨文中最簡單的“Ψ”（牛）、“𦍌”（羊）、“二”（上）、“二”（下）都不認識。我們曾在一個有近三十人的大學本科班級中做過一次實驗，讓學生在一些最簡單的甲骨文字下寫上現代漢字，結果辨識率極低。這說明什麼呢？說明甲骨文實際上的“象形”程度非常低。從“視而可識”的要求衡量，真正的“象形”只能是用圖畫來表示，而嚴格意義上的文字功能，又是圖畫所承擔不了的。人們之所以產生古文字類似“圖畫”的認識，是因為許多辨識者認識後世漢字。當他知道“Ψ”即相當於後世之“牛”，“𦍌”即相當於後世之“羊”時，就會產生“越看越像”的感覺。如果辨識者不認識後世的漢字，也不知道某個古文字相當於後世的某個漢字，則就很難產生這種“像”的認識。這好比英語字母“A”最早是“牛頭”的象形字，如果人們不知道這一點，則絕對不會把“A”與“牛頭”聯繫到一起的。而當人們得知這一點時，即使“A”字形體已與“牛頭”形相去甚遠，也會使人覺得仍然可以看出些“牛頭”的影子。古人是怎樣認字的呢？是把甲骨文當作圖畫，去看這個字像什麼，那個字像什麼嗎？絕對不是。古人認字與現代人認字道理上是一樣的。既然是字，它就只能是一個“符號”，只要知道它的讀音，知道它代表語言中的哪個詞就行了。對於一般人來說，不需要去分析文字的具體構成，那是文字學家的事情。人們學習文字的方法和途徑，反過來證明了文字的構成演變只能是“符號”的構成演變，人們只是把“文字”當成一種純粹的“符號”去辨識應用的，古文字自然也不能例外。

2. 誤以為古文字都來源於圖畫，每個基本形體都是有形可像的。

我們說漢字來源於圖畫，是就文字的整體來說的，絕非是說漢字只有一個來源。比較文字學的成果表明，所有獨立起源的文字的來源也都不是純一的。古文字的基本形體絕大部分來源於圖畫，但也有一些形體來源於漢字產生前的記號。像“一”“二”“三”“亖”“X”“∧”“十”“八”“丨”“十”“ʅ”

“ㄹ”等等。這些形體並不能與客觀圖像劃上等號，只是人們最早為記數和表達某種最簡單的概念而創造的“硬性約定符號”。這如同今日用“√”表示正確，用“×”代表錯誤一樣。一些人總想在這些形體中猜測出其最早的“所像”，推測與形體所記錄的詞之間的“聯繫”，這都是徒勞無益的。另外古文字中還有許多抽象的符號，如“ㄐ”（丩）、“八”（小）、“二”（上）、“二”（下）一類，都不能確指所像為何物。這些形體並不像“形”，而是像“事”，完全沒有必要枉費心機去尋覓其最早的形體之“源”。

3. 誤以為漢字的產生非常早，以圖畫意味濃厚與否作為判斷一個形體是否是文字的標準。

文字的產生是與文明相伴隨的。為了延長文明的歷史，常常有一些人將文字的產生上溯得很早。近些年出現一些論證新石器時代陶器上的“刻劃記號”是“原始文字”的文章。如果把這些刻劃記號當作廣義上的“文字”，說它們具有表達某種“意念”的作用，其實也未嘗不可。但許多文章的結論顯然不只是這樣，而是進一步把它們當成嚴格意義的文字，並以此為依據，將漢字產生的歷史上推了幾千年。這些文章無例外地把新石器時代陶器上的各種幾何線條狀的刻劃與早期漢字等同起來，試圖將其與甲骨文進行比附，並對一些形體進行考釋，這是非常荒謬的。如果這些刻符記號是甲骨文的前身，那麼它們應該比甲骨文更具圖畫意味才對，為何都呈現簡單的幾何形狀呢？另一個最關鍵的問題是：所有這些刻劃記號，至今找不到一條哪怕是記錄語言中最簡單的句子的例證。這就很大程度上說明這些刻劃記號不可能是嚴格意義上的文字。如果它們不是嚴格意義上的“文字”，而只是廣義概念上的“記號”的話，那麼談論這些記號就失去了意義。因為從廣義上講，一切表達概念的符號，即所有記號，都可以稱之為“文字”，而文字來源於圖畫，從表達某種簡單的意念但並不記錄語言這個特點來說，新石器時代陶器上的刻劃記號與圖畫只有形式上的不同，而並無本質上的區別。如果談論嚴格意義的文字之前的“文字前身”，推測文字產生的歷史，那麼圖畫的產生遠比新石器時代陶器上的刻劃記號要早，卻為何不談論圖畫並以此推論文字產生的歷史呢？可見一些研究者始終是把廣義上的“文字”與嚴格意義上的“文字”搞混。這裏必須提醒注意的是：談論文字，談論文字的產生和歷史，一定要以嚴格意義上的文字為準，萬萬不能混淆這一差別。將新石器時代陶器上的刻劃記號與甲骨文進行比附考釋是不恰當的，以新石器時代陶器上的刻劃符號為早期漢字並以此推論漢字產生的歷史，則更是錯誤的。

在一些研究者頭腦中總存在一種認識，即認為一些非常象形的形體應是圖畫，而一些幾何線條狀的或是簡單化的圖形則應是文字。這是從形式出發而不顧事物本質產生的錯誤見解。判斷一個形體是不是文字，不應該看它是否象形，象形的程度如何，而是應該看它是否記錄語言。有些非常象形的形體可能是文字，相反一些非常抽象的圖形卻偏偏不是文字。在甲骨文中，有一些表示動物的字有時寫得很“象形”，但是我們不能因為它像“圖畫”，就無視它記錄語言的功能而否認它是嚴格意義的“文字”；相反在新石器時代的一些陶器中，有許多用非常簡練的幾何圖形畫成的動物形象或圖案，我們卻不能因為它們很“線條化”、很“抽象”就斷定它是“文字”。把新石器時代陶器上的刻劃記號當成“文字”的人，就是犯了以圖畫意味的濃厚與否來判斷一個形體是否是文字的錯誤。

大汶口文化陶器上的“陶符”，也被許多人當作與甲骨文有承繼關係的“文字”看待的，一些專家還對一些陶符進行了考釋。其實雖然這些“陶符”具有與甲骨文相近的形體結構，但在沒有得到這些“陶符”可用來記錄語言的證明之前，還是不能斷言它們就是“文字”。我們認為從這些陶符與良渚文化玉器上的圖形存在聯繫這一點考慮，它們很可能是用為某種祭祀儀式的具有宗教意味的“標識”或是代表某一部族的“圖騰”。

文字學理論上的認識正確與否，能否持有科學的文字符號觀，是直接關係到考釋古文字的成敗的關鍵。只有把文字當成一種純粹的“符號”看待，研究這種“符號”的構成和演變，才能把考釋古文字的基礎打好。

二　對待《說文解字》和“六書”的態度

《說文解字》是考釋古文字的鑰匙和門徑。在保存下來的所有字書中，只有《說文解字》保留著最多的古形古義。書中的“古文”“籀文”是考釋古文字最好的對比材料自不必說，就連“小篆”，也是距先秦古文字較近的字形。可以說“小篆”是連接先秦古文字與後世已識字之間的“過渡環節”。另外《說文》分析文字的方法，即“六書”的分類，也是考釋古文字的基本法則和手段。對待《說文》的態度，學術界歷來有一個極端，即對於《說文》的過於迷信。這是不正確的。從學術界的狀況看，至今對《說文》過於迷信的人仍然大量存在。這些人總認為《說文》“無一字無根源”，和“無一句無來歷”，不加分析，不加辨別地利用《說文》說明論證各種問題。其實《說文》產生於漢代，它所記錄的文字和詞彙，大體上體現的是漢代的語言文字狀況。雖然許慎的宗旨是為了探求

“本形本義”，但是由於時代的局限，文字到了小篆不可能再呈現最初或較早的面貌，許慎也無條件看到古文字資料，所以《說文》對許多字的分析說解，今天看來都是錯誤的。以我們今天的文字學理論水平和大量的古文字資料作為參證，如果作所謂的“本形本義”的探求或分析文字形體，顯然要比許慎具有更為有利的條件，得出的結論也自然要比《說文》準確。可是在古文字資料和《說文》的說解面前，許多人總是本末倒置地相信《說文》，卻不相信古文字。像章太炎那樣學問淵博的人，居然也犯這種錯誤。其實前人早就意識到先秦古文字要比《說文》的“小篆”更古，而倡導用古文字校正《說文》，相反今天卻有許多人抱住《說文》的許多錯誤說解不放手，這實在讓人不解。從釋義上說，《說文》對一些字的訓釋都是秦漢時期通行的一些引申義或假借義；從字形上說，《說文》依據的是久經訛變的“小篆”，以此來探“形之本源”，窺“字之原始”，其解釋自然會錯誤百出。從今天對古文字的掌握程度看，毫不誇張地說，凡是古文字中有的而《說文》對其形體進行過解說的字，十之八九是有問題的。從字形比較的角度來說，許多漢隸的材料倒是比“小篆”更為“近古”。那麼我們怎麼能只據《說文》對小篆的解釋進行研究，而不顧更真實準確的古文字呢？事實已經表明，圍繞《說文》進行的所有研究，如果不利用先秦古文字的資料和成果，都將是毫無前途的。那種不利用、不研究古文字，而手捧一部《說文》便進行隨意“形訓”的作法，是絲毫不足取的。

“六書”本為教習學童的一些常用字，後被演繹成文字構形的分類，是漢代產生的人們對於漢字基本類型的認識。“六書”理論是漢代人對文字學的一大貢獻，它對於深入分析文字，考察文字的構成成分和結構方式，具有極重要的作用，具有非常深遠的影響力。傳統的文字學實際上可以稱作“六書學”。然而“六書”產生於漢代，而漢代去古已遠，不能充分佔有文字材料，尤其對早期的文字構形瞭解得不夠，所以這種分類不可能臻於完美。從漢代看商周，不見得比從現代看商周清楚多少。從今天古文字的研究水平衡量，“六書”存在著許多問題，歸納起來大體有以下幾點：

1. “六書”乃經眾人演繹而成，理論不嚴密，包括漢代人對“六書”的一些問題也解釋不清楚。

2. “六書”的分類不甚科學，許慎所舉例字也不夠恰當。

3. “六書”不足以概括所有漢字的構成方式。

從“六書”產生的過程看，“六書”乃經眾人不斷加工而成。本來在名稱順序上還有差別，經許慎的整理方有解說。漢代人缺乏科學的文字符號觀和先秦古文字資料的參考，對文字所作的分類顯然不會全面。許慎對“六書”的具體說解今天看來個別地方有些模糊不清，可以說明許慎本人對一些問題也沒有研究透徹。“六書”之數有湊成之嫌；“六書”對“象形”“指事”“會意”的界劃不太清晰，易生混淆；以獨體合體區分“象形”“會意”更不科學。“轉注”到底為何已難以稽考。所舉會意字字例“武”“信”二字極不恰當。從古文字實際情況看，這種會合兩個偏旁字義而成的“會意”字在古文字中極為少見。且“武”“信”本身一為“會意”字，一為“形聲”字。說“六書”不足以概括所有漢字的構成方式，是因為漢字有一部分是來源自“記號”的“符號”，本身無法解說。漢字在發展過程中有許多贅加的“飾筆”和“區別符號”，“六書”無法解釋這一部分內容。古文字中有一些字並沒有獨立的形體來源，而是截取其他形體為己所用，是純表音的“符號”，古文字中還存在一些“雙聲字”等等，這些都是“六書”所無法涵蓋的。“六書”產生以來，即開始了無窮盡的研究，歷代治小學者皆以研究《說文》為要務。各種分類愈分愈細，正例變例，煩瑣龐雜，大都逃不出“六書”的樊籬。直到唐蘭先生才結合考釋古文字的實踐提出了“三書說”。“三書說”已比“六書”前進了一大步，但也存在一些問題，陳夢家先生曾有所修正。①後來林澐先生和裘錫圭先生分別對“三書說”進行了補充，提出了新的分類。②他們所立的名稱雖然有些不同，但可看出其主體思想是一致的。這是目前對漢字構成方式最為完善的劃分，比“六書”更為科學。多年的研究結果表明，不結合古文字的研究，不跳出“六書”的圈子，而圍著“六書”繞來繞去，分來分去，是缺乏意義的。像轉注一說，其實最初對其界劃就不一定非常清楚，害得歷代人為此絞盡腦汁，論著盈千累萬，結果還是一筆糊塗賬。像這樣的研究實在沒有太大的價值。當然，“六書”分析文字的方法我們還必須繼承，在一些名稱上也還可以一仍其舊，但在思考問題時，在論證方法上，千萬不可受“六書”的束縛而作繭自縛。

三 以“形”為主的考釋原則

考釋古文字的一條根本原則，就是以形為主，從字形出發。文字都具有形、音、義三部分，但辨識一個字的過程，只能是由形至音，由音到義的過程。形是

① 陳夢家《殷虛卜辭綜述》，科學出版社 1956 年。
② 林澐《古文字研究簡論》，吉林大學出版社 1986 年；裘錫圭《文字學概要》，商務印書館 1988 年。

第一位，是先決條件，只有先解決了形，才能談到音義。形的解釋對了，問題就算解決了一大半，而形的解釋錯了，音、義的解釋便不可能對。古文字考釋是指將未識的古文字與已識的後世文字相比較，找出兩者間的聯繫。考釋古文字的過程，也就是字形比較的過程。古文字中的許多字我們現在能夠認識，就是通過字形比較，找到了與已識字的聯繫。古文字中一些至今未能認識的字之所以不能辨識的原因，就是因為找不到與後世已識字的聯繫。一是可能有些字在發展過程中成了死文字，沒有能夠延續下來，一是可能字形的比較工作做得還不夠，或是缺乏中間過渡形態字形的材料。

我們說一個古文字相當於後世的什麼字，不是靠對某一個古文字字形的“圖像”或“圖像”所蘊涵的“意義”的推測，來與後世的某個已識字的字義相比附得出的結論，而是靠字形的分析比較，找出未識字與已識字在字形上的發展演變軌跡，證明從未識字發展到已識字在形體上的延續過程後得出的。我們說甲骨文的“自”字相當於後世的“自”字，說甲骨文的“人”字相當於後世的“人”字，並不是因為甲骨文的“自”“人”分別像“鼻子”和“人形”，正好與後世的“自”“人”兩字有“鼻子”和“人”的義項相合，於是才考定甲骨文的“自”“人”就是後世的“自”“人”二字，而是因為甲骨文的“自”“人”在形體上與後世的“自”“人”相聯繫，甲骨文的“自”“人”經過可證明的字形演變就發展成為後世的“自”和“人”。這個道理其實很簡單，可一些考釋古文字的研究者偏偏總在這一點上犯錯誤。遇到一個古文字，不是試圖從字形上，從每一筆的演變上尋找與後世已識字的聯繫，而總是試圖從古文字的圖像上看出像什麼來，並以此為線索在後世的已識字中尋找與其相適應的文字字義，這是極其錯誤的方法。例如甲骨文的“大”字，是像一個正面站立的大人形，我們如何認識它是“大”字的呢？是從這個站立的圖形上看出了“大”的意思嗎？不是。是因為甲骨文“大”字與後世已識字的“大”字在字形上有著承繼關係。假如我們不認識甲骨文的“大”字，而從圖像入手，能看出什麼呢？看到的是一個人形，但這個人形並不表示“人”這一概念，而是表示“大”這個概念。這個“大”的概念從站立的人形上是絕對看不出來的。從這個最簡單的字的辨識過程清楚地告訴我們：古文字不是看圖像看出來的，而是字形分析比較出來的。

漢字從甲骨文發展到小篆隸楷，中間雖然經過許多字形上的變化，但就總體來說，漢字還只是一個系統，是一個延續不斷、聯繫緊密的系統。我們說一個古文字相當於後世什麼字，就需要在字形上找到未識字與已識字間的字形聯繫，用已有的構形規律解釋字形演變上的各種變化，證明由未識字發展到已識字字形上的演變經過。有一些研究古文字的學者，經常隨便地把一個古文字說成是後世的什麼字，可是卻找不出這個古文字字形與其認定的後世的那個字在字形上的聯繫，也不論證字形的演變過程便輕易下結論，似乎認為漢字的發展是可以割裂的，一個字是可以隨便此時這樣寫，彼時又那樣寫，可以任意改變構形結構而不存在延續關係的。我們承認古文字中有這種現象，即一個字本為象形字或會意字，後來出現另構的異文，或是變成了形聲字及其他相類似的改變結構的變化。但是必須切記，這種現象在漢字的演變中是不多見的，而且需要有中間過渡環節的證明。我們今天之所以能基本通讀甲骨文，大體上認識甲骨文，就是因為甲骨文發展到今天的文字，在構形上是保持相對穩定的，其間的字形聯繫是連綿不斷的。如果甲骨文字與今天的漢字在構形上大部分都不相同，我們就不可能對甲骨文認識到今天這個程度。

古文字的構形方式非常複雜，研究它的唯一方法就是從字形出發。而用"看圖識字"的方法考釋古文字，從理論上講是錯誤的，從實踐上講是行不通的。因為古文字構形方式中以下一些原因，是運用這一方法的最大的障礙。

1. 古文字中的一些形體來自"硬性約定符號"，本無形可像，如"一""二""三""四""五""六""七""八""十""甲""乙""己"等等，如試圖從這些形體上看出"像什麼"並與這些字的字義相聯繫，則純屬荒誕不經。

2. 古文字不是圖畫，即使是象形意味較為濃厚的甲骨文，也已是高度符號化的"符號"，其線條化和簡化已高度發達，許多字已不知道初形的狀態，面對如此"符號化"的形體"看圖識字"，極易"失之毫釐"便"謬以千里"。例如"易"字被一些古文字研究者猜想為各種形象，而德鼎的"易"字一出現，人們才恍然大悟，其形原來是由另一個形體截取而來，否則通過"看圖識字"是萬萬想不到的。

3. 古文字中一些字的字義與其形體所像之形並不相等，有些形體並不象形，而是像"事"，即所謂"形拘而義通，體實而指虛"者，如"大"字一類，形體是人形，但字義卻是人形所體現之"事"，這些"事"通過形體是不易看出來的。

4. 古文字中的一些象形字和會意字，其所像之形與字義有"廣""狹"的區別。如"果"字像樹上結有果實，"須"字像人臉頰上長須。如果不知道字義只等於字形所像的一部分，則一定會把果字釋為"樹"一類的字，把"須"釋為"首"一類的字。

5. 古文字中許多字如果從其形象所表示的動作著眼去推論相當於後世的什

麼字，會有許多同義或義近的字可供選擇而產生多種可能性。如古文字中的毓字像母親產子形，假如我們不從形體比較出發，而從字形所體現出的圖像去推測，未嘗不可以把它釋為“生”“產”“娩”等字。我們之所以釋其為“毓”而不釋為“生”“產”“娩”，就是因為這個字形與後世的“毓”字有著承繼關係而與“生”“產”“娩”等字不存在關係。一個形體經常可以從許多角度去考慮其所像之形和所會之意。這裏我們可以舉一個通俗的例子。假設有一個古文字形體我們不認識，字形所像是一隻手拿著一頂帽子，推測其構形與字義的關係大致有以下幾種可能：字義指所持之物，字可釋為“帽”字；字義指拿帽子這一動作，字可釋為“拿”“持”等字；字義指拿帽子的目的，字可釋為“戴”；字義指拿帽子的原因，字可釋為“摘”“脫”等字。由此可見可供選擇的可能性太多，根本無一嚴格的原則，所以說這種方法是不科學的。那麼唯一正確的方法就是看手持帽子這一形體與後世已識字中哪個字在字形上有聯繫。一個會意字如果僅從形體上看去推測字義，不光會產生眾多的歧義，甚至會產生正好相悖的解釋。例如莫字像日沒草中形，假如我們還不認識“莫”字而僅從形體上去“看圖”猜測，那麼認為字像日初出草萊之形而釋其為“旦”字又有何不可呢？之所以釋其為“莫”而不釋為“朝”“旦”一類字，也還是因為古文字“莫”這一形體與後世的莫字在形體上相聯繫而與“朝”“旦”等字沒有形體上的關係。

6. 古文字中有許多飾筆、連線、區別符號等等，是無形可像的“符號”，與字音字義皆無關係，如從形體所體現出的“圖像”去推測，則會把這些“符號”當作“圖畫”看，並把這些“符號”當作文字構形的一部分而加以解釋，這就離事實更遠了。

7. 古文字中一些形體是借助表示另一個概念的字的形體來作為自己的符號的，就是說，一些字的形體只有“表音”的作用而與字義無關。試圖猜測某個形體所像之形或所會之意與字義相比附，就只能是牽強附會。甲、乙、丙、丁、戊、己、庚、辛、壬、癸等天干字，子、丑、寅、卯、辰、巳、午、未、申、酉、戌、亥等地支字，東、西、南、北等方位字，許多記錄虛詞的字，都只是一個記音符號，字形與字義沒有任何關係。試圖從這些字形中看出與字義的聯繫，只能是“胡說”。“風”字借鳳鳥之形表示，“我”字借兵器之形表示，這時的“風”和“我”形體只是一個記音符號，試圖說明“風”和鳳鳥或“我”和兵器的聯繫，必定會徒勞無益。古文字中這種字形只起記音符號作用的字很多，都是用“看圖識字”的方法所不能解釋的。

8. 古文字中有一些字本身並無獨立起源的形，而是截取某一個字的一部分來作為自己的記音符號。于乃竽之省，牙分化出与，圅截取一部分分化出“马”，府分化出負等等。就于、与、马、負等字來說，它們的形只是另一個字的形的一部分，當從“母字”中分化出來作為記音符號使用時，其形體與其字義已無絲毫的關係，其形體也沒有所謂“本形”及本形表示出的“本義”。古文字中一些字在發展過程中分化出一些新字，像壺分化出壹、巳分化出已、聿分化出𦘒、母分化出毋、眹分化出睪皋臭三字。就壹、已、𦘒、毋、睪、皋、臭等字來說，它們的形體只是一個純粹的記音符號而與字義毫無關係，試圖找出這些字字形與字義的聯繫，絕對會徒勞無功。

不可否認古文字字形中保存有一些與字義相關的“信息”，可以在斷定字形相當於後世的什麼字後，對理解字義做出一些提示。如古文字“休”像人在樹下休息形。樹下有陰，可以乘涼，而休字古訓為“癊”，休的古文字字形正好為我們理解休有“癊”義起了提示作用。又如古文字虣字（即“暴虎憑河”的暴的本字）本像兩手持戈搏虎形。古代以為“暴虎”即“徒手搏虎”，古文字字形可以糾正典籍對“暴虎”的誤解。實際情況可能是“暴虎”並非一定指“徒手”，而是可以手持武器的。[①]在古文字考釋中，這種字形對字義的提示作用雖然不能一概否定，但是必須清楚：這種字形對字義的提示是非常有限和微弱的，有大量的文字是不能用這種方法進行考釋的。許多初形不明或後代已發生訛變的形體則更不能隨便用這種方法加以解釋。而且必須記住的一點是，這種方法只有在據形體分析確定了一個字相當於後世的什麼字後，方能起到一定的作用。

有時一個古文字從形體上找不到與後世形體的聯繫，但從辭例上可以確定它相當於後世的什麼字。如甲骨文“㞢”字，從辭例上知道它相當於後世的“又”字；中山器的“[古文字]”字，從辭例上看只能是“百”字。但是這樣的例子在古文字中很少見，這只有在特殊語境中才能起絕對的作用。這些從辭例上卡死的字確定後，反過來又促進了我們對這些字形的理解。如“㞢”字可能為“牛”字的截取記音字，[②]而“[古文字]”為“白”的加飾筆繁化字。[③]但是有些字雖然從辭例上大致可以卡死，在字形上卻仍然不可解釋。如毛公𢉩鼎言“毋敢[古文字]于酒”，與《尚書·酒誥》“罔敢湎于酒”同辭，但鼎文湎字不从面，倒似从㬎，這個字到底相當於後世的什麼字還是不能確定。古文字中有許多字我們還不認識，但從辭例上可以推測出大概意思，即語境為我們劃出了一個大概的語義場，這對理解語句很

---

① 裘錫圭《文字學概要》，商務印書館 1988 年。

② 黃錫全《甲骨文“㞢”字試探》，《古文字研究》第六輯，中華書局 1981 年。

③ 湯餘惠《關於[古文字]字的再探討》，《古文字研究》第十七輯，中華書局 1989 年。

有幫助，但卻仍然不能對考釋這個字到底相當於後世的什麼字起絕對作用。常見一些古文字研究者片面誇大語境對文字的限定作用，尤其在比較意義相同或相近的辭例時，常將一些詞義並不相同甚至可能相反的字輕易說成是一個字，這是極不嚴謹的。

以漢字為象形字，並以“看圖識字”的方法考釋古文字，是一些研究文字的人易犯的錯誤。有些人不僅把早已符號化的甲骨文當“畫”來看，對戰國文字考釋居然也採取這一方法。更有甚者，從“小篆”便能直接看出“像這像那”，真是不可思議。

用“看圖識字”的方法考釋古文字之人的一個突出特點，就是過多地把古文字都當成會意字來看，當成一個個如畫的圖像來看，於是从“辛”的字便都成了奴隸，从“人”的字便都是吃人，从“貝”的字便都是“貨幣”，从“口”的字一會是鈴鐺、一會是鞋子、一會是器皿、一會是車輪。馳騁想象，無所不至，全然不顧古文字中存在的大量的形聲字，全然不顧這些字所從的偏旁其中有的應是聲符或類符的可能，全然不顧一個構形成分在不同的組合形體中應有其不同的作用，也不考慮古文字構形有些屬於飾筆、連線、區別符號的範疇，根本無形可像。古文字中的形聲字或半形聲字實際上遠比一些人想象的要多。把大量的形聲字或半形聲字當作會意字，是目前古文字研究中的一個突出問題。如“昔”字以往多盲從葉玉森的會意說，其實“昔”應是从“日”“災”聲的形聲字。[①]而不瞭解一些將義符和聲符寫到一起的形聲字，就會誤以為从“人”“厶”聲的“允”字像人點首允諾形，誤以从“子”“糸”聲的“孫”字會是子孫連綿不絕之意，誤以从“介”聲的“乍”字像縫衣之形。不知道古文字中一些偏旁有音義的兩重作用，就會誤以“从舟，舟亦聲”的“受”字為从“盤”字會意，从“貝，貝亦聲”的“賓”字為添加的義符。不清楚古文字的文字形體一經確立，就絕少再增加“形符”，而是累增“類符”，就會誤以从“宮”聲的“寮”字所从像竈坑形。

在古文字考釋中歷來有一種傾向，就是有些研究者熱衷於對一個字“本形本義”的探求。在這些人的心目中，總認為一個字的本義是由它的形體決定的，或者反過來說，一個字的形體就體現了這個字的本義。其實這個認識是非常片面的。我們不反對在一個字的形音義都得到正確的落實後，對一個字的初形進行一些追尋。但是我們前邊說過，各種原因決定了這種追尋本形的難以進行和易生誤差。即使追尋到了本形，本形與本義也並不一定等同。如古文字“生”字像地上

① 劉釗《釋甲骨文耤、羲、蠹、敖、𢦏諸字》，《吉林大學學報》1990年第2期。

生出一株草形，“大”像一個成人正面站立之形，能夠說“生”的本義是“草生長”，“大”的本義是“大人”嗎？不能。因為古人用草生長的形象代表“生”這一概念，用成人站立的形象代表“大”這一概念，只是用一個具體的物象來代表一個寬泛的概念，即陳澧所謂“文義不專屬一物，而字形則畫一物”。古人用“生”表示“生長”“生育”“活著”等一切“生”的概念，用“大”表示“大風”“大雨”“大牢”等一切“大”的意思。這裏並不存在“本義”“引申義”的差別，古人在這些字上凝聚的語義本來就比較寬泛。《說文》解釋字形也大都只是解釋其形體所像，並非是指“本義”所言，而後人往往在這一點上產生誤解。這種誤以本形為本義的錯誤一定程度地影響著訓詁學界，使得一些所謂“形訓”的研究遠遠不合古人造字之旨。

古文字考釋中還有一個應該提及的特點就是在分析字形時，總有一些研究者喜歡用民族學的材料來加以論證。我們並不認為這種方法絕對不能使用，但是比較來說，這種方法的確不太適宜於字形分析。試想世界各地有無數不同時代、不同地域的民族，有數不清的或相同或相近或相反的風俗習尚，如果隨便拿來一個民族的材料“為我所用”，則不管什麼奇怪的東西和風俗習慣，都可以在民族學材料中找到影子，用這種方法來分析“文字”，是非常危險的。

考釋古文字的基本任務，就是要從字形上證明未識字和已識字之間的聯繫，說明由未識字發展到已識字在字形上的演變過程。這裏所謂的“形”，絕非“圖形”之形，而是“符號”意義上的“形”。考釋古文字時，要儘量少去猜測字形“像什麼”，儘量不要把字形與後世的字形隨便地直接掛鈎，也不要在字形考釋落實後，牽強地為一個字形找尋到一個“本字”。甲骨文的“秋”字經唐蘭先生考釋我們已經認識，甲骨文辭句也能讀通，這是字形分析比較出來的，但“秋”字像什麼呢？我們至今不能落實它到底像什麼。[①]可這並不妨礙我們認識它，知道它就是後世的“秋”字，知道它的讀音和字義。秋字的考釋清楚地表明：古文字考釋是形體分析的過程，不是“看圖識字”式的猜測想象。

四　古文字發展演變的動態眼光

文字是記錄語言的符號，既隨著語言的變化而變化，同時自身也受各方面的

① 對“秋”字字形的推論，以郭若愚先生所論較為令人信服，見其《釋“秋”》，《上海師院學報》1979年第2期。

影響在發生變動。語言的變化促使了文字的分化和合併，社會的需求使文字越來越趨於簡省，符號化和類化的作用使文字易發生各種訛變。書寫工具的更易，不斷改變著文字的體勢，又反過來影響著文字的結構。每一個文字的歷史，都是經過許多變化的歷史。考釋古文字，就應以動態的眼光來看待文字，分析文字，只有這樣才能掌握文字發展的軌跡和脈絡，瞭解每個字演變的全過程。一些人在論證文字時，常常不考慮文字的這種"可變性"，不追索文字的演變歷史，不考究文字的早期形態，任意據後世的形體加以闡發和解說。豈不想其據以立論的字形，其實是經過許多變化後的晚出形態，已不足以說明文字構形的初始狀況，故得出的結論自然也就不會正確。《說文》的最大缺陷，就在於用晚出的小篆字形來闡釋文字的早期結構，結果難免出現許多錯誤。我們今天能看到比《說文》時代多得多的古文字材料，追尋每個字的最早構形，理清每個字的發展歷史，就成了我們必須做的工作。在這樣的條件下還不承認古文字早於《說文》的真正價值而仍死守《說文》妄下猜測，可以說是極不明智的。

文字是約定俗成的"符號"，每個時代的"文字"，都有著適應這個時代語言的相應形態。如果從構形的角度去考察，雖然大部分的古文字的演變歷史只是筆勢上的改變，而結構上並無質的更動，但是也有一些古文字受文字發展中某個規律的影響而發生結構上的變化，呈現出階段性的差異。如"良"字本為象形字或會意字，"喪"字本从"桑"字加口區別分化而來，但在西周金文以後，都經過對形體的部分改動而變為从"亡"得聲。這種"變形音化"的現象，就是受了古文字發展過程中"音化"這一趨勢的影響。《說文》認為"良""喪"二字皆从"亡"聲，如果從甲骨文字來看，其早期並不从"亡"聲，以"亡"為聲是從西周金文開始的。用《說文》探求"本形本義"的宗旨來衡量，《說文》的說解並不對，但是如果從漢代"良""喪"二字的實際構形來看，《說文》的說解又是正確的，因為《說文》解釋的"小篆"，就是"良""喪"二字演變為从"亡"聲後的字體。所以說解一個文字，不能用"六書"的框架將其框死，而應該描述出每一個字的演變過程。

圖畫一旦被用來記錄語言成為文字，隨即就變成了一種純粹的"符號"，它的構成變化也就是"符號"的構成變化。一些人受古文字中"義符"的影響，總愛把古文字看成是"表意"的文字。其實所謂"義符"，只是在語言從一個語根分化出眾多的詞時，體現在文字上加"義符"起區別分化的作用。如甲骨文"又"字有"又""有""祐""佑"等義項。當語言中的同音詞太多，文字需要更精密時，就从"又"字加"義符"（或稱"類符"）分化出了"有""祐"

“佑”，以分擔原來“又”字過多的意義。從這個分化的意義上說，追加的“肉”“示”“人”都只是一種“區別符號”，並不具體表義。人們在辨識閱讀這些字時，也只是將“有”“祐”“佑”當作一個整體的符號來看，並不去分析所从哪一部分是“義符”，哪一部分是“音符”，而是以一個形體與另一個形體在整個字形上的差異來區別不同的字的。當然我們在研究分析文字時，仍然用“義符”“聲符”這樣的概念，但是從文字當時的實際使用看，人們顯然是把每一個字都當成一個整體的“符號”去加以辨識運用的。這如同原來的“肉”“月”兩個偏旁經隸變後都寫作“月”，我們今天一般人已不知哪個字从“肉”，哪個字从“月”，但作為一個整體“符號”，絲毫也不影響人們的辨識和運用。

古文字在發展過程中，常常在形體上贅加一種與字音字義都無關的筆劃，古文字學界一般稱之為“繁飾”“飾筆”“贅筆”“裝飾筆劃”“羨劃”等等。這種追加裝飾筆劃的原因是因為文字是“符號”，因而受了“符號”的“裝飾化”規律的影響。例如古文字常在一横筆上加一小横飾筆，像“示”字、“帝”字等；古文字常在一豎筆上加一小點飾筆，小點又逐漸拉長為一横，如“壬”字、“十” 字等；古文字常在一豎筆的兩側加兩點對稱的飾筆，如“余”字、“必”字等等。飾筆在古文字中有多種形態，每個時期所加的飾筆又有不同。不瞭解這一點而把這些飾筆當作構形的“實體”加以解說，自然是行不通的。像“必”字《說文》認為从“八”，其實所謂“八”是由兩點飾筆變來的，變从“八”並與“必”音近則純屬巧合。古文字中還有一些基本形體經常被當作與字音字義無關的“羨符”使用，像“高”字、“商”字、“周”字所从之“口”就是如此。古文字中的一些字在發展演變中可以加“口”旁為繁化，“口”只是一個無義的裝飾。這一點在戰國文字中表現得尤為突出，許多字都可以加“口”作為繁化的手段。古文字有時所加的“飾筆”或“羨符”是隨所加之形體的不同而有多寡之別，如古文字中一些呈封閉狀線條的形體，經常可在中間添加飾筆，常常是有幾個空就加幾個點。如“黑”字上部寫成从横置的“日”字時，因有兩個空便加兩個點，而當上部訛為从“田”時，因有四個空便加四個點。區別符號也是如此，如喪字為桑字的加“口”區別分化字，即在桑字上加口為區別符號，沿用桑字的讀音來記錄語言中“喪”的詞義，所加之“口”並不是一個，而是在桑樹形的枝杈間的每個空隙都加上一個“口”。這種“乘隙加點”的辦法，顯然是出於“符號”的裝飾化心理。古文字中加“飾筆”的字常常加上一横飾筆，又在一横飾筆上加上一個小彎飾筆，後一豎筆變得彎曲，就出現了“内”這一形體。如“萬”“禽”“禹”“禺”等字所从的“内”，就都是由飾筆發展來的。

古文字為了孳乳分化，常常使用一些區別符號。這些區別符號有的是一些簡單的點劃，有的是已有的基本形體。如“八”形是個區別符號，從豕分化出豢，從向分化出尚，從酉分化出酋，都是在原字上加“八”形分化出來的。“一”形是個區別符號，從不分化出丕，從人分化出千，從矢分化出寅，都是在原字上加 “一”形分化出來的。“口”字是個區別符號，從刀分化出召，從丂分化出可，從門分化出問，從魚分化出魯，從牛分化出告，從又分化出右，從尹分化出君，從厶分化出台，從令分化出命，從五分化出吾，從余分化出舍，從庚分化出唐，從帝分化出啇，從文分化出吝，從毌（貫所從）分化出古，從弓分化出強，從隹分化出唯等等，這些字所从的“口”都不能作為“義符”來看待，而是從“母字”分化出新字時添加的區別符號。于省吾先生曾創立“附劃因聲指事字”說以補充“六書”，雖然稱“指事”用詞不甚恰當，但其所舉字例則大都可信。其實于省吾先生所說的“指事”部分就是區別符號，並不“指事”。如在又字上加一點分化出尤，在白字上加一三角形分化出百，在用字上加一圓圈分化出甬等等，都是古文字用區別符號孳乳分化新字的佳證。其用以區別的部分一樣是不能當作“實體”來解釋的。

古文字的基本形體在數量上很早便已基本定型，新字的產生只是利用舊有的基本形體進行各種各樣的分化組合。組合分化的方式很多，一般都可以進行兩個層次的變化。如“雨”和“天”組合成“霙”，又分化出“需”和“耎”，後世以需和耎為聲符又組合成“儒”“糯”“濡”“稬”“輭”“猆”等眾多的字。古文字中有許多字最初只有一個源，而後從一個形體出發可分化出許多字。如足分化出疋，器分化出哭，壺分化出壹，示分化出主，呂分化出予等等。一個形體有時可分化出幾個字，如眣分化出睪、皋、臭，乇分化出尺、斥等等。一些字的形體是截取另一個字的一部分作為自身的符號，如賁字上部所從之“卉”，乃截取奔字下部（本由“止”形訛變為“卉”）並沿用奔字讀音與貝字組合而成。范、範等字所从之“巳”（即“马”），乃截取函字古文字像矢函的一部分和像環套的一部分而成，並沿用函字的讀音。古文字中的一些字，採用截取某個字的一部分作為新的構形因素的方法，作為聲符與其他形體組合成新的複合形體。如靁字截取“畾”這一部分並沿用靁的讀音作為聲符組合成“壘”“儡”“懰”“纍”等字，猒（厭本字，本从犬从口从肉，後口字音化為“甘”）字截取“肙”字一部分並沿用猒字讀音作為聲符組合成“鵑”“捐”“娟”等字。

古文字中的訛變現象非常多，這是因為人們把文字作為一種符號看待和運用，當作一個整體的與其他文字相區別的符號來書寫，文字內部的一點一劃已失去區別的意義，於是便產生了許多相近形體訛混的現象。像弋戈相混，鼎貝相混，中又止相混，口日相混，日田相混，目田相混，月夕相混，口肉相混，月肉相混，來木相混，目日相混等等。有些字經過訛混，已經得到社會的承認並被延續下來，有的則進行不斷的修正，即加以區別。像王玉相混，戰國時便在玉上加一點以示區別；月肉相混，戰國時便在肉字上加一筆以示區別，並將肉字寫成四筆、月字寫成三筆以示差異。古文字的訛變常常呈現規律性的現象，如長、老、㞷這三個字最早皆从“朴杖”形，所从之朴杖形到小篆時都訛變為“匕”。古文字中一些形體近似的字，常常互相影響而產生“類化”。例如像“甫”“周”“帝”“葡”等字，戰國文字的中間都訛為從“用”，就是因為早期四個字都寫作像“田”字的形狀而產生了相同的“類化”。這種呈現規律性的訛變，可以使我們據後世的形體上溯一些字的早期狀態。如古文字“庶”“席”二字皆从“石”得聲，而小篆“度”字上部與“庶”“席”兩字後世的構形相同，可以推見“度”字最早也應是从“石”得聲。如果在古文字中發現度字，就應是从又石聲的形聲字。

古文字的另一個孳乳分化途徑，就是在一些基本形體上增加“動符”。古文字中的“又”“攴”“止”“辵”“行”等字就屬於這種“動符”。在一些基本形體上所加的動符在一般情況下並不會意，即並不確指何義，而只是表示這一基本形體所代表的語言中的詞具有動態義項這一點。常見有許多文字學研究者在分析這些動符時，解釋得非常“具像”，這是不恰當的。“走”“歸”本不从“止”，後加“止”形，不能說“止”就像“足”。得、遘皆从“彳”或“辵”，不能說“遘”就是“遇於路上”，也不能說“得”就是“在路上得貝”。從交分化出效，古分化出故，正分化出政，求分化出救，所从之“攴”也只是含義非常“虛”的“動符”，與前面講過的文字加“類符”分化的現象並無不同。

古文字的形體構造和發展演變揭示了許多規律，有些已經被我們所認識，有些則還需要不斷地探索和研究。考釋古文字，就是要不斷地總結和認識這些規律，在考釋古文字時自覺地加以運用，才能收到良好的效果。要始終把文字當作一種不斷地在變動的“符號”來看待，以動態的眼光觀察分析古文字，這才是考釋古文字所必須堅持的正確態度。

第十五章　古文字考釋舉例

以下“古文字考釋舉例”所列一百個例子，是從筆者多年考釋古文字的成果中選取出來的。考釋的結論不一定全對，但是皆為筆者獨立苦思冥索所得，希望能對古文字考釋起到一定的啟發和借鑒作用。

[1]　栽

甲骨文有下列三條卜辭：

1　其戠……　…… 《屯》3029

2A　乙卯卜其……于　……羌用剛。

2B　于　…… 《屯》4325

其中“”字以往不見於著錄，是新出現的形體。字从“𢦏”从“”。《說文》：“櫱，伐木餘也。从木獻聲。”下列古文作“”，又謂：“古文櫱，从木無頭。”按甲骨文乘字作“”或“”，有的古文字學家認為乘字所從之“”即櫱之古文“”。“”字所从之“”與乘字作“”所从之“”相同，應是一個字。我們認為將乘字下部所从之“”或“”看作櫱之古文是不妥的，這是因為乘字本像人站於樹上之形，“从無頭木”不但從意義上不好解釋，而且我們也從未發現在任何文字記載中使用過所謂櫱之古文“”這一形體。故《說文》所載這個形體的來源令人懷疑。其實乘字所从之“”或“”乃是“木”字的一種特殊寫法。甲骨文乘字不只作“”或“”，也作“”（《合》11423、《屯》2234），明顯从“木”作。這與从“木”的樂字既作“”又作“”，金文又作“”（虘鐘濼字所从）是一樣的。知道了“”為“木”字的異體，則“”字也就可以釋出了。字从“𢦏”从“木”，應釋作“栽”。《說文》：“栽，築牆長版也。從木𢦏聲。”典籍栽訓“植”訓“種”，上揭卜辭2B之“栽”，就有可能讀作“栽種”之“栽”。“栽于”即栽種於。辭中“”乃卜辭常見的地名。

[2] 新

甲骨文有下列一辭：

于……。 《屯》1031

“”字以往不見於著錄，是個新出現的形體。字从“辛”从“”，應為“新”字異體，字應釋為“新”。

甲骨文新字作“”“”，又从“又”作“”（《合》22073），所从之“斤”作“”。按甲骨文折字作“”（《合》7923、7925、40009），“”（《合》9594）“”（《合》15004）又有一種異體寫作“”（《合》21002），所从之“”應為“斤”字的異體，像裝有柲的斤形。“”所从之“”與上揭“”字所从之“”形同，故“”字从辛从斤，應釋作“新”。

早期銅器銘文中有下面兩個形體：

（父乙尊） （父乙觶）

其所从之“”“”與甲骨文“”“”所从之“斤”形同，故也應釋為“斤”。唯左邊所從不知為何，難以隸釋。

[3] 襄

甲骨文有字作“”，又从水作“”。“”字《甲骨文編》入於附錄，“”字釋作“況”，列於水部。于省吾先生在《甲骨文字釋林》一書中將“”釋為“遐”，即襄字初文。又將“”釋為“瀼”，這些都是正確的。其實甲骨文中的“”“”“”“”（《甲骨文編》附錄上八六·八〇八至八〇九頁）諸字都是襄字的初文，皆應釋為“襄”。這些字在卜辭中都用為地名，應該就是于省吾先生所指出的屬於宋地的襄邑。

小屯南地甲骨有字作“”或“”：

1A 王其田征射大衆兕亡戋永王吉。

1B 丙寅卜王其田叀丁往戊㱿……大吉。 《屯》1098

“”與“”為一字，應同於甲骨文的“”字。字也應釋為“襄”，即“襄水”的專字。

卜辭還有字作“”：

2 貞在王其先冓五月。 《英》593

甲骨文一些从“人”的字常常可以从女作。故“□”字也應該釋為“襄”。

襄字金文作“□”（且辛爵），與甲骨文形同，只是加上趾形。又作“□”“□”（小子畀鼎），又作“□”“□”（薛侯盤、薛侯匜）“□”（散氏盤），加上了土旁和攴旁，後又加衣作“□”“□”（穌甫人匜、穌甫人盤），發展到小篆作“□”。戰國文字襄字作“□”（古璽）“□”（襄城布），已將人形變形音化為从“羊”作，並以其為襄字的聲符。

這裏有一點值得注意，就是上揭的“□”“□”兩字人形上都有一個圓點，發展到戰國“□”“□”變成了一個小三角形。這一部分構形與“襄”字有著什麼聯繫呢？我們發現甲骨文有下揭一個形體：

3　……□……其隹……用……悔。　《合》39434

4　叀在□犬壬比亡𢦏𢀛吉。　《屯》625

“□”“□”兩個形體以前不見於著錄，這兩個字也應該是“襄”字的異體。其人形上部的圓點，即演變為後來“□”“□”“□”“□”等形體上部的圓點或三角形。由此可以知道春秋戰國時期“襄”所从的人形上部的圓點或三角形是來源有自的，同時也反過來證明了釋甲骨文的“□”“□”為“襄”字是正確的。

［4］　鼀

甲骨文有字作“□”“□”“□”“□”諸形。對於此字的考釋以往有釋“龜”“黽”“鼀”三說，從形體上看，此字與龜字形體迥異，其區別不辯自明。不過自從楊向奎將卜辭的“不□□”讀為“不玄冥”後，[①]視“□”為“黽”的觀點似乎已被大多數古文字學家所接受。胡光煒將卜辭的“不□□”釋為“不鼅鼀”，讀作“不踟躕”。[②]雖然讀“不□□”為“不踟躕”不一定可靠，但將“□”字釋為“鼀”則是正確的。

甲骨文“黽”字見於下揭卜辭：

1　丙子卜貞□凡。　《合》20853

2　……倉不其……□。　《合》17953

3　……丑……□……　《合》17868

① 楊向奎《釋“不玄冥”》，《歷史研究》1955年第1期。

② 胡光煒《甲骨文例》下，第26頁，1928年國立中山大學語言歷史學研究所石印本。

1、2之“”《甲骨文編》入於附錄（附錄上一二一），謂“疑黽字異文”，《集釋》失收，《綜類》混入“”字（二四五頁），又將3之“”列“黽”字下（二四六頁），一字兩列兩釋，未免自相矛盾。

甲骨文還有从女从黽的一個字：

4　匕癸。　　《合》22301

金文黽字作下揭形（《金文編》一〇二三至一〇二四頁）：

將上揭甲骨文和金文的“黽”字與甲骨文“”或“”“”“”諸字比較，不難發現有兩點差異：一是黽字從不帶“”“”形中的橫劃。二是黽字上足部無例外地向外張出，而“”或“”“”“”諸形的上足皆向內勾曲。這是兩個字之間的最大差異。而上足向內勾曲卻正符合蜘蛛的體態特徵。從“”字又作“”可知，“”形中的二横應是足形的省寫。蜘蛛共有四對足，而“”形與其正相符合。所以甲骨文的“”或“”“”“”只能釋為“鼄”，不應釋為“黽”。由此也可以知道在釋“”為“黽”基礎上產生的將“不”讀作“不才黽”“不鏝黽”“不午黽”“不玄冥”“不再用”等讀法也都是錯誤的。

甲骨文的鼄字除了用於常見的“不鼄”一辭外，還見於下列各辭：

5　庚子卜貞以于……丁……　　《懷》S0475

6　……徲……比不。　　《屯》2659

7　庚子…………自上甲……　　《合》39551

8　……各（倒書）……母……爾……　　《合》19124

9　……我五十……　　《合》9187

10　王固曰吉弖余盅。　　《合》809正

這些辭中的“鼄”字究竟該如何解釋還不清楚。

唐蘭先生在考釋甲骨文的“”字時，認為“”字不應釋為“鼄”的原因是“鼄字見於金文，自是形聲字，與此亦迥殊”。[①]其實鼄字在甲骨文中也有形聲結構的異體，只不過唐蘭先生沒有注意到而已。

① 唐蘭《天壤閣甲骨文存考釋》，民國二十八年北京輔仁大學影印本。

甲骨文有下列兩條卜辭：

11　戊戌卜王其[illegible]馬……小臣……[illegible]克……　《合》36417

12　……[illegible]祝于[illegible]……　《懷》B1381

12之“[illegible]”與11之“[illegible]”相比較，不過是把所从的“束”字寫在了下邊。《甲骨文編》是將11之“[illegible]”割裂，將下部“[illegible]”列於附錄（附錄上一二一）。《綜類》犯了同樣的錯誤，將這條卜辭列於“[illegible]”字條下（四八六頁），顯然也是將“[illegible]”字當作兩個字看了。按“[illegible]”字从束从鼄，是在“[illegible]”上加注“束”聲而成的形聲字。鼄字金文作“[illegible]”（杞伯壺）“[illegible]”（郳來□鬲），从“朱”聲，不過是將甲骨文的“束”聲改成了形體相近的“朱”聲而已。古音束在書紐屋部，朱在章紐侯部，聲皆讀為舌音，韻為對轉，故可相通。銅器銘文有“[illegible]”字（[illegible]方尊），又作“[illegible]”（召伯簋二），可能與甲骨文“[illegible]”為一字。只是所從之“束”一個省去了上部，一個省去了下部，將“束”與“鼄”寫在了一起而已。

知道了“[illegible]”字為形聲結構的“鼄”字，見於下列各辭的“[illegible]”字也就可以釋出了：

13A　其[illegible]……

13B　叀生用。　《懷》B1392

14　于彡衣乃又[illegible]王受佑。　《合》41410

15　癸亥卜其酌[illegible]于河。　《合》30428

16A　叀歲。

16B　叀[illegible]。　吉。　《合》27622

17　……于匕庚叀[illegible]（字殘）。　《合》27540

18　……王其又[illegible]。　《合》27375

19　庚子卜大貞王其又[illegible]且叀今辛酌又。　《合》27376

20　其又[illegible]毓……　《合》27377

21　……亥卜其又[illegible]毓……　《合》27378

22A　叀歲。

22B　叀[illegible]于……　《合》27379

23　……[illegible]。　《合》27380

“[illegible]”字从形聲結構的“鼄”字，从“戈”，字應隸定作“䵹”。金文郳公之“郳”既作“[illegible]”，又作“[illegible]”，可知“鼄”字在與其他偏旁組合時可省作

“朱”。所以甲骨文“𢧵”字就應該是後世的“㦾”字。

甲骨文“□”字又可作“□”：

24 ……□又正。 《懷》S1314

字从“朱”从“戈”，這是“□”“□”一字、“□”即“㦾”字的最好證明。㦾字見於《廣韻》、《集韻》，訓為殺。從戰國中山王方壺誅殺之誅作“□”來看，“誅”字起源應該很早，㦾字應該就是“誅殺”之“誅”的本字，到後來才借用本義為“討”的“誅”字為之。卜辭祭名與祭法是統一的，上揭卜辭16和22都有“叀歲”與“叀□”同卜於一版。這是一種選擇祭法的占卜，即卜問用歲祭好還是用“□”祭好。可見“□”與“歲”一樣是一種祭祀方法。“□”字在卜辭中就應該讀作“誅殺”之“誅”。上揭13辭“其□……”、“叀生用”大概是卜問將祭牲殺掉祭好，還是活著祭好的意思。[①]“□”讀為㦾殺之“㦾”，按之另外幾條有“□”字的卜辭，從文意上看也頗為順暢。

卜辭有从女从黽的一個字：

25 □至。 《合》22014

26 ……六不□（下部殘）…… 《合》20004

27A 丙子卜古貞帝令隹□。

27B 貞帝弗令隹□二告。 《合》14161正

28 ……亥卜爭貞旬亡𡆥王固曰㞢求旬壬申中自□四月。 《合》5807

29 □□。 《合》20228

29的“□□”即“不□”的肯定式，故知“□”所从之“□”一定是“黽”字。

甲骨文還有字作“□”：

30 癸亥卜㱿貞旬亡𡆥王固曰……其亦㞢來鼓五日丁卯子由□不□。 《合》10405反

31 癸亥卜㱿貞旬亡𡆥王固曰㞢求……五日丁卯子由□不□。 《合》10406反

32 ……□不……十月。 《合》17058正

“□”字《甲骨文編》、《綜類》皆漏摹“□”旁而只摹作“□”（分別見於

① “生”又有“下一個”、“將來”之意，此處也有可能用為“將來”之意。

六〇四、一四三頁)。

"□"字又可以寫作"□":

33　丙午卜㱿貞乎𠂤生見㞢𠂤王……曰隹□隹人途冓若……卜隹其句二旬㞢八日□壬……𠂤夕□。　《合》17055正

34　……曰隹……隹其句二旬……𠂤夕□。　《合》17056

35　……六日壬……夕□。　《合》17057

以上"□""□""□"諸字在句中的具體用法還不清楚。"□"字从"黽"从"女",似可釋為"姝","□""□"為一字之異體,似可釋為"殊"。從文意上推測,這三個字的用法很近似,大概都是吉凶福禍一類意思。

最後附帶談一個从"黽"的奇字,這個字見於下列各辭:

36A　甲寅卜叀翌日□。

36B　……𢀛叀翌日□。　《合》34343

37　甲寅卜叀翌日□□。　《合》32787

38　……□□(下部殘)。　《屯》4080

39　甲寅……□……日(?)　《合》18567

40　……□……　《合》33389

"□"字从"屮"从"黽",下部不知所从。40之"□"很可能就是"□"字的省寫或簡化。這個字也有可能是"黽"字一種異體,暫且提出來存以待考。金文有字作"□"(弔□鼎),結構為从"屮"从"黽",與上揭的甲骨文應為一字。

[5]　耤

甲骨文"耤"字一般作"□"(《合》8)"□"(《合》14正)"□"(《合》9508正),像人踏耒而耕狀。古文字凡从人形表示某種動作的字,常常可以省去人形大部而只保留手形,以甲骨文為例,如寇字作"□"(《合》559正),又作"□"(《合》555正),再字作"□"(《合》10405反),又作"□"(《合》32420)。甲骨文有字作"□"(《合》31254),結構為從"耒"從"又",應該就是簡體的"耤"字。

《金文編》有下列字(《金文編》一一四〇頁):

□　□簋　□　□觶　□　父己鼎　□　□　□作父己簋

字皆从“耒”从“又”，可隸定作“耒又”。以往考釋諸家多將其釋作“耒”，只有高鴻縉認為是古耤字，可謂慧眼獨具。按金文有獨立的“耒”字，作“𠂇”（父己觶）“𠂇”（父乙爵），“耒又”字从“又”應包含意義在內，故字以釋“耤”為是。

下面我們談到的是“耤”字的一種特殊的異體。《合》626片有下列三條卜辭：

1A 㞢伐。

1B 㞢[illegible]。

1C 貞多臣……[illegible]羌……其得。

其中1B“[illegible]”字从“耒又”从“[illegible]”。“[illegible]”从“耒”从“又”，前面說過應是“耤”字的簡體。“[illegible]”即“災禍”的“巛”字。甲骨文耤字的繁體發展到金文作“[illegible]”（令鼎）“[illegible]”（弭伯簋），已是在“[illegible]”字上加注“昔”聲的形聲字。這裏我們先拋開“耤”字，來看看作為耤字聲符的“昔”字。《說文》：“昔，乾肉也。从殘肉，日以晞之。”從古文字“昔”字形體看，《說文》的說解是錯誤的。昔字甲骨文作“𫝀”，金文作“𫝀”，皆从“日”从“巛”。葉玉森認為昔字所从之“[illegible]”即古“巛”字，本像洪水，字从日从巛意為不忘洪水之日。這個將“昔”字視為會意字的解說早已被古文字學家所接受，多年來似乎已成定論。其實這個說解是錯誤的。昔字應是从日巛聲的形聲字。古音昔在心紐，巛在精紐，皆為齒頭音，从昔得聲的耤即在精紐。故昔、巛聲近，昔从巛應該是起聲符的作用。甲骨文有下列二辭：

2A 庚申卜㱿貞昔且丁……黍隹南庚䖵。

2B 庚申卜㱿貞巛且丁不……不隹南庚䖵。 《合》1772正

2A與2B對貞，上作“昔”，下作“巛”。從形聲字可省去形符而保留聲符的規律看，更可證明“昔”字本从“巛”聲。現在讓我們回過頭來看“[illegible]”字。金文“[illegible]”字从昔聲，而昔从巛聲，故甲骨文“[illegible]”應該就是“耤”字，即在“[illegible]”字上加注“巛”聲的形聲字。在耤字繁體“[illegible]”上加注昔聲作“[illegible]”與在耤字簡體“[illegible]”上加注巛聲作“[illegible]”，可以看作是耤字繁簡兩體平行的發展演變。

甲骨文有下列一條卜辭：

3 ……乍洹隹㞢[illegible]勿隹洹隹㞢[illegible]。 《合》7854反（《續》5·30·8）

3之“□”字《甲骨文編》《集釋》《綜類》皆失收，字从“□”从“巛”，與《合》626的“□”顯然是一個字。

甲骨文還有下列二辭：

4A　其㞢□。
4B　……□（上部殘）
于西南。　　《合》8725（《存》2·490、2·491）

其中“□”字從“□”從“□”，所占位置易使人認為是兩個字。島邦男《綜類》列有“□”字條（一八五頁），顯然就是將“□”字看作兩個字了。其實甲骨文有些字因為上下結構的原因寫得很長，有時占了兩個字的位置，很容易使人誤認為兩個字。“□”字所从之“□”即“耒”字，“□”則是加口為繁飾的“巛”字。加口為繁飾與甲骨文族字又作“□”（《合》33017），才字又作“□”（《合》14201）相同。如此則“□”字同前面談到的“□”“□”兩字一樣，也應是“耤”字的異體。

“□”“□”“□”三字从構形上看，因為有由“𠭯”（或“耒”）與“巛”組合的限定，故是“耤”字的可能性非常大。[①]不過這三個字在辭例中的用法則還不能確定。

［6］　羲

甲骨文有下列二辭：

1　乙卯……貞王……□……　　《合》36754（《續》3·27·5）
2　……在□……王步于……亡災王……隻□……
　　《合》37504（《前》2·7·5）

其中“□”字《甲骨文編》入於附錄（附錄上一三〇）。《集釋》列入待考（四六一六頁），《綜類》列□字後（三五六頁），又割裂形體將“□”字下部“□”字列亥字後（四五八頁），未免自相矛盾。

按“□”字从我从“□”，“□”應該是“兮”字的異體。[②]甲骨文一些下部作一彎筆的字，常常同時存在寫成兩筆的異體。如方字作“□”，又作“□”；“亥”字作“□”，又作“□”；亐字作“□”，又作“□”（秄字所从）皆其證。

① 菑字異體作䎎，《廣雅·釋地》：“耦……䎎……耕也。”菑，災古通。“□”字也有是䎎字的可能。

② 于省吾先生曾指出“□”為兮字，但沒指出具體字例，見《甲骨文字釋林》，第147頁。

古文字由於每個字的使用頻率不同，其發展演變的速度也就不同。一些字在其單獨存在與其作為偏旁時的發展速度是有差異的。一個字作為偏旁與不同的字組合成新的複合形體後，因受與其組合的形體的制約，其發展演變也呈現出不同的狀態。下面以“辛”字為例具體說明這種現象。甲骨文“辛”字有下列幾種形態：

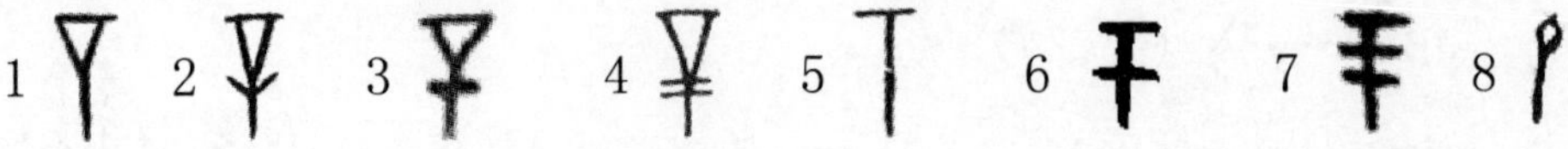

辛字在單獨成字時，由1式“”加“”式飾筆發展為“”，發展速度較快。而从“辛”的“商”字，則呈現出多種形態。既可以從1式作“”或“”，又可以从2式作“”，又可以从3式作“”或“”。因甲骨文一些呈輪廓線的筆劃皆可省成單線條的筆劃，1式“”可省成5式“”，故“”又可作“”；3式“”可省作6式“”，故“”“”又可以省作“”“”；4式“”可以省作7式“”，故商字又可以省作“”。又因辛字可以寫成圓筆狀的“”，故商字又可以寫作“”。卜辭單獨成字的“兮”字只作“”或“”，而“”所从之“兮”作“”，這大概同辛字在不同的形體中呈現不同的狀態一樣，也應看作是因形體不同的發展速度造成的差異。

甲骨文乎字皆作“”，但偶爾也作“”：

3 ……寅卜歸若。 《屯》4314

由“”可作“”，可知“”自然有作“”的可能。

甲骨文又有从“女”从“”的字：

4A 己丑卜方貞山子。

4B 貞亡其子。 《合》10935正（《乙》3431）

“”字可隸定作“姈”，應是兮族女子或叫作“兮”的女子的專字。

甲骨文有下列三條卜辭：

5 于北方南向。 《懷》B1379

6 其豊在下北向茲用。 《屯》173

7 甲子卜其豊……下北向。 《屯》2294

6、7之“”即“兮”字。這三條卜辭都是講行某種禮儀的事。其辭應讀作：“其禮在下兮，北向”、“甲子卜其禮，……下兮，北向。”5與6、7所卜應為一類事。在6、7“兮”字的位置上，5辭與其相對應的字正作“”，所以我們懷疑“□”與“□”是一個字的不同異體。

下面看看《說文》對義字的解說。《說文》：“義，己之威儀也。从我、羊。”《說文》以“義”為會意字，這從古文字的角度看是錯誤的。清人早已指出義字應是從羊我聲的形聲字。[①]蟻字古作蛾，可證義字必从我得聲。甲骨文“□”字从“我”从“兮”，應該就是“羲”字的初文。《說文》：“羲，氣也。从兮義聲。”按義从我聲，故从義之羲可从我聲作“□”。“㦱”發展到“羲”與“蛾”發展到“蟻”是同樣的演化。卜辭“羲”字在句子中用為地名。

金文有字作“□”（羲妣鬲）“□”（柳鼎），吳大澂釋為“羲”。他說：“□，古羲字。从義从□。□當即兮之省文。”[②]按吳說至確。甲骨文之“□”與金文之“□”當為一字。金文“□”所从之“□”即甲骨文“□”之省。兩字互證，可見甲骨文之“□”為“羲”字無疑。

［7］　𧊒

甲骨文有下列數辭：

1A　弜巳𩵦戍受人亡𢦏。

1B　王其𩵦戍受人叀□土人又𢦏。

1C　叀秖人又𢦏。

1D　王其乎𩵦戍受人叀□土人眔秖人又𢦏。

《合》26898（《鄴》3·46·6、3·46·7）

2A　……𩵦……受人……□土人又𢦏。

2B　王其乎𩵦戍受人……□土人眔秖人又𢦏大吉。　《屯》880+1010

1、2兩辭中皆有一個寫作“□”形的字。這個字《甲骨文編》《集釋》《綜類》在摹寫時都漏掉了下部的一彎筆，因而與“亩”字混列。其實這個字从亩从虫，應隸作𧊒，釋作蟺。裘錫圭先生和《小屯南地甲骨》一書分別將1之“□”和2之“□”隸定作“𧊒”，這是正確的。[③]甲骨文虫字作“□”，𧊒字作“□”，是將“亩”字的部分筆劃公用，即虫字借亩字的部分筆劃而成。甲骨文“□”字（《合》10229反）又寫作□（《合》6861）也是利用借筆的方法，將“目”與“虫”寫在了一起。金文有字作“□”（利簋），所从的“□”旁即“𧊒”字，雖然沒

① 《說文解字詁林》卷十二“義”字條下。

② 《說文古籀補》，第25頁。

③ 分別見於《卜辭“異”字和〈詩〉〈書〉裏的“式”字》，《中國語言學報》第1期；《小屯南地甲骨》，中華書局1980年。

有用借筆的方法，但將“虫”字連寫在“亩”字的左下部，結構與甲骨文“[glyph]”字全同。金文䖤字作“[glyph]”（䖤蕫鼎），郭沫若謂乃“蟺”字古文，非常正確。[①]甲骨文“[glyph]”與金文之“[glyph]”為一字，都應隸作䖤，釋為蟺。蟺字結構最早就應該為从虫从亩，後來又增加一個“旦”聲。後世从亶作的字，殷周古文字皆从䖤即蟺作，如金文旜字作“[glyph]”（番生簋），檀字作“[glyph]”（利簋，[glyph]疑為木之省），憻字作“[glyph]”（憻季遽父尊），壇字作“[glyph]”（《汗簡》下之二）。《說文》鱣字籀文作“[glyph]”等皆其證。金文有蟺伯簋、蟺蕫鼎、憻季遽父尊，利簋有檀公。這些“蟺”“憻”“檀”與甲骨文的“蟺土人”很可能都是指一個部族。

甲骨文蟺字還見於下揭一辭：

3 危方奠于台[glyph]其祝于…… 《合》27999(《京》4254)

因甲骨文“台”字有時用為地名，上揭 3 的“蟺”字疑讀為“壇”。古代壇為祭祀場所，《說文》：“壇，祭場也。从土亶聲。”3 辭之大意是用危方之俘在台地的壇上行奠禮。

甲骨文又有从木从䖤的一個字：

4 叀[glyph]彔先[glyph]。 《合》29408(《粹》1276)

“[glyph]”字《甲骨文編》誤摹作“[glyph]”，《集釋》釋作“樀”（二〇二八頁），《綜類》摹作“[glyph]”（二六九頁）。按字从木从䖤，應隸作“[glyph]”，釋作“檀”。檀字見於《說文》木部，於卜辭用為地名，疑即指西周的“單”（又稱檀），地在陽樊之南。

[8] 敖

甲骨文有字作“[glyph]”，或加飾筆作“[glyph]”。這與甲骨文先字作“[glyph]”，又作“[glyph]”；“[glyph]”字作“[glyph]”（《懷》S0753），又作“[glyph]”（《合》13546）是同樣的加飾筆繁化現象。“[glyph]”字《甲骨文編》入於附錄（附錄上七八），個別混入“先”字，如《前》2·28·2（即《合》10923）“壬戌卜爭貞乞令受田於[glyph]侯十月”之“[glyph]”，《甲骨文編》、《集釋》皆混入“先”字條下。島邦男《綜類》將“[glyph]”與“[glyph]”放在一起單列一字，不與先字混（十二頁），可謂有識。不過他仍釋這個字為“先”字，則是不妥的。甲骨文先字皆从“止”从“人”作“[glyph]”，或加飾筆作“[glyph]”，與“[glyph]”“[glyph]”形體迥異，兩者絕不相混。“[glyph]”字還有一種異體寫

① 《兩周金文辭大系考釋》，第 133 頁。

作“□”，或重複部分筆劃作“□”。這與美字作“□”，又作“□”（《合》28089正）；𩠞字作“□”，又作“□”（《懷》B1459）；每字作“□”，又作“□”（《合》30722）相同。“□”“□”兩字《甲骨文編》《集釋》皆混入“羌”字。只有《綜類》將其單列，這是正確的。按羌字从人羊聲，“□”“□”不从“羊”，故不得釋“羌”。“□”字又作“□”，與“□”字又作“□”是同類現象，“□”字是表示用繩索執繫的“□”族人。

下面先來看金文中的“敖”字。

金文敖字有下列幾種形態：

《說文》：“敖，出遊也。从出从放。”由𠦪伯簋敖字作“□”，可知敖本从“攴”从“□”。“□”為从“屮”从“人”。諫簋和王臣簋有一個內史名為“□”“□”，舊或釋“先”，這是錯誤的。此字與“□”字所从之“□”結構相同，皆从屮从人，應該就是“敖”字的初文，字可隸定作“㚢”。

甲骨文“□”“□”結構也是从“屮”从“人”，與𠦪伯簋“□”字所从之“□”及諫簋、王臣簋的“㚢”字形體相同，也應該隸作“㚢”，釋作“敖”。“□”之繁體“□”省去繩索形即與金文敖字作“□”所从之“□”形體全同，故甲骨文的“□”“□”“□”“□”皆應釋為“敖”。

甲骨文“敖”字見於下列卜辭：

1　壬戌卜爭貞乞令受田于□侯十月。　《合》10923（《前》2・28・2）

2　丙寅卜爭貞乎龐□侯專求𣪠。　《合》6834正（《丙》1）

3A　己未王卜才□貞今日步于□亡𡿧。

3B　戊午王卜才□貞田舊往來亡𡿧茲𢀛獲鹿戠……

《合》37434（《綴》219）

4　丙辰卜才奠貞今日王步于□亡𡿧。　《合》36772（《前》2・15・2）

5　□以五十。　《合》1779反（《綴合》137反）

6　貞□不其獲羌。　《合》188正

7　貞□不其獲羌。　《合》189反

8　乙酉卜爭貞今夕令□以多射先陟自……　《合》5738

9　丁卯卜㐱貞翌己未令多射眔[甲骨字]……于……　《合》5735

10　庚戌卜令比[甲骨字]伐[甲骨字]。　《合》19773

11　己卯卜王咸𢦏[甲骨字]余曰雀[甲骨字]人伐[甲骨字]……　《合》7020

12　丙子卜[甲骨字]𢦏[甲骨字]。　《合》7017

13　己卯卜王貞余乎[甲骨字]𦎫[甲骨字]余弗[甲骨字]（秋？）[甲骨字]。

《合》7014（《存》2・31・9）

卜辭還有一個从木从靑的字：

14　……[甲骨字]医羌……丁用。　《懷》B1592

“[甲骨字]”字可隸定作“桒”。《類篇》有“桒”字，可能與甲骨文的“桒”只是同形，而並非是一個字。不過“[甲骨字]”在卜辭中讀作“敖”似乎沒問題。“[甲骨字]医”即1、2的“[甲骨字]医”。

從上揭卜辭可知，“敖”可稱侯（1、2），這與金文“[金文字]”稱“伯”可能是指同一部族。王可前往敖地並在敖地占卜（3A、3B）。敖有時向商王進行貢納（5），並將執獲的“羌”獻於商用於祭祀（6、7）。敖還經常與“多射”合作進行某種行動（8、9）。上揭對敖進行征伐的卜辭（10—13）似皆為武丁時較早的卜辭，故可知敖在武丁時被征服後一直未再背叛。

《詩經・小雅・車攻》“建旐設旄，搏獸于敖。”《毛傳》“敖，地名。”《鄭箋》“敖，鄭地，今近滎陽。”卜辭之“敖”，疑即滎陽附近的“敖”。

[9]　童

《屯》650片可作如下釋文：

……王弜令受禾于史堅田于[甲骨字]。

其中“[甲骨字]”字詹鄞鑫先生釋為“童”，[①]其說甚確。

按古文字“童”的發展序列可分為三個層次：

A　[金文字]（A1）　[金文字]（A2）　（鐘所从）

B　[金文字]（B1）　[金文字]（B2）　（鐘所从）

① 詹鄞鑫《釋辛及與辛有關的幾個字》，《中國語文》1983年第5期。

C　（C1）　（C2）　（C3）　（鐘所从）

A式从辛从見，為童字早期構形。A1所从之見作“”，相同之例如“”又作“”。A2所从之見的下部“人”訛變為“壬”，這是“人”與“土”二字結合的結果，相同之例如“”又作“”。B式从“”東聲，乃增加聲符後的構形。《說文》謂童“從重省聲”，不夠準確。實則“童”“重”皆从東聲，“童”字應說成从東聲才是。C式與B式近似，但聲符已與初形融為一體。C1用借筆方式將初形“”與聲符“”連接。C2省去初形下部“見”所从之“人”，C3則將初形所从之“見”全部省去，聲符“東”與初形所从之“辛”結合為一，此乃《說文》小篆構形的由來。

又甲骨文童字還有兩見：

1.《合》30178片。其辭作：

……申卜其夻雨于利。

“”字與《屯》650片童字構形相同，應為一字。

2.《英》1886片。其辭作：

……其…………

“”字似从言从東，東字橫置，這應該是童字訛變後的一種異體。金文公臣簋鐘字所从之童作“”，也訛變為从言从東，與“”字形近，因此“”字也應為“童”字。

［10］　霰

甲骨文中有下列二辭：

1　…………豖……　　《合》13010（《前》4.9.8）

2　土逐（上部雨字殘）兕。　　（《前》4.47.2）

二辭之中的“”字自羅振玉釋為“霖”後，諸家多從之。《甲骨文編》《集釋》《綜類》皆釋為“霖”，列於雨部。按釋“”為“霖”是錯誤的。這個字應隸作“霏”，釋為“霰”。下面加以分析說明。

先來看古文字中的“散”字。

于省吾先生曾釋甲骨文的“[甲骨文]”字為“㪔”①，即“散”字初文。其辭曰：

3 叀……[甲骨文]…… 《合》31786、（《甲》1360）

這個字還見於下揭各辭：

4 ……[甲骨文]…… 《懷》S0831

5 ……㝉貞……生[甲骨文]……王…… 《合》8183

6 ……其北[甲骨文]𠬝。 《合》29289

7 叀[甲骨文]𠬝又…… 《合》29370

8 丙寅卜狄貞盂田其[甲骨文] [甲骨文]朝又雨。 《合》29092（《佚》292）

9 [甲骨文]于東㞢鹿。 《合》10910正（《乙》7639）

10 ……[甲骨文]……東兕……隻。 《合》10908

從3—10可看出“散”字本从“林”。3之“[甲骨文]”所从之“[甲骨文]”加有兩點，這大概是一種飾筆。按理應从三點作“[甲骨文]”，中間一點為兩邊公用，不過因右邊有結合得比較緊湊的“攴”旁，因而省去了一點。10之“[甲骨文]”顯然是4、5、9式寫法的“倒書”。這個字還見於下面一條卜辭：

11 ……子貞牧告[甲骨文]…… 《屯》149

11的“[甲骨文]”省去了“林”字下部的筆劃。這與金文散字作“[金文]”（散車父壺）也省去“林”字下部筆劃有著繼承關係。

上揭5—11“散”字的用法皆與田獵有關。因田獵大都於山林進行，故甲骨文“散”字又从“山麓”之“麓”作“[甲骨文]”（《合》28320）。因“麓”字和“散”字都从林，故又可省去一個“[甲骨文]”旁而公用一個“[甲骨文]”旁作“[甲骨文]”（《合》29098），又可將所从之“[甲骨文]”旁省成“[甲骨文]”字作“[甲骨文]”（《合》29411）。

“𪊨”字見於下列各辭：

12 叀行南[甲骨文]𠬝又豚吉。 《合》28320（《甲》703）

13 叀𨸏[甲骨文]隻㞢大鹿亡𢦏。 《合》28345（《粹》955）

14 其以人[甲骨文]。 《合》28904

15A 叀……[甲骨文]𠬝。

15B ……[甲骨文]……東…… 《合》28828

16 弜[甲骨文]𨸏。 《合》29098

① 于省吾《殷代的交通工具和馹傳制度》，《東北人大人文學科學報》1955年第2期。

17　弜[古文字]白叀鼎正王毕。　《合》29407(《寧》1.380)
18　丁丑卜狄貞王叀[古文字]录[古文字]亡𢦏。　《合》29411(《佚》297)
19　叀𨸏心[古文字]毕。　《屯》4196
20　……王乎[古文字]𨸏心(？)……　《屯》3096
21　……[古文字](下部殘)……　《屯》2569
22　王其田[古文字]湡录毕亡𢦏。　《屯》1441

以上二十二條卜辭中的“散”字，除辭過殘的外，用法很清楚，都與田獵有關。“散”字後面常跟有“毕”“隻”一類詞，“散”字皆用為動詞，無疑是指一種狩獵手段。其具體意義待考。

金文“散”字作“[古文字]”“[古文字]”(《金文編》二八三頁)，與上揭甲骨文11之“[古文字]”略同，“林”旁都省去下邊的筆劃。金文散字所从之“林”旁也加有兩個飾點，與上揭甲骨文之3“[古文字]”加有兩點飾筆相同。金文散字又作“[古文字]”“[古文字]”，从“㪔”从“月”，所从“林”旁省去了上部的筆劃。這與甲骨文“[古文字]”又作“[古文字]”，𤞷字寫作“[古文字]”一樣。[1]按“㪔”“散”應是一字在不同時期的異體，《說文》分為“㪔”“散”二字是不妥的。從“[古文字]”發展到“[古文字]”，不過是在初文上又加注了一個聲符“月”字而已。高鴻縉說：“[古文字]，分離也。从攴竹會意，竹支則分離也，月聲。月（古音夜）聲之諧散（猶霰）聲，亦猶之射（讀仆射之射）聲之諧榭聲（今榭與霰為陰陽對轉）。”高鴻縉謂散从竹是不對的（應為林之省），但其謂散从月聲則可能是對的。

金文“麻”字作“[古文字]”(師麻匡)，戰國文字作“[古文字]”(《璽彙》2876)“[古文字]”（溫縣盟書）“[古文字]”（溫縣盟書）“[古文字]”（侯馬盟書）。《說文》認為麻字从𣏟，即古麻字。其實“𣏟”即“㪔”，也就是“散”的初文。麻字本應从“散”作，應是从“𣏟”（即散字初文）分化出的一個字。陶文有字作“[古文字]”（《㕑錄》7.3)，字應讀作麻姓之麻。信陽楚簡有字作“[古文字]”，字从“食”从“𣏟”，應釋為“𩞁”。𩞁字見於《玉篇》，訓為食，按之“一澮之𩞁鼎”之辭句，文義頗為切合。

金文曶鼎有一個人名字作“[古文字]”“[古文字]”諸形，形體模糊不清，可能有剔壞之處。舊或釋為“𪎭”，可能是對的。所从之“𣏟”既可作“[古文字]”，與盟書麻字所從之“[古文字]”同，又可省作“[古文字]”，與甲骨文“[古文字]”所從之“[古文字]”同。

現在回過頭來看甲骨文的“[古文字]”字。甲骨文散字或作“[古文字]”，所从之“[古文字]”

① 裘錫圭《釋殷墟甲骨文裏的遠、𤞷（邇）及有關諸字》，《古文字研究》十二輯，中華書局1985年。

與“”所从之“”相同。只是“”所从之“”省去了一點。這是因為與“攴”字結合後省去的緣故。這與甲骨文𣑡字作“”（《合》29237），“”字因與別的偏旁結合也省去一點是一樣的現象。古文字从攴的一些字，省去攴旁就是這個字的初文。如壴與鼓，凡與般，岂與敳，干與攼都屬於這種關係。因此“”字所从之“”就應是“𣏟”即“散”的初文。所以甲骨文“”字應隸作“𩂯”，釋為“霰”。戰國中山王圓壺有字作“”，从雨从𣏟，字應隸作“𩂯”，釋作“霰”，於銘文中讀作“潸”，《金文編》將其直接釋作“潸”是錯誤的。“”字从雨从𣏟，與甲骨文“”字結構全同。這是釋“”為“霰”最有力的證明。《說文》：“霰，稷雪也，从雨散聲。”“霰”字於卜辭用為地名。

［11］ 嬛

金文有字作：

季宮父匠

字从“女”从“”，《金文編》隸作“媰”，列於女部。按字既不从臼，也不从人，《金文編》隸作“媰”，大誤。“”應分析為兩部分，其“”乃“衣”字，“”應為“眔”字。買王卣眔字作“”，中間豎筆連寫，與“”字形同，目字寫成中間一筆作“”，與睗字作“”（虢季子白盤）類似。“”从“衣”从“眔”，因“眔”字下邊四筆與衣字筆劃連接，形體變得有些奇詭。字應即“褱”字，而“”字从“女”从“褱”，就應釋為“嬛”。嬛字見於《廣韻》《集韻》等書。

［12］ 亶

金文有字作：

飡車父壺

《金文編》隸作“飡”，以不識字列於食部。按字从“冖”从“食”，不見於字書。古文字食字从皀，而食與皀在用作“義符”時又常常可以通用，以金文為例，如“饙”字从食作“”（㴸父鼎），又从皀作“”（宰家簋）。從這個規律來看，上揭金文“”字就應釋為“亶”。按亶字見於《說文》，金文寫作“”（錄伯簋）“”（毛公㾓鼎）。飡車父壺應改稱為亶車父壺，“”字應列於“㝵”字下。

［13］　鑯

金文有字作：

 ⿱𢦏犬卣　 ⿱𢦏犬尊

字从“”从“犬”，《金文編》隸作“⿱𢦏犬”，以不識字列於犬部。按隸定作“⿱𢦏犬”十分正確。古文字中一些字所从的聲符常常要比後世這個字的聲符簡略，後世的這個字的聲符大都是以古文字中的聲符為聲符構成的一個形聲字。鑯字从𢦏聲，“⿱𢦏犬”所从之“𢦏”可以看作是“鑯”省聲。所以“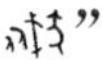”字就應釋為“鑯”。鑯字見於《集韻》，於金文用為人名。

［14］　焃

金文有字作：

 㠱侯鼎

字从“”从“”，《金文編》隸作“焃”，以不識字列於火部。按“”即“或”字。其所从之“”乃“”或“”形之變。這與正字作“”或變作“”；共字作“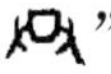”，又作“”；邦字作“”；又作“”是相同的變化。或作“”形，與中山器𧊒妾壺或字作“”形體相近。“”乃“火”字無疑問。字从或从火，應釋為“焃”。焃字見於《說文》火部。

［15］　聞

金文有字作：

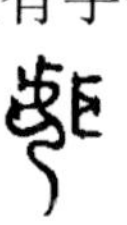 䖒爵

字从“”从“”，《金文編》隸作“䖒”，並以不識字列於虎部。按“”為耳字無疑。“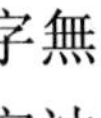”隸作“虎”則似有可商。試比較金文虎字及从虎之字可知，虎字寫法都與“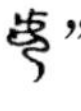”形有兩點很大的不同：一是“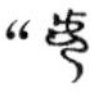”形下部呈彎曲跪跽形，這是虎字所不具備的；二是“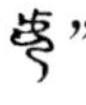”形有上舉之“手”，這也是與虎字極大的差距。而這兩個特點又恰恰是“人”形所具備的。所以我們懷疑“”形本像人形，最初寫作“”，兼有跪跽和手上舉兩個特點，口形寫作“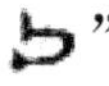”形與金文榃字作

“[古文字]”（日癸簋）“[古文字]”（𦥑壺）之人形所从之口寫法相同。至於“[古文字]”形上部寫作“[古文字]”，則應是“[古文字]”形穿透筆劃類化成“卢”形，或是訛變所致。金文聞字作“[古文字]”（利簋），人形上部也有“[古文字]”形筆劃，很可能與“[古文字]”形上部的演變相似。如果這一推論不誤，則“[古文字]”形應分析為从“[古文字]”从“耳”，字應釋為“聞”。䰟爵應改釋為聞爵。

［16］ 發

金文有字作下揭形：

[古文字] 弢簋 [古文字] [古文字] 簷平鐘

字从弓从攴，《金文編》隸作“弢”，以不識字列於攴部。按甲骨文發字作“[古文字]”“[古文字]”“[古文字]”“[古文字]”，①或从弓从攴，與上揭金文形體形同，故可知“[古文字]”“[古文字]”“[古文字]”也應釋“發”。弢簋之弢字用為人名，應改稱發簋，簷平鐘發字就讀為發，訓為越、揚。“善發叡考”應讀作“善發祖考”，《左傳·桓公元年》：“聲名以發之。”注：“發揚此德也。”

［17］ 苑

金文有字作：

[古文字] 大作大仲簋 [古文字] 揚簋 [古文字] 𦍌伯簋

舊釋“芻”“折”“茨”諸字。唐蘭先生亦釋芻，並謂大作大仲簋“[古文字]羍犅”應讀作“芻騂犅”，所指為芻養的騂犅。②按字从“[古文字]”即“艸”字，其作上下豎列形與金文菜字作“[古文字]”（格伯簋）相似。“[古文字]”形與手、又、欠諸字都有差距，所以釋芻、折、茨在形體上都有問題。考甲骨文智字作下揭形：

[古文字]《合》28804 [古文字]《合》29347 [古文字]《合》28962

其所从的夗字作“[古文字]”“[古文字]”“[古文字]”，與上揭金文“[古文字]”“[古文字]”“[古文字]”所從之“[古文字]”“[古文字]”“[古文字]”形體相同，應為一字，如此則上揭金文應釋為“苑”。《說文》“苑，所以養禽獸也。”大作大仲簋之“錫[古文字]羍犅”，即“錫苑羍犅”，

① 裘錫圭《釋“勿”“發”》，《中國語文研究》第2期，香港中文大學1981年。
② 唐蘭《西周青銅器銘文分代史徵》“大作大仲簋”，中華書局1986年。

“苑羊犅”指在苑囿中豢養的“赤色的牡牛”。而揚簋之“嗣”應讀為“司苑”，指管理苑囿的官吏，可能相當於《周禮》中的囿人。囿人掌“囿遊之獸禁，牧百獸。祭祀、喪紀、賓客、共其生獸、死獸之物”。大作大仲簋所錫之“苑羊犅”，很可能即用為祭祀的“犧牲”，𠂤伯簋之“歸”既可能是人名，也可能讀為“饋苑”，指賜予“苑囿”而言。

金文又有字作：

尊　　叔卣　　子簋

舊不識。按字从“止”或从“辵”或从“走”，古文字“止”“辵”“走”三字在用作“動符”時有時可以相通。所从之“”“”“”就應該是“苑”字。其中作“”形之“”，可與甲骨文智字作“”（《合》10194）“”（《合》30764），金文寶字作“”（臣辰卣）所从之“夗”形比較。其中作“”形之“”，可與甲骨文宛字作“”（《合》30268）、金文寶字作“”，夗字作“”（𡎚鼎）相比較，只不過“”形將甲骨文的“”形連寫在一起而已。所以上揭金文可隸作“䞣”“遈”“𣥺”，這三個字都不見於字書，很可能是苑字加動符繁化的異體。叔卣謂“賞叔鬱鬯白金牛”，銘中“牛”也應讀為“苑牛”，指苑囿中豢養的牛。

[18]　宛

金文有字作：

仲義父鼎

舊釋為“客”，《金文編》即列於宀部客字下。楊樹達先生釋為“宮”，認為字从“咎”得聲，“新𡪢”即“新宮”。[①]按字从“”形，與一般的客字不同，舊釋“客”於形無據。釋“𡪢”字讀為“宮”雖於義可通，但也存在問題：一是咎字從無寫成“”“”連接的形體，二是釋為“𡪢”再讀為“宮”稍嫌迂曲。按甲骨文𠮷字作：

《合》21864

① 楊樹達《積微居金文說》“仲義父鼎”，科學出版社 1985 年。

金文作：

 能匋尊

 □簋

字書無㚷字，㚷字應即在夗字上加口繁化的夗字異體。甲骨文有宛字作：

□《合》30268 □《屯》02636

所从夗字與上揭金文“□”所从之“□”形體完全一樣，可證金文“□”也應釋為“宛”。甲骨卜辭謂：

1 今日丁酉卜王其宛𣙗僼弗每。 《合》30268

2 庚申卜翌日辛王其宛□僼亡尤。 《屯》2636

“宛”字應讀為“館”，“宛𣙗僼”，“宛□僼”即“館𣙗僼”“館□僼”，“僼”乃王之別宮，“館於某”即駐蹕於某。仲義父鼎銘曰“仲義父乍新□寶鼎，其子子孫孫永寶用□”，“新□”即“新館”，意為新建之客館。

[19] 屒

金文有字作下揭形：

 師寰簋

从尸从爪，又寫作：

□ 應□鼎

所从之尸旁有一贅筆，與居簋居字作“□”，尸字也加一贅筆相似。又爪下多出一横。師寰簋這個字見於如下辭例：“率齊師、㠱、贅僰□左右虎臣征淮夷。”在新出的史密簋銘文中有與此相近的一句銘文：

史密右率族人、釐（萊）白（伯）、僰□，周伐長必。

從辭例和字形比較上看，史密簋的“□”字無疑就是師寰簋的“□”字，兩字應是一個字的異體。

又“□”字還見於永盂，在銘文中用為人名。

我們認為師寰簋的“□”應可以與戰國時期隨縣曾侯乙墓竹簡中的“⿸尸共”（殿）字比較。曾侯乙墓竹簡⿸尸共字作“□”[①]，从尸从爪从丌，字的上部與師寰簋的“□”字結構相同。漢代⿸尸共字作“□”，依然保持著與早期接近的構形。我們認為師寰簋的“□”字就是⿸尸共字，字从尸从爪，發展到戰國時加上“丌”旁，後世又累加動符“殳”作“殿”。加“丌”旁的原因有兩種可能：一種可能是“丌”旁為義符。古殿字有“鎮定”“安定”義，《詩・小雅・采菽》謂：“殿天子之邦。”《毛傳》：“殿，鎮也。”加“丌”旁大概會“安定”之意；一種可能是“丌”旁乃由“飾筆”發展而來。猶“其”字本作“□”，後在字下加一横作“□”，又加上兩點作“□”，最後兩小點豎起來就變成了“□”。巧的是應屃鼎的“□”字下部正好有一横，可能為由一横發展到从“丌”的過渡狀態。《廣韻》謂“軍前曰啟，軍後曰殿”。《左傳・襄公二十六年》“析公奔晉，晉人寘諸戎車之殿，以為謀主”。⿸尸爪字師寰簋从爪作，而史密簋从𠂤作，𠂤即師旅之師，从“師”正符合“軍後曰殿”的義訓。“⿸尸爪”和“⿸尸𠂤”在銘文中的用法以往皆認為是方國名，其實這個字讀為“殿”字更為合適。“史密右率族人、萊伯、僰殿，周伐長必”是說史密率領族人及萊國、僰國的軍隊作為殿軍秘密地攻伐長必。周字《說文》訓為“密”，《管子・樞言》：“故先王貴當、貴周。周者，不出於口，不見於色；一龍一蛇，一日五化之謂周。”這與師寰簋“率齊師、㠱、贅、僰殿左右虎臣征淮夷”一句文意也正符合。師寰簋銘將齊師、㠱、贅、僰與左右虎臣並列，曾使人不解，或認為這是一支成分混雜的部隊，就是因為將“⿸尸爪”誤為方國名的緣故。齊師、㠱、贅、僰為地方軍隊，左右虎臣為周王的禁衛軍，這與史密簋以史密右率族人、釐、僰為殿軍如出一轍，都是將地方軍隊和民兵跟在王朝軍隊之後。周朝代表周王，虎臣乃周師之精鋭，勇猛善戰，所以衝鋒在前。或謂這次戰役周朝並沒有派軍隊參戰，而只是派軍官參加，由“⿸尸爪”字的考釋即可知其不確。

［20］　油

吳王光鐘銘的最後兩句是：

《集成》224

① 裘錫圭《談談隨縣曾侯乙墓的文字資料》，《文物》1979年第7期。

以往的釋文都釋作“敬夙而光，沽沽兼兼。往已叔姬，虔（虔）敬命勿忘”。

銘文中“[illegible]”字舊釋為“沽”，以為乃湖之本字，這從字形上看似乎沒有問題，其實卻是錯誤的。“沽沽兼兼”從義訓上也不好講。

甲骨文“由”字作：

《合》557　　《屯》2691

从“由”的“胄”字作：

《合》36492

金文“由”字及从“由”之字作：

由　叝由方尊（《集成》5769）　遇甗（《集成》948）

珇[1]　彔卣（《集成》5419）　孚尊（《集成》6008）

胄　㝬簋（《集成》4167）　盂鼎（《集成》2839）

油　散氏盤（《集成》10176）

《金文編》將“由”“珇”釋為“古”，將“油”釋為“沽”都是錯誤的。

戰國楚鄂君啟節有字作：

《集成》12113

舊釋為“沽”，後經陳偉先生改釋為“油”，指出“油”即“淯水”，[2]目前已成定論。

戰國包山楚簡“郵”和“軸”（胄字異體）分別作：[3]

郵　簡67　簡186　簡153

軸　簡269　簡270　牘1

① 林澐《新版〈金文編〉正編部分釋字商榷》，1990年江蘇太倉古文字學年會論文。
② 陳偉《鄂君啟節之“鄂”地探討》，《江漢考古》，1982年第2期。
③ 白於藍《包山楚簡文字編》，吉林大學碩士學位論文，1992年。

通過形體比較可知，“由”字上部既可寫作圓點狀，也可寫成一橫，下部所从之“口”既有空心的，也有加一點的，所以吳王光鐘銘的“□”字也就可以釋為“油”。

古文字中的“由”與“古”兩字時有相混的情況，典籍中亦有例證。睡虎地秦簡中“車軲”“複結衣”之“軲”和“結”舊隸作“軲”和“結”，解釋起來甚感牽強。後改釋為“軸”和“紬”，則渙然冰釋。[①]

銘文“油油羕羕”即“油油洋洋”。

“油油”與“洋洋”乃一聲之轉，詞義相近。《詩・衛風・碩人》“河水洋洋”，劉向《楚辭・九歌・惜賢》王注引作“河水油油”。“油油”典籍又作“悠悠”“攸攸”“遙遙”“搖搖”“慆慆”“憂憂”“怞怞”。“洋洋”又作“養養”，本字作“恙”，《說文》“恙，憂也”。“油油洋洋”即“悠悠洋洋”，《爾雅・釋訓》“悠悠、洋洋，思也”。

吳王光鐘銘“敬夙（肅）而（爾）光，油油羕羕。往已叔姬，虔（虔）敬命勿忘”。兩句大意是說吳王光囑咐女兒要愛惜榮譽，永懷思念，永遠恭敬。

［21］　集

《考古》1964 年第 8 期載有《1962 年安陽大司空村發掘簡報》一文，文中披露了一件觶的銘文：

《集成》6450

原簡報釋此銘文為“朩小集母乙”。據筆者所見，之後凡徵引到該銘文的著述，釋文都一如簡報。只有徐中舒先生主編的《殷周金文集錄》，雖然正文中的釋文也與簡報相同，但在書後索引中，卻將器銘隸寫作“朩雧母乙”。高明先生《古文字類編》（二二七頁）、《金文編》（二六四頁）等字編都摹作“□”形，釋為“集”而列在“集”字下。

釋“□”為“集”看去似乎沒有問題，其實卻是不完善的，原因是此形體並非全形。字本應作“□”，上部之“小”也是字的組成部分，不應割裂。從銘文看，“小”字不占一字的位置，三點均勻分佈在“雧”字上，與“雧”構成一個整體。所以《殷周金文集錄》在索引中將字隸作“雧”雖然可能並非有意，如

① 李學勤《秦簡的古文字考察》，載《雲夢秦簡研究》，中華書局 1981 年。

今看來卻是正確的。將“[illegible]”割裂成“小”和“[illegible]”與將“[illegible]”（埜）割裂成“[illegible]”和“[illegible]”（《金文編》四〇五、六五一頁）；[1]將“[illegible]”（鶩）割裂成“[illegible]”（同上二五九頁）；[2]將“[illegible]”（牧）割裂成“[illegible]”和“[illegible]”（同上二六一頁、一一三七頁）[3]情況類似。

《說文》：“雧，群鳥在木上也。从雥从木，集，雧或省。”從古文字看，集字很早就从“隹”作，雥、隹乃一字的繁簡不同寫法，所以“雧”字的結構可以分析為从“木”从“雀”。

本从“隹”的集字為何从“雀”呢？

《說文》：“隹，鳥之短尾總名也。”又：“雀，依人小鳥也。”“隹”和“雀”在“鳥”這一點上意義相同，故當在古文字中用為義符時兩者可以相通。古文字中“隻”字本从“隹”，金文隻字則从“雀”作：

哀成弔鼎（《集成》2782）

本从“隻”的鑊字或从“雀”作：

哀成弔鼎（《集成》2782）

《說文》認為“奮”字从“隹”，金文从“隹”作：

令鼎（《集成》2803）

秦簡“奮”从“雀”作：

《睡編》五四頁

《說文》認為“奪”字从“隹”，金文則可从“雀”作：

奪壺（《集成》9592）

秦簡“奪”字既可从“隹”作，也可从“雀”作：

① 林澐《新版〈金文編〉正編部分釋字商榷》，1990年江蘇太倉古文字學年會論文。

② 張亞初《商周金文疑難字研究》，1990年江蘇太倉古文字學年會論文。

③ 林澐《新版〈金文編〉正編部分釋字商榷》，1990年江蘇太倉古文字學年會論文。

　　　　《睡編》五四頁

可見“隹”“雀”二旁在古文字中確可相通。

今後古文字字編一類的書應摹錄“”形，釋為“集”並列在“集”字下。

最後附帶談一下“集”字的一個義項。

“集”字本像鳥落在樹上之形，故應有“落”、“落下”、“降下”之義。以《詩經》為例，《詩・周南・葛覃》“黃鳥于飛，集于灌木”，《唐風・鴇羽》“肅肅鴇羽，集于蒼栩”，《小雅・黃鳥》“黃鳥黃鳥，無集于穀”，《周頌・小毖》“未堪家多難，予又集于蓼”，《小雅・鴻雁》“鴻雁于飛，集于中澤”。以上詩句中之“集”字《毛傳》《鄭箋》或訓為“止”，或訓為“會”，皆不夠準確。其實應訓為“落”才是。《小雅・頍弁》“如彼雨雪，先集維霰”，孔疏訓“集”為“集聚”，亦非是。此“集”亦“落”義。《淮南子・說山》“雨之集無能霑，待其止而能濡”，高誘注：“集，下也。”“下”即“落”也，其用法與“先集維霰”之“集”同。《大雅・大明》“天監在下，有命既集”，《毛傳》：“集，就也。”按訓“集”為“就”非是，此“集”亦“降下”之義。“下”“集”對文，“集”亦“下”也。西周金文毛公鼎銘“唯天將集乎命”之“集”正用為“降下”之義。

“集”字的“落”、“降下”之義在中古語詞中亦多見，以《搜神記》為例，如卷十一“小黃令”條謂：“時屬縣大蝗，野無生草，過小黃界，飛逝不集。”又卷十八：“樹神黃祖”條謂“有鯉魚數十頭，飛集堂下。”又卷一“葛玄”條謂：“乃嗽口中飯，盡變大蜂數百，皆集客身，亦不螫人。”文中“集”字皆“落下”之義。目前幾種大型字典詞典對“集”字的“落”、“降下”這一義項居然失收，是不應有的疏忽。

［22］　慍

《文物》1993年一期刊有《湖南省岳陽縣鳳形嘴山一號墓發掘簡報》一文。文中披露了1986年在岳陽縣筻口鎮蓮花塘村鳳形嘴山出土的三件銅器。其中一件盞器蓋和器身內壁均鑄有相同的銘文八字，其銘文如下：（據報告所附照片和拓本摹錄，因拓本不清，銘中“乍”“盂”二字所摹不甚準確）：

器自名“盞盂”，與楚王子申盞盂相同。銘文第一字報告隸定作“慁”。按

字从“□”从“□”，“□”為“心”字確切無疑，但將“□”釋為“函”卻是受舊說的影響，所釋未得正解。在改釋“□”字之前，先要對“□”字的形體來源作些分析。

甲骨文有字作如下之形：

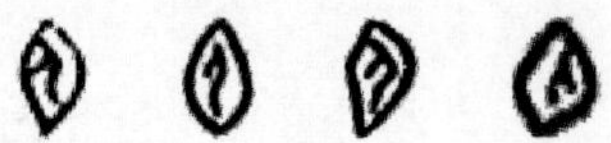

見《甲骨文編》第三八一頁、《綜類》第一三頁 2901 號、《類纂》上冊第三八一三九頁。《甲骨文編》採用商承祚說釋為“勽”，是錯誤的。劉啟益和劉桓兩位先生認為字應釋為“囚”（昷）[①]，可謂慧眼獨具，一釋中的。“□”應即“昷”字所从之“囚”，後分化出“昷”，又孳乳出“溫”“蘊”“煴”“慍”諸字。“□”應該是“蘊”字的本字，《詩·小雅·小宛》：“人之齊聖，飲酒溫克。”孔穎達疏：“蘊藉者，定本及箋作溫字，舒瑗云：苞裹曰蘊，謂蘊藉自持含容之義。”“□”正像有所包容之象。“□”在卜辭中皆用為地名，是指殷田獵地中的一個苑囿，其地就相當於今日的河南溫縣。

金文有字作：

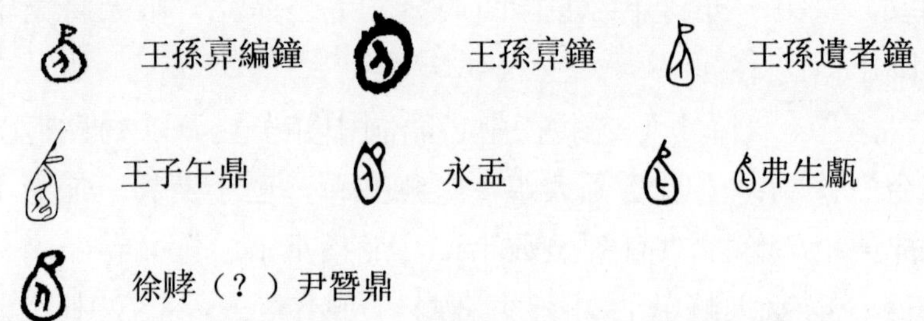

字从㔾从人，舊多誤隸作圅，讀為“宏”。這個字與下列金文韔字形體很接近：

但是細加觀察就會發現：韔字本像盛有弓的弓衣，故从“㔾”从“弓”，與前列金文从“㔾”从“人”的結構不同。韔字舊釋為“宏”，現在看來也是錯誤的。[②]

① 參見劉啟益《釋□》，1989 年殷墟甲骨文發現 90 周年國際討論會論文（河南安陽）；劉桓《殷契新釋》，河北教育出版社 1989 年。

② 關於韔字的考釋見裘錫圭、李家浩《曾侯乙墓竹簡釋文與考釋》注（14），文載《曾侯乙墓》，文物出版社 1989 年。

□弗生甗的“□”字中間類似从“刀”。古文字中的“人”“刀”二形經常相亂，“□”所从之“□”不過是“人”形之變。王孫弄編鐘的“□”字劉桓先生認為即“昷”字，其說極是。[①]“□”即來源自甲骨文的“□”形，而與王孫弄編鐘“□”同為一字的金文其他形體，卻從甲骨文的“□”形變為从“𠚤”作“□”“□”“□”“□”等形。這一變化應該是一種“變形音化”。古文字中一些象形字或會意字，在形體演變中因受音化趨向的影響，常將構形的一部分人為地改造成與這一部分構形形體接近並且與整個字的聲音相近的某個形態。如“甫”字發展到金文改為从“父”得聲，“喪”字發展到金文改為从“亡”得聲，就是兩個典型的例子。“囚”（昷）由甲骨文作“□”發展到金文作“□”，可能就是將“□”改造為與其形體接近並可標示囚（昷）字讀音的“□”字所致。古音“昷”在影紐文部，𠚤（圅）在匣紐侵部，聲皆為喉音，韻為旁轉，所以“囚”（昷）可以用“𠚤”來標示讀音。不過“囚”（昷）字也有可能本來就是从“𠚤”的，甲骨文作“□”只是省去了“圅”所从像“套環”的部位，是一種簡省的寫法。古文字中有些字在甲骨文中的寫法往往比在金文中的寫法還要簡省，這是由於甲骨文相對金文來說是一種俗體的原因。[②]這種俗體與正體在字體時代上的早晚有時並不表明文字構形的早晚。如歲字甲骨文多作“□”，金文多作“□”，甲骨文歲字中的兩點，顯然是金文歲字所从兩個“止”形的省略。囚（昷）字金文作“□”，甲骨文作“□”，反映的可能也是這種字體的早晚和字形結構的早晚正好相反的關係。如果囚（昷）字本來就从“𠚤”作，則“𠚤”字既是義符，同時也可能起著標音的作用。這與古文字“受”字从“舟”作，“舟”既是表示“授受之物”的義符，同時也標示“受”字讀音的構形原理如出一轍。

上引□弗生甗的“□”字和永盂的“□”字在銘文中皆用為姓氏字，應讀作“溫”姓之“溫”。《廣韻》上平聲魂韻：“溫，又姓，唐叔虞之後，受封於河內溫，因以命氏。”□弗生甗的“□弗生”即“溫弗生”，永盂的“鄭司徒□父”即“鄭司徒溫父”。

上引王孫遺者鐘、王子午鼎和王孫弄鐘都有一句相同的成語“□䫉（恭）𤔲（胡）屖（遲）”。“𤔲（胡）屖（遲）”學者多讀作“舒遲”，似可信。“舒遲”乃形容儀態安柔閒雅之詞。“□䫉（恭）”即“溫恭”。《詩·邶風·燕燕》：“終溫且惠，淑慎其身。”鄭玄箋：“溫，謂顏色和也。”《禮記·曲禮》：“是

① 劉桓《殷契新釋》，河北教育出版社1989年。

② 關於正體與俗體的問題，參見裘錫圭《殷周古代文字における正體と俗體》，《中國古文字と殷周文化》，日本東方書店1989年。

以君子恭敬撙節退讓以明禮。”鄭注：“在貌曰恭，在心為敬。”《詩・小雅・小宛》：“溫溫恭人，如集于木。”《詩・大雅・抑》：“溫溫恭人，維德之基。”《詩・小雅・賓之初筵》：“賓之初筵，溫溫其恭。”按“溫溫其恭”猶言“溫恭之人”，“溫溫其恭”也就是“溫恭”。又《詩・商頌・那》：“溫恭朝夕，執事是恪。”凡此均可證“囨恭”即“溫恭”、“囨龏（恭）䟗（胡）屖（遲）”當讀作“溫恭舒遲”。

上引徐䊁（？）尹朁鼎謂“□良聖每（敏）”，“□良”即“溫良”。《論語・學而》：“子貢曰：夫子溫良恭儉讓以得之。”《漢書・兒寬傳》：“寬為人溫良，有廉知自將。”《漢書・匡衡傳》：“仁愛溫良者戒於無斷。”凡此均為“□良”即“溫良”之證。

分析至此，前引“□兒盞”的“□”字自然也就不難認識了。字所从之“□”無疑就是“囨”（𥁕）字，所以字應該釋為“慍”。慍字見於《說文》心部，在銘文中用為名字。“慍兒”之“兒”乃詞尾附加語，表示一種尊敬或愛意。徐器庚兒鼎、沇兒鎛和楚器𦮼兒罍中的“兒”字用法與此相同。這與“子”字有時作為附加語表示尊敬意類似。“□兒盞”應正式稱為“慍兒盞”。

最後附帶談一下楚簡中的“囨”（𥁕）字和“炅”（煴）字。

《包山》二六〇號簡有一句說：

一奠（鄭）弓，一紛畬夬□。

我們在《包山楚簡文字考釋》一文中，曾將簡文中的“□”字釋為“𥁕”。[①]簡文“紛”字是指某種紋飾，《周禮・春官・司几筵》：“凡大朝覲、大饗射，凡封國，命諸侯，王位設黼依，依前南鄉，設莞筵紛純，加繅席畫純，加次席黼純，左右玉几。”鄭玄注：“鄭司農云：紛讀為豳，又讀為‘和粉’之粉，謂白繡也。”孫詒讓《正義》謂“鄭司農云‘紛讀為豳’者，段玉裁云‘豳與份、彬、彪三字同，文皃。……’。”“畬”字當讀作“繪”，《說文》：“繪，會五彩繡也。”字又作“繢”，《論語・八佾》“繪事後素”，陸德明《釋文》“繪本又作繢”。《周禮・春官・司几筵》：“諸侯祭祀席，蒲筵繢純，加莞席紛純，右彫几。”鄭玄注“繢，畫文也。”《韻會》十一隊引《說文》“繢，織餘也，一曰畫也”。“紛畬”一詞又見於信陽楚簡：

……一兩鞄（？）屨，紫緯之納，紛純、紛會。（簡二—二〇八）

① 《包山楚簡文字考釋》，中國古文字研究會第九屆年會論文（1992 年南京），文載香港大學亞洲研究中心《東方文化》，1998 年。

簡文中的“紛純”即《周禮·春官·司几筵》的“紛純”，“紛會”即包山楚簡的“紛繪”。“夬昷”的“夬”字應讀作“袂”。《玉篇》：“袂，彌鋭切，袖也。”“袂”在此是指“射韝”，即射箭時套在左臂上起“遂弦”和“蔽膚斂衣”作用的皮“套袖”。《説文》：“韝，射臂決也。”“射臂決”即“射臂袂”。《玉篇》：“韝，古侯切，結也，臂遝也。”《太平御覽》卷三五〇引《説文》作“韝，射臂揹也”。“臂揹”即“臂遝”。“遝”“揹”即今言“套”也。又《文選·李少卿答蘇武書》“韋韝毳幙，以禦風雨”。注引《説文》作“韝，臂衣也”。字書从“昷”的字皆有“藴藏”“包含”之義，如“韞”字《集韻》上聲隱韻訓為“藏”，《集韻》平聲魂韻又訓為“韣”，而“韣”字《玉篇》謂“弓衣也，韜也”。“韜”即“套”也。又“褞”字《集韻》上聲隱韻亦訓為“衣”。“袂昷”猶言“袖衣”或“袖套”。

“韝”典籍又稱“遂”，《儀禮·大射禮》：“司射適次，袒決、遂。”鄭玄注：“遂，韝射也，以朱韋為之，著左臂，所以遂弦也。”又稱“捍”，《禮記·內則》：“右佩玦、捍、管、遰、大觿、木燧。”鄭玄注：“捍，謂拾也，言可以捍弦也。”又稱“拾”，《禮記·曲禮》：“野外軍中無摯，以纓、拾、矢可也。”鄭玄注：“拾謂射韝。”孫詒讓《周禮正義》卷六十一曰：“凡拾、遂、韝、捍，四者同物，韝為凡袒時蔽膚斂衣之通名，《史記·滑稽列傳》云‘帣韝鞠𦛗’，又《張敖傳》云‘朝夕袒蔽上食’是也。其射時著之，取其捍弦，故謂之捍；亦取其遂弦，故又謂之遂。非射時，則無取捍遂之義，故謂之拾。”簡文“一紛繪夬（袂）昷（韞或褞）”是指“一個繪有紋飾的皮套袖”。典籍“弓”“韝”有時連言，《管子·戒》“桓公明日弋在廪，管仲隰朋朝，公望二子，弛弓脱釺而迎之曰”，“釺”即“捍”，也即韝也，這與簡文先言“奠（鄭）弓”，緊接言“夬（袂）昷（韞或褞）”相同。

曾侯乙墓竹簡有兩條簡在記錄車馬器時提到了“𤇾韋之鞌”和“𤇾鞌”：

> 㡊（錦）之扂，□錄（綠）之箮（席），衡扂（軛），顯（韅）鞅，鞁䡊，紫錄（綠）之縈。韋之鞌，豻䌛，紫繡之𢿢。□紳，豻雺，兩馬之革轡，黃金之勒。　　（簡六六）
>
> □顯（韅）鞅，削紫錄（綠）之鞅。鞌，虤（虎）蓫之䌛。䑋鞅，兩馬之轡，鋊賠。　　（簡九八）

裘錫圭、李家浩兩位先生在《曾侯乙墓竹簡釋文與考釋》一文中指出九八號簡的“𤇾鞌”即六六號簡的“𤇾韋之鞌”，同時指出“鞌”“鞌”應讀為“鞍”，其説皆是。但是將“”“”隸定作“㲋”則不妥。此字不從角，“”

“[illegible]”即“昷”字。字从火从昷，當釋為“煴”。煴字見於《說文》火部，在簡文中當讀作“緼”。“緼”義為赤黄色，或稱淺紅色。《禮記·玉藻》“一命緼韍幽衡”，鄭玄注“緼，赤黄之間色，所謂韎也”。《說文》“韎，茅蒐染韋也，一入曰韎”。“一入”意為“染一次”，即色之最淺者。緼典籍又作“縓”。《說文》“縓，帛赤黄色，一染謂之縓”。段注“《玉藻》之溫韍即韎韐也。溫即縓之叚借字也。韎，亦謂之縓”。古人常用染草將帛和韋染上顏色，《周禮·地官·掌染草》謂“掌以春秋斂染草之物”，鄭玄注“染草，茅蒐、橐蘆、豕首、紫茢之屬”。茅蒐今言“茜草”，緼色（赤黄色或淺紅色）就是用“茜草”染成的，《左傳·成公十六年》“方事之殷也，有韎韋之跗注，君子也”。楊伯峻《春秋左傳注》謂“韎音妹，赤黄色，韋，柔牛皮”。此所言“韎韋”，也就是簡文中“煴（緼）韋之䡩（鞍）”的“煴（緼）韋”，簡文“煴（緼）韋之䡩（鞍）”和“煴（緼）䩕（鞍）”，是指用茜草染成的淺紅色的皮革做成的鞍。

[23] 溺

王孫遺者鐘，清光緒十年（1884）出土於湖北荆州宜都縣城西二十多里的山中，現藏美國三藩市亞洲美術博物館。該器被多種金文著錄書收錄，《集成》編號為261。其銘文如下：（通假字直接釋出）

> 唯正月初吉丁亥，王孫遺者擇其吉金自作和鐘，中翰且揚，元鳴孔皇，用享以孝，于我皇祖文考，用祈眉壽，余溫恭舒遲，畏忌翼翼，肅慎聖武，惠于政德，淑于威儀，謀猷丕飾，闌闌和鐘，用宴以喜，用樂嘉賓父兄，及我朋友。余任以心，延永余德，和[illegible]民人，余敷旬于國，皇皇熙熙，萬年無期，世萬孫子永保鼓之。

文中“和[illegible]民人”一句中的“[illegible]”字以往作為不識字，主要有三種隸定：

1. 沴　　2. 弜　　3. 黎

對此字的考釋以往雖然有多種說法，但都不能令人相信。1998年廖名春先生在《楚文字考釋三則》一文中，指出此字與見於包山楚簡和郭店楚簡的“溺”字寫法相近，也應該釋為“溺”[1]。從此字形體和其在文中的用法來看，這一考釋無疑是正確的。

① 廖名春《楚文字考釋三則》，《吉林大學古籍整理研究所建所十五周年紀念文集》，吉林大學出版社1998年。

包山楚簡和郭店楚簡的“溺”字作如下之形：

比較可知兩者的形體的確十分接近。

關於“[illegible]”字的結構，以往大都將其隸定作“[illegible]”，誤以為此字从“参”作，由此誤導出了錯誤的解釋。廖名春先生指出字所从的“彡”像尿水的形象，應該是比較可信的說法。其實以往的考釋諸家忽視了“[illegible]”字本來就是“尿”的本字，這個字見於甲骨文，作“[illegible]”，唐蘭先生很早就將此字釋為“尿”，如今看來應該是正確的。“溺”“尿”音義皆同，本為一字之分化，“[illegible]”字从“尿”的本字“[illegible]”，从“水”為累加的義符，左邊的“[illegible]”是“人”字，也是累加的義符。因為古文字中的“人”、“尸”、“弓”三者經常相混，所以左邊有時寫成从“人”，有時寫成从“尸”，有時又寫成像“弓”。

關於王孫遺者鐘“[illegible]”字在銘文中的用法，廖名春先生認為當讀為“淑”，他說：

> “溺”讀若“淑”。《詩·周南·汝墳》：“惄如調饑。”陸德明《經典釋文》：“惄，《韓詩》作‘愵’。”《說文》亦曰：“愵，讀若惄。”“愵”“惄”可互作，“溺”自然也可以讀若“淑”。《爾雅·釋詁上》：“淑，善也。”《詩·曹風·鳲鳩》：“淑人君子，其儀一兮。”鄭玄注：“淑，善也。”鐘銘曰：“和溺民人。”即和淑民人，和善民人，意與《孝經·諸侯》章“和其民人”同。

按讀“和溺民人”為“和淑民人”從文意上看沒有問題，但是傳世典籍從無“和淑”一詞，“和溺”還應該有另外更合適的解釋。我們認為“和溺”應該讀為“和弱”。“溺”从“弱”聲，“溺”“弱”可以相通，郭店楚簡《老子》甲本“骨溺筋柔而捉固”，“溺”即借為“弱”。“和弱”乃“調和抑制”之意。《淮南子·原道》：“是故聖人將養其神，和弱其氣，平夷其形，而與道沉浮俯仰。”將“和弱”的“調和抑制”意按之銘文的“和弱民人”，文意十分合適。

最後連帶談談見於戰國古璽的兩個“溺”字。澳門蕭春源先生編有《珍秦齋藏印》一書，書中編號99和266分別收有下列兩方私印：

兩方印釋文皆隸定作“滲”，其中編號 99 之印釋文下的注釋謂“此字已見春秋時之王孫遺者鐘(《金文總集》7175)，字書未收此字”。

按釋文下注釋謂“此字已見於王孫遺者鐘”甚是，但謂“字書未收此字”則不確。其實這兩個字也都應該釋為“溺”。

[24] 谻

《集成》11578 號著錄一件劍，銘文如下：

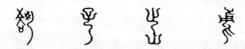

“”字不見於以往的古文字資料，需稍加考釋。

“”字从“”从“丮”，“”即“谷”字，後世又隸作“𧮫”。字从“谷”从“丮”，應釋為“谻”。《說文·丮部》：“谻，相踦之也。从丮谷聲。”“谻”字後世字書中又訛作“郤”“𠕒”“卻”。

“谻”所从之“谷”是個以往瞭解不夠的形體，下面試分析一下其形體演變。

金文有字作：

 九年衛鼎 《集成》2831

《金文編》隸作“吝”，列於口部。林澐先生曾指出此“”即“谷”字，[①] 其說極是。《說文》：“谷，口上阿也。从口，上象其理。㗁，谷或如此，臄，或从肉从豦。”

子婚壺有“婚”字作：

《集成》9559

所从之“”亦“谷”字，字从“女”从“谷”，可隸作“㛪”。“㛪”字不見於字書。

《包山》有“㙮”字作：

 簡 170

① 林澐《新版〈金文編〉正編部分釋字商榷》，1990 年江蘇太倉古文字學年會論文。

字亦見於銀雀山漢簡《孫臏兵法》，作：

《篆表》一七一六頁

字用為“天隙”之“隙”。古“谷”“㡭”音近可通，此“㟋”應即“隙”之異體。

馬王堆漢墓帛書《足臂十一脈灸經》“胠”字寫作：

同上二六七頁

字从“肉”“谷”聲。

銀雀山漢簡“胠”字作：

同上二六六頁

所从“谷”字與馬王堆帛書《老子》甲本“谷”字作“谷”類似，形體已經發生訛變，並為小篆所本。

睡虎地秦簡“卻”“郤”“腳”字分別作：

卻　　郤　　腳

其中“腳”所从之“谷”已類化為“去”，故“卻”“腳”二字經隸定後又可寫作“却”和“脚”。“𧮫”可類化為“去”，是因為“𧮫”“去”二字形音皆近的緣故。

馬王堆帛書的“卻”字作：

《老子》乙本卷前古佚書

《春秋事語》

《縱橫家書》　　《篆表》六四二、六四三頁

其中《春秋事語》的“卻”字也變得近似从“去”，而《縱橫家書》的“卻”字則增加了一個“彳”旁，所从之“谷”字訛變得類似“吝”字。“谷”“吝”二字後世都可俗書作“厺”，正說明了二者形近易混的狀況。隸變後的“𧮫”字可俗書作“厺”，“卻”則作“𨚗”，所从之“ㅂ”變作“厶”形，這與“㕣”字隸變後俗書作“厶”的變化相同。

“谷”字經隸變後大部分類化作“谷”，字形與“山谷”之“谷”混同，個別的類化作“去”，如“腳”類化作“胠”，使一般的人已不知其本从“谷”聲。

“谻子之用”之“谻”應讀作“郤”姓之“郤”。《廣韻·陌韻》：“郤，姓，出濟陰、河南二望。《左傳》晉有大夫郤獻子。俗從‘𠫓’。”

[25] 羙

郭店楚簡中有一個字作為偏旁出現在許多合體字中，共有以下 4 種組合：

1 从言 a b c d

2 从水 a b

3 从攴 a b

4 从戈或从戈从口 a b c d

在包山楚簡中，這個字還有从“刀”和从“邑”的兩種組合，這兩種組合因其用法尚不清楚，故在這裏暫不論列。

這個字的下部有許多變體，或从“人”形（4d），或从類似“大”或“矢”之形（3a、3b，古文字中人、大二形在用為表意偏旁時常可以互換，而大、矢二字在古文字中又常常互訛），或从“又”（1c）和“廾”（1d，古文字中又、廾二旁可通），或从“口”（4a、4b、4c，古文字中“又”“廾”“口”三個偏旁有時是作為可以累增的“羨符”出現的，多數情況下並不影響字的字音和字義）。2 所从的一豎筆兩側向上的斜筆因筆劃割裂的原因個別的變成了點。這個字雖然下部變體很多，但是其上部作“”“”“”形則一般不變。其下部的多種變體應該是在發展演變中產生的訛變或類化。以下為討論的方便，我們據 3 的寫法將這個下部有多種變體的字統一隸定作“羙”。1 在簡文中用為“察”，這種从“言”的形體還多見於包山楚簡的法律文書，讀為“察”亦非常合適。2 在簡文中用為“淺”。三體石經引“踐”字古文作“”，所从之“”與楚簡“”所从的“”無疑應該就是一個字，可見“羙”確實可以用為“戔”。《璽彙》3982 號璽有字作“”，舊釋為“濮”，其實這個字也應該釋為“淺”。3 从攴，在簡文中用為“竊”，《古文四聲韻》卷五·十二引《義雲章》竊字作“”，字亦从攴作。相同的字形還見於包山楚簡，从米作“”，亦用為“竊”。4 在簡文中讀為“察”亦文通字順。因為上引 1、2、3 諸字的讀法有內容相同的帛書或傳世典籍的對照，可以肯定是確切無疑的。

這個可用為“察”“淺”“竊”三個字聲旁的“𢍏”究竟是什麼字呢？因為其形體與“察”“淺”“竊”三個字都無關係，所以顯然只是一個用作聲符的借音字。從這一角度出發，我們推測這個字有可能就是“䇂”字的變體。“䇂”本為“辛”字的分化字。古文字中从“辛”或从與“辛”類似形體的字，其上部在發展演變中都變為“ ”或“ ”，這一點與上引“𢍏”字的特徵正相符。“䇂”字古音在溪紐元部，與精紐元部的“淺”和清紐月部的“察”音都不遠，而“竊”字在典籍中又分別可與“察”和“淺”相通。正因為“䇂”與“察”“淺”“竊”三個字音都可通，所以“䇂”字的變體也就自然可以分別用為“察”“淺”“竊”的聲旁。

上邊分析了郭店楚簡中的“𢍏”字，以下讓我們再來看金文中的一個字。

《金文編》“撲”字下列有三個形體（以下所引辭例中該字用“△”號代替）：

1　　　𤔲鐘　　△伐厥都

2　　　散氏盤　　用夨△散邑

3　　　兮甲盤　　則即刑，△伐

其中兮甲盤的“ ”字《金文編》摹寫有誤。細審拓本會發現，右側尚有殘存筆劃。清人吳大澂在《說文古籀補》中將其隸定作“ ”，可以說是最接近事實的摹法。戴家祥先生主編的《金文大字典》認為殘存的筆劃是“斤”，所以將字隸定作“𣂔”。其實這個字還見於禹鼎，因為字形模糊而不被《金文編》收錄，《金文大字典》摹作：

4　　　禹鼎　　△伐噩侯馭方

細審拓本，這一摹法也有問題。此字左側還有筆劃，正確的摹法應是：

其下部是否還从“廾”，因拓本不清暫時還難以斷定。再反觀兮甲盤的“ ”字，右側被《金文編》遺漏的筆劃很可能也是“刀”而並非是“斤”，其

準確的寫法應作：

從構形上看，兮甲盤的“”字和禹鼎的“”字應該是一個字的不同寫法。

以上所引1、2、3三個形體學術界一直都釋為“撲”而無不同意見，認為㝬鐘和兮甲盤的“撲伐”就是見於《詩經・小雅・出車》“薄伐西戎”的“薄伐”。其實這種解釋是有疑問的。首先，將从“戈”的“”直接釋為从“手”的“撲”只是從文意出發的推測，字形上的根據並不充分。其次，《詩經》中的“薄伐”在金文中作“博伐”（虢季子白盤），是擊伐（博通搏，《廣雅・釋詁》三：“擊也。”）或迫伐（博通薄，《楚辭・九章・涉江》：“腥臊並御，芳不得薄兮。”洪興祖補注：“薄，迫也，逼近之意。”）的意思。古音“菐”在屋部，“甫”在魚部，韻尚有一定距離，“撲伐”很難說就等於“薄伐”。所以“撲伐”實際上並不見於典籍。第三，釋“”為“撲”無法讀通散氏盤銘文。散氏盤謂“用矢䃒散邑”，一些學者將“䃒”解釋為“侵伐”，顯然是望文生訓。或解釋為“侵奪”以迎合文意，同樣有“增字解經”之嫌，不足取信於人。以上種種跡象表明，將“△伐”釋為“撲伐”非常可疑。

換個角度思考，我們認為“△伐”之“△”所从的“菐”其實並不是“菐”字，而是另外一個字。這個字就是上邊論證過的楚簡中的“𠦪”字。郭店楚簡的“𠦪”字作“”，與“△伐”的“△”所从之“”形體相同。又从“廾”作“”，與㝬鐘之“”、兮甲盤之“”从“廾”相同。又从戈作“”，與㝬鐘之“”、散氏盤之“”从戈相同。包山楚簡又有从刀作的“”，與兮甲盤之“”和禹鼎之“”从“刀”作也相同。這些現象都說明金文“△伐”之“△”與郭店楚簡的“𠦪”形體上確實存在著關係，兩者很可能就是一個字。如果按照這一推測，則上引金文諸字應分別隸定作“𢧵”（㝬鐘、散氏盤）“𠞰”（兮甲盤）“𠟭”（禹鼎）。

前邊談到“𠦪”字在郭店楚簡中只是一個借音字，分別用作“察”“淺”“竊”三個字的聲旁，在金文“𢧵”“𠞰”“𠟭”諸字中，“𠦪”顯然也是用作聲旁的，而“戈”和“刀”則無疑是義符。在郭店楚簡的“㳊（淺）”字中，“𠦪”就相當於“戔”。從這一角度出發，我們認為金文“△伐”的“△”字就應該讀為“踐”。“△伐”就是“踐伐”或“剗伐”，而“踐伐”或“剗伐”也就是“翦伐”。古“踐”通“翦”，《呂氏春秋・古樂》：“成王立，殷民反，王命周公踐伐之。”高亨《呂氏春秋新箋》認為“踐伐”即“翦伐”。《禮記·文王世子》：“不翦其類也。”《周禮·天官·甸師》鄭玄注引“翦”作踐。《呂氏春秋·制樂》：“此文王之所以止殃翦妖也。”《韓詩外傳》三“翦”作踐。“剗”亦通“翦”，《詩·召南·甘棠》：“勿翦勿伐。”《釋文》：“翦，《韓詩》作剗。”“翦伐”之“翦”又通作“戩”，《詩·魯頌·閟宮》：“實始翦商。”《說文》引“翦”作“戩”。翦字《廣韻·獮韻》謂：“截也，殺也。”剗字《廣雅·釋詁》三謂：“削也。”《小爾雅·廣詁》謂：“滅也。”戩字《說文·戈部》亦謂：“滅也”。翦字和戩字古音都在精紐元部，剗字古音在清紐元部，這三個字音義皆近，顯然是一組同源詞。戩字从戈，剗和翦字从刀，這與金文“△伐”之“△”或从戈作“𢧅”，或从刀作“𠟭”“𠞰”正好對應。這從字形角度也證明了讀金文“△伐”為“翦伐”的合理性。

“翦伐”不是一般的擊伐，而帶有斬盡殺絕的意味。《尚書·蔡仲之命》：“成王既踐奄，將遷其君於蒲姑。”孔安國傳：“已滅奄，而徙其君及人臣之惡者於蒲姑。”《尚書大傳》卷四：“‘遂踐奄’，踐之云者，謂殺其身，執其家，瀦其宮。”禹鼎銘文說：“王乃命西六師、殷八師曰：𠟭（翦）伐噩侯馭方，勿遺壽幼。”所謂“勿遺壽幼”，正是斬盡殺絕的意思，可以作“翦伐”的最好注腳。綜上所述，可見將㝬鐘銘文的“△伐厥都”、兮甲盤銘文的“則即刑，△伐”、禹鼎銘文的“△伐噩侯馭方”中的“△伐”讀作“翦伐”，是非常合理並合適的考釋。

散氏盤銘文中的“用矢△散邑”的“𢦚”字該如何解釋呢？前邊提到將此銘文中的“𢦚”字解釋為“擊伐”或“侵奪”的說法都是錯誤的。郭沫若先生雖然已意識到將“𢦚”釋為“擊”在銘文中講不通，但他認為“𢦚”字从“業”，借為“業”並解釋為“營業”之意的說法也不可信。[①]西周銅器銘文表明，西周貴族在轉移土地的佔有權或使用權時，首先要察驗和踏勘田界。這種踏勘田界的行為在銅器銘文中被稱做“履”。[②]這種用法的“履”字見於大簋、五祀衛鼎、九年衛鼎、永盂，散氏盤和倗生簋。“履”在典籍中又稱為“履畝”，指實地觀察丈量田地。《公羊傳·宣公十五年》：“稅畝者何？履畝而稅也。”何休注：“履踐案行，擇其善畝，穀最好者稅取之。”踏勘田界的工作有時是由付出田地的一方具體施行的，這一點可以從大簋和倗生簋銘文中看得出來。這種踏勘田地的工作還必須經過官方和接受土地的一方代表的監督和檢驗。大簋銘文記載的是

① 郭沫若《兩周金文辭大系圖錄考釋》，上海書店1999年。

② 裘錫圭《西周銅器銘文中的“履”》，《甲骨文與殷商史》第三輯，中華書局1992年。

周王把本來屬於𨕖𡡞的田里轉賜給大，並命令膳夫主持此事，銘文於是說："豖以𡡞履大錫里。"《玉篇·人部》："以，用也。""豖以𡡞履大錫里"意為"豖用𡡞踏勘大所受錫的田里。"倗生簋銘文記載的是格伯用卅田換取倗生良馬的一場交易。銘文說："格伯履，殹妊及仡厥從格伯安。"句中的"殹妊"及"仡"是受田一方倗生派來監督踏勘的代表，"安"即上引《公羊傳·宣公十五年》何休注"履田案行"的"案"。散氏盤銘文說："用夨△散邑，乃即散用田。""用夨△散邑"與上引大簋銘文"豖以𡡞履大錫里" 中的"以𡡞履大錫里"的句式一樣。以、用二字用法相同，"𨆌"字的語法位置與"履"相當。從這一點出發考慮我們認為"𨆌"字在這裏應該讀為"踐"或"察"。"踐"與"察"義本相通，《玉篇·履部》："履，踐也。"故"踐"也有"踏勘"的意思。古代有"踐履"一詞，又寫作"履踐"。上引《公羊傳· 宣公十五年》何休注就是把實地觀察丈量土地稱為"履踐"。因此"用夨△散邑"可以解釋為"用夨踏勘散邑"。散氏盤記載的是夨付與散田地的事，在交接前夨需要實地踏勘田地。因為田地都位於具體的邑里中，所以"𨆌(踐)散邑"也就是指"𨆌(踐)散邑之田"。總之，"用夨𨆌散邑"就是"用夨踏勘（付與）散的邑（中之田）"的意思。

"用夨𨆌散邑"的"𨆌"也可以讀成"察"，這與郭店楚簡的"[illegible]"也讀為"察"相同。察義為察驗，與履和踐的意義相關，也是指對田地邊界和四至的勘察。五祀衛鼎銘文說："後乃許曰：'余審貫田五田。'"審就是察，《廣雅·釋詁》二："察，審也。" 鬲从盨銘文說："章（？）厥[illegible]夫[illegible]鬲从田"、"復乎小宮[illegible]鬲从田"。其中"[illegible]"字以往不識，郭沫若認為"乃鉤句之象形文"。在此我們有一個大膽的推測，即"[illegible]"字有可能是"祭"字的變體，字从"[illegible]（肉）"从"又（手）"，只是因為反書，又把"又"與"肉"連寫在了一起，所以形體顯得有些怪異。按照這個推測，銘文中的這個"[illegible]（祭）"字也應該讀作"察"。

甲骨文中有個寫作如下之形的字：

唐蘭先生將其釋為"璞"，亦讀作"撲伐"的"撲"。比較可知，這個字所从的"[illegible]"與金文"△伐"之"△"所从之"[illegible]"和楚簡中的"[illegible]"也應該是一個字。我們前邊否定了金文"撲伐"的釋讀，甲骨文的這個字既然从"[illegible]"，顯然也應該讀為"翦伐" 之"翦"。甲骨文的"[illegible]周"就應該讀為"翦周"。《詩經・魯頌・閟宮》“居岐之陽，實始翦商”，“翦周”的說法與“翦商”正相同。

[26]　制

《金文編・附錄上》536 號字作：

鼎　　簋

舊不識。李孝定以為此字“从木，右一文似刀，然與刀字微異，當為斤字初文，金文斤作，應即之省變，然則此‘析’字也”。[①]按金文斤字作，乃是因割裂筆劃沿著———形演變而成，謂乃之省變，甚為荒謬。不過李孝定懷疑“右一文似刀”，則可謂得之。刀字寫作、，是早期銅器銘文慣用的對文字進行美化裝飾的手法，其形體可與早期銅器銘文刀字及从刀之字進行比較：

爵　父乙爵　父辛卣　正爵

父辛爵　父己尊　父庚卣

故以上字可隸定作“刌”。《說文》：“制，裁也。从刀从未。未，物成有滋味可裁斷，一曰止也。”按《說文》對制字从“未”的說解牽強附會，大有問題。甲骨文木字作，未字作，未字也應像木形。木、未形體接近，極易相混。金文未字或作“”（《金文編》三八九頁），《金文編》列於木字下，就是將未字混成了木字。所以制字所从之未，應是木字之訛。《古文四聲韻》引古《孝經》制字作“”，引《義雲章》制字作“”，皆从木作，木旁三筆，是因為刀字可作“”“”，筆劃脫離並移位造成的。王子午鼎制字作“”，仍从木作可證。秦代權量上的制字作“”“”，木旁已斷成三截。裘錫圭先生認為古文字“折”字像以斤斫斷樹木，制字應是像以刀截割木材，[②]所論極是。制字从木从刀，像以刀截割木材，所以《說文》訓為“裁”。制字與折字音義皆通，折字訓“斷”，與制字訓“裁”義本相因。秦簡製字从折作“”，制折皆照母脂部字，聲韵全同，二字所記錄的應是一組同源詞。上列金文結構為从木从刀，故字應該釋為“制”。

---

① 《金文詁林附錄》，第 1049 頁。

② 裘錫圭《說字小記》，《北京師範學院學報》1988 年第 2 期。

金文還有下列字：

父辛簋 父乙鼎

从木从刀从又，《金文編》誤釋為“枚”（三九五頁）。按古文字中从又表示某種動態的字，从又與否常常只是繁簡體的不同，故字可隸作“杈”，也應釋為“制”。

[27] 堯

《金文編·附錄下》605 號字作：

盉 壺 盤

舊不識。按字應分析成从丄从亻兩部分。丄即土字。金文土字作“丄”“丄”“丄”（《金文編》八八一頁）可證。亻即人字，與金文下列字所从之人形寫法相同：

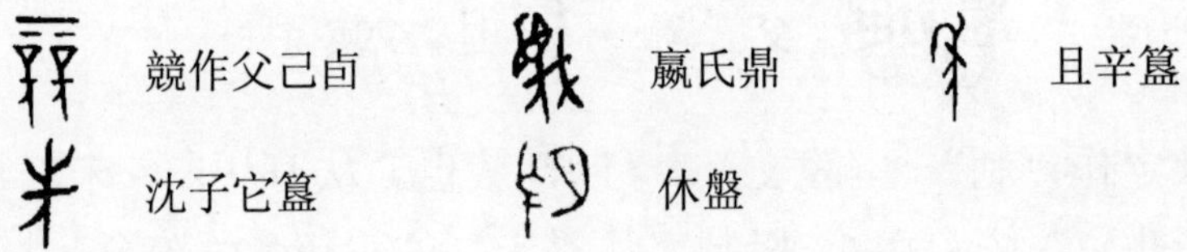

競作父己卣 嬴氏鼎 且辛簋

沈子它簋 休盤

人形寫得很直是因為筆劃上下連接的緣故。故扌字可隸定作上从土下从人的“夫”。

甲骨文堯字作：

《合》9379（《類纂》0378）

从二土从卩。《説文》堯字古文作“䖨”，从二“圥”，乃“圥”字繁體。“圥”从土从人，應即堯字初文。从三土作“垚”“垚”（漢簡）是漢代產生的繁體。

戰國文字中堯及从堯之字作：

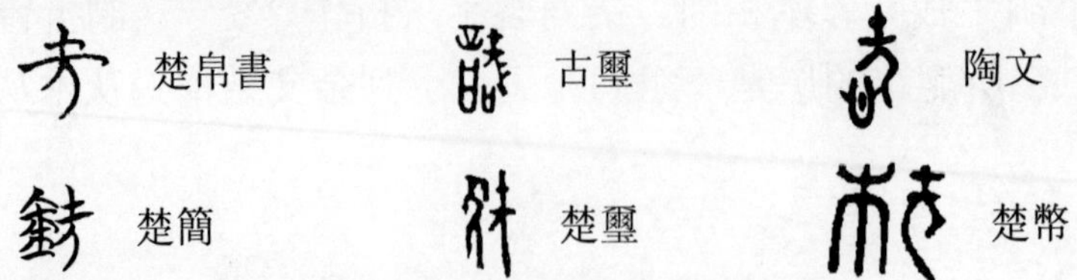

楚帛書 古璽 陶文

楚簡 楚璽 楚幣

分別為堯、譊、憢、鐃、獟、橈。堯字皆从土从人作，與上列金文扌字構形相同。故金文字也應釋為“堯”。

［28］　差

《金文編·附錄下》255 號字作：

宮父簋

舊不識。按字从木从，即左字初文，字應隸定作“李”。

金文差字作：

國差罎　不昜戈

攻敔王夫差劍　㝬忐鼎

字从从左，左皆聲，很可能是個雙聲字。古文字中形和木字在用作偏旁時時常混用，如金文𣏟字作“”，又作“”（《金文編》二二〇頁）；釐字作“”，又作“”（《金文編》八九〇頁），即是例證。中山王器差字作“”，正从木作，這是差字可變為从木作的確證。故上舉金文“”字無疑應釋為“差”，宮父簋應改稱宮差父簋。

《金文編·附錄下》157 號字作：

沈子它簋

舊不識。按字从从，即走字初文。與上釋宮差父簋之差形體相同，應為一字無疑。故字應釋為䟓。䟓字見於《玉篇》，訓為走。

金文還有字作：

鄧公簋

《金文編》隸作“諓”，列於言部（一四九頁）。按字从言从，即字反書，與差字可作相同。字从言从差，應釋作“蹉”。《說文》：“蹉，咨也。一曰痛惜也。从言差聲。”

［29］　聯

《金文編·附錄下》196 號字作：

舊不識。按字从耳从糸，耳即耳字，可與金文下列从耳之字比較：

番生簋　曾伯霥匿　子陎簋①

糸即糸字，可與金文下列从糸之字比較：

晉姬簋　拍敦蓋　𢦏糸爵

故此字可隸定作聅。

甲骨文聯字作：

《合》32176　《合》32721　《合》4070

卜辭言"不聯雨"即"不聯雨"。②言"爯玉聯"即"稱玉聯"。金文聯字作：

考母鬲　考母壺

考母鬲、考母壺的"医聯"即"医聯"，也即典籍的"瑚璉"。③金文聅字从耳从糸，與甲骨文、金文聯字構形相同，無疑也應釋為"聯"，聅子觶應稱作"聯子觶"。

[30] 邍

《金文編·附錄下》091號字作：

祖甲罍

舊不識。按字从彳从夊从彖，彖即彖字，可與金文盠、圂、隊三字比較：

盠駒尊　毛公厝鼎　亞隊鼎

故此字可隸定作"㣞"。

甲骨文邍字作：

① 此字《金文編》隸作陎，疑又為又之變，字為取字。
② 蔡運章《釋聅》，《中原文物》特刊，1981年。
③ 何琳儀、黃錫全《瑚璉探源》，《史學集刊》1983年第1期。

从夂从象。金文邍字作：

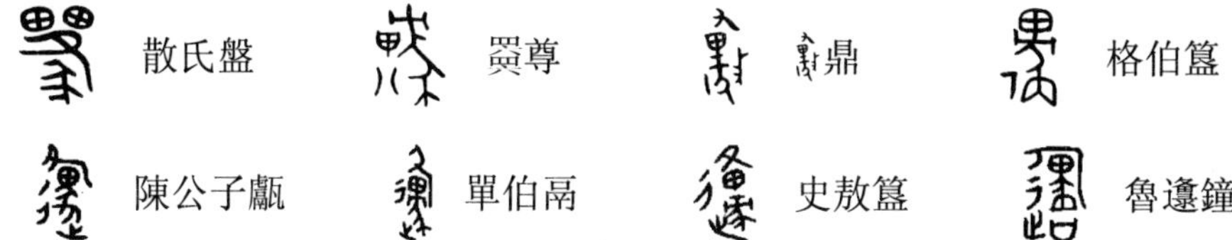

與甲骨文比較，金文邍字已加上田為聲符，或从二田為繁構。夂可省去，偶也訛作“又”和“人”。大都加上了動符辵、彳和攴。象形下部或加“”形飾筆，這與金文獸、緐二字的演變相同：

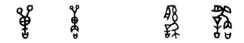

或加口字羨符，這與金文復、後、退等字加口字羨符相同。所以上揭金文字就是甲骨文字加上動符彳形後的形體，是還沒有加田為聲符，介於和之間的過渡形態。古文字中彳與辵在用為動符時可以通用，所以字就應該釋為“邍”。

[31]　夏

《金文編・附錄上》558 號字作：

舊不識。按字从从或从从。、乃頁字，可與下列从頁的金文比較：

或乃日字。古文字中點或圈常常無別，日一般作，此作，與金文下列字中點與圈無別的情況相同：

① 商承祚《殷契佚存》六頁上，1933 年金陵大學中國文化研究所影印本。

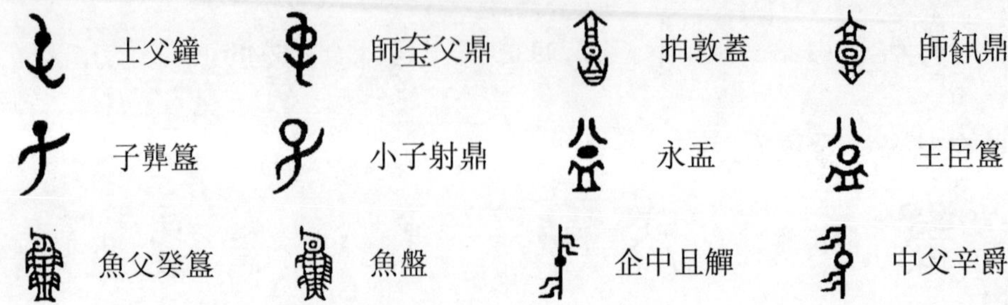

繁漾劍“漾”字作“ ”，所从日旁正作“◎”，更可證 所从之◎為日字無疑。金文日字又常可省去中間一點：

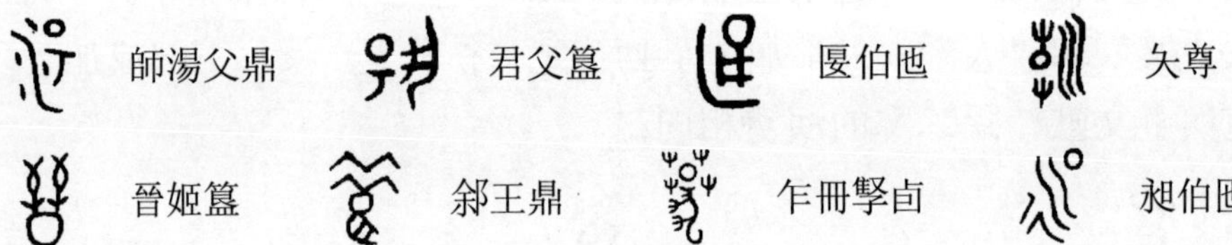

故 所从之○乃日之省形， 、 皆應隸定作“䫉”。

金文夏字作：

A 仲夏父鬲 伯夏父鼎 伯夏父鬲

B 邳伯罍 C 鄂君啟節

A 式从日从頁，但人形下部已加“止”形，這與金文項字作“ ”（《金文編》六二八頁），頁也从“止”一樣。止形又漸漸上移並與人形組合成類似“女”字的形態。這與金文下列二字的演變相同：

B 式从日从頁，人形下部从止，但止形已上移至人形中部，是介於从止和从女二者之間的過渡形態。C 式从頁从女，女是由止形和人形組合訛變而成，並從人形脫離而移到了日字下邊。

戰國璽印文字夏字作：

A B

A 式从日从頁从止，與《汗簡》所引夏字作“ ”形同，與上舉金文 A 式的區別就在於止形，止形同人形脫離並移到了日形下邊。這與上引金文女形從人形脫離並移到日形下邊是相同的變化。B 式从日从頁从又，古文字中止又二形常常相混，故从又應為从止之訛。

通過分析可以斷定，夏字早期構形應為从日从頁，晚期从止或从女的構形，是在早期構形的人形上加止旁進而分離演變而成的。由此也就可以知道从日从頁的“”“”應該釋作“夏”。

甲骨卜辭第三期有貞人名作：

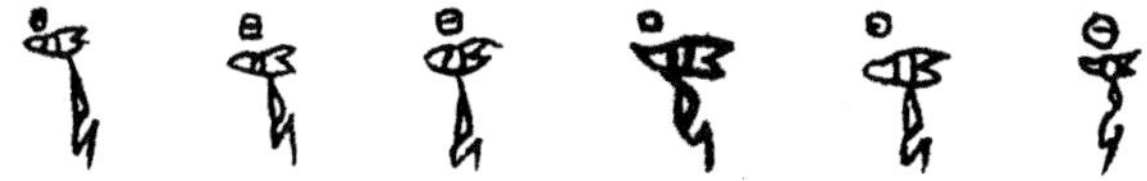

舊不識，應隸作𩑋或㬝。按以上字从日从頁，與上邊討論的夏字早期構形相同，無疑也應釋作“夏”。

[32]　鑿

《金文編·附錄下》164 號字作：

赤尊

舊不識。按字从从殳，乃辛字。金文商字作“”（般甗），新字作“”（望簋），辟字作“”（癲簋），如果省去“”形下部出頭的一筆，就與所从之相同。金文𨐧字作“”（𨐧鼎），競字作“”，所从之辛字正作“”。故“”字可隸定作“𣪠”。

甲骨文鑿字作：

《合》13559　《合》17270　《合》201 正　《懷》1561

字从辛从殳。[①]戰國文字鑿字作：

古璽鄗所從　《侯馬》

皆已加臼為聲符，或加金為義符。上揭金文字从辛从殳，與甲骨文“鑿”字構形相同，也應釋為“鑿”。赤尊應改稱“鑿赤尊”。

[33]　騎

古陶文有字作：

---

① 詹鄞鑫《釋辛及與辛有關的幾個字》，《中國語文》1983 年第 5 期。

 《陶彙》6·70、6·71

字从“□”从“可”，《陶彙》不釋。按“□”即馬字之省，乃戰國文字習見之寫法。字从馬从可，可隸作“⿰馬可”。⿰馬可字不見於字書，我們認為應是騎字的省寫而應釋為“騎”。按《說文》認為奇字是从大从可的會意字，其實應該是從大可聲的形聲字。古音奇在群紐歌部，可在溪紐歌部，聲皆為見系，韻部相同，故奇可从“可”為聲。古文字省形規律一般是省形符而保留聲符，奇省為可就是如此。字書旖又作旃，是“奇”可省作“可”的最好證明。戰國文字一些寫成上下結構的字，因寫得過長而常常省去一部分形體，騎字寫作⿱馬可不能不說有這方面的原因。古璽有字作：

从角从可，陳漢平先生隸作⿰角可，釋為觭。觭又作⿰角可與騎又作⿰馬可道理相同。

[34] 狟

古陶文有字作：

 《陶彙》3·948

字从“□”从“□”，舊不識。按“□”乃豆字一望便知，金文豆字作“□”（散氏盤）“□”（周生簋），戰國文字作“□”（陶文），形體完全相同。“□”應即“犬”字，金文狄字作“□”（曾伯霥匠），獻字作“□”（《侯馬》），默字作“□”（《璽彙》0532），所从犬字皆與“□”形接近，故可知“□”字可釋為 “狟”。狟字見於《玉篇》和《集韻》。

[35] 印

古陶文有字作下揭形：

 《陶彙》9·92

《陶彙》不釋，按甲骨文印字寫作“□”“□”，从爪从卩，金文作“□”（曾伯霥匠）“□”（毛公厝鼎），睡虎地秦簡作“□”（二四·二八）形。璽

文“”即“印”字，如將其反書，則作“”，便與秦簡作“”完全相同，故此陶文應釋為“印”，即抑字初文。字在陶文中用為人名。

［36］　㑺

古陶文有字作：

《陶彙》3·470、3·471

《陶彙》不釋。按字从“心”从“”，而“”即“疑”字初文。疑字甲骨文作“”或“”，金文加動符“辵”和聲符“牛”作“”（伯疑父𣪘）“”（齊史疑觶）。如除去動符和聲符，齊史疑觶之“”與古陶文“”字所从之“”形體相同，顯然為一字無疑。故陶文“”可隸定作“㤥”，釋為“㑺”。《說文》：“㑺，騃也。从心从疑，疑亦聲。”㑺字在陶文中用為人名。

［37］　壽

古陶文有下面一字：

 《陶彙》3·278　 《陶彙》3·279

與金文“”（陳逆簠）“”（邾公釛鐘）字比較，可知應釋為“壽”。古陶文又有下揭一字：

《陶彙》3·963　《陶彙》3·964　《陶彙》3·965

字从“貝”从“”，與金文和陶文壽字比較可知“”為“”之省，即省去上部之“”形。因為壽从“𠷎”聲，所以从𠷎聲的壽可以只保留聲符𠷎而省去“”形。如此則字應隸定作“賯”。賯字不見於字書，我們認為應是鑄字異體。甲骨文鑄字作“”（英2567）“”（《合》29687），金文作“”（大保鼎）“”（王鑄觶），又加𠷎聲作“”（埅肇家鬲）形，又加義符“金”作“”（取虘匜），又省作“”（𪒠兒鐘），从金壽聲，或作“”（大梁鼎），从金寸聲。陶文鑄字作“”，从貝壽聲，貝應為累加之義符，這如戰國文字製造之“造”作“”，从金告聲，又作“”（宋公欒戈），从貝告聲是一樣的變化。

[38] 敺

古陶文有字作：

 《陶彙》3·743

字从攴从“”，《陶彙》不釋。按“”應為反書，字本應作“”，乃區字之省寫，古璽文鷗字作：

[1] （2523）

敺字作：

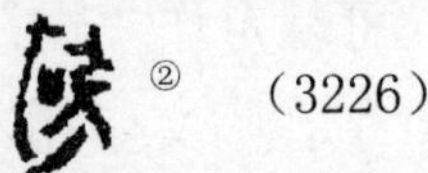[2] （3226）

可知戰國文字“區”可省作“叵”，如此則上揭陶文“”从攴从區，應釋為“敺”。敺字見於《玉篇》，在陶文中用為人名。

[39] 慳

古陶文有下揭一字：

 《陶彙》3·737

《陶彙》不釋。按字从“心”从“”。“”應即“臤”字之變。戰國文字从臤作的字，“又”多可訛混為“弓”，如古璽文臤字作：

 （2925）

緊字作：

 （2623）

瘕字作：

---

① 裘錫圭《戰國貨幣考（十二篇）》，《北京大學學報》1978年第2期。

② 吳振武《〈古璽文編〉校訂》，吉林大學博士學位論文，1984年。

（1030）

所以上揭陶文可隸定作“悥”。悥字不見於字書。古文字中的一些形聲字，其所从的聲符要比這個字後世的聲符簡單。堅字从臤得聲，而陶文“悥”从心臤聲，應該就是聲符簡省的“慳”字。慳字見於《廣韻》《集韻》，在陶文中用為人名。

［40］　繞

古陶文有字作：

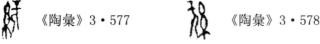

 《陶彙》3・577　 《陶彙》3・578

 《陶彙》3・579　 《陶彙》3・582

《陶彙》不釋。按以上字从“糸”从“□”，“□”从土从人，應為“堯”字。戰國文字中从堯的字作下揭形：

堯字皆从土从人，與上揭陶文“□”所从之“□”形同，故可知上揭陶文應釋作“繞”。繞字見於《說文》，在陶文中用為人名。

［41］　㤚

齊陶文有字作下揭形：

 《陶彙》3・168　 《陶彙》3・169

字从“心”从“□”“□”。“□”或作“□”，右側帶有一個筆劃，是齊國文字典型的飾筆。按古璽文“尗”字作：

比較可知，陶文“[古文字]”“[古文字]”所从之“[古文字]”“[古文字]”應為“尗”字。古“尗”“叔”一字，陶文此字从“心”从“尗”，應釋為“惄”。“惄”字見於《說文》，在陶文中用為人名。

[42] 首

古璽文有下揭一字：

1 [古文字]（3487） 2 [古文字]（3376） 3 [古文字]（3645） 4 [古文字]（3534）

《璽彙》不釋，《璽文》入於附錄。4之“[古文字]”下部所从之“[古文字]”，既有可能是另一個字，也有可能是由“[古文字]”字中因筆劃割裂而分離出的一部分。如果將3之“[古文字]”下部筆劃也加以割裂的話，也會分離出“[古文字]”形部分，而這種筆劃分離的現象在古璽文字中並不乏見。例如歙字作“[古文字]”，又可以寫作“[古文字]”，所从“食”旁下部即因筆劃割裂而分離出了“[古文字]”形部分，與上面所舉“[古文字]”形的情況類似。

上揭古璽文四字上部都从“止”，下部所从可以與古璽文下揭字比較：

1 [古文字]（夏）（3643） 2 [古文字]（夏）（3444） 3 [古文字]（嚚）（0164）

“[古文字]”所从之“[古文字]”與古璽文夏字作“[古文字]”所从之“[古文字]”形體相同，應為一字無疑。“[古文字]”“[古文字]”“[古文字]”下部也與古璽文夏字作[古文字]所從之“[古文字]”形體近似。故可知上揭古璽文四字下部所从為“首”字。3與4一樣下部也多出一“[古文字]”形，如果4之“[古文字]”果真是字中分離出的筆劃的話，那麼3、4兩字就都應該是从首。當然，也可以認為3下部所从為“頁”，與“[古文字]”所从之“[古文字]”相近，而4下部則是頁字割裂筆劃所致。按古文字首、頁二字乃一字繁簡二體的分化，小篆䭫字金文皆从頁作“[古文字]”，與上引古璽文嚚字从首作“[古文字]”，都是首、頁可以互作的佳證。

甲骨文首字作“[古文字]”“[古文字]”，金文作“[古文字]”“[古文字]”，像人頭形。金文䭫字作“[古文字]”（[古文字]簋），字从頁从匕。按䭫从旨聲，而旨从匕聲，故从旨的䭫字可以从匕聲作。“[古文字]”字所从頁字上部像毛髮形的部分已訛變為“[古文字]”，與“止”字相同。在古文字中，作[古文字]的又和作[古文字]的屮常常與作[古文字]的止相混。首字上部像毛髮形的部分因與又、屮形體近似而作“[古文字]”“[古文字]”，故也有訛變為从“止”的可能。這種訛變大概產生在周代，而在秦漢文字資料中還保存著這種形態。例如馬王堆一號漢墓竹簡首字作“”，同時的“止”字作“”（居延漢簡），从“止”的此字作“”（漢簡《孫子兵法》）“”（漢墓帛書《縱横家書》），首字又作“”（漢墓帛書《老子》甲本）“”（漢簡《孫子兵法》），同時从止的歲字作“”（漢墓帛書《縱横家書》），从止的趙字作“”（滿城漢墓銅甗銘），秦簡道字作“”，漢馬王堆帛書古地圖道字作“”，所从之“首”字上部都變為从“止”作。漢印首字作“”（《漢徵》九·三）“”（《漢徵》九·三），也明確从“止”作。可證秦漢時期首字上部確實可以寫為从“止”。上揭四個古璽文从止从首（或从頁），由秦漢“首”字的構形上溯，故可認為這四個字也應釋為“首”。

上揭古璽文首字都用為姓氏字，應該就是首姓之“首”。

［43］　犀

古璽文有字作下揭形：

（3438）

《璽彙》不釋，《璽文》入於附錄。按字从“”从“”，“”乃牛字，“”可與下列字比較：

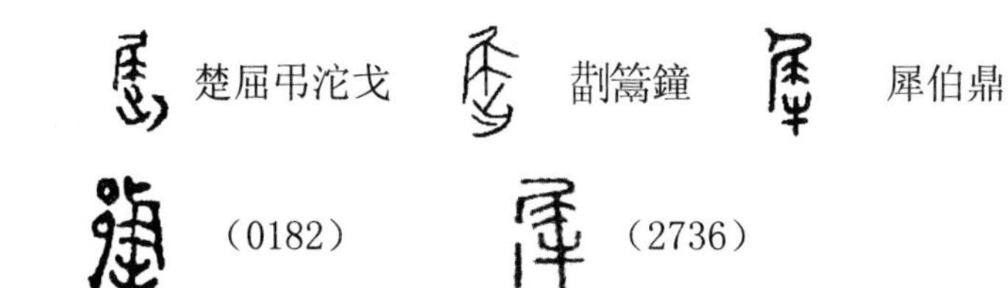
楚屈弔沱戈　剸篙鐘　犀伯鼎
（0182）　（2736）

可知“”乃“尾”字，只是所从之人形有所省化，且並做一筆寫。所以古璽“”字从尾从牛，就應釋為“犀”。

古璽文有下揭一字：

1　（3055）　2　（2672）　3　（1066）　4　（5652）

4《璽彙》釋為“遲”，甚是。1、2、3 从辵从“”，按“”就應是“尾”字，只是人形一筆沒有拉下來，如果延長筆劃作“”，便可清楚地看出應是尾字。1、2、3《璽文》釋為“逑”是錯誤的。古璽求及从求之字皆作“”，與“”絕不相同，所以釋“逑”不當。按字从辵从尾，應隸作“遅”，釋為

“遲”。因犀从尾聲，故从犀得聲的“遲”可从尾為聲作“□”。

古璽文“犀”字用為地名，璽文為“庶犀坣（府）”，其地不詳。“遅（遲）”則用為人名。

古璽文又有下揭一字：

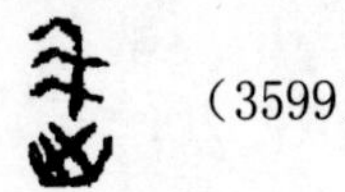（3599）

字从“□”从出。按“□”也應為“尾”字，寫法與上釋古璽“□”所从之“尾”字形體接近。字从尾从出，應隸作屘，釋為“屈”。“□”字於古璽中用為姓氏字，應該就是“屈”姓之“屈”。此璽為楚璽，與楚多屈姓正合。

[44]　茬

古璽文有下面一字：

1 □（1677）　2 □（3347）

《璽彙》不釋，《璽文》將 1 列於附錄。按字从中从足。古文字中、艸本一字，後世从艸的字，戰國文字常常寫成从“中”作。如藥字作“□”（1384），莫字作“□”（5498），苛字作“□”（3230），[①]茸字作“□”（3208），[②]乾字作“□”（1825），[③]蘆字作“□”（0576）[④]等皆其證。故上揭古璽文“□”字从中从足，應釋為“茬”。茬字見於《玉篇》。

古璽文“茬”字在璽文中用為人名。又古文字足、疋是一字，“□”也有可能是“芷”（蔬）字。

[45]　鴽

古璽文有下揭一字：

1 □（1018）　2 □（4003）　3 □（1994）　4 □（5599）

《璽彙》不釋，《璽文》列入於附錄。按字左从“鳥”，可與古璽文中從鳥

① 黃錫全《利用〈汗簡〉考釋古文字》，《古文字研究》第十五輯，中華書局 1986 年。
② 吳振武《〈古璽文編〉校訂》，吉林大學博士學位論文，1984 年。
③ 吳振武《〈古璽文編〉校訂》，吉林大學博士學位論文，1984 年。
④ 劉釗《璽印文字釋叢（一）》，《考古與文物》1990 年第 2 期。

的字相比較：

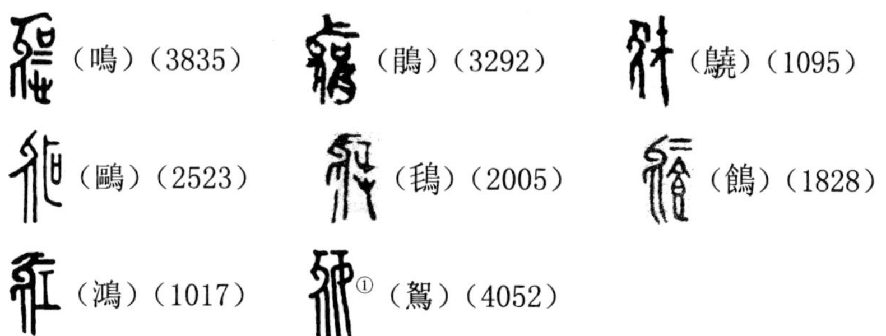

字右邊从“臼”，1之“臼”上有一點，此乃飾筆，可與下列古璽文中的飾點相比：

（4768）　（0716）　（3891）　（2702）

2、3、4“臼”字上的“八”“小”“小”也同樣是飾筆。在古文字中，“八”形常常是作為飾筆或區別符號出現的。如向字本作“冋”，後來在上邊加上兩小横為區別符號作“冋”，從而分化出“尚”字。二小横筆漸漸豎立起來，寫作“尚”，中間又常常加上一小點飾筆作“尚”。又如猶字甲骨文作“猶”，从犬酉聲，金文作“猷”，酉上已加上“八”形飾筆。這與尊、奠二字的發展途徑相同：

尊　——　——

奠　——　——　（鄭字所从）——　（鄭字所从）

在古璽文字中，這種加“八”形飾筆的現象仍然存在，如：

（平）（0062）　②（市）（3204）

“八”形飾筆中間加上一點，就變成了“小”形飾筆，而“小”形飾筆又可以寫成“小”形，於是在一字中，常常會出現“八”“小”“小”三種寫法並存的現象。還以古璽文為例，如：

① 裘錫圭《戰國貨幣考（十二篇）》，《北京大學學報》1978年第2期。
② 吳振武《〈古璽文編〉校訂》，吉林大學博士學位論文，1984年。

尚　(2375)　(5059)　(0121)

鄭　(1619)　(1618)　(1621)

堂　(5421)　(3999)

上揭古璽文既作“[illegible]”又作“[illegible]”，所从飾筆的形態與尚、鄭、堂字所从飾筆的變化完全相同，故可知上揭古璽右旁所从之“[illegible]”“[illegible]”“[illegible]”“[illegible]”應為“臼”字。上揭古璽文就應釋為“鶌”。鶌字見於甲骨文，作“[illegible]”(《懷》1398)，字又見於《廣韻》《集韻》等字書，義為鳥名，又寫作鴭或雎。

鶌字在古璽文中用作人名。

[46]　乍

古璽文有下揭一字：

(4045)　(0896)　(2036)　(2134)

(2545)　(2564)　(3090)

《璽文》釋作“肎”，即“肯”字，列於“肉”部。按字从肉無疑，上部卻不从“止”。古璽文止字作“[illegible]”“[illegible]”“[illegible]”“[illegible]”，與此字上部迥異，從無向右的一横筆。古璽文止字或作“[illegible]”“[illegible]”，似乎與上揭2036號“[illegible]”字上部形同。但“[illegible]”形只一見，應視為簡省的特殊例子。正規的形態應該作“[illegible]”，即上部作“[illegible]”才是。至於2545“[illegible]”字上部，不過是將“[illegible]”形上部筆劃加以連寫的緣故。按金文乍字一般作“[illegible]”，𬴕鎛作“[illegible]”，又郾王職劍作“[illegible]”，與上揭古璽“[illegible]”字上部“[illegible]”形相同。所以上揭古璽上部所从也應是“乍”字。字从肉从乍，應釋為“胙”。這個字湯餘惠先生在其博士論文《戰國文字形體研究》中已隸定為“胙”，雖然沒有具體考釋，但其結論是正確的。以上古璽皆應釋為“胙”。《說文》謂：“胙，祭福肉也。从肉乍聲。”胙字在璽文中皆用作人名。

古璽文還有下揭一字：

1 [古文字]（3148）　2 [古文字]（3147）

下部从“[古文字]”，乃“又”字加飾點者。上部所从與前釋“[古文字]”字上部形體相同。所以這個字可隸作“[字]”。欒書缶乍字作“[古文字]”，中山王方壺作“[古文字]”，𩒨前鼎作“[古文字]”，𩒨前匜作“[古文字]”，形體皆从乍从又，與古璽“[古文字]”字相同，故古璽“[古文字]”也應釋為“乍”。乍字从“又”，乃後來附加的“動符”。乍乃作之初文，古璽文“[古文字]”都用為姓氏字，應該就讀為“作”姓之“作”。古有作氏，《通志・氏族略》引《風俗通》謂：“周公之子，胙侯子孫，因避地改為作氏，漢有涿郡太守作顯。”漢印中有作農私印、作未央、作瓚印信、作丕私印，可證古確有作氏。

［47］　殺

古璽文有下揭一字：

1 [古文字]（1104）　2 [古文字]（2901）

1中間从一横，2中間从二横，其實是一字。這與朱字作“[古文字]”（1577），又作“[古文字]”（3313）；旗字作“[古文字]”，又作“[古文字]”（3268）；敬字作“[古文字]”（4144），又作“[古文字]”（4143）；長字作“[古文字]”（0757），又作“[古文字]”（0844）是相類的變化。侯馬盟書有字作下揭形：

[古文字]　[古文字]　[古文字]

舊釋殺，非常正確。按殺即祟字，甲骨文作“[古文字]”，从木从示，後木字訛變為“出”，即成小篆之“祟”。這與甲骨文敖字从中从人，小篆“中”字也訛變為“出”如出一轍。侯馬盟書“[古文字]”所从之“[古文字]”即由甲骨文的“[古文字]”形變而來，下部从示，上部乃木之省變，後加上支旁為“動符”，於是便分化出“殺”字。上揭古璽文“[古文字]”字與侯馬盟書殺字所从之“[古文字]”形體相同，只是璽文下部一豎劃上多出一斜筆。這與古璽文赤字作“[古文字]”（4072），又作“[古文字]”（4070）；遇字作“[古文字]”（2118）；康字作“[古文字]”（1114），又作“[古文字]”（2059）的演變相同，即都在一豎筆上加上一個小斜飾筆。如此則古璽文“[古文字]”及“[古文字]”二字應釋為“殺”或“祟”。“殺”（或祟）在璽文中用為人名。

古璽文還有下面一字：

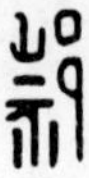

（2223）

字从殺从邑，應隸作“郄”，古璽文習慣在姓氏字上加上邑旁造出專用字。郄在璽文中用為姓氏字，就應釋為“殺”。古文字殺、蔡二字音近可通，此郄字疑當讀為蔡姓之“蔡”。

古璽文還有下揭一字：

1  （3947）　2  （3872）

左旁从刀，右旁所从與上釋“殺”字同形，只是省去了中間的一横，字應釋為“刹”。《玉篇》：“刹，柱也。”璽文刹字用為人名。

[48]　懷

古璽文有下揭一字：

1  （3929）　2  （2712）

《璽文》以不識字列於附錄。按字下部从心，上部从“眔”。所从目旁已變為从田，與下列繯、澤二字所从目旁的演變相同：

繯  （2603）　澤  （0362）

故古璽“”字可隸作“㥯”，應是从心眔聲的一個字。在戰國文字中，从衣旁的字有時可以省去衣旁，如古璽文讓字作“”（2781），又作“”（0986）。從古文字演變規律來看，襄與襄所从之“㲎”本為一字，原本作“”“”，發展到金文始加上土旁、攴旁和衣旁，作“”“”“”“”“”。褱字的演變與襄字很相似。褱字也應該是由眔字加形旁“衣”分化出的一個字。褱从眔聲，故从褱聲的字自然可从眔得聲。《說文》壞字古文作“”，即是證明。所以古璽文“”就應隸作“㥯”而釋為“懷”。懷字於璽中都用為人名。

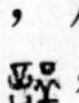

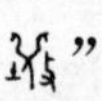

[49]　蒼

古璽文有下揭一字：

（2388）

《璽文》以不識字列於附錄。字上从艸，下从“”。按古璽文“倉”字作下揭形：

1 （3907）　2 （1323）　3 （3996 蒼所从）

如果去掉其上部所从之“”，則所从之“”或“”便與“”所从之“”形體非常接近。只是“”形兩側各加了一個飾筆。這與古璽文中的“奠”、“丘”兩字在兩側加飾點的情況相同：

奠 （3295）　丘 （0324）

如此則“”形與“”“”所从之“”“”應為一字。古璽文字中一些字往往可以省去上部，如：

犨 （3064） （1483）　謹 （0983） （2006）

犢 （0860） （0380）　異 （3688） （0187）

壽 （4544） （3517）

由此我們可以推測“”所从之“”即古璽文“”“”形省去上部者，故“”可釋為“蒼”。蒼在璽文中用為人名。

古璽文還有下揭一字：

1 （3996）　2 （3995）　3 （2528）　4 （1569）

4 與古璽文倉作“”形下部全同，1、2、3 也與“”形下部相同，只是多出兩點飾筆，而這與蒼字古璽文作“”“”，所从之倉字右側也有兩點飾筆相同。故上揭四字也應視為倉字省去上部的省形而釋為“倉”。3、4 在璽文中用為人名。1、2 在璽文中用為姓氏字，與東字組成“東倉”複姓。

［50］ 擒 拘 摎

古璽文有下揭幾字：

1 （5594） 2 （1587） 3 （3863） 4 （3214）

1《璽文》隸作畲，以不識字列於攴部後；2《璽文》不收，《璽彙》隸作“畲”字；3《璽文》隸作“敂”；4《璽文》隸作“敹”。按《璽文》對這四個字的隸定都對，但這幾個字都不見於字書。古文字中从攴旁與从手旁在作為表意偏旁時可通用無別。許多後世从手的字，古文字都寫成从攴或是有从攴的異體，其例證不贅舉。如從這一點出發，則上揭璽文應分別釋作“擒”“拘”“摎”。這三個字都見於字書。

［51］ 倚

古璽文有下揭一字：

1 （0651） 2 （0641）

1《璽文》列於附錄，2《璽文》不收。按字應分析為从“”从“”兩部分。“”即“人”字，“”則可分析為从“”从“”，與共用筆劃，即共用中間一橫筆。按古璽文奇字作“”，又作“”，从大可聲。當大字與可字筆劃連接在一起寫成“”形時，如將可字的上端橫劃看作大的一部分，則奇字上部變得與“立”字相同。齊國文字立字寫作“”“”，古璽文“”“”上部所从之“”“”即立字，本應為大字，因與可字連寫而與立字形混。所以上揭古璽文所从之“”“”就應是“奇”字。字从人从奇，應釋為“倚”。以上兩璽文所在之璽從風格看為齊璽無疑，這與立字寫作“”正相符合。倚在璽文中用為人名。二璽一為“王倚信鉨”，一為“王倚”，很可能是一人之物。

［52］ 壽

古璽文有下揭一字：

1 （1889） 2 （5630）

1《璽文》以不識字列於附錄，2《璽文》不收。按2與1的不同，只是中間部分都延長筆劃寫成了封閉狀而已。金文壽字作“”或“”，與古璽“”“”二字形體十分接近，應該是一字無疑。只是古璽文所从之“”有些變形。古璽壽字或作“”，也與此形近。故上揭二璽文也應釋為“壽”。“壽”字在璽文中用為人名。

[53]　虛

古璽文有下揭一字：

（5636）

《璽文》失收，《璽彙》不釋。按字下所从“”乃“丘”字，字上所從可與下揭櫨、虘二字相比較：

櫨　①（3159）　　虘（屋）②（5541）

櫨、虘所从之“虍”與“”形非常接近，尤其與“櫨”字所从之“”更為接近，所以“”字上部應該是從“虍”作。字从虍从丘，應釋為“虛”。“虛”字於璽文中用為人名。

[54]　鞁

古璽文有下揭一字：

（3531）

《璽文》以不識字列於附錄。按字从“”从“”。古璽文鞄字作“”，鞞字作“”，可知“”也是“革”字。右邊“”形應是“皮”字的異寫。皮字古璽作“”（3998），上部从“口”，下部从“”从“又”。古璽文“”所从之“”是將“”與“又”連寫在一起。且“”“又”兼用筆劃。這與古璽皮字或作“”（3089），“口”與“”（之省）兼用筆劃是類似的變化。字从革从皮，故應釋為“鞁”。鞁字見於《說文》，訓為“車駕具”，於璽文中用為人名。

古璽文又見下面一個字：

（3748）

① 吳振武《〈古璽文編〉校訂》，吉林大學博士學位論文，1984年。

② 黃盛璋《所謂“夏墟都”三璽與夏都問題》，《河南文博通訊》1983年第3期。

《璽文》失收。按字从韋从皮，應隸定作“𩎟”。

古璽文又有字作：

（2612）

《璽文》以不識字列於附錄。按字右邊从“皮”，左邊所从可與古璽文韓字比較：

（3376）

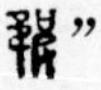

“”所从之“”即“”所从之“”之省，即省去“韋”字上部的“止”形。所以古璽文“”也應隸作“𩎟”。𩎟字不見於字書。漢字中韋旁與革旁在用作表意偏旁時可以互換。如字書中下列字都是一字的異體：

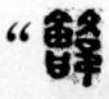

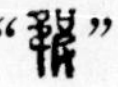

⿰韋叚 — ⿰革叚	⿰韋段 — ⿰革段	⿰韋亟 — ⿰革亟	⿰韋尃 — ⿰革尃
韜 — 鞱	韝 — 鞲	⿰韋黽 — ⿰革黽	⿰韋貴 — 鞼
⿰韋詹 — 韂	⿰韋曷 — 鞨	⿰韋嗇 — ⿰革嗇	⿰韋亶 — ⿰革亶
韤 — 韈	⿰韋包 — 鞄	韒 — 鞘	⿰韋宛 — ⿰革宛

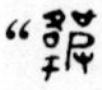

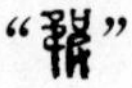

所以上揭古璽文“”“”二字皆可隸作“𩎟”而釋為“鞁”。

[55] 時

古璽文有下揭一字：

（2231）

《璽文》不收，《璽彙》不釋。按字从止从日从曰从邑。从邑乃姓氏字所加的專字義符，从曰乃是由“口”類變而來的“羨符”。考察戰國文字有許多字可加“口”為羨符，一些口和一些本來就从口的字又常常類化為“曰”形，如：

劉  （1853） 鎦  （0845） 邙（亡）  （2117）

所以上揭璽文“”可以除去邑、曰兩個偏旁不予考慮，則字作“”，从日从止，應是从日止聲的一個形聲字，也就是“時”字。時字在璽文中用為姓氏字，應該就讀作“時”姓之“時”。古有時姓，載於《通志·氏族略》。漢印中

有“時潛私印”，可證古確有時姓。

[56]　𧋍

古璽文有下揭一字：

(3524)

《璽文》以不識字列於附錄。按字下方从二虫，古璽文蚩字作“”（3845），蛍字作“”（3792），所从的“虫”字與此相同。上部從二土，應即“圭”字。《說文》謂“圭，瑞玉也。从重土”。璽文圭字改上下結構為左右結構，是出於章法佈局上的考慮，因為寫成上下結構後字形顯得過長。古文字中从虫从䖵可以互作，如古璽文豎字作“”（2944），古陶文蛪字作“”即其證，所以上揭“”字可隸定作“𧓎”，釋為𧋍。𧋍字見於《集韻》，侯馬盟書作“”，正从䖵作。𧋍字在璽文中用為人名。

[57]　疠

古璽文有下揭一字：

1 （1866）　　2 （3958）

《璽文》將1隸作“疠”，以不識字列於疒部；2《璽文》不收。按字从疒从万，字書所無。万乃丏字的分化字，因與萬字聲音相同，故可相假。古璽文中萬字可假万字為之，如“千萬”吉語璽又作“千万”（4467等），故上揭古璽文“”字可釋為“癘”。癘字見於《玉篇》《集韻》等書，在璽文中用為人名。

[58]　悊

古璽文有下揭一字：

1 （3634）　　2 （0589）

《璽文》將1隸作“悊”，以不識字列於心部；2形不收。按字从大从土从心，字書所無。戰國文字中，具有兩個相同偏旁的字，常常可以省去其中的一個，以古璽文為例，如：

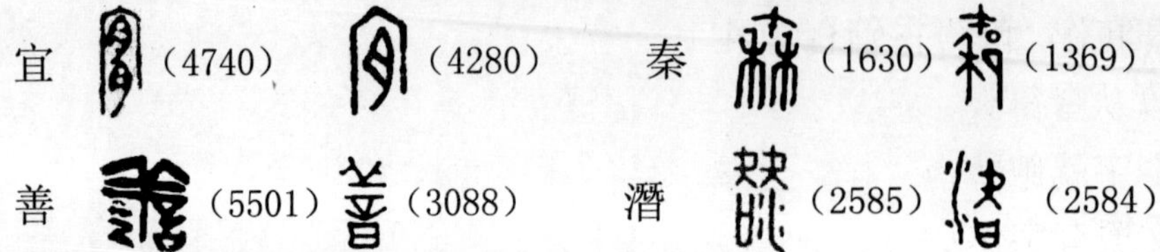

所以我們推測古璽文“”所从之“土”應為“圭”之省。因圭从二土，故可省去同形。如此推測不誤，則上揭古璽就應釋為“悳”。悳字見於《玉篇》，於璽文中用為人名。

[59] 敢

古璽文有下揭一字：

1 （3715） 2 （0849）

《璽文》將其列於附錄。按此字可與古璽文敢字作比較：

1 （2539） 2 （3404） 3 （1002）

上揭古璽“”所从之“”乃“攴”字的省變。“”是在“又”字上加一横飾筆演變而成。敢字本从“又”，但古文字中“又”“攴”在用作表義偏旁時可通用，上揭1002敢字作“”即从“攴”作。古璽“厰”字作：

（2881）

敢字也从“攴”作。後來敢字就由从“又”變成了从“攴”。上揭“”“”二字應釋為“敢”。“”在璽文中用為姓氏字，疑讀為“闞”姓之“闞”。“”在璽文中用為人名。

[60] 瘁

古璽文有下揭一字：

1 （ 1170） 2 （2950）

《璽文》隸作“瘁”，列於疒部。按字書無“瘁”字。古璽文字中，有許多字常常可以省去字的上端。古文字睪字从㚔得聲，古睪、皋乃一字之分化，中山器皋胄之皋寫作“卒”，即可視作睪字省去目旁者。睪既从卒聲，从睪得聲的字自然也可以从卒得聲，所以我們認為古璽文“”所从之“”即“睪”字之省，“”字就應釋為“瘴”。瘴字見於《集韻》，在璽文中用為人名。

古璽文還有字作：

（2259）

《璽文》列於附錄。字从艸从卒，為字書所無。由以上釋瘴的規律證之，則此“”字應釋為“蘀”。蘀字見於《集韻》等書，於璽文中用為人名。

［61］　斁

古璽文有下揭一字：

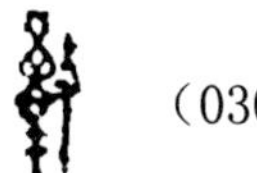（0306）

《璽文》不收，《璽彙》不釋。按字从“”从“攴”。“”形下部所从之“”就應是“睪”字，上部所从之“”形應是一種飾筆，如此則此字可釋為“斁”。斁字見於《說文》，在璽文中用為人名。

古璽文又有下揭一字：

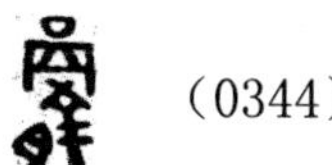（0344）

《璽文》入於附錄，《璽彙》不釋。字从肉从“”，其下部之“”應即“睪”字，即“”為“目”字，“”為卒字。上部所从的圓圈作“”形者，懷疑也是一種飾筆，如此則此字从肉从睪，可釋為“臎”。臎字見於《玉篇》《集韻》等書。臎字在璽文中的用法不詳。

［62］　臎

古璽文有下揭一字：

（3931）

字从肉从斁。由前文釋瘴、蘀可知睪可省為“卒”，故此字可分析為从肉斁聲，屬於聲符繁化的例子，字也應該隸作臄，而釋為“臎”。臎字於璽文中用為

人名。

古璽文還有字作：

《璽文》入於附錄。按字从“”从“攴”从“金”。“”就應是“罢”字。上部作“”是目字之變。這與古璽文穢字作“”（0238），“苜”也訛變為“”形相類似。字从罢从攴从金，應隸作鏾，即从金斁聲的形聲字。這屬於聲符繁化的例子，字應釋作“鐸”。璽文為“𨑮亡鐸”，鐸字應讀為“斁”。“無斁”乃古人常語，故人名中常見使用。如古璽文中有名“韓亡澤”（即韓無斁），“肖亡澤”（即趙無斁）。

[63] 雖

古璽文有下揭一字：

《璽文》未收。字从“”从“”。按“”即“隹”字，而“”乃“邕”字初文，此字可與古璽文雝字比較：

（1517）

可見“”乃“隹”字之形變。字从隹从邕，應釋為“雝”。古有雝姓，“”字在璽文中用為姓氏字，就應讀作“雝”姓之“雝”。

[64] 悉

古璽文有下揭一字：

（2290）

《璽文》以不識字列於附錄。按字从“”从“”，“”顯然是心字作“”“”或“”“”等形的變體，“”即“釆”字，古璽番字作“”（1656）“”（1660 鄱所从）可證。“”从“心”从“釆”，應釋為“悉”。悉字見於《說文》，於璽文中用作人名。又《說文》以為“悉”从“釆”作，但從古文字看，悉字最初應該从“米”作，很可能是从“心”“米”聲的形聲字。

[65]　逸

古璽文有下揭一字：

1 [glyph]（2620）　2 [glyph]（2621）　3 [glyph]（2622）

《璽文》以不識字列於附錄。按字从辵从“[glyph]”，3 从二“[glyph]”，乃是重複偏旁的一種寫法，是繁體。金文鑴字作“[glyph]”，㲋字作“[glyph]”，所从兔字作“[glyph]”“[glyph]”，其頭部與古璽文“[glyph]”所从之“[glyph]”形體接近，“[glyph]”應該就是“兔”字省寫而只保留頭部者，與戰國文字中馬字常常省成頭部是相同的省化。由此上揭古璽文从辵从兔，便應釋為“逸”。“逸”字在璽文中用為官名或一種身份的稱謂。璽文為“逸徒”，其義待考。

古璽文還有下揭一字：

1 [glyph]（3072）　2 [glyph]（2094）

《璽文》以不識字列於附錄。字與上釋逸字所从之兔作“[glyph]”形應為一字，只是中間部分採用了填實的寫法，這種現象在古文字中並不乏見，故字應釋為“兔”。兔字在璽文中用為人名。

[66]　梋

古璽文有下揭一字：

[glyph]（2910）

《璽文》隸作“梋”，列於木部。按字从木从肙，應釋為“梋”。肙字中間二横乃飾筆，在戰國文字中習見。在古璽文字中，口旁下部也經常加“=”為飾筆，如：

鳴 [glyph]（0404）　和 [glyph]（1874）　容 [glyph]（1445）

蒼 [glyph]（3996）　强 [glyph]（4110）　沓 [glyph]（2595）

與“肙”字作“”，口下也加“”飾筆情況相同。梋字見於《玉篇》《集韻》等書，在璽文中用為人名。

[67] 沓

古璽文有下揭一字：

(3111)

《璽文》隸作“咏”，列於水部。按字从水从口，應釋為“沓”。甲骨文沓字作“”，遝字作“”，騇字作“”，①皆从水从口作，可知釋古璽文“”為沓不誤。沓字見於《說文》，在璽文中用為人名。

[68] 樅

古璽文有下揭一字：

1 (2393)　　2 (2394)　　3 (2395)

《璽文》隸作“柶”，列於木部。按字从木从疋，《璽文》隸定不誤。不過準確的隸定應是“樅”。字書無柶字，古文字辵旁與止旁相通，故“柶”就應是“樅”字。樅字見於《說文》，在璽文中皆用為姓氏字，就應該讀作“樅”姓之“樅”。古有樅姓，《史記·高帝紀》載有“漢王令樅公守滎陽”。可見古確有“樅”姓。

[69] 聰

古璽文有下揭一字：

1 (2404)　　2 (0842)

《璽文》以不識字列於附錄。按字从艸从耳从“”。“”應是悤字加飾筆的寫法。金文悤字作“”，漢印蔥字作“”“”形。“悤”字本為抽象會意字，即在心上加一點表示心靈開竅之意，後所从之點音化為“囱”並以其為聲符，其演變過程如下：

① 裘錫圭《甲骨文字考釋（八篇）》，《古文字研究》第四輯，中華書局 1980 年。

忽[1]

上揭古璽“”所从之“”，就是在“”形上加上飾筆而成。戰國文字常在一筆的兩側加上對稱的兩點飾筆，如：

（0332）母　（3295）奠　（2388）蒼　（4691）生

故上揭璽文應隸作“聽”。聽字應理解為是从耳悤聲的形聲字。古文字中一些形聲字所从的聲符，常常要比這個字後世所从的聲符繁複，就是所謂聲符繁化現象。聽字从耳悤聲，應該就是聰字的異文。因悤从悤聲，而从悤得聲的聰自然可从悤得聲。漢李翊夫人碑聰字作“”，所从“悤”仍為“心上加點形”，鄭烈碑作“”，其心上所从之點兩邊各有一點，應該就是由古璽文“悤”字兩邊的飾點發展而來。這個形體心上之形後來變形音化為从“公”。張遷碑聰字作“”，正从“艸”作，與古璽文同。夏堪碑作“”，从“艸”作，心上之點兩邊也各有一飾點，與上揭古璽文“”形體完全相同。故可知釋“”為“聰”不誤。聰字見於《說文》，在璽文中用為人名。

［70］　堂　𡊞

古璽文有下揭二字：

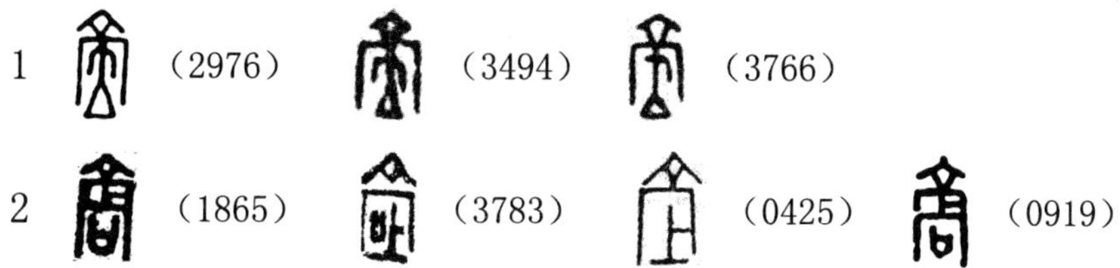

1　（2976）　（3494）　（3766）

2　（1865）　（3783）　（0425）　（0919）

《璽文》以不識字列於附錄。1 从⿱从立，2 从高（或⿱）从上，可分別隸作“𠅘”和“𡊞（或𡊞）”。這二字都不見於字書。

古璽文有下揭一字：

1　（5421）　（5422）

2　（1075）　（2497）

① 裘錫圭《說字小記》，《北京師範學院學報》1988 年第 2 期。

1从尚从立。戰國文字中从土作的字，大都可以改為从“立”作。所以1可以看作是从尚从土作。《璽文》將其釋為“堂”，十分正確。2从尚从上，由中山器銘文“上”可作“坣”可知此字應是上字的異體，即在上字上累加“尚”聲而成，字應隸作“坣”，釋為“上”。通過比較可以發現，上揭古璽文“”與“”、“”與“”似乎存在著某種對應關係。這一點金文中党字可以給我們一些啟發。金文有字作：

 㺇方鼎 㺇簋

唐蘭先生釋“堂”，《金文編》从其誤列於堂字下。按堂字从土，此字从京省从党省，應隸定作“亳（或亮）”，釋為“党”。《說文》堂字籀文从高省作“”，小徐本謂“从尚京省聲”，堂字作“”應是在堂字上累加“京”為聲符。從古文字來看，京、高乃一字之分化，故大、小徐謂从高省、从京省都是一樣的。既然从尚聲的堂可累加京聲，則从尚聲的党自然也可累加“京”為聲符。京字省作“”形，還見於小臣俞尊，字作“”。“”即“京”，所以金文“”“”為“党”字累加“京”字者，釋為“党”是沒有疑問的。既然知道从尚聲的字可以从“京”省聲，則上揭古璽文“”“”可以看作是“”“”二字將“尚”聲改換成“京”聲的異體，所以可以分別釋為“堂”和“上”。這兩個字在璽文中都用作人名。

[71] 惘

古璽文有下揭一字：

1 （4085） 2 （1749）

《璽文》以不識字列於附錄。按字从“”从“心”。“”从“”从“目”，應即“冒”字。金文冒字作“”（九年衛鼎），从冒的胄字作“”（㺇簋），从冒聲的曼字作“”“”，漢印冒字作“”（《漢徵》七·二一）。只要將金文“”上部中間一筆拉長，就變得與古璽文“”所从之“”完全相同了。秦簡冒字作“”，漢印又作“”（《漢徵》七·二一）也都與“”形極為近似。故古璽“”从心从冒，可釋為“惘”。惘字見於《集韻》，在璽文中用為人名。

［72］　默

古璽文有下揭一字：

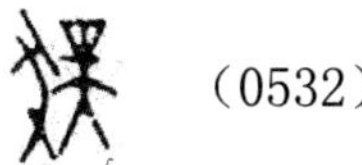

（0532）

《璽文》以不識字列於附錄。按字从“”从“”。“”應為“犬”字，可與下列从“犬”之字比較：

（2526）狃　　召伯簋　獄　　牆盤　猷

“”應即“黑”字，可與下列黑字及從黑之字比較：

𣪘尊　　儹匜　　滎伯鬲

古璽文“”所从之“”與滎伯鬲的“”字所从之“黑”尤為相近。所以古璽“”从犬从黑，應釋為“默”。默字見於《說文》，於璽文中用為人名。

［73］　鄉

古璽文有下揭一字：

（3742）

《璽文》隸作“𨚬”，列於“卯”部。按字从“”从“”，“”即鄉字所从之“卯”，而“”並非“合”字，而應是“食”字之省形。在齊國文字中，𣪘旁常可寫作“”“”等形，即“㿝”字下部割裂筆劃變為從“口”作。齊刀幣節字作“”，所从之“㿝”字下部也變為从“口”，與此情況相同。古文字鄉既从㿝作，也从食作，楚大廣鎬飤作“”，食字下部也訛為从“口”。所以上揭璽文“”應釋為“鄉”。鄉字在璽文中與“東”字組成複姓，應讀為“東鄉”之“鄉”。古有“東鄉”複姓，《通志・氏族略》“以地為氏”下列有“東鄉”複姓，謂“宋大夫東鄉為人之後，……漢有并州護軍東鄉子琴”。

古璽文還有下揭一字：

（0644）

《璽文》列於附錄。按字从米从人从“”，“”也應為“食”字之省變，字應分析為从米飤聲，米應為追加的義符，字應隸作“粆”，並可釋為“飤”。璽文為“王句粆”，句字可讀為“后”。古璽有“趙䁥夫句”璽，朱德熙先生便讀“夫句”為“太后”。①此璽文“王句粆”讀為“王后飤”，為掌管王后飲食之官吏的官璽。

[74] 函

古璽文有下揭一字：

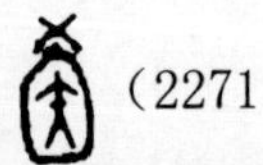

（2271）

《璽文》列於附錄。按字从“”从“矢”作，應釋作“函”。金文函字作“”，古璽文或作“”，漢印作“”，皆像矢函之形。此古璽“”字所从之“矢”正書，上部有些拓印不清，但像矢函形無疑。函字見於《說文》，在璽文中用為人名。

[75] 駁

古璽文有下揭一字：

（5674）

《璽文》失收。按字从“”从“”，“”即“爻”字。金文爽字作“”，樊字作“”，教字作“”，學字作“”，所从之“爻”皆寫作“”形，與古璽“”所从之“”形同，應為一字無疑。“”應是“馬”字，金文馬字作“”“”“”“”“”（駒所從），都與古璽文“”所從之“”非常接近，“”也應是馬字似無問題。字从馬从爻，應釋為“駁”。駁字見於《玉篇》《集韻》等書。駁字在璽文中既有可能用為人名，也有可能與“公”字組成“公駁”複姓。

[76] 家

古璽文有下揭一字：

（3758）

① 朱德熙《壽縣出土楚器銘文研究》，《歷史研究》1954 年第 1 期。

《璽文》以不識字列於附錄。按字从“□”从“□”。“□”从“□”从“□”，楚文字豕字寫作“□”“□”（望山竹簡），與“□”所从之“□”形相同。楚文字“宀”旁常可寫成“□”“□”形，故古璽“□”形从“宀”从“豕”，應釋為“家”。楚文字家字从“□”作“冡”，如楚公冡鐘，望山竹簡、包山竹簡、長沙帛書家字都作“□”形，與上揭古璽“□”形全同，故知“□”也應釋為“家”。此方璽印從文字風格看，為楚璽無疑，印文作“益缶欨（詢）冡鈙”，讀法不詳，很可能是一方官璽。

［77］　并

古璽文有下揭一字：

（1589）

《璽文》以不識字列於附錄。按字應釋為“并”。古璽文并字作“□”（1924）“□”（1925），中山器作“□”。侯馬盟書誁字作“□”，[①]“□”所从之“□”為二人形，只是與上舉其他并字不同的是反書。并字在璽文中用為人名。

［78］　許

古璽文有下列一字：

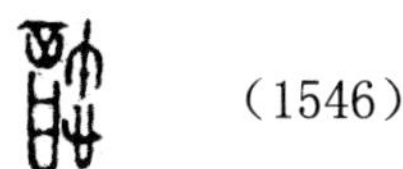（1546）

《璽文》隸定作“詓”，又將其列於心部。按字从“言”从“午”从“心”，古璽文字中一些字常常可以加上“心”旁為繁飾，例如：

□（2873）均　□（2140）鄁　□（1976）郾　□（3835）鳴

“□”所从之心旁也可視為一種繁飾或是累加的義符。字應該隸定作“詓”，釋為“許”。許字見於《說文》，在璽文中用為人名。

［79］　枋

古璽文有下揭一字：

① 吳振武《讀〈侯馬盟書〉文字劄記》，《中國語文研究》第6期，香港中文大學1984年。

1 □（2411） 2 □（2412）

《璽文》以不識字列於附錄。按字从“□”从“木”。“□”應是“力”字的變體。金文中力字作“□”“□”“□”“□”（《金文編》九〇〇頁—九〇三頁）。古璽作“□”“□”“□”“□”（《璽文》三三一—三三二頁），古璽文加字作“□”（1260）“□”（1259），所从之力作“□”。字如果也像金文那樣將一橫劃彎曲的話，就會寫成“□”形。知道“□”所从之“□”為“力”，則“□”便可釋為“朸”。《說文》：“朸，木之理也。从木力聲，平原有朸縣。”《漢書·地理志》平原郡有朸縣。“□”字在璽文中用為姓氏字，就應讀作“朸”姓之“朸”。按朸姓應是以邑為氏的姓氏。漢印中有“朸隆私印”（《漢徵》六·六），可見古確有“朸”姓。這也從一個方面說明釋“□”為“朸”是有道理的。

古璽文還有下面一字：

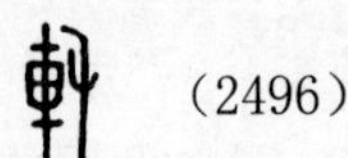

（2496）

《璽文》失收。字从“車”从“□”。“□”與我們前釋“□”為“朸”所从之力作“□”形同。只是上部一斜筆的方向不同。如果釋“□”為“朸”不錯，則“□”便可釋為“勅”。勅字見於《集韻》，在璽文中也用為姓氏字。朸、勅皆从“力”得聲，疑“勅”字也讀為“朸”姓之“朸”。

[80] 豫

古璽文有下揭一字：

1 □（1839） 2 □（1831） 3 □（1492）

4 □（2083） 5 □（1894）

《璽文》以不識字列於附錄。按字从“□”或“□”，从“□”。金文象字作“□”“□”“□”“□”“□”（《金文編》一七四頁“爲”字所从）諸形，如果省去像“象”字尾巴的部分“□”“□”等形，就會作“□”“□”“□”“□”形而與古璽“□”“□”十分接近，如此則古璽文“□”所从之

“[古文]”應為“象”字。“[古文]”字从“八”从“[古文]”。戰國文字中有一些字常常可加“八”形飾筆，前所釋字中已多有舉例，此不重複。“[古文]”所从之“八”也可以作為飾筆看待。“[古文]”又作“[古文]”，更是“八”形為飾筆、可加可不加的證明。在一九八五年提交中國古文字研究會第五屆年會的一篇小文中，我們曾懷疑古璽“[古文]”字為“豫”字，並將其與蔡侯申鐘下面一字比較：

[古文]　[古文]

指出古璽“[古文]”字與此應為一字，蔡侯申鐘从土乃繁飾。這進一步可證明古璽“[古文]”所从之“[古文]”為“象”字無疑。現在看來古璽“[古文]”為“豫”字可以肯定。右邊从象，左邊所从之“[古文]”乃“呂”字，古文字“呂”“予”乃一字之分化。在呂字下部加上一個區別符號，就分化出了“予”字。古璽文有字作“[古文]”（0305），李家浩先生釋為“序”，[①]其所从的“[古文]”就是“予”字，即在“呂”字上加上一豎筆分化而出。呂古音在來紐魚部，予在喻紐（四等）魚部，韻部相同，喻四古歸定紐，聲皆為舌音，故於音可通。所以古璽文“[古文]”就應是“豫”字。豫字見於《說文》，在璽文中用為人名。

知道了古璽文豫字的寫法，則古璽文下揭一字便可認識：

1　[古文]（1455）　　2　[古文]（3273）

《璽文》以不識字列於附錄。按字與上釋豫字所从之“象”旁形同，故字應釋為“象”，“象”字見於《說文》，在璽文中用為人名。

[81]　虫

古璽文有下揭一字：

[古文]（0729）

還有以這個字為偏旁的幾個字：

1　[古文]（3267）　2　[古文]（3452）　[古文]（3322）

① 俞偉超、李家浩《論“兵闢太歲”戈》注釋7，《出土文獻研究》，文物出版社1985年。

3 （1925） 4 （3334） 5 （4138）

這些字《璽文》或是失收，或是入於附錄中，皆不識。按古璽文虫字作“”“”“”形（《璽文》三一五頁蛪字所从），上列古璽文所从之“”“”“”就應是“虫”字。虫字作“”，上部彎曲乃是一種筆勢上的變化。戰國文字中常見這種斜向一邊的筆劃。如此以上五個古璽文字可分別釋為：

1 从虫从旦，應釋為“蛆”。蛆字見於《廣韻》《集韻》等書。

2 从虫从二“厶”，應釋為“蛤”。从二厶與古璽文詒字作“”相同。蛤字見於《集韻》等字書。

3 从攴从爪从虫。裘錫圭先生曾釋甲骨文“”字為“搔”字初文。[①]“”从攴从蚤，應隸定作“敽”。古文字攴、手二旁相通，故字可釋為“搔”。搔字見於《說文》。

4 从水从蚤，應釋為“溞”，溞字見於《集韻》等書。

5 从二虫从“”。“”乃“女”字。金文女字作“”（伯晨鼎）“”（格伯簋妊字所从），古璽文作“”（3044 妥字所从），都與“”形非常接近。字从女从二虫，應隸作“蝅”。古文字从蚰从虫可以相通。古文字如字乃女字的分化字，後世从如作的字，古文字或从女作。如古璽文駑字从女作“”（4052）。[②]痴字从女作“”（5273），故古璽“”字可隸定作“蝅”，釋為“蛪”。蛪字見於《玉篇》。這個字還見於古陶文，作：

《陶彙》3·143 《陶彙》3·144

舊或釋“蝨”是錯誤的，字也應釋為“蛪”。

[82] 帶

古璽文有下揭一字：

1 （1560） 2 （1834） 3 （4060） 4 （2871）

《璽文》入於附錄。按字从糸从“”，“”與金文“帶”字作“”

① 裘錫圭《殷墟甲骨文字考釋（七篇）》，《湖北大學學報》1990 年第 1 期。
② 裘錫圭《戰國璽印文字考釋三篇》，《古文字研究》第十輯，中華書局 1983 年。

“”“”“”形體相近。湯餘惠先生釋古璽此字為“緥”，[①]我們以前也曾將此字釋為“緥”，[②]不過現在看來這個字也有可能是綿字。綿字見於楚簡，作：

　信陽楚簡 2.7

从糸从帶，下部从“巾”很明顯。又作：

　仰天湖楚簡 22

从糸从帶。但帶字下部變為从“介”。古音帶、介都在月部，帶从介可能是一種變形音化，可見上揭古璽有是“緥”“綿”兩種可能。不過無論如何，這個字下部从“巾”是不成問題的。上揭璽文 4 下部作“”，可見巾字可以寫成這種形態。信陽楚簡幁字作“”，又作“”，所从巾旁作“”，與古璽文“”近似。古璽文有下揭一字：

（1429）

《璽文》入於附錄。字从“”从“”，其“”應即尚字之省。古文字中尚字在與其他形體組合成複合形體時，常可省去所从之“口”，故“”為“尚”字無疑。“”从“白”从“”，“”與我們前釋“”所从之巾作“”形同，故“”就應是“帛”字的異寫，古璽文“”可隸定作“𡊨”。按帛字从巾，帛與巾在都為織物這一點上意義相通，所以古文字中作為義符可以通用。如字書幫字又作幇就是例證。所以“”字从尚从帛，就應釋為“常”。《說文》：“常，下帬也。从巾尚聲，裳，常或从衣。”常从巾、从帛、从衣，作為表意偏旁其作用相同。常字在璽文中用為人名。

古璽文還有下揭二字：

1 （2778）　　2 （2602）

《璽文》以不識字列於附錄。1 从“肉”从“”，2 从“糸”从“”，“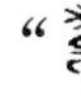”从“”从“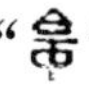”。“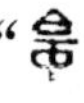”與前釋常字作“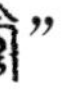”所从之帛作“”形近，只是“”形中筆一豎筆上部不出頭，二形顯然是一個字。故 1 可隸定作

① 湯餘惠《略論戰國文字形體研究中的幾個問題》，《古文字研究》第十五輯，中華書局 1986 年。
② 《古文字研究》（七種），1985 年自印本。

“□”，2可隸定作“□”。前面講過古文字中帛旁與巾旁可以通用，所以“□”可以隸作“□”，“□”乃“希”字。漢印作“□”（《漢徵》七·廿二），故上揭璽文1从肉从希，應釋為“脪”，2从糸从希，應釋為“絺”，脪、絺二字都見於《說文》，在璽文中用為人名。

［83］ 旂

古璽文有字作下揭形：

 （2197）

《璽文》以不識字列於附錄。按字从“□”从“□”。“□”从“□”从“□”。“□”乃“㫃”字，“□”為“斤”字，字應釋“旂”。古陶文旂字作“□”（3·850）“□”（3·849）“□”（3·852），所从“旂”與上揭古璽“□”字形體非常接近。古陶文又有字作“□”（3·347）。湯餘惠先生釋為“祁”，疑即邟之異文，甚是。[①]其所从之“旂”與上揭璽文“□”形完全相同，應是一字無疑。古文字中許多字可以加口為“羨符”，戰國文字中這種現象尤為突出，一些所加之口或又類化為“甘”，“□”从“旂”从“甘”，甘應為口之類化，為無義之羨符，故字可隸定作“□”，釋為“旂”。旂字見於《說文》，在璽文中用為人名。

［84］ 泫

古璽文有下揭一字：

 （1777）

字从水从“□”。按“□”乃“玄”字，馬王堆漢墓帛書《老子》甲本玄字作“□”，與古璽“□”字形同。故古璽“□”可釋為“泫”。泫字見於《說文》，在璽文中用為人名。

［85］ 蕇

古璽文有下揭一字：

 （2086）

① 湯餘惠《略論戰國文字形體研究中的幾個問題》，《古文字研究》第十五輯，中華書局1986年。

《璽文》以不識字列於附錄。按字从“”从“”，只是“”與“”連寫在一起而已。古璽文單字作“”（3632），漢簡作“單”，可見古璽文“”乃是“單”字。古文字中从艸的字往往省成从“屮”，戰國文字中尤為多見。如苛字作岢，茸字作茸，蘆字作盧等。所以上揭古璽文“”从屮从單，應隸作“嵒”，釋為“蕇”。蕇字見於《唐韻》，在璽文中用為人名。

[86]　視

古璽文有下揭一字：

1　（3323）　2　（3524）

《璽文》以不識字列於附錄。按字从目从“”，“”从“”从“立”。金文視字作“”（何尊），中山王兆域圖作“”“”，又侯馬盟書作“”“”，又作“”（晛所从），《汗簡》作“”。侯馬盟書“晛”所从之“氏”因下部加一橫劃飾筆，形體已變成似乎為从“”从“土”。《汗簡》視字寫法就是來源於這種形態。戰國文字中一些从土的字都可改从“立”作。如：

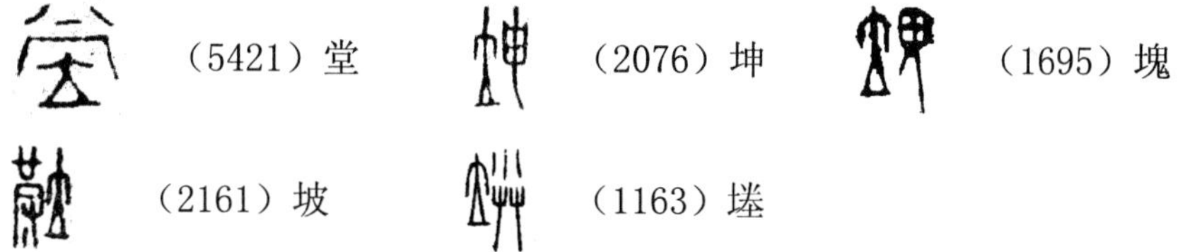
（5421）堂　（2076）坤　（1695）塊
（2161）坡　（1163）墣

因此可以認為上揭古璽“”下部所从之“立”乃由“土”旁變來，而“土”旁則是由於氏字下部加一橫飾筆訛變成的，於是對這個字的演變軌跡便可推測如下：— — 。所以古璽文“”就應該釋為“視”。視字見於《說文》，在璽文中用為姓氏字，就應該讀為“視”姓之“視”。古有“視”姓，見於《姓苑》。

[87]　比

《璽文》附錄四九第2欄有下列諸字：

1　（3068）　2　（3069）　3　（3066）　4　（3067）

此字還見於《璽彙》3057、5377號璽。上舉3、4形體下部橫劃為飾筆，在金文及戰國文字中習見。

按字應釋作“比”。

“比”字甲骨文作“”或“”，从二匕，匕聲。以往謂“比”“从”同字，實為失之。雖甲骨文“比”“从”形體有跨時期之相同處，但同時期內兩字形體區分嚴格，絕不相混。且甲骨文“比”“从”由其於句中用法即可區分，即作介詞謂“从某(地名、方位)”或作形容詞謂“有从雨”者為“从”；作動詞謂“某(人名、族名)比某(人名、族名)”者為“比”。金文比字作“”，與“从”字已不易辨。戰國楚“橈比（幣）當釿”幣比字作“”，上部已出現飾筆。《汗簡》中之一及《古文四聲韻》卷三旨部皆引有“比”字兩種形體：

A　　B

其A式同於楚幣“比”字，即《說文》古文比字“”形之由來，B式同於古璽“比”字。

自金文始，文字形體演變有一個規律，即常在中直劃上加點，點又拉長為“一”，戰國文字又往往變為“”或“”。如官字所从之“”作　—　—　，自字作　—　—　等。比字由　至　復至　，正反映了這一規律。

又侯馬盟書有姓氏字作下揭諸形：

A　B　C　D　E

此字舊釋“兟”，實誤，按字也應釋“比”。B、C、D、E四式添加飾筆同於古璽，D式上下分離，乃割裂筆劃所致，戰國文字中習見。E式增加邑旁，為戰國地名姓氏用字之慣例。釋“”為兟所以誤，可由侯馬盟書文字本身證之：(1)自甲骨文至小篆，先字一貫从止(或从之)从人，構形穩定不變。侯馬盟書凡从止、从之的字，止、之皆作“”或“”，從不作“”形。“”字由筆順看，是在“”字上加飾筆“”而成，決非从止或之。(2)侯馬盟書本有先字，作“”，被以不識字列入字表殘字類，與“”字區別至顯。

侯馬盟書“”又可省作“”(3：19 三例)，字應釋“匕”，“比”从“匕”聲，此當借“匕”為“比”，戰國文字中姓氏字借用者多見。如借脂為閭，借肖為趙等均屬其例。

古璽及侯馬盟書之“比”，皆應讀為姓氏之“比”。比為地名，在今山東淄博一帶，姓比乃以封地為氏。《史記》載殷有比干，可證古有比氏。

［88］　隋

《璽文》十四·七第 6 欄有字作下揭形：

(2772)　(2769)　(0831)

字還見於《璽彙》2937 號璽。《璽文》隸作“陏”，以不識字列阜部後。按字从阜从“”，“”字从土从肉。侯馬盟書隋字作：

去掉所从之“”，與古璽“”字形同。古璽“”即應為“”之省體。戰國文字中省去“又”旁者習見，例不贅舉，故古璽“”字可釋為“隋”。

《璽文》附錄十六第 3 欄有字作：

按字从辵从，“”疑為阜字形變，字應釋作“隨”。

《璽文》十·四第 1 欄有字作：

字从犬从“”，按“”似為“”字形變，字似可釋為“獢”，“隋”从𢀖聲，故“獢”可从𢀖作。獢字見於《廣韻》《集韻》等書。

［89］　蘆

《璽文》一·七第 2 欄有字作：

《璽文》釋作薈，列於艸部。按字从艸从臚省，應隸作“蘫”，釋為“蘆”。戰國陶文蘆字作：

所从膚字形體很亂。“”所从之“”即盧字，“”乃虍之訛變，與上

舉“”所从之“”形近，只是斜筆與直筆的不同。“”即“虛”所从之“田”，與上舉“”所从之“”形近。“”下一横乃飾筆，與“”所从之一横同。戰國盧字常常借虛字為之，“”从艸从肉从虛，可隸定為“膚”。上舉蘆字作“”，从艸櫨聲，這如同古璽焰字作“”，从火胎聲；均字作“”，从土昀聲一樣，是一種聲符繁化現象。以此例推之，則“”可看成是从艸臚聲的形聲字，而臚又从盧得聲，故“”可釋為“蘆”。

［90］ 謕

《睡虎地·封診式》有如下釋文：

簡 54：“其手毋胈，令謼（號），其音氣敗，癘（癘）殹（也）。”

簡 61－62：“訊甲亭人及丙，智（知）男子可（何）日死，聞謼（號）寇者不殹（也）？”

《睡虎地》一書將謼字後加圓括號注為“號”，顯然是認為“謼”通作“號”。《篆表》即將此字直接置於號字下。按此釋非是。謼字原簡作：

所从之一彎筆並不是“水”旁。秦簡中凡偏旁中的“水”皆作三點之形，無一例外。西周金文中有字作：

林澐先生在《新版〈金文編〉正文部分釋字商榷》一文中將其釋為“虒”，其說極是。秦簡“謼”字所从之“滤”形與金文“虒”字全同，無疑也應釋為“虒”。秦簡“虒”字作：

褫字所从之“虒”作：

漢簡“虒”字作：

寫法都與秦簡“譥”所从之“虒”近似。所以秦簡的“譥”字顯然應該釋為“謕”。謕字見於《玉篇》《廣韻》《集韻》等書，即啼字異體。《漢書·嚴助傳》：“親老涕泣，孤子謕號。”顏師古注謂：“謕，古啼字。”字又作嗁，《說文·口部》：“嗁，號也。”謕、號皆喊叫之意，故典籍多以“謕號”連言，《睡虎地》一書說義是，釋字則非。

[91]　尋

《睡虎地》一書有如下釋文：

A　寇（冠）、製車、折衣常（裳）、服帶吉。　（日書甲種簡13正貳）

B　可取婦、家（嫁）女、製（制）衣常（裳）。　（日書甲種簡32正）

C　六月己未，不可以裚新衣，必死。　（日書甲種簡15背）

D　凡製車及寇（冠）、□□□□□申，吉。　（日書乙種簡130）

其中A的製字、B的製字、C的裚字、D的製字分別作：

《睡虎地》一書解釋C的裚字說：“所从之折从屮、从斤、从丮，斤反書。”按細加觀察就會發現，所謂的“屮”其實是兩個上下排列的“又”字，字既不从斤，也不从丮，這個字與D的製字顯然是一個字。兩個字都从“衣”作，只是C省去了所从的“寸”旁。秦漢時期的尋字的結構是從兩個“又”（此從甲骨文、金文形體演變而來），从“舟”从“寸”。馬王堆帛書《老子》甲、乙本有公認的尋字作：

差別是字上部所从的二“又”和“舟”的左右位置有變化。漢印中有字作：

我們在一篇題為《璽印文字釋叢（一）》[①]的小文中將其釋為“尋”。同馬王堆帛書的尋字比較，其結論是沒問題的。秦簡這四個字其實也應是尋字或从尋的字，同馬王堆帛書和漢印的尋字比較起來，只是A、B兩個尋字所从的“舟”旁左側一筆寫得較長，字左側的兩個“手”形與“舟”旁相連而已。D所从之“舟”旁很清楚，而A、B的“舟”旁中間兩筆則變成了連書。所以A、B兩個字應該釋為“尋”，C、D兩個字應該釋為“襑”。“尋”“襑”二字在簡文中似都應讀作“探”。尋字甲骨文本从“㐭”（簟）聲，典籍探字又作撢或撏。《周禮·夏官·撢人》：“撢人掌誦王志，道國之政事，以巡天下之邦國而語之。”序官注：“撢人主撢序王意，以語天下。”《釋文》：“撢，他南反，與探同。”《集韻》平聲二十四監韻：“撏，取也，或作探。”《說文·手部》：“撢，探也。”《說文·手部》：“探，遠取之也。”《正續一切經音義》卷五十五《太子本起瑞應經》卷上“即探”條：“他含反，《爾雅》：‘探，取也。’注云：‘謂摸取也。’《說文》：‘探，遠取也。’亦試也，嘗試之也。”《爾雅·釋言》：“探，試也。”簡文“尋”“襑”讀作“探”，應訓為“試”。“尋（探）車”、“襑（探）車”、“尋（探）衣裳”、“襑（探）新衣”即“試車”、“試衣裳”、“試新衣”之意。又尋字典籍或訓為“用”，見於《左傳》莊公二十八年、僖公五年、昭公元年注和《小爾雅·廣詁》等，“尋”訓為“用”，按之秦簡亦可通。

[92] 宇

馬王堆漢墓帛書《天下至道談》有如下一段话：

侯（喉）息，下成土陰光陽；椯（喘）息，氣上相薄，自宮張。

關於文中的“宮”字，《馬王堆漢墓帛書》（肆）注釋謂：[②]

宮，應為容字。一說，即“宮”字。

馬繼興著的《馬王堆古醫書考釋》將“宮”字直接釋為“容”，在校釋中謂：[③]

“容”字義為容納、收容。

① 載《考古與文物》1990年第2期。
② 國家文物局古文獻研究室編《馬王堆漢墓帛書》（肆），文物出版社1985年。
③ 馬繼興《馬王堆古醫書考釋》，湖南科學技術出版社1992年。

周一謀、蕭佐桃主編的《馬王堆醫書考注》謂：[①]

> 自宮張：宮，當為容字或宮字，此處當是指女子因性衝動而陰戶自動張開。

魏啟鵬、胡翔驊撰的《馬王堆漢墓醫書校釋》（貳）直接引《馬王堆漢墓帛書》（肆）的解釋，沒有另外的說解。[②]

陳松長編著的《馬王堆簡帛文字編》亦將此字隸作“宮”，列於“穴”部後。

按以上諸家對“宮”字的考釋和分析是錯誤的。“宮”字結構不應如以上諸家分析的為从“宀”从“公”或从“宀”从“呂”，而應分析為从“宀”从“㕣”。“㕣”非“公”字，而是“予”字的異體。

在戰國文字中，“予”字經常可以寫作“㕣”形，如下列“豫”字作：

《戰國文字編》六四九頁包山楚簡“豫”字

《戰國文字編》六四九頁古璽“豫”字

《戰國文字編》六四九頁蔡侯鏄“豫（从土）”字

“䋰”字作：

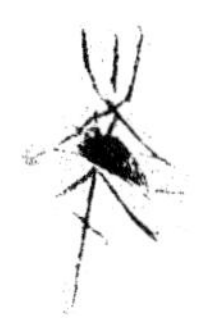
《戰國文字編》六七四頁包山楚簡“䋰”字

《陶彙》編號6·1收有下面一件陶文拓本：

《陶彙》釋其銘文為“幸㝐”。其實此二字應該釋為“南序”。此“序”字所

① 周一謀、蕭佐桃主編《馬王堆醫書考注》，天津科學技術出版社1988年。
② 魏啟鵬、胡翔驊《馬王堆漢墓醫書校釋》（貳），成都出版社1992年。

從之“予”上部也是從“八”形作，可資比較。[①]《說文·广部》序字段玉裁注：“堂上以東西牆為介，《禮》經謂階上序端之南曰序南；謂正堂近序之處曰東序、西序。”不知此陶文“南序”與《禮》經所指的“序南”或“南序”是否有關。

帛書“宮張”之“宮”从“宀”从“予”，應隸定作“字”，讀作“舒”。“字”从“予”聲，“舒”亦从“予”聲，所以“字”自然可以讀為“舒”。帛書“字張”應讀作“舒張”。“舒張”意為舒展、張開。《三國志·魏志·管輅傳》：“雄雌以形，翅翼舒張。”

帛書“舒張”可將辭書中“舒張”一詞的書證提前。

[93] 秀 誘 郝

《璽彙》1513 號璽作：

其中“采”字還見於 2473、5596、2474、0438、0552、3765 等號璽。采字是個很容易認識的字，即見於《說文》的采字，或體作“穗”。采字形體很明確，似乎並不需要解釋，但是采字在古文字中的用法卻並非如此簡單。如上舉 2474、5596 號璽中的采字用為姓氏字，可典籍中從無“穗”姓。又 0552 號璽璽文為“王疾采”，“采”如釋為“穗”，則“疾采”一名亦無義可說。采字在秦簡中的用法，可以給我們一點啟示。睡虎地秦簡日書甲種稷辰：“正月二月，子秀，丑戌正陽……”日書乙種秦：“正月二月，子采，丑戌正陽……”在日書甲種“秀”字的位置，日書乙種卻作“采”。這說明“采”和“秀”可以相通。《說文》：“秀，上諱。臣鍇曰：禾實也，有實之象，下垂也。”《說文》“采，禾成秀也，人所以收。从爪禾。”采、秀二字在秦簡中可以替代，兩字之間的關係大概有兩種可能，一種可能是采、秀義近，采用為秀是“同義換讀”，一種可能是采應該就是“禾成秀”之“秀”的初文或本字。《說文》袖字篆文作“褎”，分析結構為“从衣，采聲”，這個“采”就讀為“秀”的音，正說明了兩字的密切關係。[②]上舉 2474、5596 號璽中的“采”字用為姓氏字，就應讀作“秀”姓之“秀”。《姓考》載秀姓為宋大夫秀老之後。

---

① 戰國古璽文字中亦有“序”字，見《九店楚簡》第 114 頁考釋【一九六】李家浩先生所作考釋，中華書局 2000 年。

② 裘錫圭《甲骨文中所見的商代農業》，《全國商史學術討論會論文集》（《殷都學刊》增刊）1985 年。

《璽彙》1801 號璽作：

“[illegible]”字《璽彙》和《璽文》皆隸作“誎”。誎字不見於字書，由以上的論證出發，可以將這個字釋為“誘”。誘字見於《說文》言部，在璽文中用為人名。

《璽彙》0552 號璽作：

“疾采”之名應與古璽中常見的“去疾”“去病”“病已”“疾已”一類人名相似。“采”應釋為“秀”，讀為“抽”或“瘳”。抽字異體作“㨨”，从“秀”作，故“秀”可讀“抽”。抽字典籍訓為“除去”，《詩・小雅・楚茨》：“楚楚者茨，言抽其棘。”《毛傳》：“抽，除也。”典籍“抽”“瘳”相通，如敦煌古醫籍張仲景五臟論“華佗割骨除根，患者悉得抽愈”，抽愈即瘳愈。《說文繫傳》：“瘳，疾病愈也。从疒翏聲。臣鍇曰：忽愈若抽去之也。”璽文“[illegible]”（秀）讀為“抽”或“瘳”，“疾[illegible]”即“疾抽”或“疾瘳”，與“去疾”“去病”等人名含義相同。《璽彙》4073 號璽作：

“[illegible]”字从采从邑，應是因用於姓氏字而累加“邑”旁的專字。字應隸作“郛”，釋為“秀”。“上秀”似是一複姓。

［94］　尋

《漢徵》附錄一第 6 欄有字作：

《漢徵》隸作“㪇”。按字从般从寸，可隸作“𢿫”，釋作“尋”。馬王堆帛書《老子》尋字作：

从凡从二又从寸。上引漢印尋字从“般”，應為从“凡”从二“又”之訛。又，《漢徵》附錄三第 10 欄有字作：

《漢徵》隸作“𢍏”。按字从兩又从凡从寸。馬王堆帛書《老子》乙本尋字作“”，從兩又从凡从寸，與“”“”結構同，只是兩又的位置有些區別。故“”“”二字也應釋為“尋”。

[95] 磐

《漢徵》九・十二第 6 欄有字作：

《漢徵》隸作“䂽”，以不識字列石部後。按“”字从般从石，字應釋作“磐”。漢印文字“舟”旁可寫成“”形，如服作“”，又作“”；俞作“”，又作“”。漢印般字作：

與“”所从之“”為一字無疑。故“”應釋為“磐”。周憬功勳銘磐字作“”，與“”字形同。

[96] 痤 郪

包山楚簡有字作“”，《包山二號楚墓簡牘釋文與考釋》注（419）引裘錫圭先生說釋為“坐”。裘先生的觀點筆者雖未見到，但對這一考釋卻深信不疑。“”應即“坐山”的專字。包山楚簡另有字作“”（簡 243）、“”（簡 237）、“”（簡 177），《包山》一書分別隸作“𡉀”、“侳”、“姼”。其實這三個字應分別釋為“坐”、“侳”、“䂳”。侳與䂳都見於字書。由包山楚簡的坐字，聯想到甲骨文的“”字，其實也應該釋為“坐”，字像人坐於席上，舊或釋宿是錯誤的。古人所謂“坐”，就是如“”形那樣膝著於席，臀著於足的姿勢。日本人傳統房屋不設床，進屋即“席”，故至今仍保持著這種坐姿。包山楚簡坐字作“”，很可能即由“”形發展而來，不過坐著的人形下部已經變得直立，像席的部分變為从“土”，為小篆所本，但是基本結構依然未變。《璽彙》2483號璽作：

“”字《璽文》隸作“痤”。按“”字所从的“”與包山楚簡的“”字相同，應為一字。如此古璽“”字就應釋為“痤”。痤字見於《說文》，在璽文中用為人名。《漢徵》7·20引有“李痤”印，可知古人確有以“痤”為名的。楚璽中有“”字：

（1198）

《古玉印精華》19·4

舊不識。按字所从之“”不是“爿”字，而是“疒”之省。戰國文字中“疒”“爿”二旁常常相亂。如古璽醬字或从“疒”作“”（0095），古陶文壯字或从“疒”作“”（3·527），古璽痟字或从“爿”作“”（1600）。楚國文字常常將“疒”省為“爿”，如包山楚簡瘨字作“”（簡240），瘥字作“”（簡249），瘧字作“”（簡218）等，所以上引楚璽中的“”“”也應釋為“痤”。

《璽彙》1424號璽作：

“”字舊釋“郢”，非是。所从之“”即坐字。字應釋為“郲”，字見於《集韻》，在璽文中用為人名。

[97]　單

《璽彙》3523號璽作：

其中“”字《璽彙》不釋，《璽文》入於附錄。按字从“”从“”，

“□”乃楚國“网”字的特有寫法。如楚簡羅字作“□”（《包山》22），罕字作“□”（《包山》130 反）可證。“□”乃“畢”字。金文畢字作“□”“□”“□”（《金文編》二六七頁），與“□”形結構相同。如此“□”字應釋為“罼”。罼即畢字的繁體異構。畢訓為“网”，故又可加“网”為義符作罼。《玉篇》：“罼，卑蜜切，罔小而長柄也。”《包山》罼字作“□”（158）“□”（173），與古璽“□”字完全相同。罼字在楚簡和楚璽中都用作“畢”姓之“畢”。又《印典》（三）二一四五頁收有一方楚璽作：

其中“□”字應隸作“黚”，釋為“點”。“□”字同上釋“□”字應為一字，也應釋為“罼”，讀為畢姓之“畢”。

[98] 於

《古陶文彙編》3・652 著錄了下面一件齊國陶文：

資料來源自《三代秦漢六朝古陶》一書（十八冊二函，塤室 3，現藏中國社會科學院考古所），傳出自臨淄。陶文共五字，其中“陵”字簡單易識。第三字乃“市”字，此字考釋由裘錫圭先生首發其覆。第四字為“和”字的壞字。第五字的考釋學術界有不同意見，不過其相當於“璽”“節”一類意思則可以肯定。因為字从“卩”，有的學者就直接將其讀為“節”。

陶文第一字需要我們稍加討論。此字舊或不識，或釋為“系”。其實這個字應該釋為“烏”。其寫法與《璽彙》1582 的“□（烏）”字及僕兒鐘的“□（烏）”（《金文編》二六五頁）字很接近。又《璽彙》1139 號璽“鄔”字左旁作“□”，也可資比較。

古文字中“烏”“於”二字本為一字所分化，這是人所共知的常識。陶文“烏陵”乃地名，就應讀作“於陵”。於陵戰國時為齊邑，西漢時置縣，屬濟南郡，距臨淄約四十多公里。

齊國陶文中有許多有關“市”的陶文，據裘錫圭先生分類，“於陵市和節”陶文應屬於市量陶文。陶文中的“和”與齊“左關之鉌”的“鉌”相同，都是指量器。“於陵市和節”與齊陶文中的“□鄉和節”（《封泥考略》1·2下）性質一樣，是指鈐印於於陵“市”中所使用或買賣的量器“和”上的璽印。在量器上加蓋這種璽印，是表明此器是標準器的意思。

[99] 乍 鮓 痄

《璽彙》1715號璽作：

“□”字《璽彙》釋為“止”，《璽文》列於“止”字下。字亦見於2522號璽。按釋“□”為“止”是錯誤的。古文字中的“止”字從不寫成如□豎立的形狀，中間也從不寫成相交的一橫筆和一豎筆。吳王夫差矛乍字作“□”，與“□”形體很近，只是一豎筆沒有連下而彎向了一邊。郾王職劍乍字作“□”，與“□”的差別亦只是多出一小橫。楚王酓前匜乍字作“□”，又作“□”；《包山》乍字作“□”（簡225），㑅字作“□”。可見“□”相當於“□”，而“□”同古璽“□”顯然應該是一個字。古璽胙字作“□”（4045），又作“□”（2036），可見“乍”字確可寫作“□”，如此上揭古璽“□”無疑應釋為“乍”。乍字見於《說文》，在璽文中用為人名。

《璽彙》2372號璽作：

其中“□”字還見於1022、1821、3246、3006等號璽。這個字《璽文》釋為“鮏”。按字書無“鮏”字，此字所从之“□”非“止”字，釋“鮏”是錯誤的。上面曾論證古璽“□”為“乍”字，如此則“□”字無疑應釋為“鮓”。鮓字見於《廣韻》《集韻》等書，在璽文中用為人名。

《璽彙》3000號璽作：

其中“□”字還見於2948、1897、1781、1660、1661等號璽。此字《璽彙》和《璽文》皆釋為“疘”。通過以上對古璽“□”“□”等字的分析，可知“□”

所從的“[illegible]”也是乍字，所以“[illegible]”字應釋為“痄”。《集韻》上聲馬韻：“痄，痄疨，創不合也。一曰病甚。”《玉篇》：“痄，仕加切，痄疨，病甚也。”古人起名不避疾惡字，痄字在璽文中用為人名。

[100]　儥及从“賣”諸字

《包山》151－152 號簡為無篇題的法律文書，記載了一件案例：

> 左御潘戌食田於邵域䛤邑，城田一，索畔苑。戌死，其子潘陟後之；陟死無子，其弟潘黯後之；黯死無子，左尹士令其從父之弟潘𣂐後之。𣂐食田，病於債，骨（過）儥之。左禦遊辰骨（過）賈之，有伍劊（？），王士之後𨛭賞間之，言謂潘戌無後。左司馬適令左令㪥定之，言謂戌有後。

李學勤先生在《包山楚簡中的土地買賣》一文中，曾對這兩條簡文有過很好的解釋。[1]李先生文章的最重要之處，是成功地釋出了“儥”字，使得這兩條簡文可以順暢讀通，又凸顯了簡文內容的重要。

《說文·人部》：“儥，賣也。”段玉裁在《說文解字注》中指出“儥”即“今之鬻字”。《玉篇·䰜部》：“鬻，鬻賣也。” 儥字古音在定紐屋部，鬻字在章紐覺部，兩字皆為舌音，韻皆為入聲，韻尾相同。屋、覺二紐在《詩經》中亦有合韻的例子。《說文》認為“儥”字所从的“賣”字本从“睦”字古文“𡕥”得聲，而“睦”字古音就在覺部，可見“儥”與“鬻”兩字音義皆近，顯然是一對同源詞或是一個詞的不同寫法。

“儥”字還見於《包山》120 號簡：

> �佫竊馬下蔡師，儥之於昜城。

上引李學勤先生文中未提及此句簡文中的“儥”字，但是受李先生之文的啟發，已有學者將其釋為“儥”，[2]這是非常正確的。

郭店楚簡《窮達以時》有一段簡文說：

> 百里轉[illegible]五羊，為伯牧牛，釋鞭箠而為朝卿，遇秦穆。

句中“[illegible]”字裘錫圭先生認為是从“辵”从“𡕥”聲，即“遺”字，讀為

① 載《中國文物報》1992 年 3 月 22 日，又收入作者《綴古集》，上海古籍出版社 1998 年。

② 見陳偉《包山楚簡初探》一書的釋文，武漢大學出版社 1996 年。

“賣”，通“鬻”。這一考釋非常正確。[①]這個“遺”字所从的“𥈠”的寫法也值得注意。

以上我們分析了包山楚簡和郭店楚簡中的三個已識的“儥”和“遺”字，其形體寫法如下：

1 　　2 　　3

另外包山楚簡中還有5個用於人名的“儥”字，其中4個是指一個叫郘儥的人，一個是指叫黃儥的人。這5個儥字以往不被大家注意，只有陳偉先生在其《包山楚簡初探》一書的釋文中將其隸定作“儥”。其形體寫法如下：

4 　　5 　　6 　　7 　　8

按《說文》的結構分析，“儥”字所从的“𥈠”是“睦”字的古文，本應从“目”，上引7所从的“𥈠”就是从“目”作的。3和8的“𥈠”所从的“目”寫成了豎立的形狀。4和5的“𥈠”所从的“目”中間省去了一筆，1、2、6的“𥈠”所从的“目”變成了橫置或豎置的“𠂤”。這種形體非常重要，是我們辨識其他尚未釋出的“儥”字及相關諸字的關鍵環節。《璽彙》3661號楚姓名私璽有一個字寫作“”，以往不識，這個字與上引的1、2形體相同，也應該是“儥”字。

以上對“儥”和“遺”所从之“𥈠”字形體的分析，有助於我們對楚簡中一個以往不識的从“儥”之字的認識。

楚簡中有一個字作如下之形：

1 　包山247　病有△。

2 　包山240　病變，有△，遞(遲)瘥。[②]

3 　天星觀　無咎，少有△。

4 　天星觀　疾有△。

5 　天星觀　夜中有△。

---

① 見《郭店楚墓竹簡》“窮達以時”篇注釋(9)，文物出版社1998年5月。

② “遞瘥”之“遞”有的學者解釋為“漸漸”，非是。遞應讀為“遲”。遞從虒聲，虒、遲古音皆在定紐脂部。

6 望山 62 ……△，遲瘥。

7 望山 65(殘) ……瘥，有△。

8 望山 50 ……△，有見祟，宜禱……

1—7 从“疒”或从“爿”，从“爿”乃从“疒”之省。因為此字用於形容疾病，所以加“疒”旁以為義符。古人認為疾病與心理有關，因此从“心”與从“疒”在戰國文字中有時可以互換，所以 8 不从“疒”而从“心”。這個字的聲旁或从“人”或不从“人”，因佈局的考慮，“人”旁有時還可移到字的右邊。對於此字，學者們都將其隸定作“𤺓”“𤻞”“𤺓”“𤼫”“𤻞”等形。對其義訓，如李家浩先生認為：“簡文㦣與𤻞二字之意當與疾病有關，疑當讀為‘𤺓’‘瘣’。《集韻》灰韻引《倉頡篇》：‘𤺓，陰病也。’《一切經音義》卷十引《字林》：‘瘣，重疾也。’”[①]李零先生讀“有𤼫”為“有孽”，認為指病情惡化。[②]

其實這個字所从的“”和“”就是“賣”和“儥”字。上引 1 應隸作“𧷏”，2—7 應隸定作“𧷏”。8 應隸定作“𢡊”。上邊談到“𧶠”字所从之“目”可以改寫成豎置的“𠂤”字，上引 1、5 所从“𧶠”的“目”尚處於“目”與“𠂤”之間，其他的“𧶠”所从之“目”就已經訛成了“𠂤”。為什麼从“目”可以變成从“𠂤”呢？金文中的“㞟”(殿)字就是一個可以比較的好例子。金文中的“殿”字可以分成三種類型：

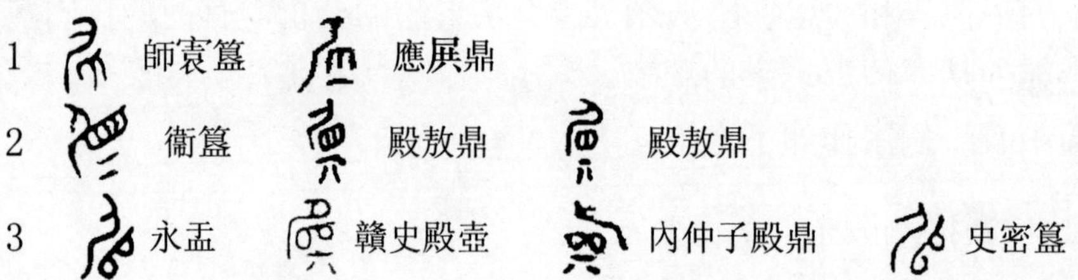

1 是从“爪”；2 是从“目”，其中“目”字中間也可以省去一筆；3 是从“𠂤”。這三種類型與上邊所論“𧶠”字既可以从“目”作“”，又可以從中間省去一筆的“目”，又可以从“𠂤”作“”如出一轍。所以將以上“”“”釋為“𧷏”“𧷏”“𢡊”應該說絶無問題。

上引 1—8 有“𧷏”字的簡文説“病有𧷏”、“疾有𧷏”、“疾變，有𧷏，遞(遲)瘥”、“……有𧷏，遲瘥”，從中可以看出“𧷏”字確實是指病情加重而言。

① 湖北省文物考古研究所、北京大學中文系《望山楚簡》釋文注釋，中華書局 1995 年。

② 李零《包山楚簡研究（占卜類)》，《中國文化與典籍論叢》第一輯，中華書局 1993 年。

那麼這個“癀”字該如何解釋呢？我們認為“癀”字在此應讀為“篤”。古音“儥”在定紐屋部，“篤”在端紐覺部，聲皆為舌音，韻皆為入聲，韻尾相同。前邊說到“儥”和“鬻”可通，而“鬻”字古音就在覺部。“儥”通“篤”猶如“儥”通“鬻”。“篤”正是病勢沉重之意。《史記·范雎蔡澤列傳》：“昭王強起應侯，應侯遂稱病篤。”《東觀漢記·吳漢傳》：“漢疾篤，車駕視臨，問所欲言。”晉干寶《搜神記》卷五：“不幸疾篤，死在旦夕。”上引例句中“病”和“疾”皆可言“篤”，這與簡文“病”“疾”都可說“癀（篤）”相一致。將“瘄”“癀”“懫”讀為“篤”，按之以上所引1—8諸例，文意極為順適。

釋出了以上楚簡中的“儥”和从“儥”的諸字，我們還可以連帶釋出古文字中其他幾個以往不識的字。

1．厚趠鼎的“儥”字

金文厚趠鼎銘文說：

唯王來格于成周年，厚趠有[illegible]于𣿬公，趠用作厥文考父辛寶尊齍，其子子孫孫永寶。

其中“[illegible]”字唐蘭先生考釋謂：“儥字當是從人賠聲。……𠂤是農具的一種，上作屮形是其刺，金文追字常從𠃬，可證。儥當讀如歸，歸字從𠂤聲。《廣雅·釋詁》三上：‘歸，遺也。’古書常用歸為饋贈。”[①]通過以上對楚簡“癀”字的考證我們可以知道，厚趠鼎的這個“儥”字其實也是“儥”字，就應該釋為“儥”。銘文說“厚趠有儥于𣿬公”，意為厚趠與𣿬公之間進行了買賣交易，即厚趠賣給了𣿬公某種東西，然後用得來的錢“作厥文考父辛寶尊齍”。這樣理解，顯然比唐蘭先生將“厚趠有儥于𣿬公”硬是當作被動句，將其譯作“厚趠受到了𣿬公的饋贈”要合理得多。

2．䟫駿觥蓋的“遺”字

金文䟫駿觥蓋銘文說：

吳䟫駿弟史[illegible]馬，弗左(差)，用作父戊寶尊彝。

其中“[illegible]”字唐蘭先生考釋謂：“𧷒當從貝追聲。疑當讀如歸，歸、追並從𠂤聲。《廣雅·釋詁》三上：‘歸，遺也。’”[②]唐蘭先生的釋讀留下一個疑問不好

①② 唐蘭《西周青銅器銘文分代史徵》，第227頁，中華書局1986年。

解釋，那就是：𤔲駿弟史是接受別人饋馬還是饋馬於人？如果是接受饋馬，銘文卻未記饋馬之人；如果是饋馬於人，那麼饋馬於人與緊跟著說的“用作父戊寶尊彝”有何關係？其實這個“[illegible]”字就是“遺”字，也應該釋為“遺”。“遺”通作“鬻”。前邊談到郭店楚簡《窮達以時》篇有“百里轉遺五羊”的說法，《包山》120 號簡也有“竊馬”並“價”於昜城的說法，可見“羊”和“馬”皆可言“價”，所以“價馬”就是“鬻馬”，也就是“賣馬”。銘文：“吳𤔲駿弟史遺馬，弗差，用作父戊寶尊彝。”意為：“吳𤔲駿弟史賣馬，沒有差錯，(以賣馬的錢)用來作父戊寶尊彝。”這樣解釋，前邊提到的疑問便渙然冰釋了。

3．晉侯蘇鐘的“價”字

金文晉侯蘇鐘銘文有一句說：

既死霸，壬寅，王[illegible]往東。

其中“[illegible]”字諸家或缺釋，或讀為“殿”。其實這個字也是“價”字，也應該釋為“價”。“價”字在晉侯蘇鐘銘文中應該讀作“督”。古音“價”在定紐屋部，“督”在端紐覺部，聲為一系，韻皆為入聲，韻尾相同。“價”通“督”猶如“價”通“鬻”。前邊談到楚簡的“𤸫”字通為“篤”，而“篤”與“督”亦可相通。《左傳・僖公十二年》：“余嘉乃勳，應乃懿德，謂督不忘。”陸德明《釋文》謂：“督，音篤。”《說文・衣部》有“裻”字，在《玉篇》中有“褾”“褶”兩種異體。可證“篤”與“督”可以相通。既然 “𤸫 ”可通“篤”，“價”自然也可以通“督”。《廣韻・沃韻》：“督，率也。”又《廣雅・釋言》：“督，促也。”銘文言“王價往東”，意為王率領或督促部隊向東進發。

第十六章　古文字構形演變條例

古文字構形演變條例，是指在分析考釋古文字的實踐中總結出的古文字構形演變規律，用一句話簡單概括而成，故稱之為“條例”。不斷發現、總結這方面的條例，無疑會大大促進我們分析文字的能力，提高考釋文字的準確度。在平時考釋古文字的過程中，學者間都是自覺不自覺地在運用這些條例的，只是缺乏更為深入的總結和歸納。當然，條例只能作為一般的規律來認識和運用，任何規律都是相對的，都存在著或多或少的例外甚至相反的規律。只有根據具體情況綜合活用這些規律，才能收到良好的效果。下面大致從通用、訛混、繁簡、演變、飾筆等幾個方面試列舉一些構形演變條例。這些條例都是舉例性質的，分類不甚嚴密，其中容有互相交叉的現象。蠡測管窺，挂一漏萬，留待日後不斷增補。

★ 通　用

條　　例	例　字	
古文字中攴、又兩字在用做表意偏旁時可以通用。		
古文字中止、辵、走、行諸字在用做“動符”時，作用相同。		
古文字中戈、攴、又在用做表意偏旁時有時通用。		
古文字中从人形的字，常常存在从女作的異體。		
古文字中木、禾二旁在用做表意偏旁時可以通用。		
古文字中秝、林二字在用做表意偏旁時有時可通用。		

條例	例字
古文字中中、艸、木、林、茻在用做表意偏旁時可以通用。	
古文字中刀、刃在用做表意偏旁時可以通用。	
古文字中斗、升在用做表意偏旁時可以通用。	
古文字中日、月二字在用做表意偏旁時可以通用。	
古文字中宀、穴二字在用做表意偏旁時可以通用。	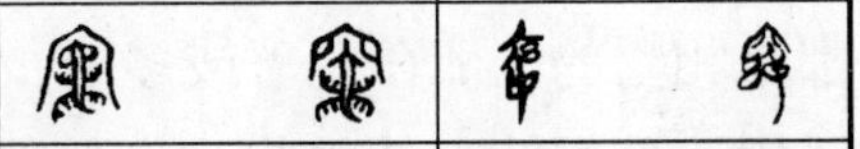
古文字中一些字填實與空廓無別。	
古文字中許多字偏旁位置左右、上下、內外無別。	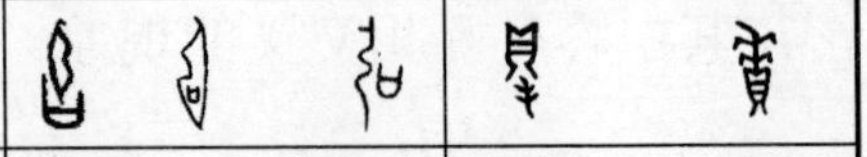
古文字中皀、食二字在用做表意偏旁時可以通用。	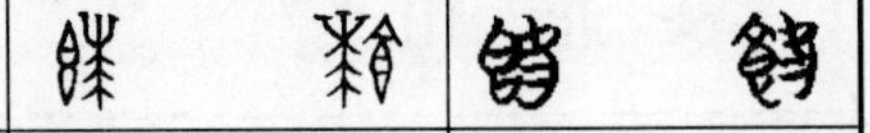
古文字中心、言、口、音諸字在用做義符時可以通用。	
古文字中側立的人形偶爾與正面的人形（大）通用。	
古文字中木、來二字在用作表意偏旁時可以通用。	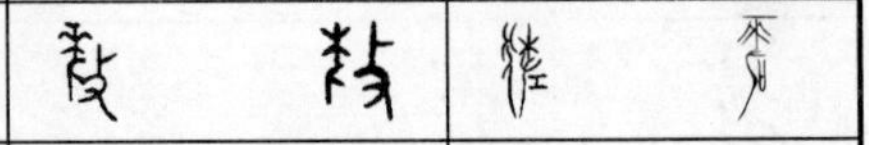
古文字中又、収、臼、爪諸字在用做表意偏旁時可以通用。	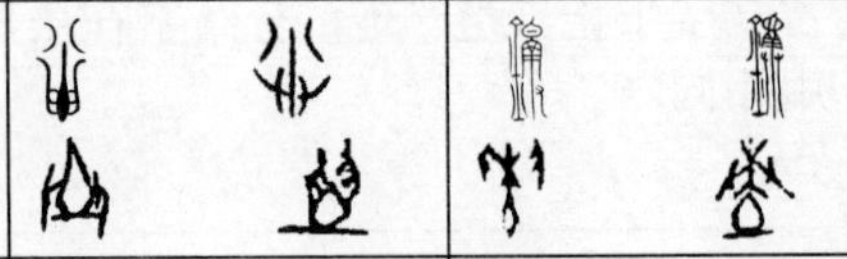
古文字中厂、广二字在用做表意偏旁時可以通用。	
古文字中隹、鳥二字在用做表意偏旁時可以通用。	
古文字中糸、絲、素、索字在用做表意偏旁時可以通用。	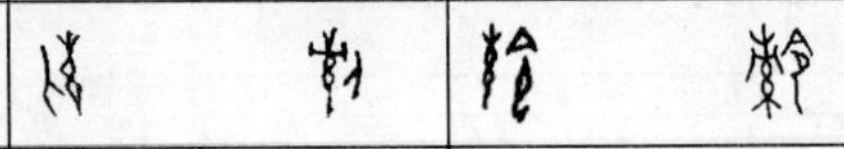
古文字中人、卩二字有時相通。	
古文字中木、朿二字在用做表意偏旁時可以通用。	

條　　例	例　　字	
古文字中金、皿二字在用做表意偏旁時有時可以通用。		
古文字中土、𩫏二字在用做表意偏旁時可以通用。		
古文字中厂、宀二字在用做表意偏旁時有時可以通用。		
古文字中首、頁二字在用做表意偏旁時可以通用。		
古文字中土、田在用做表意偏旁時可以通用。		
古文字中指示符號"ㅇ""口""乀"等形可以通用。		
古文字中目、見在用做表意偏旁時有時可以通用。		
古文字中糸、束二字在用做表意偏旁時可以通用。		

★ 訛　混

條　　例	例　　字	
古文字中弋、戈二字相混，弋旁多訛變為戈。		代　伐
古文字中日、田二字常常相混，戰國文字尤其突出。		
古文字中又、中、止三字經常相混。		
古文字中从"田"形或類似形體的字，多訛為从用。		
古文字中从壴的字下部都訛為从"豆"。		
古文字中从口的字都可在口中加上一點飾筆與甘字相混。		

條例	例字
古文字中从口的字許多訛變為从甘或从曰作。	
古文字中來、束二字經常相混。	
古文字中大、矢二字經常相混。	
古文字中大、夫二字經常相混。	
古文字中口、凵（坎）二字經常相混。	
古文字中从鼎的字後大多訛為从貝。	
古文字中口、肉二字有時相混。	
古文字中从凡（盤）的字後大多訛為从舟作。	
戰國文字中土、立二字相混。	
古文字中人、刀經常相混。	
古文字中月、夕、肉三字常常相混。	
古文字中豐、豊二字有時相混。	豐 豊
古文字中井、丹二字有時相混。	
甲骨文中方、亥二字有時相混。	
甲骨文中山、火二字有時相混。	

條例	例字			
古文字中人、尸二字有時相混。				
古文字中旬、勹（伏）二字有時相混。				
古文字中从人的字一些訛混為厂。				
古文字中止、口二字有時相混。				
戰國文字中人、弓二字有時相混。				
古文字中口、曰二字有時相混。				
古文字中止、女二形有時相混。				
古文字中刀、勿二字有時相混。				
古文字中肉、舟、凡三字有時相混。				
古文字中廾、㕣二字有時相混。				
古文字中日、目二字經常相混。				
古文字中皿、血二字經常相混。				
古文字中耳、目二字有時相混。				
古文字中戊、戌二字有時相混。				
古文字中人、勹（伏）二字有時相混。				

條例	例字	
戰國文字中皮、克二字有時相混。		
戰國文字中魚、焦二字有時相混。		
戰國文字中象、兔二字有時相混。		
戰國文字中目、田二字經常相混。		
戰國文字中貝、目二字經常相混。		
戰國文字中卩、邑二字經常相混。		
戰國文字中土、壬二形經常相混。		

★ 繁簡

條例	例字	
戰國文字常常累加聲符繁化。		
古文字中，有些字所从的偏旁有多寡之別，經常隨著字形的形態而增省。		
古文字中一些从又的字，从又與否是繁簡的不同。		
古文字中一些从廾的字，从廾與否是繁簡的不同。		
古文字中一些字可加止、辵、走、行進行繁化。		
古文字中一些字可加宀旁為繁化。		
古文字中許多字可以加口旁為繁化。		

條　　例	例　　字	
古文字中一些字可加厂旁為繁化。		
古文字中一個具有兩個基本構形成分的字，在其兩部分寫得過於緊密時，可省去部分筆劃。		
古文字中，尤其戰國文字，常將一個構形成分重複書寫一次或二次。		
古文字中，許多字可以重複書寫某一筆劃。		
古文字中，當一個形體與另一個形體組合成複合形體後，每個構形成分都可以進行省變。		
戰國文字一些字可省去字的上部，稱“省頭”。		
戰國文字中一些字可省去字的下部，稱“省尾”。		
古文字中當一個字具有兩個相同的構形成分時，常常可以省去其中的一個。		
古文字中一些从口的字常可省去口字。		
古文字中一些从人形進行某種行動的字，常常可省去人形而只保留手部。		
古文字中像器物形象的字，大都可省去像圈足的部分。		
戰國文字中从阜的字又可累加土旁。		
戰國文字中姓氏字多可加邑旁繁化，成為專字。		
戰國文字中地名字多可加邑、土二旁繁化成為專字。		
古文字中一些字在省形時，一般是省去形符或形符的一部分而保留聲符。		
古文字中有許多借筆字，戰國文字尤為突出，借筆劃、借偏旁、近似形體相借的現象很多見。	青(精)中(忠)	中昜

條例	例字
戰國文字中一些字可加㫃旁繁化。	
戰國文字中一些字可加心旁繁化。	
戰國文字中一些字可以加戶旁繁化。	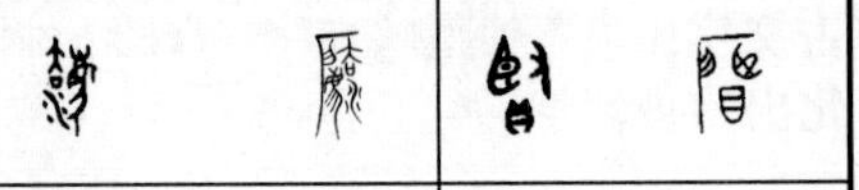
戰國文字中一些字可加"＝"形表示省略字的一部分。	
古文字中一些字由呈輪廓線的形體省為單線條的筆劃。	
古文字中一些字所从的聲符要比後世這個字所从的聲符繁。	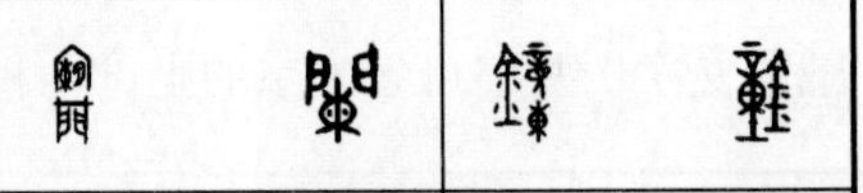
古文字中一些字所从的聲符要比後世這個字所从的聲符簡。	
古文字中一些从又的字有時可省去又旁。	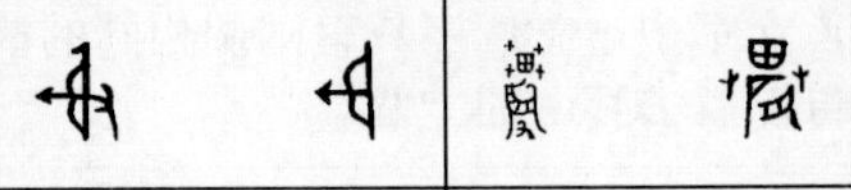
戰國文字中，當一些字寫成上下結構而顯得過長時，常常可省去上邊那個構形成分的一部分。	

★ 演 變

條例	例字
秦漢之際文字連筆連寫現象增多，彎筆多變為直筆。	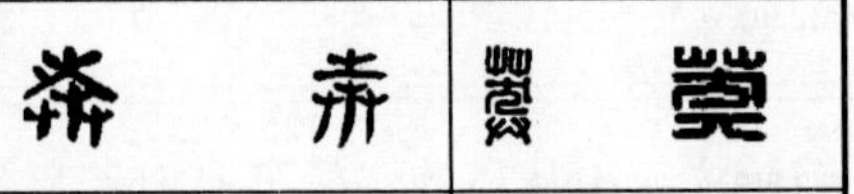
從西周金文始，一些字可以穿透筆劃，相互交叉。	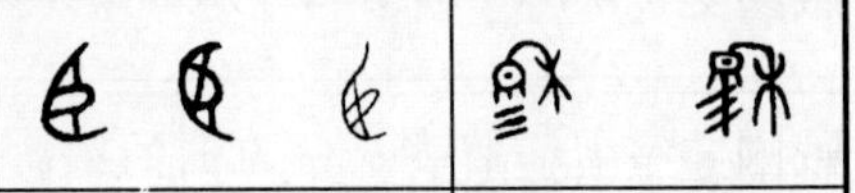
古文字中，當兩個不同的形體相接近而易產生混淆時，常常改動一個字的形體或增加區別符號以示區別。	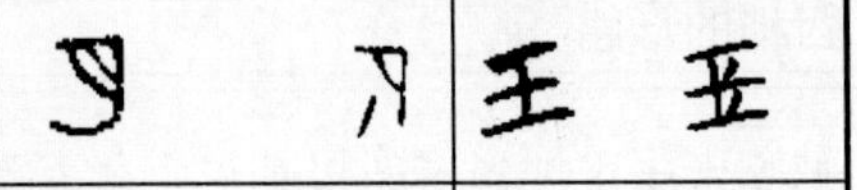
古文字中一些象形、會意字常常音化為形聲字。	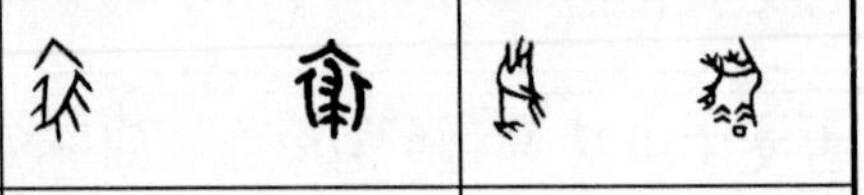
古文字中，同時代的形體相互影響，常常有一個形體類化成與其近似的另一個形體的現象。	

條　　例	例　　字	
古文字中常有一個偏旁包容另一個偏旁的現象，戰國文字尤為突出。		
古文字常加“口”旁孳乳新字。		
古文字常將一個字的部分截取下來並沿用其讀音分化出另一個形體。		
甲骨文發展到金文，一些字可加上“口”旁繁化。		
古文字中一個單獨形體的發展演變要快於作為偏旁時的發展演變。		
古文字中早期有一些專字，專字具有“特指性”，到晚期歸結為一種固定形體。		
古文字中個別音義皆近的字，有時有兩字形體互相融合的傾向。		
古文字从“人”形的字，常在人形上加一横或土旁，與人形組成“壬”字。		
戰國文字中，相鄰的筆劃常常連寫成輪廓狀的形體。		
古文字一些像人形的字，常常加上“止”形。		
古文字中一些从“辛”的字，後世大多寫成从“丵”。		
戰國文字常將一横筆的一端下垂。		
戰國文字習慣將朝一個方向的筆劃或偏旁寫成兩邊對稱的形態。		
古文字中从“辛”的一些字，後多可从“言”作。	變	
古文字中从“又”的字，多可加一點變得與寸字混同。		

條例	例字	
古文字中从三點的字，三點又可連寫一豎筆。		
甲骨文从跪跽人形的字，從西周金文開始，有寫得站立起來的趨勢。	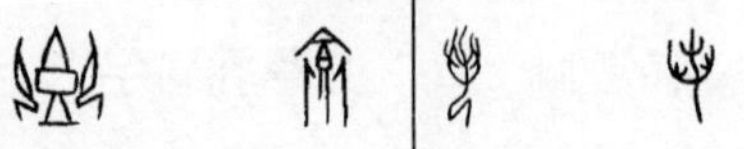	
後世的一些字有的是由古文字的合文經固定為一個形體後發展來的。	 物	
古文字偏旁位置變動不拘，但是有時一個形體就是靠偏旁的相對位置來與其他形體區別。		
古文字常將義符改為聲符。		
古文字中“八”形有時是做為區別符號出現的。		
古文字中一些从人形的字，常常有站立和跪跽兩種形態的異體，然而有些字，跪跽和站立的兩種形態卻恰恰表示兩個不同的字。	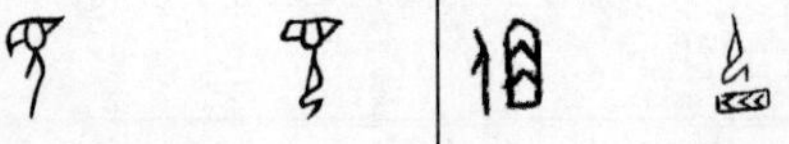	
古文字中，有一些形聲字將聲符和義符的筆劃連寫在一起，易使人誤認為是會意字而分析錯誤。		
古文字中一些字的形體不是獨立起源的，而是借用某一個字的形體和音，來記錄語言中的詞。	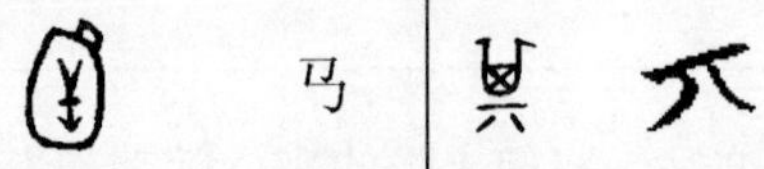 马	
古文字中早期一些形體來源於“硬性約定符號”，無形可像。	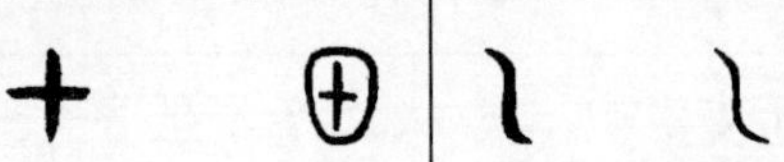	
古文字中有一些連接兩個形體間的“連線”，絕對不能當作構成文字音義的實體。		
古文字中早期有用一個形體代表語言中的兩個詞的現象。	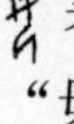 表示“母”“毋”。	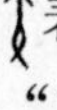 表示“矢”“寅”。
古文字中一些字可以加又、止、辵、行，進行分化。		
古文字中有用一個字的繁簡兩體代表兩個既有聯繫又有區別的義項的現象。		

★ 飾　筆

條　　例	例　　字	
古文字中凡字形上部為橫劃的字，大都可以加一橫劃短筆為飾筆。		
古文字中从一豎筆的字，常常可在一豎筆上加上飾點，飾點又逐漸演變為一橫。		
古文字中凡呈輪廓形的封閉狀形體，常在中間加點為飾筆。		
古文字中"├┤"形有時為飾筆，有的是由"一"形在兩側加兩小豎筆飾筆變來的。		
古文字中，一個形體可同時存在具有兩種飾筆形態的異體。		
古文字中，常在一豎筆的兩側加上對稱的兩點飾筆。		
古文字中向上突出的斜筆劃，常常可加上一個向一邊斜出的飾筆。		
戰國文字有時加"彡"形飾筆。		
戰國文字有時加"ɔ"形飾筆。		
古文字中，凡下部作"人"形的字，常常可在左右加上對稱的飾點。		
西周晚期和戰國文字，凡"人"字大都可加"ノ"或"彡"形飾筆。		
古文字中从"八"形的字常可在"八"形中加上一點飾筆變作"小"形。		
古文字中一些字可在一豎筆上加"∨"形飾筆。		
戰國文字常在一豎筆上加"∧"形飾筆。		

條　　例	例　字	
戰國文字常在一豎筆上加“⺀⺀”形飾筆。		
古文字中一些字可在一豎筆上累加“一”“㇇”形飾筆，變成“十”形。		“禽”所从
戰國文字常加“一”形飾筆。		
戰國文字常加“二”形飾筆。		
古文字中“丨”形筆劃，常可加“∧”形飾筆，又演化成“内”形。		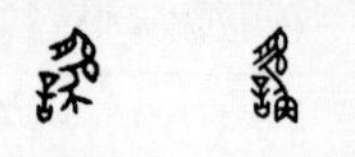
古文字中許多飾筆是“乘隙加點”，起豐滿字形的作用。		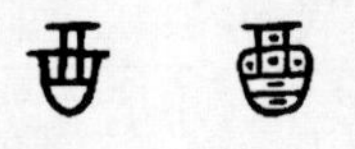
古文字常在一個字的兩個構形成分相交處加上一横或一豎飾筆。		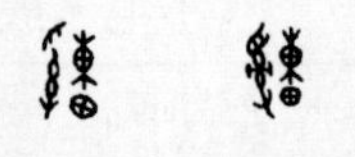

引用書籍簡稱表

書名	簡稱
《殷虛書契前編》	《前》
《殷虛書契續編》	《續》
《鄴中片羽》	《鄴》
《殷契佚存》	《佚》
《殷契粹編》	《粹》
《小屯·殷虛文字甲編》	《甲》
《小屯·殷虛文字乙編》	《乙》
《小屯·殷虛文字丙編》	《丙》
《戰後京津新獲甲骨集》	《京》
《戰後寧滬新獲甲骨集》	《寧》
《甲骨續存》	《存》
《甲骨綴合編》	《綴》
《殷虛文字綴合》	《綴合》
《甲骨文合集》	《合》
《小屯南地甲骨》	《屯》
《懷特氏等收藏甲骨文集》	《懷》
《英國所藏甲骨集》	《英》
《甲骨文字集釋》	《集釋》
《殷墟卜辭綜類》	《綜類》
《殷墟甲骨刻辭類纂》	《類纂》
《三代吉金文存》	《三代》
《殷周金文集成》	《集成》
《古璽彙編》	《璽彙》
《古璽文編》	《璽文》
《新編全本季木藏陶》	《季木》

《古陶文字徵》	《陶征》
《古陶文舂錄》	《舂錄》
《中國歷代貨幣大系·先秦卷》	《貨系》
《侯馬盟書》	《侯馬》
《包山楚簡》	《包山》
《望山楚簡》	《望山》
《郭店楚墓竹簡》	《郭店》
《雲夢睡虎地秦簡》	《睡虎地》
《睡虎地秦簡文字編》	《睡編》
《秦印文字彙編》	《秦印》
《漢印文字徵》	《漢徵》
《漢印文字徵補遺》	《漢徵補》
《馬王堆漢墓帛書》	《馬王堆》
《銀雀山漢墓竹簡》	《銀雀山》
《秦漢魏晉篆隸字形表》	《篆表》

附錄　古文字構形學研究參考文獻要目

下列論著是研究古文字構形學的基本參考文獻，所選論著以考釋字形和探討構形理論爲主。挂一漏萬，僅供參考。

B

白於藍《包山楚簡考釋（三篇）》，《吉林大學古籍整理研究所建所十五周年紀念文集》，吉林大學出版社 1998 年。

白於藍《釋褎——兼談褎、秀一字分化》，《中國古文字研究》第一輯，吉林大學出版社 1999 年。

白於藍《釋中山王譻方壺中的“屬”字》，《古文字研究》第二十五輯，中華書局 2004 年。

北文《秦始皇“書同文字”的歷史作用》，《文物》1973 年第 11 期。又收入《朱德熙古文字論集》，中華書局 1995 年。

C

曹錦炎《釋羍——兼釋續、瀆、竇、鄺》，《史學集刊》1983 年第 3 期。

曹錦炎《甲骨文合文研究》，《古文字研究》第十九輯，中華書局 1992 年。

曹錦炎《古璽通論》，上海書畫出版社 1995 年。

曹錦炎《甲骨文合文新釋》，《古文字研究》第二十二輯，中華書局 2000 年。

曹先擢《漢字的表意性和漢字簡化》，中國社會科學院語言文字應用研究所編《漢字問題學術討論會論文集》，語文出版社 1988 年。

常正光《辰為商星——釋辰、莀、薶》，《古文字研究論文集》，《四川大學學報叢刊》第十輯，1982 年。

陳邦懷《戰國楚帛書文字考證》，《古文字研究》第五輯，中華書局 1981 年。又收入作者《一得集》，齊魯書社 1989 年。

陳邦懷《一得集》，齊魯書社 1989 年。

陳秉新、黃德寬《漢語文字學史》，安徽教育出版社 1990 年。

陳初生《金文字典編纂的繼承與發展》，《暨南青年學者論文集》，廣東人民出版社 1989 年。又收入曾憲通主編《古文字與漢語史論集》，中山大學出版社 2002 年。

陳初生《談談合書重文專名符號問題》，《中山大學研究生學刊》1981 年第 2 期。

陳初生《金文常用字典》，陝西人民出版社 2004 年。

陳漢平《釋甲骨文嘉字》，《古文字論集》（一），《考古與文物》叢刊第 2 號，1983 年。

陳漢平《古文字釋叢》，《出土文獻研究》第一輯，文物出版社 1985 年。

陳漢平《釋饔、纂、饡、纘、讚》，《人文雜誌》1985 年第 3 期。

陳漢平《屠龍絕緒》，黑龍江教育出版社 1989 年。

陳漢平《古文字釋叢》，《古文字研究》第十九輯，中華書局 1992 年。

陳漢平《金文編訂補》，中國社會科學出版社 1993 年。

陳劍《柞伯簋銘補釋》，《傳統文化與現代化》1999 年第 1 期。

陳劍《釋西周金文的“竷”（贛）字》，《北京大學古文獻研究所集刊》（一），北京大學出版社 1999 年。

陳劍《據郭店簡釋讀西周金文一例》，《北京大學古文獻研究中心集刊》（二），北京大學出版社 2001 年。

陳劍《說慎》，《簡帛研究 2001》，廣西教育出版社 2001 年。

陳劍《釋𡱧》，《追尋中華古代文明的蹤跡——李學勤先生學術活動五十周年紀念文集》，復旦大學出版社 2002 年。

陳劍《西周金文“牙僰”小考》，《語言》第四輯，首都師範大學出版社 2003 年。

陳劍《甲骨文“𢦏”字的補釋》，《古文字研究》第二十五輯，中華書局 2004 年。

陳劍《甲骨金文舊釋“尤”之字及相關諸字新釋》，《北京大學古文獻研究中心集刊》（四），北京大學出版社 2004 年。

陳劍《說安字》，《語言學論叢》第三十輯，商務印書館 2004 年。

陳劍《釋上博竹書〈昭王毀室〉的“幸”字》，《漢字研究》第一輯，學苑出版社 2005 年。

陳夢家《殷虛卜辭綜述》，科學出版社 1956 年。

陳世輝《略論〈說文解字〉中的省聲》，《古文字研究》第一輯，中華書局 1979 年。

陳世輝、湯餘惠《古文字學概要》，吉林大學出版社 1988 年。

陳斯鵬《說“甾”及其相關諸字》，《中國文字》新廿八期，藝文印書館 2002 年。

陳松長《馬王堆簡帛文字編》，文物出版社 2001 年。

陳偉《郭店竹書別釋》，湖北教育出版社 2002 年。

陳偉武《戰國秦漢同形字論綱》，《于省吾教授百年誕辰紀念文集》，吉林大學出版社 1996 年。

陳偉武《雙聲符字綜論》,《中國古文字研究》第一輯，吉林大學出版社 1999 年。
陳煒湛《甲骨文異字同形例》,《古文字研究》第六輯，中華書局 1981 年。
陳燕《漢字學概説》(修訂本)，天津人民出版社 2003 年。

D

戴家祥《金文大字典》，學林出版社 1995 年。
島邦男《殷墟卜辭綜類》，汲古書院 1971 年。
丁佛言《說文古籀補補》，中華書局 1988 年。
丁福保《說文解字詁林》，上海醫學書局 1928 年。
董琨《從甲骨文到簡化字》，語文出版社 2000 年。
董蓮池《說文部首形義通釋》，東北師範大學出版社 2000 年。
董珊《釋燕系文字中的“無”字》,《于省吾教授百年誕辰紀念文集》，吉林大學出版社 1996 年。
董珊《戰國題銘與工官制度》，北京大學博士學位論文，2002 年。
董珊《戰國題銘與工官制度研究——附論新見銅器和簡帛》，北京大學考古與文博學院博士後研究報告，2005 年。
杜忠誥《說文篆文訛形釋例》，臺灣文史哲出版社 2002 年。

F

范可育《我對現代漢字字形的認識》，中國社會科學院語言文字應用研究所編《漢字問題學術討論會論文集》，語文出版社 1988 年。
費錦昌、孫曼均《形聲字形旁表義度試探》，中國社會科學院語言文字應用研究所編《漢字問題學術討論會論文集》，語文出版社 1988 年。
馮勝君《釋戰國文字中的“怨”》,《古文字研究》第二十五輯，中華書局 2004 年。

G

高明《略論漢字形體研究的一些規律》,《考古與文物》1980 年第 2 期。
高明《古文字的偏旁及其形體演變》,《古文字研究》第二輯，中華書局 1980 年。
高明《古文字類編》，中華書局 1980 年。
高明《古體漢字義近形旁通用例》,《中國語文研究》第四輯，香港中文大學 1982 年。

高明《古陶文彙編》，中華書局 1990 年。

高明、葛英會《古陶文字徵》，中華書局 1991 年。

顧廷龍《古陶文孴録》，上海醫學書局 1938 年。

郭沫若《金文叢考》，東京求文堂 1932 年，又人民出版社 1954 年。

郭沫若《古代銘刻彙考》，東京求文堂 1933 年。

郭沫若《兩周金文辭大系圖録考釋》，科學出版社 1956 年修訂版。又上海書店出版社 1999 年。

郭沫若《由周初四德器的考釋說到殷代已在進行文字簡化》，《文物》1959 年第 7 期。

郭沫若《殷周青銅器銘文研究》，科學出版社 1961 年。

郭沫若《古代文字之辨證的發展》，《考古》1972 年第 3 期。

郭沫若《甲骨文字研究》，科學出版社 1982 年。

郭忠恕、夏竦《汗簡·古文四聲韻》，中華書局 1983 年。

H

漢語大字典字形編寫組《秦漢魏晉篆隸字形表》，四川辭書出版社 1985 年。

何琳儀、黄錫全《𣪕簋考釋六則》，《古文字研究》第六輯 ，中華書局 1982 年。

何琳儀《釋"寛"》，《古文字論集》(一)，《考古與文物》編輯部 1983 年。

何琳儀《中山王器考釋拾遺》，《史學集刊》1984 年第 3 期。

何琳儀《古璽雜識》，《遼海文物學刊》1986 年第 2 期。

何琳儀《齊返邦刀幣考》，《中國錢幣》1986 年第 3 期。

何琳儀《戰國文字與傳抄古文》，《古文字研究》第十五輯，中華書局 1986 年。

何琳儀《秦文字辨析舉例》，《人文雜誌》1987 年第 4 期。

何琳儀《長沙銅量銘文補釋》，《江漢考古》1988 年第 4 期。

何琳儀《者汈鐘銘校注》，《古文字研究》第十七輯，中華書局 1989 年。

何琳儀《說文准聲首輯遺》，許慎與說文學國際學術研討會論文（1991 年河南漯河）。

何琳儀《說文聲系鉤沉》，《說文解字研究》第一輯，河南大學出版社 1991 年。

何琳儀《古璽雜識續》，《古文字研究》第十九輯，中華書局 1992 年。

何琳儀《戰國文字形體析疑》，《于省吾教授百年誕辰紀念文集》，吉林大學出版社 1996 年。

何琳儀《仰天湖竹簡選釋》，《簡帛研究》第 3 輯，廣西教育出版社 1998 年。

何琳儀《戰國古文字典》，中華書局 1998 年。

何琳儀《戰國兵器銘文選釋》，《古文字研究》第二十輯，中華書局 2000 年。

何琳儀《戰國文字通論（訂補）》，江蘇教育出版社 2003 年。

胡光煒《說文古文考》，中國科學院歷史所油印本。

胡厚宣《釋殷代求年於四方和四方風的祭祀》，《復旦大學學報》1956 年第 1 期。

胡厚宣《殷代的刖刑》，《考古》1972 年第 2 期。

胡厚宣《甲骨文所見商族鳥圖騰的新證據》，《文物》1977 年第 2 期。

胡厚宣《說我王》，《古文字研究》第一輯，中華書局 1979 年。

胡厚宣《殷代的冰雹》，《史學月刊》1980 年第 3 期。

湖北省文物考古研究所，北京大學中文系編《九店楚簡》，中華書局 2000 年。

黃德寬《古文字考釋方法綜論》，《文物研究》第六輯，黃山書社 1990 年。

黃德寬、徐在國《郭店楚簡文字考釋》，《吉林大學古籍整理研究所建所十五周年紀念文集》，吉林大學出版社 1998 年。

黃德寬《絲及相關字的再討論》，《中國古文字研究》第一輯，吉林大學出版社 1999 年。

黃盛璋《關於戰國中山國墓葬遺物若干問題辨正》，《文物》1979 年第 5 期。

黃盛璋《中山國銘刻在古文字、語言上若干研究》，《古文字研究》第七輯，中華書局 1982 年。

黃盛璋《歷史地理與考古論叢》，齊魯書社 1982 年。

黃盛璋《試論戰國秦漢銘刻中从“酉”諸奇字及相關問題》，《古文字研究》第十輯，中華書局 1983 年。

黃盛璋《戰國冶字結構類型與分國研究》，《古文字論集（初編）》，香港中文大學 1983 年。

黃天樹《殷墟甲骨文“有聲字”的構造》，《中央研究院歷史語言研究所集刊》七十六本第二分，2005 年。

黃文傑《秦至漢初簡帛形近字辨析》，《簡帛研究》第 3 輯，廣西教育出版社 1998 年。

黃文傑《戰國時期形聲字聲符換用現象考察》，中山人文學術論叢編審委員會主編《中山人文學術論叢》第 4 輯，高雄復文圖書出版社 2000 年。又收入曾憲通主編《古文字與漢語史論集》，中山大學出版社 2002 年。

黃錫全《甲骨文“屮”字試探》，《古文字研究》第六輯，中華書局 1981 年。

黃錫全《利用〈汗簡〉考釋古文字》，《古文字研究》第十五輯，中華書局 1986 年。

黃錫全《汗簡注釋》，武漢大學出版社 1990 年。

黃錫全《楚系文字略論》，《華夏考古》1990 年第 3 期。

黃錫全《古文字中所見楚官府官名輯證》，《文物研究》第七輯，黃山書社 1991 年。又收入作者《古文字論叢》，臺北藝文印書館 1999 年。

黃錫全《湖北出土商周文字輯證》，武漢大學出版社 1992 年。

黄錫全《〈汗簡〉、〈古文四聲韻〉中之石經、〈說文〉“古文”研究》，《古文字研究》第十九輯，中華書局 1992 年。

黄錫全《古文字論叢》，臺北藝文印書館 1999 年。

黄錫全《〈汗簡〉、〈古文四聲韻〉中之〈義雲章〉“古文”的研究》，《古文字研究》第二十輯，中華書局 2000 年。

J

季旭昇《說朱》，《甲骨文發現一百周年學術研討會論文集》，臺灣師範大學國文系、“中研院”歷史語言研究所，1999 年。

季旭昇《說文新證》（上册），臺北藝文印書館 2002 年。

季旭昇《說文新證》（下册），臺北藝文印書館 2004 年。

冀小軍《說甲骨金文中表祈求義的桒字——兼談桒字在金文車飾名稱中的用法》，《湖北大學學報》1991 年第 1 期。

賈連敏《古文字中的“祼”和“瓚”》，《華夏考古》1998 年第 3 期。

金祥恒《楚繒書“雹虘”》，《中國文字》第二十八册，臺北藝文印書館 1968 年。

金祥恒《陶文編》，臺北藝文印書館 1964 年。

L

李家浩《釋“弁”》，《古文字研究》第一輯，中華書局 1979 年。

李家浩《戰國邙布考》，《古文字研究》第三輯，中華書局 1980 年。又收入《著名中年語言學家自選集・李家浩卷》，安徽教育出版社 2002 年。

李家浩《戰國貨幣文字中的“幣”和“比”》，《中國語文》1980 年第 5 期。

李家浩《戰國時代的“塚”字》，《語言學論叢》第七輯，商務印書館 1981 年。又收入《著名中年語言學家自選集・李家浩卷》，安徽教育出版社 2002 年。

李家浩《信陽楚簡“澮”字及从“关”之字》，《中國語言學報》1982 年第 1 期。又收入《著名中年語言學家自選集・李家浩卷》，安徽教育出版社 2002 年。

李家浩《關於許公買瑚的一點意見》，《江漢考古》1984 年第 1 期。

李家浩《楚國官印考釋（四篇）》，《江漢考古》1984 年第 2 期。又收入《著名中年語言學家自選集・李家浩卷》，安徽教育出版社 2002 年。

李家浩《楚王酓璋戈與楚滅越的年代》，《文史》第 26 輯，中華書局 1985 年。

李家浩《盱眙銅壺芻議》,《古文字研究》第十二輯，中華書局 1986 年。

李家浩《關於郳陵君銅器銘文的幾點意見》,《江漢考古》1986 年第 4 期。

李家浩《戰國於邙布考》,《中國錢幣》1986 年第 4 期。

李家浩《魯歸父敦小考》,《文史》第 26 輯，中華書局 1986 年。

李家浩《先秦文字中的“縣”》,《文史》第 28 輯，中華書局 1987 年。又收入《著名中年語言學家自選集・李家浩卷》，安徽教育出版社 2002 年。

李家浩《楚官印考釋（兩篇）》,《語言研究》1987 年第 1 期。又收入《著名中年語言學家自選集・李家浩卷》，安徽教育出版社 2002 年。

李家浩《從戰國“忠信”印談古文字中的異讀現象》,《北京大學學報》1987 年第 2 期。

李家浩《攻五王光韓劍與虡王光趄戈》,《古文字研究》第十七輯，中華書局 1989 年。

李家浩《攻敔王光劍銘文考釋》,《文物》1990 年第 2 期。又收入《著名中年語言學家自選集・李家浩卷》，安徽教育出版社 2002 年。

李家浩《戰國官印考釋（兩篇）》,《文物研究》第 7 輯，黃山書社 1991 年。又收入《著名中年語言學家自選集・李家浩卷》，安徽教育出版社 2002 年。

李家浩《戰國官印考釋（六篇）》，中國古文字研究會年會論文，1992 年南京。

李家浩《庚壺銘文及其年代》,《古文字研究》第十九輯，中華書局 1992 年。

李家浩《包山楚簡研究（五篇）》，第二屆國際中國古文字學研討會論文（1993 年香港中文大學）。

李家浩《從曾姬無卹壺銘文談楚滅曾的年代》,《文史》第 33 輯，中華書局 1990 年。又收入《著名中年語言學家自選集・李家浩卷》，安徽教育出版社 2002 年。

李家浩《齊國文字中的“遂”》,《湖北大學學報（社科版）》1992 年第 3 期。又收入《著名中年語言學家自選集・李家浩卷》，安徽教育出版社 2002 年。

李家浩《戰國貨幣考（七篇）》,《中國錢幣學會成立十周年紀念文集》，金融出版社 1992 年。又收入《著名中年語言學家自選集・李家浩卷》，安徽教育出版社 2002 年。

李家浩《十年皋落戈銘文釋文商榷》,《考古》1993 年第 8 期。

李家浩《仰天湖楚簡十三號考釋——楚簡研究之一》,《中國典籍與文化論叢》第 1 輯，中華書局 1993 年。又收入《著名中年語言學家自選集・李家浩卷》，安徽教育出版社 2002 年。

李家浩《貴將軍虎節與辟大夫虎節——戰國符節銘文研究之一》,《中國歷史博物館館刊》1993 年第 2 期。

李家浩《包山二六六號簡所記木器研究》,《國學研究》第 2 卷，北京大學出版社 1994 年。又收入《著名中年語言學家自選集・李家浩卷》，安徽教育出版社 2002 年。

李家浩《包山楚簡的旌旆及其他》，《第二屆國際中國古文字學研討會論文集續編》，香港中文大學中文系 1995 年。又收入《著名中年語言學家自選集 · 李家浩卷》，安徽教育出版社 2002 年。

李家浩《戰國官印考釋兩篇》，《于省吾教授百年誕辰紀念文集》，吉林大學出版社 1996 年。又收入《著名中年語言學家自選集 · 李家浩卷》，安徽教育出版社 2002 年。

李家浩《信陽楚簡中的“柿枳”》，《簡帛研究》第 2 輯，法律出版社 1996 年。

李家浩《包山楚簡“籢”字及其相關之字》，《第三屆國際中國古文字學研討會論文集》，香港中文大學中文系 1997 年。又收入《著名中年語言學家自選集 · 李家浩卷》，安徽教育出版社 2002 年。

李家浩《傳遽鷹節銘文考釋——戰國符節銘文研究之二》，《海上論叢》第 2 輯，復旦大學出版社 1998 年。又收入《著名中年語言學家自選集 · 李家浩卷》，安徽教育出版社 2002 年。

李家浩《越王州句複合劍銘文及其所反映的歷史》，《北京大學學報》（社科版）1998 年第 2 期。

李家浩《戰國鄗刀新考》，《中國錢幣論文集》第 3 輯，中國金融出版社 1998 年。

李家浩《包山楚簡中的“枳”字》，《徐中舒先生百年誕辰紀念文集》，巴蜀書社 1998 年。又收入《著名中年語言學家自選集 · 李家浩卷》，安徽教育出版社 2002 年。

李家浩《䣄鐘銘文考釋》，《北大中文研究》，北京大學出版社 1998 年。又收入《著名中年語言學家自選集 · 李家浩卷》，安徽教育出版社 2002 年。

李家浩《燕國“洀谷山金鼎瑞”補釋——為紀念朱德熙先生逝世四周年而作》，《中國文字》新 24 期，臺北藝文印書館 1998 年。又收入《著名中年語言學家自選集 · 李家浩卷》，安徽教育出版社 2002 年。

李家浩《信陽楚簡“樂人之器”研究》，《簡帛研究》第 3 輯，廣西教育出版社 1998 年。

李家浩《讀〈郭店楚簡〉瑣議》，《中國哲學》第 20 輯，遼寧教育出版社 1998 年。

李家浩《南越王墓出土車駟虎節銘文考釋》，《容庚先生百年誕辰紀念文集》，廣東人民出版社 1998 年。

李家浩《楚簡中的袷衣》，《中國古文字研究》第一輯，吉林大學出版社 1999 年。又收入《著名中年語言學家自選集 · 李家浩卷》，安徽教育出版社 2002 年。

李家浩《應國爯簋銘文考釋》，《文物》1999 年第 9 期。

李家浩《楚墓竹簡中的“昆”字及从“昆”之字》，《中國文字》新 25 期，臺北藝文印書館 1999 年。又收入《著名中年語言學家自選集 · 李家浩卷》，安徽教育出版社 2002 年。

李家浩《楚大府鎬銘文新釋》，《語言學論叢》第 22 輯，商務印書館 1999 年。

李家浩《戰國官印考釋三篇》，《出土文獻研究》第六輯，上海古籍出版社 2004 年。

李零、劉雨《楚郙陵君三器》，《文物》1980 年第 8 期。

李零《戰國鳥書箴銘帶鉤考釋》，《古文字研究》第八輯，中華書局 1983 年。又收入作者《李零自選集》，廣西師範大學出版社 1998 年。

李零《古文字雜識（六篇）》，《古文字研究》第十七輯，中華書局 1989 年。

李零《古文字雜識》，《國學研究》第三卷，北京大學出版社 1995 年。

李零《古文字雜識（兩篇）》，《于省吾教授百年誕辰紀念文集》，吉林大學出版社 1996 年。

李零《李零自選集》，廣西師範大學出版社 1998 年。

李零《新編全本季木藏陶》，中華書局 1998 年。

李日、郭春香《青銅器上的“亞”字考》，《古漢語研究》2000 年第 1 期。

李守奎 《古文字辨析三組》，《吉林大學古籍整理研究所建所十五周年紀念文集》，吉林大學出版社 1998 年。

李守奎《楚文字編》，華東師範大學出版社 2003 年。

李天虹《說文古文新證》，《江漢考古》1995 年第 2 期。

李孝定《甲骨文字集釋》，中央研究院歷史語言研究所專刊之五十，1965 年。

李學勤《戰國題銘概述》，《文物》1959 年第 7～9 期。

李學勤、李零《平山三器與中山國史的若干問題》，《考古學報》1979 年第 2 期。又收入作者《新出青銅器研究》，文物出版社 1990 年。

李學勤《秦簡的文字學考察》，《雲夢秦簡研究》，中華書局 1981 年。

李學勤《試論孤竹》，《社會科學戰線》1983 年第 2 期。

李學勤《論梁十九年鼎及有關青銅器》，《古文字論集（一）》，《考古與文物》編輯部 1983 年。又收入《新出青銅器研究》。

李學勤《古文字學初階》，中華書局 2003 年。

李學勤《新出青銅器研究》，文物出版社 1990 年。

李學勤《“梪”字與真山楚官璽》，《國學研究》第 8 卷，後收入《中國古代文明研究》，華東師範大學出版社 2005 年。

李學勤《說郭店簡“道”字》，《簡帛研究》第 3 輯，廣西教育出版社 1998 年。

李學勤《續釋“尋”字》，《故宮博物院院刊》2000 年第 6 期。後收入《中國古代文明研究》，華東師範大學出版社 2005 年。

李裕民《侯馬盟書疑難字考》，《古文字研究》第五輯，中華書局 1981 年。

李裕民《古文字考釋四種》，《古文字研究》第七輯，中華書局 1982 年。

李裕民《古字新考》，《古文字研究》第十輯，中華書局 1983 年。

李運富《楚國簡帛文字構形系統研究》，嶽麓書社 1992 年。

李宗焜《殷墟甲骨文字表》，北京大學博士學位論文，1995 年。

李宗焜《甲骨文編芻議》，《甲骨文發現一百周年學術研討會論文集》，臺灣師範大學國文系、“中研院”歷史語言研究所，1998 年。

李宗焜《從甲骨文看商代的疾病與醫療》，《中央研究院歷史語言研究所集刊》七十二本第二分，2001 年。

李宗焜《〈殷墟甲骨刻辭類纂〉刪正補說》，《龍宇純先生七秩晉五壽慶論文集》，臺北學生書局 2002 年。

梁東漢《漢字的結構及其流變》，上海教育出版社 1959 年。

林清源《楚文字構形演變研究》，臺中東海大學博士學位論文，1997 年。

林素清《談戰國文字的簡化現象》，《大陸雜誌》七十二卷第五期。

林素清《論戰國文字的增繁現象》，《中國文字》新十三期，臺北藝文印書館 1990 年。

林義光《文源》，寫印本 1920 年。

林澐《說王》，《考古》1965 年第 6 期。

林澐《商代卜辭中的冶鑄史料》，《考古》1973 年第 5 期。又收入《林澐學術文集》，中國大百科全書出版社 1998 年。

林澐《對早期銅器銘文的幾點看法》，《古文字研究》第五輯，中華書局 1981 年。

林澐《甲骨文中的商代方國聯盟》，《古文字研究》第六輯，中華書局 1981 年。又收入《林澐學術文集》，中國大百科全書出版社 1998 年。

林澐《豊豐辨》，《古文字研究》第十二輯，中華書局 1985 年。

林澐《古文字研究簡論》，吉林大學出版社 1986 年。

林澐《釋笞》，香港中文大學中國文化研究所吳多泰中國語文研究中心編《中國語文研究》第 8 期，1986 年。又收入《林澐學術文集》，中國大百科全書出版社 1998 年。

林澐《應該注意防止漢字體系的繼續繁化》，中國社會科學院語言文字應用研究所編《漢字問題學術討論會論文集》，語文出版社 1988 年。

林澐《說戚、我》，《古文字研究》第十七輯，中華書局 1989 年。又收入《林澐學術文集》，中國大百科全書出版社 1998 年。

林澐《釋古璽中从“朿”的兩個字》，《古文字研究》第十九輯，中華書局 1992 年。

林澐《讀包山楚簡劄記七則》，《江漢考古》1992 年第 4 期。又收入《林澐學術文集》，中國大百科全書出版社 1998 年。

林澐《釋史牆盤銘文中的逖虘髟》，《陝西歷史博物館館刊》第 1 輯，三秦出版社 1994 年。又收入《林澐學術文集》，中國大百科全書出版社 1998 年。

林澐《王、士同源及相關問題》,《盡心集》(張政烺先生八十慶壽論文集),中國社會科學出版社 1996 年。又《容庚先生百年誕辰紀念文集》,廣東人民出版社 1998 年。又收入《林澐學術文集》,中國大百科全書出版社 1998 年。

林澐《說飄風》,《于省吾教授百年誕辰紀念文集》,吉林大學出版社 1996 年。又收入《林澐學術文集》,中國大百科全書出版社 1998 年。

林澐《古文字轉注舉例》,《第三屆國際中國古文字學研討會論文集》,香港中文大學 1997 年。又收入《林澐學術文集》,中國大百科全書出版社 1998 年。

林澐《釋干、盾》,《古文字研究》第二十二輯,中華書局 2000 年。

林澐《先秦古文字中待探索的偏旁》,《古文字研究》第二十一輯,中華書局 2001 年。

林澐《釋眴》,《古文字研究》第二十二輯,中華書局 2002 年。

林志強《古文〈尚書〉文字研究》,中山大學博士學位論文,2003 年。

劉國勝《楚喪葬簡牘集釋》,武漢大學博士學位論文,2003 年。

劉樂賢　《漢印複姓雜考》,《于省吾教授百年誕辰紀念文集》,吉林大學出版社 1996 年。又收入曾憲通主編《古文字與漢語史論集》,中山大學出版社 2002 年。

劉樂賢《釋〈說文〉古文慎字》,《考古與文物》1993 年第 4 期。

劉樂賢《古璽文字考釋(十則)》,《古文字研究》第二十二輯,中華書局 2001 年。

劉心源《奇觚室吉金文述》,1902 年。

劉釗《釋[illegible]》,《古文字研究》第十五輯,中華書局 1986 年。

劉釗《釋“[illegible]”“[illegible]”諸字兼談甲骨文“降永”一詞》,《殷墟博物苑苑刊(創刊號)》,中國社會科學出版社 1989 年。

劉釗《釋甲骨文耤、羲、蟺、敖、栽諸字》,《吉林大學學報》1990 年第 2 期。

劉釗《璽印文字釋叢(一)》,《考古與文物》1990 年第 2 期。

劉釗《楚璽考釋(六篇)》,《江漢考古》1991 年第 2 期。

劉釗《〈說文解字〉匡謬(四則)》,《說文解字研究》第一輯,河南大學出版社 1991 年。

劉釗《齊“於陵市和節”陶文考》,《管子學刊》1994 年第 4 期。

劉釗《談史密簋銘文中的“𡱂”字》,《考古》1995 年第 5 期。

劉釗《釋金文中从“夗”的幾個字》,《中國文字》新 19 期,臺北藝文印書館 1994 年 9 月。

劉釗《璽印文字釋叢(二)》,《考古與文物》1998 年第 3 期。

劉釗　《甲骨文字考釋(十篇)》,殷墟甲骨文發現九十周年紀念活動會議論文(1989 年河南安陽)。

劉釗《甲骨文字考釋》,《古文字研究》第十九輯,中華書局 1992 年。

劉釗《戰國中山王墓出土古文字資料考釋》,《中國古文字研究》第一輯,吉林大學出版社

1999 年。

劉釗《談考古資料在〈說文〉研究中的重要性》,《中國古文字研究》第一輯，吉林大學出版社 1999 年。

劉釗《金文字詞考釋（三則)》,《中國文字學學術研討會論文集》，臺灣萬卷樓圖書有限公司 2002 年。

劉釗《叔夨方鼎銘文管見》,《黃盛璋先生八秩華誕紀念文集》，中國教育文化出版社 2005 年。

劉昭瑞《宋代著錄商周青銅器銘文箋證》，中山大學出版社 2000 年。

劉雨《信陽楚簡釋文與考釋》,《信陽楚墓》，文物出版社 1986 年。

劉宗漢《釋七、甲》,《古文字研究》第四輯，中華書局 1980 年。

廖名春《楚文字考釋三則》,《吉林大學古籍整理研究所建所十五周年紀念文集》，吉林大學出版社 1998 年。

龍宇純《中國文字學》（定本），臺灣五四書店 1994 年。

羅福頤《古璽文編》，文物出版社 1981 年。

羅福頤《漢印文字徵》，文物出版社 1982 年。

羅福頤《漢印文字徵補遺》，文物出版社 1992 年。

羅福頤《近百年來對古璽文字之認識和發展》,《古文字研究》第五輯，中華書局 1981 年。

羅運環《論楚國金文“月”、“肉”、“舟”及“止”、“之”、“出”的演變規律》,《江漢考古》1989 年第 2 期。

羅運環《論楚文字的演變規律》,《古文字研究》第二十二輯，中華書局 2000 年。

M

馬承源主編《商周青銅器銘文選》，文物出版社 1990 年。

馬國權《戰國楚竹簡文字略說》,《古文字研究》第三輯，中華書局 1980 年。

馬國權《鳥蟲書論稿》,《古文字研究》第十輯，中華書局 1983 年。

O

歐昌俊、李海霞《六朝唐五代石刻俗字研究》，巴蜀書社 2004 年。

歐陽中石《方塊漢字的簡化應當考慮到書寫的問題》，中國社會科學院語言文字應用研究所編《漢字問題學術討論會論文集》，語文出版社 1988 年。

P

裴大泉《釋包山楚簡中的“[illegible]”字》，《簡帛研究》第3輯，廣西教育出版社1998年。

駢宇騫《試釋楚國貨幣文字“巽”》，《語言文字研究專輯》（一），《中華文史論叢》增刊1986年。

Q

丘光明《試論戰國容量制度》，《文物》1981年第10期。

強運開《說文古籀三補》，中華書局1988年。

裘錫圭《甲骨文中所見的商代五刑——並釋“[illegible]”“剢”二字》，《考古》1961年第2期。

裘錫圭《讀安陽新出土的牛胛骨及其刻辭》，《考古》1972年第2期。

裘錫圭《說“玄衣朱襮裣”——兼釋甲骨文虣字》，《文物》1976年第12期。

裘錫圭《戰國貨幣考（十二篇）》，《北京大學學報》1978年第2期。

裘錫圭《說[illegible][illegible]白大師武》，《考古》1978年第5期。

裘錫圭《史牆盤銘解釋》，《文物》1978年第3期。

裘錫圭《漢字形成問題的初步探索》，《中國語文》1978年第3期。

裘錫圭《關於郢太府銅量銘文中的笅字》，《文物》1978年第11期。

裘錫圭《談談隨縣曾侯乙墓的文字資料》，《文物》1979年第7期。

裘錫圭《談談古文字資料對古漢語研究的重要性》，《中國語文》1979年第6期。

裘錫圭《說弜》，《古文字研究》第一輯，中華書局1979年。又收入《古文字論集》，中華書局1992年。又收入《裘錫圭自選集》，河南教育出版社1994年。

裘錫圭《甲骨文中的幾種樂器名稱——釋庸、豐、鞀》，《中華文史論叢》第二輯，1980年。

裘錫圭《釋柲》，《古文字研究》第三輯，中華書局1980年。又收入《古文字論集》，中華書局1992年。又收入《裘錫圭自選集》，河南教育出版社1994年。

裘錫圭《甲骨文字考釋（八篇）》，《古文字研究》第四輯，中華書局1980年。

裘錫圭《戰國文字中的“市”》，《考古學報》1980年第3期。

裘錫圭《畀字補釋》，《語言學論叢》第六輯，商務印書館1980年。

裘錫圭《考古發現的秦漢文字資料對於校讀古籍的重要性》，《中國社會科學》1980年第5期。

裘錫圭、李家浩《曾侯乙墓鐘磬銘文釋文說明》，《音樂研究》1981年第1期。

裘錫圭《釋“勿”“發”》，《中國語文研究》第二期，香港中文大學 1981 年。

裘錫圭《讀考古發掘所得文字資料筆記（二則）》，《人文雜誌》1981 年第 6 期。

裘錫圭《論“歷組卜辭”的時代》，《古文字研究》第六輯，中華書局 1981 年。

裘錫圭《武功縣出土平安君鼎讀後記》，《考古與文物》1982 年第 2 期。

裘錫圭《釋蚩》，《古文字論集（初編）》，香港中文大學 1983 年。

裘錫圭《卜辭“異”字和〈詩〉、〈書〉裏的“式”字》，《中國語言學報》第一輯，商務印書館 1983 年。

裘錫圭《戰國璽印文字考釋三篇》，《古文字研究》第十輯，中華書局 1983 年。又收入《古文字論集》，中華書局 1992 年。

裘錫圭《說卜辭的焚巫尪與作土龍》，《甲骨文與殷商史》（一），上海古籍出版社 1983 年。

裘錫圭《甲骨文中所見的商代農業》，《全國商史學術討論會論文集》（《殷都學刊》增刊）1985 年。

裘錫圭《漢字的性質》，《中國語文》1985 年第 1 期。

裘錫圭《釋殷墟甲骨文裏的“遠”“𤞷”（邇）及有關諸字》，《古文字研究》第十二輯，中華書局 1985 年。又收入《古文字論集》，中華書局 1992 年。又收入《裘錫圭自選集》，河南教育出版社 1994 年。

裘錫圭《釋求》，《古文字研究》第十五輯，中華書局 1986 年。

裘錫圭《說“嵒”“嚴”》，《語言文字研究專籍》（下），上海古籍出版社 1986 年。

裘錫圭《說字小記》，《北京師範學院學報》1988 年第 2 期。

裘錫圭《釋殷墟卜辭中與建築有關的兩個詞——“門塾”與“自”》，《出土文獻研究》續集，文物出版社 1988 年。

裘錫圭《文字學概要》，商務印書館 1988 年。

裘錫圭、李家浩《戰國平陽刀幣考》，《中國錢幣》1988 年第 2 期。

裘錫圭、李家浩《曾侯乙墓竹簡釋文與考釋》，《曾侯乙墓》，文物出版社 1989 年。

裘錫圭《釋建》，《古文字研究》第十七輯，中華書局 1989 年。又收入《古文字論集》，中華書局 1992 年。

裘錫圭《淺談璽印文字的研究》，《中國文物報》1989 年 1 月 20 日。後收入《裘錫圭學術文化隨筆》，中國青年出版社 1999 年。

裘錫圭《甲骨文字考釋（七篇）》，《湖北大學學報》1990 年第 1 期。

裘錫圭《釋殷墟卜辭中的“卒”和“褘”》，《中原文物》1990 年第 3 期。

裘錫圭《古文字釋讀三則》，《徐中舒先生九十壽辰紀念文集》，巴蜀書社 1990 年。

裘錫圭《西周金文中的“履”》，《甲骨文與殷商史》第 3 輯，上海古籍出版社 1991 年。

裘錫圭、李家浩《談曾侯乙墓鐘磬銘文中的幾個字》，湖北博物館《曾侯乙編鐘研究》，湖北人民出版社 1992 年。後收入《古文字論集》，中華書局 1992 年。
裘錫圭《古文字論集》，中華書局 1992 年。
裘錫圭《釋“衍”、“侃”》，臺灣師大國文系中國文字學會主辦《魯實先先生學術討論會論文集》，1993 年。
裘錫圭《說殷墟卜辭的“奠”——試論商人處置服屬者的一種方法》，《歷史語言研究所集刊》64 本第 3 分冊，1993 年。
裘錫圭《關於晉侯銅器銘文的幾個問題》，《傳統文化與現代化》1994 年第 2 期。
裘錫圭《裘錫圭自選集》，河南教育出版社 1994 年。
裘錫圭《論殷墟卜辭“多毓”之“毓”》，中國商文化國際學術討論會論文，1995 年河南偃師。中國社會科學院考古研究所編《中國商文化國際學術討論會論文集》，中國大百科全書出版社 1998 年。
裘錫圭《論“揜函”——並釋甲骨文“櫓”字》，饒宗頤主編《華學》第一輯，中山大學出版社 1995 年。後收入《裘錫圭學術文化隨筆》，中國青年出版社 1999 年。
裘錫圭《戰國文字釋讀二則》，《于省吾教授百年誕辰紀念論文集》，吉林大學出版社 1996 年。
裘錫圭《從文字學角度看殷墟甲骨文的複雜性》，韓國淑明女子大學校中國學研究所《中國學研究》第十輯，1996 年。
裘錫圭《殷墟甲骨文“彗”字補說》，饒宗頤主編《華學》第二輯，1997 年。
裘錫圭《釋“殳”》，《容庚先生百年誕辰紀念文集》，廣東人民出版社 1998 年。
裘錫圭 《甲骨文中的見與視》，臺灣師範大學國文系、中央研究院歷史語言研究所《甲骨文發現一百周年學術研討會論文集》，1998 年。
裘錫圭《殷墟甲骨文考釋四篇》，李學勤、吳中傑、祝敏申主編《海上論叢》（二），復旦大學出版社 1998 年。
裘錫圭《戎生編鐘銘文考釋》，《保利藏金——保利藝術博物館精品選》，嶺南美術出版社 1999 年。
裘錫圭《關於殷墟卜辭中的所謂“廿祀”和“廿司”》，《文物》1999 年第 12 期。
裘錫圭《〈關於殷墟卜辭中的所謂“廿祀”和“廿司”〉追記》，《文物》2000 年第 2 期。
裘錫圭《說“口凡有疾”》，《故宮博物院院刊》2000 年第 1 期。
裘錫圭《從殷墟卜辭的“王占曰”說到上古漢語的宵談對轉》，《中國語文》2002 年第 1 期。
裘錫圭《釋“衁”》，《龍宇純先生七秩晉五壽慶論文集》，臺北學生書局 2002 年。
裘錫圭《釋“木月”、“林月”》，《古文字研究》第二十輯，中華書局 2000 年。又收入《古文字論集》，中華書局 1992 年。

裘錫圭《古文獻中讀為“設”的“埶”及其與“執”互訛之例》，香港大學亞洲研究中心《東方文化》Volume XXXVI，1998 Numbers 1 And 2，2002 年出版。

裘錫圭《應侯視工簋補釋》，《文物》2002 年第 7 期。

裘錫圭《談談上博簡和郭店簡中的錯別字》，謝維揚、朱淵清主編《新出土文獻與古代文明研究》，上海大學出版社 2004 年。

R

饒宗頤、曾憲通《楚帛書文字編》，中華書局香港分局 1985 年。

容庚《金文編》，中華書局 1985 年。

S

商承祚《說文中之古文考》，上海古籍出版社 1983 年。

沈建華《甲骨文釋文二則》，《古文字研究》第六輯，中華書局 1981 年。

施謝捷 《陝西出土秦陶文考釋（提綱）》，中國古文字研究會第九屆年會論文（1992 年 11 月南京）。

施謝捷《古璽印考釋五篇》，《印林》16 卷第 2 期，1995 年。

施謝捷《〈古璽彙編〉釋文訂補》，《印林》16 卷第 5 期，1995 年。

施謝捷《古璽考釋十篇》，《印林》17 卷第 2 期，1996 年。

施謝捷《釋戰國楚璽中的“登徒”複姓》，《文教資料》1997 年第 4 期。

施謝捷《簡帛文字考釋劄記》，《簡帛研究》第 3 輯，廣西教育出版社 1998 年。

施謝捷《吳越文字彙編》，江蘇教育出版社 1998 年。

施謝捷《釋索》，《古文字研究》第二十輯，中華書局 2000 年。

施謝捷《古文字考釋四則》，《古文字研究》第二十二輯，中華書局 2000 年。

舒連景《說文古文疏證》，商務印書館 1937 年。

孫海波《古文聲系》，萊薰閣石印本，1934 年。

孫海波《甲骨文編》，中華書局 1965 年。

孫詒讓《古籀拾遺》，自寫刻本 1888 年。

孫詒讓《古籀餘論》，燕京學社 1929 年。

孫詒讓《名原》，齐鲁书社 1986 年。

孫稚雛《金文釋讀中一些問題的商討》，文中 1—6 原載《中山大學學報》1979 年第 3 期；7—

11 原載《古文字研究》第九輯，中華書局 1986 年。全文又收入曾憲通主編《古文字與漢語史論集》，中山大學出版社 2002 年。

孫葉鋒《釋甲骨文“竆”》，南京師範大學中文系古文獻專業編《古文獻研究文集》第一輯，1986 年。

孫常敘《釋[illegible][illegible]——兼釋各云、般[illegible]》，《古文字研究》第十五輯，中華書局 1986 年。又收入《孫常敘古文字學論集》，東北師範大學出版社 1998 年。

孫常敘《䍜、奞一字形變說》，《古文字研究》第十九輯，中華書局 1992 年。又收入作者《孫常敘古文字學論集》，東北師範大學出版社 1998 年。

孫常敘《孫常敘古文字論集》，東北師範大學出版社 1998 年。

孫常敘《假借形聲和先秦文字的性質》，《古文字研究》第十輯，中華書局 1983 年。

沈兼士《沈兼士學術論文集》，中華書局 1986 年。

沈培《說郭店楚簡中的“肆”》，《語言》第 2 卷，首都師範大學出版社 2001 年。

沈培《卜辭“雉眾”補釋》，《語言學論叢》第 26 輯，商務印書館 2002 年。

沈培《上博簡〈緇衣〉篇“䖍”字解》，謝維揚、朱淵清主編《新出土文獻與古代文明研究》，上海大學出版社 2004 年。

石志廉《戰國官璽考釋十種》，《中國歷史博物館館刊》1979 年第 2 期。

石志廉《館藏戰國七璽考》，《中國歷史博物館館刊》1979 年第 1 期。

山西省文管會《侯馬盟書》，文物出版社 1976 年。

史有為《漢字的重新發現》，中國社會科學院語言文字應用研究所編《漢字問題學術討論會論文集》，語文出版社 1988 年。

T

唐蘭《殷虛文字記》，中華書局 1981 年。

唐蘭《永盂銘文解釋》，《文物》1972 年第 1 期。

唐蘭《中國文字學》，上海古籍出版社 1979 年。

唐蘭《古文字學導論》（增訂本），齊魯書社 1981 年。

唐蘭《唐蘭先生金文論集》，紫禁城出版社 1995 年。

滕壬生《釋㥁》，《古文字研究》第十輯，中華書局 1983 年。

湯餘惠《略論戰國文字形體研究中的幾個問題》，《古文字研究》第十五輯，中華書局 1986 年。

湯餘惠《楚器銘文八考》，《古文字論集》（一），《考古與文物》編輯部 1983 年。

湯餘惠《戰國文字考釋五則》,《古文字研究》第十輯，中華書局 1983 年。
湯餘惠《戰國文字形體研究》，吉林大學博士學位論文，1984 年。
湯餘惠《戰國文字中的繁陽和繁氏》,《古文字研究》第十九輯，中華書局 1992 年。
湯餘惠《戰國銘文選》，吉林大學出版社 1993 年。
湯餘惠主編《戰國文字編》，福建人民出版社 2001 年。

W

王光鎬《甲文楚字辨——兼論正、足不同源》,《江漢考古》1984 年第 2 期。
王貴元《馬王堆帛書漢字構形系統研究》，廣西教育出版社 1999 年。
王輝《秦器銘文叢考》,《文博》1988 年第 2 期。
王輝《秦器銘文叢考（續)》,《考古與文物》1989 年第 5 期。
王輝《秦銅器銘文編年集釋》，三秦出版社 1990 年。
王輝《古文字通假釋例》，臺北藝文印書館 1993 年。
王輝《秦文字集證》，臺北藝文印書館 1999 年。
王獻唐《那羅延室稽古文字》，齊魯書社 1985 年。
王宇信《釋九十》,《文物》1977 年第 2 期。
王筠《說文釋例》，中國書店 1983 年。
王國維《觀堂集林》，中華書局 1959 年。
王玉哲《甲骨、金文中的“朝”與“明”字及其相關問題》,《殷墟博物苑苑刊（創刊號)》，中國社會科學出版社 1989 年。
汪寧生《從原始記事到文字發明》,《考古學報》1981 年第 1 期。
魏宜輝《楚系簡帛文字形體訛變分析》，南京大學博士學位論文，2003 年。
吳振武《古文字中形聲字類別的研究》,《吉林大學學報・研究生論文集刊》1982 年第 1 期。
吳振武《釋平山戰國中山王墓器物銘文中的“鈲”和“私庫”》,《史學集刊》1982 年第 3 期。
吳振武《戰國貨幣銘文中的“刀”》,《古文字研究》第十輯，中華書局 1983 年。
吳振武《〈古璽彙編〉釋文訂補及分類修訂》,《古文字論集（初編)》，香港中文大學 1983 年。
吳振武《〈古璽文編〉校訂》，吉林大學博士學位論文，1984 年。
吳振武《談徐王爐銘文中的“間”字》,《文物》1984 年第 11 期。
吳振武《戰國“亩”（廩）字考察》,《考古與文物》1984 年第 4 期。
吳振武《讀侯馬盟書文字劄記》,《中國語文研究》第六期，香港中文大學 1984 年。
吳振武《釋“受”並論盱眙南窰銅壺和重金方壺的國別》,《古文字研究》第十四輯，中華書局 1986 年。

吳振武《古璽合文考（十八篇）》，《古文字研究》第十七輯，中華書局 1989 年。

吳振武《釋“苞”“鬱”》，《中原文物》1990 年第 3 期。

吳振武《說梁重釿布》，《中國錢幣》1991 年第 2 期。

吳振武《戰國璽印中的“虞”和“衡鹿”》，《江漢考古》1991 年第 3 期。

吳振武《談戰國貨幣銘文中的“曲”字》，《中國錢幣》1993 年第 2 期。

吳振武《陳曼瑚“逐”字新證》，《吉林大學古籍整理研究所建所十五周年紀念文集》，吉林大學出版社 1998 年。

吳振武《戰國璽印中所見的監官》，1991 年全國青年史學工作者學術會議論文（1991 年 10 月西安）。收入《中國古文字研究》第一輯，吉林大學出版社 1999 年。

吳振武《釋戰國文字中从“䖒”和从“朕”之字》，《古文字研究》第十九輯，中華書局 1992 年。

吳振武《試說齊國陶文中的“鐘”和“溢”》，《考古與文物》1991 年第 1 期。

吳振武《燕國銘刻中的“泉”字》，《華學》第二輯，中山大學出版社 1996 年。

吳振武《趙十六年守相信平君鈹考》，《第三屆國際中國古文字學研討會論文集》，香港中文大學，1997 年。

吳振武《㸑戒鼎補釋》，《史學集刊》，1998 年第 1 期。

吳振武《燕國璽印中的“身”字》，中國社會科學院甲骨學殷商史研究中心編輯組《胡厚宣先生紀念文集》，科學出版社 1998 年。

吳振武《釋三方收藏在日本的中國古代官印》，《中國文字》新廿四期，臺北藝文印書館 1998 年。

吳振武《釋侯馬盟書和溫縣盟書中的“岦公”》，中國古文字研究會第九屆學術討論會論文（1992 年 11 月南京）。收入《追尋中華古代文明的蹤跡——李學勤先生學術活動五十周年紀念文集》，復旦大學出版社 2002 年。

吳振武《古文字中的借筆字》，《古文字研究》第二十輯，中華書局 2000 年。

吳辛丑《簡帛典籍異文概說》，曾憲通主編《古文字與漢語史論集》，中山大學出版社 2002 年。

吳大澂《說文古籀補》，刻本，1898 年。

吳九龍《簡牘帛書中的“夭”字》，《出土文獻研究》（第一輯），文物出版社 1985 年。

吳榮曾《若干戰國布錢地名之辨釋》，《考古》1980 年第 1 期。又《中國錢幣》1992 年第 2 期。又收入《先秦兩漢史研究》，中華書局 1995 年。

X

徐寶貴《戰國璽印文字考釋》，《古文字研究》第二十輯，中華書局 2000 年。

徐寶貴、孫臣《古文字考釋四則》，《考古與文物》2001 年第 1 期。

徐寶貴《商周青銅器銘文避複研究》，《考古學報》2002 年第 3 期。

徐在國《古璽文字八釋》，《吉林大學古籍整理研究所建所十五周年紀念文集》，吉林大學出版社 1998 年。

徐在國《隸定古文疏證》，安徽大學出版社 2002 年。

徐在國《釋楚簡“散”兼及相關字》，《古文字研究》第二十五輯，中華書局 2004 年。

徐兆仁《釋[illegible]》，《古文字研究》第十七輯，中華書局 1989 年。

徐正考《漢代銅器銘文文字編》，吉林大學出版社 2005 年。

徐中舒《漢語古文字字形表》，四川人民出版社 1981 年。

許長安《漢字問難》，中國社會科學院語言文字應用研究所編《漢字問題學術討論會論文集》，語文出版社 1988 年。

許文獻《先秦楚系文字聲符替換結構初探》，《中國文字學學術研討會論文集》，臺灣萬卷樓圖書有限公司 2002 年。

Y

燕耘《商代卜辭中的冶鑄史料》，《考古》1975 年第 5 期。

嚴志斌《四版〈金文編〉校補》，吉林大學出版社 2001 年。

葉其峰《所謂“夏虛都”三璽與夏都問題》，《故宮博物院院刊》1981 年第 3 期。

葉其峰《試釋幾方工官璽》，《故宮博物院院刊》1979 年第 3 期。

姚孝遂《商代的俘虜》，《古文字研究》第一輯，中華書局 1979 年。

姚孝遂《契文考釋辨正舉例》，《古文字研究》第一輯，中華書局 1979 年。

姚孝遂《古文字的形體結構及其發展階段》，《古文字研究》第四輯，中華書局 1980 年。

姚孝遂《甲骨刻辭狩獵考》，《古文字研究》第六輯，中華書局 1981 年。

姚孝遂《古文字的符號化問題》，《古文字論集》初編，香港中文大學 1983 年。

姚孝遂《牢、宰考辨》，《古文字研究》第九輯，中華書局 1984 年。

姚孝遂、肖丁《小屯南地甲骨考釋》，中華書局 1986 年。

姚孝遂、肖丁《殷墟甲骨刻辭類纂》，中華書局 1989 年。

姚孝遂《再論古漢字的性質》，《古文字研究》第十七輯，中華書局 1989 年。

姚孝遂《〈殷墟甲骨文摹釋總集〉序》，《古文字研究》第十九輯，中華書局 1992 年。

姚孝遂《中國文字學史》，吉林教育出版社 1995 年。

姚孝遂《文字形體的分化及其不可逆性》，中國社會科學院甲骨學殷商史研究中心編輯組《胡厚宣先生紀念文集》，科學出版社 1998 年。

姚孝遂《論形符與聲符的相對性》，《容庚先生百年誕辰紀念文集》，廣東人民出版社 1998 年。

姚孝遂《甲骨文形體結構分析》，《古文字研究》第二十輯，中華書局 2000 年。

姚萱《殷墟花園莊東地甲骨卜辭的初步研究》，首都師範大學博士學位論文，2005 年。

楊樹達《積微居金文說》（增訂本），中華書局 1997 年。

楊樹達《積微居小學述林》，中華書局 1983 年。

楊澤生《古文字考釋（兩則）》，北京大學碩士學位論文，1995 年。

楊澤生《燕國文字中的"無"》，《中國文字》新廿一期，藝文印書館 1996 年。

楊澤生《關於"質"字的構形》，《語言》第 3 卷，首都師範大學出版社 2001 年。

楊澤生《戰國竹書研究》，中山大學博士學位論文，2002 年。

于省吾《雙劍誃吉金文選》，中華書局 2000 年。

于省吾《商代的穀類作物》，《東北人民大學人文科學學報》1951 年第 1 期。

于省吾《商周金文錄遺序》，《史學集刊》1956 年第 1 期。

于省吾《商周金文錄遺》，科學出版社 1957 年。

于省吾、陳世輝《釋庶》，《考古》1959 年第 10 期。

于省吾《略論圖騰與宗教起源和夏商圖騰》，《歷史研究》1959 年第 11 期。

于省吾《從古文字學方面來評判清代文字、聲韻、訓詁之學的得失》，《歷史研究》1962 年第 6 期。

于省吾《鄂君啟節考釋》，《考古》1963 年第 8 期。

于省吾《釋羌、苟、敬、美》，《吉林大學學報》1963 年第 1 期。

于省吾《金文雜記五則》，《文物》1966 年第 6 期。

于省吾《關於古文字研究的若干問題》，《文物》1973 年第 2 期。

于省吾《壽縣蔡侯墓銅器銘文考釋》，《古文字研究》第一輯，中華書局 1979 年。

于省吾《甲骨文字釋林》，中華書局 1979 年。

于省吾《家譜刻辭真僞辨》，《古文字研究》第四輯，中華書局 1980 年。

于省吾《釋盾》，《古文字研究》第三輯，中華書局 1980 年。

于省吾《牆盤銘文十二解》，《古文字研究》第五輯，中華書局 1981 年。

于省吾《釋黽、黿》，《古文字研究》第七輯，中華書局 1982 年。

于省吾《釋𢍰》，《上海博物館集刊》（一），上海古籍出版社 1982 年。

于省吾《釋能和𡣍以及从𡣍的字》，《古文字研究》第八輯，中華書局 1983 年。

于省吾《釋中國》，《中華學術論文集》，中華書局 1981 年。

于省吾《釋兩》，《古文字研究》第十輯，中華書局 1983 年。

于省吾《說俗書每合於古文》，《中國語文研究》第五輯，香港中文大學 1984 年。

于省吾《釋古文字中的𦔻字和工冊、㢧冊、豆冊》，《古文字研究》第十二輯，中華書局 1985 年。

于省吾《釋从天从大从人的一些古文字》，《古文字研究》第十五輯，中華書局 1986 年。

于豪亮《說引字》，《考古》1977 年第 5 期。又收入《于豪亮學術文存》，中華書局 1985 年。

于豪亮《中山三器銘文考釋》，《考古學報》1979 年第 2 期。

于豪亮《牆盤銘文考釋》，《古文字研究》第七輯，中華書局 1982 年。

于豪亮《古璽考釋》，《古文字研究》第五輯，中華書局 1981 年。又收入《于豪亮學術文存》，中華書局 1985 年。

于豪亮《于豪亮學術文存》，中華書局 1985 年。

俞偉超、李家浩《論"兵闢太歲"戈》，《出土文獻研究》，文物出版社 1985 年。

Z

曾憲通《三體石經古文與〈說文〉古文合證》，《古文字研究》第七輯，中華書局 1982 年。

曾憲通《敦煌本〈古文尚書〉"三郊三郿"辨正——兼論遂述二字之關係》，《于省吾教授百年誕辰紀念文集》，吉林大學出版社 1996 年。

曾憲通《古文字資料的釋讀與訓詁問題》，《第一屆國際訓詁學研討會論文集》（1997 年臺灣高雄）。又收入曾憲通主編《古文字與漢語史論集》，中山大學出版社 2002 年。

曾憲通《曾憲通學術文集》，汕頭大學出版社 2002 年。

詹鄞鑫《讀〈小屯南地甲骨〉劄記》，《考古與文物》1985 年第 6 期。

詹鄞鑫《漢字說略》，遼寧教育出版社 1991 年。

張富海《漢人所謂古文研究》，北京大學博士論文，2005 年。

張光裕、曹錦炎《東周鳥篆文字編》，香港翰墨軒 1994 年。

張光裕《從[illegible]字的釋讀談到𥂴、盆、盂諸器的定名問題》，《考古與文物》1982 年第 3 期。

張桂光《古文字考釋四則》，《華南師範學院學報》1982 年第 4 期。

張桂光《古文字義近形旁通用條件的探討》，《古文字研究》第十九輯，中華書局 1992 年。

張桂光《古文字考釋六則》，《于省吾教授百年誕辰紀念文集》，吉林大學出版社 1996 年。

張桂光《古文字中的形體訛變》，《古文字研究》第十五輯，中華書局 1986 年。

張桂光《甲骨文形符系統特徵的探討》，《古文字研究》第二十輯，中華書局 2000 年。

張桂光《古文字論集》，中華書局 2004 年。

張頷《古幣文編》，中華書局 1986 年。

張頷《張頷學術文存》，中華書局 1995 年。

張靜《郭店楚簡文字研究》，安徽大學博士學位論文，2002 年。

張世超《殷墟甲骨字跡研究》，東北師範大學出版社 2002 年。

張世超《戰國秦漢時期用字現象舉隅》，《中國古文字研究》第一輯，吉林大學出版社 1999 年。

張守中《中山王𰯼器文字編》，中華書局 1981 年。

張希峰《古文字形體分化過程中的幾個問題》，《吉林大學古籍整理研究所建所十五周年紀念文集》，吉林大學出版社 1998 年。

張新俊《上博楚簡文字研究》，吉林大學博士學位論文，2005 年。

張勳燎《“七”“十”考》，《古文字研究論文集》，《四川大學學報叢刊》第十輯，1982 年。

張亞初《甲骨金文零拾》，《古文字研究》第六輯，中華書局 1981 年。

張亞初、劉雨《商周族氏銘文考釋舉例》，《古文字研究》第七輯，中華書局 1982 年。

張亞初《古文字分類考釋論稿》，《古文字研究》第十七輯，中華書局 1989 年。

張亞初《談古文字中的變形造字法》，《慶祝蘇秉琦先生考古五十五周年論文集》，文物出版社 1989 年。

張亞初《〈漢語古文字字形表〉訂補》，《中國古文字研究》第一輯，吉林大學出版社 1999 年。

張亞初《古文字源流疏證釋例》，《古文字研究》第二十一輯，中華書局 2001 年。

張振林《試論銅器銘文形式上的時代標記》，《古文字研究》第五輯，中華書局 1981 年。

張政烺《釋甲骨文俄、隸、蘊三字》，《中國語文》1965 年第 4 期。

張政烺《釋它示——論卜辭中沒有蠶神》，《古文字研究》第一輯，中華書局 1979 年。

張政烺《殷墟甲骨文羨字說》，《甲骨探史錄》，三聯書店 1982 年。

張政烺《中山王𰯼壺及鼎銘考釋》，《古文字研究》第一輯，中華書局 1979 年。

張政烺《中山國胤嗣𡣕蛮壺釋文》，《古文字研究》第一輯，中華書局 1979 年。

張政烺《庚壺釋文》，《出土文獻研究》第一輯，文物出版社 1985 年。

張政烺《釋因蘊》，《古文字研究》第十二輯，中華書局 1985 年。

張政烺《張政烺文史論集》，中華書局 2004 年。

鄭剛《戰國文字中的同源詞和同源字》，《中國文字》新二十期，臺北藝文印書館 1995 年。

趙誠《甲骨文的二重性及其構形關係》，《古文字研究》第六輯，中華書局 1981 年。

趙誠《古文字發展過程中的內部調整》，《古文字研究》第十輯，中華書局 1983 年。

趙平安《釋“荊”及相關諸字》,《語言》第3卷,首都師範大學出版社2001年。

趙平安《隸變研究》,河北大學出版社1993年。

趙平安《〈說文〉小篆研究》,廣西教育出版社1999年。

趙平安《釋参及其相關諸字》,《語言研究》1995年第1期。

趙平安《夬的形義和字在楚簡中的用法——兼論其他古文字資料中的夬字》,《第三屆國際中國古文字學研討會論文集》,香港中文大學1997年。

趙平安《〈說文〉古文考辨五篇》,《河北大學學報》1998年第1期。

趙平安《續釋甲骨文中的“乇”、“舌”、“秙”》,《華學》第四輯,紫禁城出版社2000年。

趙平安《戰國文字中的“鹽”字及相關問題研究》,《考古》2004年第8期。

周寶宏《讀古文字雜記五則》,《吉林大學古籍整理研究所建所十五周年紀念文集》,吉林大學出版社1998年。

周寶宏《古陶文形體研究》,社會科學文獻出版社2002年。

周法高等《金文詁林》,香港中文大學1975年。

周法高等《金文詁林附錄》,香港中文大學1977年。

周法高等《金文詁林補》,臺灣中央研究院歷史語言研究所1981年。

周鳳五《郭店楚簡〈性自命出〉“怒欲盈而毋暴”說》,謝維揚、朱淵清主編《新出土文獻與古代文明研究》,上海大學出版社2004年。

朱德熙《釋𩫖》,北平《新生報》副刊《語言與文學》第13期,1947年1月1日。又收入《朱德熙古文字論集》,中華書局1995年。

朱德熙《集脰考(楚器研究)》,北平新生報《語言與文學》第28、29、30期,1947年。

朱德熙《壽縣出土楚器銘文研究》,《歷史研究》1954年第1期。又收入《朱德熙古文字論集》,中華書局1995年。

朱德熙《戰國記容銅器刻辭考釋四篇》,北京大學中文系編《語言學論叢》第2輯,商務印書館1958年。又收入《朱德熙古文字論集》,中華書局1995年。

朱德熙、裘錫圭《戰國文字研究(六種)》,《考古學報》1972年第2期。又收入《朱德熙古文字論集》,中華書局1995年。

朱德熙《在長沙馬王堆一號漢墓座談會上的發言》,《文物》1972年第9期。又收入《朱德熙古文字論集》,中華書局1995年。

朱德熙、裘錫圭《信陽楚簡考釋(五篇)》,《考古學報》1973年第1期。又收入《朱德熙古文字論集》,中華書局1995年。

朱德熙、裘錫圭《關於侯馬盟書的幾點補釋》,《文物》1972年第8期。又收入《朱德熙古文字論集》,中華書局1995年。

朱德熙、裘錫圭《戰國銅器銘文中的食官》，《文物》1973 年第 12 期。又收入《朱德熙古文字論集》，中華書局 1995 年。

朱德熙、裘錫圭《平山中山王墓銅器銘文的初步研究》，《文物》1979 年第 1 期。又收入《朱德熙古文字論集》，中華書局 1995 年。

朱德熙《戰國陶文和璽印文字中的“者”字》，《古文字研究》第一輯，中華書局 1979 年。又收入《朱德熙古文字論集》，中華書局 1995 年。

朱德熙、裘錫圭《戰國時代的“料”和“半”》，《文史》第 8 輯，中華書局 1980 年。又收入《朱德熙古文字論集》，中華書局 1995 年。

朱德熙、裘錫圭《馬王堆一號漢墓遣策考釋補正》，《文史》第 10 輯，中華書局 1980 年。又收入《朱德熙古文字論集》，中華書局 1995 年。

朱德熙《古文字考釋四篇》，《古文字研究》第八輯，中華書局 1983 年。又收入《朱德熙古文字論集》，中華書局 1995 年。

朱德熙《戰國文字中所見有關廄的資料》，國際中國古文字學研討會《古文字學論集》（1983 年香港）。又文物局古文獻研究室編《出土文獻研究》，文物出版社 1985 年。又收入《朱德熙古文字論集》，中華書局 1995 年。

朱德熙《釋桁》，《古文字研究》第十二輯，中華書局 1985 年。又收入《朱德熙古文字論集》，中華書局 1995 年。

朱德熙《中山王器的祀字》，《文物》1987 年第 11 期。又收入《朱德熙古文字論集》，中華書局 1995 年。

朱德熙《關於屭羌鐘銘文的斷句問題》，《中國語言學報》第 2 輯，商務印書館 1988 年。又收入《朱德熙古文字論集》，中華書局 1995 年。

朱德熙《在“漢字問題學術討論會”開幕式上的發言》，中國社會科學院語言文字應用研究所編《漢字問題學術討論會論文集》，語文出版社 1988 年。

朱德熙《望山楚簡裏的“㲻”和“筲”》，《古文字研究》第十七輯，中華書局 1989 年。又收入《朱德熙古文字論集》，中華書局 1995 年。

朱德熙、李家浩《鄂君啟節考釋（八篇）》，《紀念陳寅恪先生誕辰百年學術文集》，北京大學出版社 1989 年。又收入《朱德熙古文字論集》，中華書局 1995 年。

朱德熙《長沙帛書考釋（五篇）》，《古文字研究》第十九輯，中華書局 1992 年。又收入《朱德熙古文字論集》，中華書局 1995 年。

朱德熙、裘錫圭、李家浩《望山楚簡》，中華書局 1995 年。

朱德熙《朱德熙古文字論集》，中華書局 1995 年。

朱鳳瀚《論卜辭與商金文中的“后”》，《古文字研究》第十九輯，中華書局 1992 年。

釋字索引

後　記

這本小書是我的博士學位論文，寫作於 1990 至 1991 年，距今日出版已經有十五個年頭了。

這篇博士論文的原題目是《古文字構形研究》。我在論文的《前言》中說：

> 本文原定題目為《古文字構形學》，曾設想對古文字的構成演變作全面的分析和論證，以期建立一個大致的框架，形成一個初步的體系。但是在寫作過程中，越來越感到這一範圍和容量的廣博和深奧，遠非本文所能承受。如要硬求其全，則字數將要超過本文的幾倍。於是便擷取若干首先想到的題目進行探討，以此作為準備工作，為進一步寫成《古文字構形學》奠定基礎。

今日出版這篇博士論文，雖然改動並不大，但是考慮到既然這一研究對象是個永久性的課題，因此就不能沒有階段性的總結。同時也不能讓這一基礎理論的歸納總是付之闕如。加之本文也的確對古文字構形研究中的諸多重要問題進行了較為深入的探討，故考慮再三，還是重新採用了《古文字構形學》這一題目。

本文的寫作，得到先師姚孝遂先生的悉心關懷和指導。回顧隨侍之日，先生對文字的宏觀體察和科學的文字符號觀對我影響甚大。如今先生墓已有宿草，再也看不到我的博士論文的出版了，思念及此，不禁潸然淚下。

這裏要感謝當年參加我博士論文答辯的李學勤先生、陳世輝先生、林澐先生、趙誠先生和吳振武先生；還有對論文進行評閱的胡厚宣先生、裘錫圭先生、曾憲通先生和張亞初先生。尤其令我感念的是答辯委員會主席李學勤先生在答辯過後主動向我提議將該論文推薦到中華書局出版，並且很快就寫出了評價頗高的推薦信。可是陰差陽錯，主要因為我的責任，該論文在中華書局出版一事竟致未果，辜負了李先生的一片熱心。當年裘錫圭先生的評語寫得最多，記得在四頁紙上寫滿了蠅頭小楷，充分體現了裘先生嚴謹認真的學風和敏銳深刻的洞察力。去年在杭州開會遇見裘先生，先生還殷切詢問我的博士論文出版一事，並提出了很好的建議。前輩學者的眷顧和垂青，讓我銘感於心，永遠不能忘懷。

臺灣學者邱德修先生對該論文的出版表示過關注和關心，也是需要在這裏表示感謝的。

這篇論文從寫成到今日出版，經歷了十多年的歷程，其間也有幾次可以出版的機會，但都被我放棄了。放棄的原因一是私下裏認為論文中的釋字部分已請學術界的一些主要學者看過，而釋字的文章具有一定的時效性，過了很久再出，重要性已經削弱；二是總想找個機會加以刪改增補，力求寫得更為全面。可是時光荏苒，加上人生性疏懶，總是沒能找出大塊時間來進行這項工作，一拖就是十幾年。

雖然該論文一直沒有出版，但在學術界卻不脛而走。據我所知，在大陸和臺灣的學者和研究生中，許多人都有我的博士論文的複印本。不止一個年青學者當面向我提起其治學的路數受我這篇論文的影響很深。一篇很不成熟的論文能夠受到學術界的如此厚愛，這是我萬萬沒有想到的。

在這篇博士論文中，我最早提出了“古文字構形學”的概念，第一次全面研究了諸如“飾筆”、“變形音化”等許多古文字構成演變現象，最先將考古學中的“譜系”概念用於古文字構形的分析，提出了考釋分析文字要具備“古文字發展演變的動態眼光”等主張。我欣喜地看到，在我的博士論文寫成答辯之後，在大陸和臺灣，陸續出現了許多諸如“構形研究”、“構形系統研究”和研究“構形學”的論著，“譜系”和“動態分析”也成了被普遍使用的概念和探討的問題。這充分表明“吾道不孤”，表明關於古文字構形學的研究和探討已經被越來越多的人所重視，並日益成為古文字研究中一個恒久的熱點。

這篇博士論文遲遲沒有出版，也使得學術界的某些人得以故意裝作沒看見，從而不加解释注明地任意取用。臺灣學者邱德修先生曾熱心建議我在臺灣出版該論文，並開玩笑地說：“再不出版就要被人偷光了。”對此我只能報以苦笑。其實對這樣的事我一向能夠釋懷。試想如果我說對了，又被別人多說了幾遍，或是有更多的人說，這又何嘗不是一件好事呢？

這次該論文的正式出版，仍然沒有更多的時間進行刪改增補，主要是在以下方面做了一些工作：

1. 將原第拾貳部分的一部分分出並加以改寫作為第一章“緒論”；

2. 增加第十章“古文字中的‘訛混’”；

3. 將原第拾叁部分“古文字考釋舉例”中的部分考釋刪去，增加了一些新的考釋字例並湊成百數；

4. 在原第拾肆部分“古文字構成演變條例”中的各條例下加上具體字例；

5. 將全文引用的古文字字形儘量改為原形；

6. 改去原文中的明顯錯誤。

即使做了以上這些工作，原論文中存在的一些個別問題也無法全部改盡。如有些考釋今日已经有了全新的認識和意見，但是如果改動就會影響全文，容易使一些論述前後產生矛盾或脱節。加按語的方法雖好，但在文章中可以，加在一本成系統的書中就會有顯得支離破碎之嫌。還有原論文在音韻的使用上遵循的是“古聲音通轉但以聲為主”的原則，但在具體運用中，也有稍顯過於寬泛之處。這些都是讀者需要注意的。

這篇論文在早年準備出版時，學生宋智明、馮勝君二君曾為我手抄原稿，付出了辛勞。這次整理定稿，學生葉玉英、洪颺、張新俊、陳家寧幫我輸入原稿、添加字形、校對文字，出力多多，在此亦一併致以謝意。

最後需要鄭重感謝的是福建人民出版社的領導和編輯賴炳偉先生，沒有出版社領導的支持，沒有賴炳偉先生的精心編輯，這本小書是不會如此順利出版的。

作　者

二〇〇五年十一月二十日於廈門大學白城一線望海齋

修訂本附記

本書自 2006 年出版後，得到學界諸多同道和身邊朋友的指教和關注，並先後獲得厦門市優秀社科成果評選一等獎、福建省優秀社科成果評選二等獎和第五届中國高校人文社會科學研究優秀成果評選二等獎等榮譽。本次修訂，書中基本内容和結論並没有改變，只是改正了個别錯字和一些排版錯誤，並對一些初版不清楚的古文字字形進行了替换，還編了一個釋字索引附在書後，以方便檢索。

這次修訂工作全賴侯乃峰先生和我的兩位學生張傳官和許慜慧，其中侯乃峰先生出力尤多。責任編輯賴炳偉先生的督促建議，更是這個修訂本能够出版的最大動力。在此一併致以衷心的感謝。

作　者

二〇一一年二月二十日於復旦大學光華樓